Reinhard Farkas (Hg.)

PETER ROSEGGER FÜR UNS

Reinhard Farkas (Hg.)

Rosegger für uns

Zeitloses und Aktuelles
aus seiner Zeitschrift
„Heimgarten"

V. F. SAMMLER

Umschlaggestaltung: DSR – Digitalstudio Rypka GmbH, Thomas Hofer, Dobl, www.rypka.at

Bildnachweis: Umschlagabb. Vorderseite: Jakob Hiller, Umschlagabb. Rückseite: Archiv des Autors, Innenteil: Siehe Abbildungsverzeichnis S. 383 ff.

[Vollständig überarbeitete Neuauflage des 1994 im Österreichischen Agrarverlag veröffentlichten Buches „Peter Roseggers Heimgarten. Wege zum Leben"]

 Gefördert aus Mitteln des Landes Steiermark

Wir haben uns bemüht, bei den hier verwendeten Bildern die Rechteinhaber ausfindig zu machen. Falls es dessen ungeachtet Bildrechte geben sollte, die wir nicht recherchieren konnten, bitten wir um Nachricht an den Verlag. Berechtigte Ansprüche werden im Rahmen der üblichen Vereinbarungen abgegolten.

Bibliografische Information der Deutschen Nationalbibliothek
Die Deutsche Nationalbibliothek verzeichnet diese Publikation in der Deutschen Nationalbibliografie; detaillierte bibliografische Daten sind im Internet unter http://dnb.d-nb.de abrufbar.

Hinweis: Dieses Buch wurde auf chlorfrei gebleichtem Papier gedruckt. Die zum Schutz vor Verschmutzung verwendete Einschweißfolie ist aus Polyethylen chlor- und schwefelfrei hergestellt. Diese umweltfreundliche Folie verhält sich grundwasserneutral, ist voll recyclingfähig und verbrennt in Müllverbrennungsanlagen völlig ungiftig.

Auf Wunsch senden wir Ihnen gerne kostenlos unser Verlagsverzeichnis zu:
Leopold Stocker Verlag GmbH
Hofgasse 5/Postfach 438
A-8011 Graz
Tel.: +43 (0)316/82 16 36
Fax: +43 (0)316/83 56 12
E-Mail: stocker-verlag@stocker-verlag.com
www.stocker-verlag.com

ISBN 978-3-85365-257-2

Alle Rechte der Verbreitung, auch durch Film, Funk und Fernsehen, fotomechanische Wiedergabe, Tonträger jeder Art, auszugsweisen Nachdruck oder Einspeicherung und Rückgewinnung in Datenverarbeitungsanlagen aller Art, sind vorbehalten.

© Copyright by V. F. Sammler (im Leopold Stocker Verlag), Graz 2013
Layout: Ecotext-Verlag, Mag. G. Schneeweiß-Arnoldstein, Wien
Gesamtherstellung: Druckerei Theiss GmbH, A-9431 St. Stefan
Printed in Austria

Inhalt

Vorwort 15

Rosegger in seiner Zeit. Biographisches 21
Herkunftslandschaft: die Waldheimat 21
Zeichen der Freiheit. In Graz leben 23
Abgesang und Neuentwurf. Die beiden Annas 24
Das Heimgarten-Projekt 27
Fin de siècle. Die Grazer Geselligkeit 29
Einflüsse der Wagnerianer. Hausegger, Hofmann, Kienzl ... 30
Das Thema Antisemitismus 32
Über den Parteien 34
Krieg und Frieden. Für die Donaumonarchie 35
„In die Ewigkeiten" 38

Roseggers große Vision 40
Der Katastrophe entgegen? Peter Roseggers Diagnose ... 40
Die ‚Weltstadt' Hartberg. Um die Moderne 40
‚Zurück zur Natur!' Was es bedeutet 41
Die Schriften des Waldschulmeisters (1875) 42
Natur und Kultur, Stadt und Land 44
Von den Naturmenschen 48

Leben und Glauben 49
Kirche der Zukunft 49
Der Gottsucher (1882) 51
Über den Konfessionen 52
Gott und Mensch. Der Roman I.N.R.I. 53
Tolstoi und Frenssen 54
Modernismus und Monismus 56
Karma und Wiedergeburt 57

Das wahre Selbst	59
„Dichte dir die Welt, wie sie dir gefällt!"	59

Land und Heimat 62

Bedeutung und Bedrohung der bäuerlichen Welt	62
Der Bauernroman ‚Jakob der Letzte' (1888)	63
Der Heimatroman ‚Das ewige Licht' (1897)	65
„Glück auf dem Lande": Rezeption Heinrich Sohnreys	66
Verteidigung und Modernisierung der bäuerlichen Wirtschaft	67
Tourismus und Volkskunde	68
Stadt und Land. Der philosophische Dialog „Rückkehr zur Natur"	69
Waldschule und Schulvereinsprojekte	70
Zurück aufs Land? Erdsegen und Weltgift	72
Auf neuen Wegen: Landsiedlung und Schrebergärten	74

Natur und Kultur 76

Kritik der Moderne	76
„Prunk und Pflanz": Gegen das Luxusleben	76
Geld, Aktien, Sparen. Philosophie des Konsumverzichts	78
Erfindungen und Technologien	79
Automobilerei und Natursehnsucht	80
Leitfiguren der Natürlichkeit	81
Das einfache Leben. Einrichtung und Bekleidung	82

Gesundheit und Lebensstil 85

Zu komplementären Heilweisen	85
Wellness und Kuranstalten	87
Reformkost und Homunkelfraß	89
Der vegetarische Diskurs	90
Alkoholmissbrauch und Alkoholsucht	91
Verbindungen zur Abstinenzbewegung	92
Mit Johannes Ude	93
Tabak und Kaffee	94

Bewegungskultur und Sport 96

Sport – Brücke zum Landleben?	96
Turnen, Radfahren, Wintersport	96

Wandererfahrung und Wanderwelten	98
Das meditative Wandern	100
Alpinismus und Tourismus	101
Zur touristischen Vereinskultur	102

Landschaft und Umwelt 104
Anfänge des Natur- und Heimatschutzes 104
Heimat und Heimatschutz. Von der Waldheimat 104
Rosegger und die Heimatbewegung 105
Kritik der Emissionen 106
Zum Projekt Landschaftsverschönerung 108
Wirkung des Waldes 110
Schutz des Waldes 111
Naturschutzparke für Österreich 112

Mensch und Tier 113
Grundlagen des Tierschutzes 113
Ethik des Tierschutzes 114
Pädagogik des Tierschutzes 116
Beiträge zum Vogelschutz 116
Darf Schlachten sein? 118
Um die Jagd 118
Gegen die Tierversuche 119

Peter Rosegger – Zeitleiste 123

Abschnitt I: Leben und Glauben 129
Waldstimmung 130
Neuer Durst nach religiösem Idealismus 130
Ich glaube 131
Güte 136
Der Materialismus 136
Ein Traum 137
Wie ich mir die katholische Kirche der Zukunft denke ... 137
Er ist wieder gekommen 142
Der Mensch trägt seine Seele in die Natur hinein 150
Die gottsuchende Menschheit 151
Was ich unter Natur verstehe 152

Tolstoi und die Welt	152
Die Natur ist altruistisch	153
Dichte dir die Welt, wie sie dir gefällt!	154
Wiederkehr des Lebens	155
Der Raum etwas Feindliches	155
Die Weltseele	156
Vorherbestimmung	157

Abschnitt II: Land und Heimat ... 159

Sommerfrische	160
Die Zukunft unseres Bauernstandes	163
Die Waffen nieder!	166
Rückkehr zur Natur	169
Rückkehr zur ländlichen Natur	175
Erdsegen!	178
Zurück zur Scholle	182
Großstadtwahnsinn	184
Die Bauernwirtschaft	185
Heimgärten	187
Die Menschheit auf der Flucht	188
Geldsucht und Gelbsucht	188
Bauern	188

Abschnitt III: Natur und Kultur ... 191

Von der Unzweckmäßigkeit unserer Zimmereinrichtung	192
Das Geld ein Mittel zur sittlichen Freiheit	195
Wohnzimmer	201
Etwas über die Reformkleidung	202
Härtet Eure Kinder ab!	205
Volkswohlstand	206
Luxus, das moderne Ideal	207
Wir leben über unsere Kraft!	210
Luxus	211
Der zeitlose Mann	212
Zum Teufel mit allem Prunk und Pflanz!	213
Vom Gelde	214
Die Anspruchslosigkeit und die Genussgier	215
Die größeren Sorgen des Reichtums	216

Abschnitt IV: Gesundheit und Lebensstil 217
Ein Kurort-Feuilleton 218
Steirische Sommerfrischen und Kurorte 220
Die vegetarische Lebensweise und die Vegetarier 223
Was sagen Sie zur Kaltwasserkur? 224
Eins vom Pfarrer Kneipp 225
Bin ich gesund oder krank? 231
Merk's, Trinker! 231
Ein deutsches Laster 231
Ein verhängnisvolles Laster unseres Volkes 233
Gegen die künstliche Kinderernährung 237
Homunkelfraß 237
Von der Heilanstalt in Hörgas 239
Über Erkältung 242
Weniger Fleisch! 243
Gegen die Trunksucht 244
Das alkoholfreie Speisehaus 245
Nahrungsmittel 247

Abschnitt V: Bewegungskultur und Sport 249
Alpensport 250
Ein Gruß 252
Frisch, froh, fromm, frei 253
Das Gespenst auf der Straße 256
Der oststeirische Rigi-Kulm 260
Was bedeutet der Sport? 264
Nichts 266
Höhenrausch 270
Sport 272
Leopoldsteinersee 273
Wandervogel 274
Pfadfinder 275

Abschnitt VI: Landschaft und Umwelt 277
Zur Waldfrage in den österreichischen Alpengebieten 278
Da Baur ohni Bam 278
Zuflucht im Walde 280
Der Schutz der landschaftlichen Natur 281

Die „Gartenstadt" an der Mur	282
Veränderung der Landschaft	286
Wald und Wasser	290
Gespräch mit einem Forstmann über Waldkultur	291
Die Enns aus dem Gesäuse leiten	292
Natur erster und Natur zweiter Güte	292
Vergleich unseres Planeten mit einem Tiere	293
Wir müssen uns ein wenig verbauern	293
Naturschutzparks	298
Der Landwirt schützt die Natur!	300
Ein steirischer Naturschutzpark	300
Ein Naturschutzpark beim Waldschulhaus	301
Naturschutzpark	302

Abschnitt VII: Mensch und Tier ... 303

Federzeichnungen aus der Tierwelt	304
Wehe dem, der zum Wissen geht durch Schuld!	306
Erbarmen!	306
Vogelmörder	308
Reiter, wo hast du dein Pferd?	311
Ein Anti-Dianaist bittet ums Wort	312
Postkarten des „Heimgarten"	315
Missratene Kinder	315
Unsere Mitwesen	316
Warum ih koan Krebsn mog	317
Das „edle Weidwerk" und der Lustmord	318
Einem Vivisektor	319
Warum dieses Geschlecht verworfen ist	319
Zur Frage der Vivisektion	324
Merkwürdiges aus dem Tierleben	324
Du sollst dein Herz nicht an das Tier verschwenden!	327
Jägerei	328
Güte für die Tiere	328
Wie viel man doch gemein hat mit den Ochsen!	328

Anmerkungen ... 332

Referenzen 359
Editorische Bemerkungen 359
Verzeichnis der abgedruckten „Heimgarten"-Texte 360
Peter Roseggers Texte 364
Heimgarten-Beiträge anderer Autoren 374
Allgemeine Referenzen 375
Abbildungsverzeichnis 383
Namenregister 388
Ortsregister 391

„Rosegger ist doch noch ein ganzer Mensch – in unserer armseligen Zeit! Solche Leute muss man ehren, aber nicht nur mit Mund u. Feder, sondern mit dem Herzen."
Wilhelm Kienzl[1]

„Ich habe Rosegger überhaupt als eine sehr wohltätige, liebevolle Natur kennen gelernt, der viel im Stillen tut und vom Leide anderer oft zu tatkräftigem Eingreifen angeregt wird."
Friedrich von Hausegger[2]

„Es fiel mir auf, dass er nicht wie andere Stadtbewohner ‚ging', sondern eigentlich ‚stieg'."
Ernst Decsey[3]

Vorwort

Peter Rosegger – ein Reisegefährte für das 21. Jahrhundert? Darf das sein?

Einer, der so viele scheinbare Widersprüche in sich birgt? Ein Christ mit naturreligiösen Sympathien. Einer, der Kultur und Bildung ebenso liebt wie bäuerliche Landschaft und Bergwelt, der Intuition wie Vernunft gleichermaßen verwendet, um Fragen der Moderne zu besprechen. Ein wacher Intellektueller und eifriger Schreiber, der „mit allen Vieren in die Wildnis" springen will, der den Sport propagiert, vor allem das Wandern.

Dieser Autor erscheint mir deswegen so sympathisch, weil er (sieht man seine Texte nur im Zusammenhang und über Jahrzehnte hinweg) Blickweisen auf Themen, Krisen und Aufgaben der Moderne immer wieder neu einstellt; ein „Wendehals", mit gutem Grund. Das verstehen jene weniger, die aus einzelnen Sätzen oder Aufsätzen den ganzen Rosegger konstruieren, die den Dichter zu seinen Lebzeiten „Antichrist in Lederhosen" nannten und ihn heute mit kaum weniger schmeichelhaften Attributen belegen.

Mir ist noch kein Mensch begegnet, der in der Geschichte lebt. Daher sehe ich meine Aufgabe als Kulturhistoriker darin, gute Ideen für die Gegenwart bereitzustellen, für den Augenblick, in dem allein wir leben. Und so bringe ich Worte Peter Roseggers ans Licht, die aktuell, vielleicht zeitlos sein können, und zwar unter den Aspekten Leben und Glauben, Land und Heimat, Natur und Kultur, Gesundheit und Lebensstil, Bewegungskultur und Sport, Landschaft und Umwelt, Mensch und Tier.

Einzelne zeitbedingte Einflüsse, Prägungen und Vorurteile, die wir heute als beengend und beklemmend empfinden, sind in der Einführung geschildert. Mögen jene vortreten, die „vollkommen" sind.

Dieses Buch ist eine Gabe für die vielen an Rosegger Interessierten, jene Menschen, die oft (um Gottes Lohn) ihre Lebenskraft der Vermittlung seines vielfältigen Werkes widmen. Für alle, die den Schriftsteller besser kennenlernen mögen. Und für jene, die sein vielfältiges Schaffen aus Schulbüchern strichen; es kann sein, sie gewinnen einen neuen Zugang, ins Menschliche, Tiefe, Innere. Sehen wir in diesen Texten keine dogmatischen Anweisungen, sondern Anregungen zum Denken und Fühlen, kreative Ideen, die uns inspirieren mögen.

Ja, sein Aufsatz gegen den Angriffskrieg ist für uns aktuell, da wir täglich von derartigem Morden lesen, das unter den bizarrsten Vorspiegelungen begangen wird. Wer einmal mit wachen Augen durch manche

Zonen europäischer Großstädte geht (oder fährt), versteht Roseggers Idee, Parks und Grünflächen anzulegen. Was er über Wandern und Sport sagt, verdient Beachtung, während wir allzu lang in gebeugter Haltung vor dem neuen Hausaltar verbringen, der den „Fernseher" abgelöst hat. Und so habe ich in dieser Edition einen Regenbogen von Inspirationen gesammelt, für unsere Zeit; viele nicht neu, doch durch den Dichter neu formuliert: die Ethik der „Bergpredigt", Toleranz für andere Konfessionen, die Lehre der Wiedergeburt; Diätetik, gesunde Ernährung oder Wasserheilkunde; generationenübergreifendes Denken, Landschaftsökologie, Umweltschutz; um nur einige anzusprechen. Dazu viel Utopisches, einiges über Einfaches Leben, bäuerliche Wirtschaft und zeitlose Bekleidung, zu dem wir lächeln mögen, das aber einen „wahren Kern" hat.

Der *Heimgarten*, Roseggers Hauszeitschrift, enthält über 6.200 bibliographische Einheiten, wie der Leobener Volkskundler und Weltreisende GÜNTHER JONTES festgehalten hat. Ungefähr ein Drittel davon entspringt seiner eigenen Feder, darunter sind die nach 1876 publizierten Romane, deren wichtigste ich vorstelle. Mit den Essays habe ich einen eher wenig beachteten, aber höchst aufschlussreichen Aspekt in Roseggers Schaffen gewählt. Notizartigen, ebenso bekenntnishaften wie spielerischen Charakter hat jenes öffentliche Tagebuch, das zunehmend an Bedeutung gewinnt und seit dem 28. Jahrgang der Zeitschrift als *Heimgärtners Tagebuch* publiziert wird. Gedichte, Rezensionen und Antworten auf Leserbriefe enthalten wertvolle Aufschlüsse und runden die Edition ab.

Die Quellen, im Großen und Ganzen aus der Erstauflage übernommen (*Wege zum Leben*), stehen miteinander in Zusammenhang und greifen ineinander und übereinander. Man mag sie systematisch lesen, einfach wahllos durchblättern oder intuitiv aufschlagen. Die Dokumente werden meist geschlossen wiedergegeben; manche Ausnahmen schienen vertretbar und sinnvoll. Werke, die Rosegger rezensiert oder in seine Texte einbezieht, sind im Anmerkungsapparat aufgeschlüsselt.

So viele haben durch Anregungen, Hilfe und Zuversicht dieses schöne Buch erst möglich gemacht. Ich danke dem Zweiten Landeshauptmann der Steiermark, Hermann Schützenhöfer, seinem Referat Volkskultur und der Volkskultur Ges.m.b.H. für die Unterstützung dieses Projekts. Leopold Stocker erhielt von Peter Rosegger Anregungen für sein agrarjournalistisches Konzept; heute danke ich Wolfgang Dvorak-Stocker für die Aufnahme meines Buches ins Programm seines Verlages für Sammler; das kompetente Team seines Hauses hat das Projekt bestens, geduldig und freundlich betreut. Mein Dank geht an Museen, Bildungseinrichtungen, Institutionen, Vereine, Medien, welche mich bei Promotion und Präsentation unterstützten.

Beim Schreiben habe ich viele neue Freunde gewonnen, Menschen kennen gelernt, die in einem „Netzwerk des Guten" hilfreich waren und sind, durch Anregungen und Korrekturen, mentalen Halt und Humor. Die Abbildung auf dem Cover ebenso wie Illustrationen hat Jakob Hiller bereitgestellt, der kreative und abenteuerlustige „Fotograf der Waldheimat"; beim Korrekturlesen half mir kritisch und kundig der Historiker und Journalist Josef Schiffer; der unermüdliche Johann Reischl vom Roseggerbund hat mich in der Krieglacher „Szene" herzlich aufgenommen.

Seine Aufsätze über Wanderungen zeigen es: Rosegger steht an einem bestimmten Ort, auf dem Schöckel, dem Kulm oder der Rax, und sein Blick verschmilzt mit der Ferne, dem endlosen Horizont, mit dessen Raum- und Zeitlosigkeit er verschwimmt. Er lässt beide Pole wirken, festen Boden und dahinziehende Wolken, Erde und Himmel. Er liebt, wie es damals nun einmal hieß, „die Scholle", das sind: Haus und Garten, Acker und Feld, Biotop und Habitat. Und zugleich sucht er auf ausgedehnten Wanderungen, Ausflügen und seinen unverschämt langen Eisenbahnreisen im wahrsten Wortsinn das Weite, das auch als Utopie in seinem Werk durchklingt, etwa in der Amerikasehnsucht des ehemaligen Großknechts Natz im Roman „Jakob der Letzte". Können wir das nachvollziehen, finden wir das auch bei uns?

Peter Rosegger ist einer, der gerne las und schrieb, und bei dem doch der Spaß am puren Da-Sein überall durchschimmert. Auch ich finde, dass Lesefreude und Lebensfreude zusammengehören. Ich wünsche Sie Ihnen von Herzen.

Ihr Reinhard Farkas

EINLEITUNGSTEIL

Geburtshaus (Vorderseiten) und Bettstatt in Alpl

Peter Rosegger, Aussicht in meine Heimat. Osten

Rosegger in seiner Zeit. Biographisches

Herkunftslandschaft: die Waldheimat

Der Schriftsteller, Journalist und Philosoph Peter Rosegger (1843–1918) wird am 31. Juli 1843 auf dem „Unteren Kluppeneggerhof" geboren. Dieses heute instandgesetzte Bergbauerngehöft steht auf 1.200 Meter Höhenmetern und besteht aus einem Wohnhaus und mehreren Betriebsgebäuden.[5]

Die Eltern des Schriftstellers, Lorenz und Maria Roßegger, betreiben eine gemischte Landwirtschaft mittlerer Größe, in der neben Schweinen und Hühnern um die 20 Rinder und auch Schafe gehalten wurden. Sie sind beide katholisch, wie es damals kaum anders möglich war; die Mutter ist recht aufgeschlossen; sie bringt Peter schon früh das Lesen bei.

Der eher zart gebaute Bursche genießt unregelmäßigen Volksschulunterricht bei Michael Patterer, einem aufsässigen „1848er", vertrieben aus der Nachbarspfarre St. Kathrein. Im Alter von siebzehn Jahren, im Juli 1860, beginnt er eine Schneiderlehre im nahen St. Kathrein am Hauenstein, dann arbeitet er noch einige Zeit als Geselle. In diesen etwa viereinhalb Jahren ist der junge Mann mit seiner Truppe unterwegs als Störschneider, im Joglland, einer sanften, bevölkerungsarmen Mittelgebirgslandschaft.

Peter Rosegger, *Aussicht in meine Heimat. Westen*

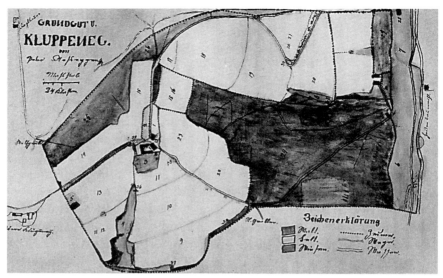

Grundgut von Kluppenegg, Skizze Peter Roseggers

Roseggerstatue in Krieglach

Literarische Versuche machen ihn bekannt, und der verdiente Komponist und Volksliedsammler Jakob Eduard Schmölzer (1812–1886) bittet ihn, das Liedgut der Waldheimat zu erschließen. 1864 übermittelt er drei Hefte dieser *Volkslieder aus der Steiermark* und tritt, mutiger geworden, an die Redaktion der nationalliberalen *Tagespost* heran. Dies führt dazu, dass ihn der Chefredakteur des Blattes, Adalbert Viktor Svoboda, fortan protegiert.

Im Februar 1865 zieht Peter nach Graz, doch lässt er die Verbindung zu Krieglach und Alpl niemals abreißen. Es ist kein „Abschied", wie KARLHEINZ ROSSBACHER meint,[6] sondern eher eine Verlagerung oder Ausdehnung der Interessen und Lebensräume. Denn schon zwölf Jahre nach dem Eintritt in die Handelsakademie wird der Autor sein Krieglacher Landhaus beziehen. Beide Bereiche, der städtische und der ländliche, beeinflussen als Pole seinen Lebensstil, und sie machen zugleich die produktive Spannung seines Schreibens aus ...

Zeichen der Freiheit. In Graz leben

In den 1860er und 1870er Jahren vollzieht sich in Österreich der Aufstieg einer neuen politischen Kraft. Gestützt auf das Bürgertum, entsteht der Liberalismus, verbunden mit neuen, bis dahin unbekannten Vorstellungen von Autonomie, Bildung und Selbstverwirklichung. In diesen Aufbruch taucht Peter Rosegger ein.

Eingeleitet wird sein Weg durch die Ausbildung in der Grazer Handelsakademie, die zu Ostern des Jahres 1865 einsetzt und bis 1869 dauert. Nun sitzt er gestresst und gelangweilt als ‚Hospitant' unter 12- bis 15-jährigen Burschen. Lieber ist ihm das kulturelle Leben in Graz, und er besucht begeistert Theatervorführungen und Vorträge.[7]

Die Wohnung ist mehr als bescheiden; der junge Mann lebt als Untermieter in der Wickenburggasse Nr. 5, mit Unterbrechungen durch Kostplätze, bis er 1873 einen eigenen Hausstand gründet.[8]

Als Mentoren und Förderer wichtig sind der Journalist Adalbert Viktor Svoboda (1828–1902) und der neuromantische Schriftsteller Robert Hamerling (1830–1889).[9] Mit dem etwas jüngeren Leobener Montanisten August Brunlechner (1849–1916) gab es eine intensive, fast intime Beziehung; zugänglich durch die von CHARLOTTE ANDERLE edierten Briefe.[10] Kontaktpersonen bilden naturgemäß das Lehrpersonal der Schule, ferner liberale Journalisten, Schriftsteller, Buchhändler, Verleger aus Graz, Wien und anderen Städten der Donaumonarchie, nicht zuletzt

Grazer Rathaus. Symbol des Nationalliberalismus

der spendable, kulturell aufgeschlossene Bierbrauer und Likörhersteller Johann Peter von Reininghaus (1818–1901) und seine Frau Theresia.[11]

Abgesang und Neuentwurf. Die beiden Annas

Der junge Schriftsteller wird zum Dichter einer untergehenden Welt, die er in seinen Mundartgedichten verklärt und der er damit zugleich ein unauslöschliches Denkmal setzt. 1868 wird die väterliche Wirtschaft versteigert, bald danach erscheint, wie aus der Pistole geschossen, ein fulminanter Abgesang: die Lyriksammlung *Zither und Hackbrett*; *Tannenharz und Fichtennadeln*, Geschichten, Schwänke, Skizzen und Lieder in Mundart; die umfangreichen *Sittenbilder aus den Alpen* sowie eine Geschichte aus dem „Hochlande" mit dem trefflichen Namen *Alpenglühen*. 1872 wird der Start zu einer unermüdlichen literarischen Tätigkeit: Nach dem Tod seiner Mutter beginnt Rosegger in der Waldheimat die ersten Entwürfe zu seinem ersten großen Erfolg: den *Schriften des Waldschulmeisters*.

Anna Pichler, seine erste Frau, hat der aufstrebende Künstler im Sommer 1872 kennen gelernt. Am 13. Mai 1873 erblickt die romantische Waldkirche in Mariagrün, im Weichbild von Graz, die Hochzeit des mittlerweile 30-jährigen Peter und der jungen und gebildeten Schönheit, Tochter eines Grazer Hutfabrikanten.¹²

Diese Heirat bedeutet einen großen Sprung vorwärts, und sie verbessert die finanzielle und soziale Situation des Poeten. Das (wie ich annehmen darf) glückliche Paar bezieht nun eine große Wohnung im Haus der Pichlers, und diese Beziehung wird offenbar zu einer Quelle der Inspiration und Lebensfreude. Der Sohn Sepp wird geboren, doch im März 1875 stirbt die junge Mutter, wenige Tage nach der Geburt der Tochter Anna.

Von links: Martha Rosegger, Wenzel Knaur, Peter und Anna, Tochter Anna, Vater Lorenz Rosegger, die Kinder Sepp, Margarete, Hans Ludwig Rosegger. Krieglacher Dichterklause (1890er Jahre)

In seiner Verzweiflung helfen dem schmerzzerrissenen jungen Mann lange Wanderungen, die man fast schon als Irrfahrten bezeichnen kann.

Daneben sind es vor allem zwei Projekte, die Rosegger wieder Fuß fassen helfen, seine Zeitschrift *Heimgarten* und die Planung für ein Landhaus im idyllischen Ort Krieglach. Rosegger kann es gar nicht mehr erwarten, wieder in der Waldheimat Fuß zu fassen, und so zieht er noch im Oktober des Jahres 1877 in den noch nicht einmal völlig getrockneten Bau ein – man sagt, sein Gesundheitszustand habe sich dadurch verschlechtert.¹³

Vier Jahre später, am 1. Mai 1879, heiratet der nunmehr 36-jährige Witwer wiederum eine Anna: die 19-jährige Tochter des befreundeten,

Titelseite des „Heimgarten" (1876)

wohlhabenden Wiener Architekten Wenzel Knaur. Dieser Ehe sollten drei Kinder entsprießen, der spätere Schriftsteller Hans Ludwig (1880), Margarete (1883) und Martha (1890). Dadurch ist Rosegger bis zu seinem Lebensende eingebettet in einen wachsenden Familienkreis.

Das Heimgarten-Projekt

1876 erscheint die erste Folge von Roseggers Monatsjournal *Heimgarten*.[14] Diese Hauszeitschrift ermöglicht ihm, mit seinem Publikum regelmäßiger und rascher in Verbindung zu gelangen, und sie sammelt Inspirationen aus den vielfältigen Kreisen, mit denen Rosegger in Verbindung steht, unter anderem aus der sich um 1890 herausbildenden Heimatkunstbewegung. In diesem Rahmen kann der Autor seine vielseitigen Interessen bündeln und seine Fähigkeiten konzentriert zum Einsatz bringen; es entsteht ein probates Forum, um neue Werke, Erzählungen wie Gedichte, rasch öffentlich zu machen und für diese zu werben.[15]

Peter Rosegger. Kohlezeichnung von Maria Keinol. Lichtbild Steffen (1888)

Verbindungen in Österreich-Ungarn bestanden auch zu Prag und Brünn, das heutige Brno. Gustav Heckenast (1811–1878), der aus der ungarischen Reichshälfte stammt, ist in den 1870er Jahren als Verleger und Briefpartner Roseggers interessant.[16] Und natürlich ist das damals aufstrebende Deutsche Reich als Kontakt- und Verbreitungsgebiet mit zu denken, das von Elsass-Lothringen im Westen bis Königsberg im Osten reichte. So erklärt sich auch, was Rosegger 1904 an Karl Lueger schreibt:

> Österreich nährt unsern Leib und unser Herz; dass unser Geist aber vorwiegend von Deutschland genährt wird, das kann freilich nur der Literatur- und Wissenschaftsmensch so ganz und tief empfinden. Ich habe mein Denken und Arbeiten so einzurichten gesucht, dass Österreich und Deutschland für

Im Krug zum Grünen Kranze. Von links: Wilhelm Rullmann, Emil Ertl, Ernst von Gnad, Hans Brandstetter, Peter Rosegger, Alfred von Schrötter, Wilhelm Kienzl (um 1905)

mich nicht Gegensätze sind, sondern einander ersetzen und vollenden. Österreich und Deutschland! Für meine Wesenheit ist eins so notwendig als das andere.[17]

Den *Heimgarten* leitet Rosegger eigenhändig bis 1910, er gestaltet und prägt ihn jedoch maßgeblich bis zu seinem Hinübergehen. Zur Auflagenhöhe der Zeitschrift gibt es unterschiedliche Angaben. Einigen Autoren zufolge lag sie in den Achtzigern und Neunzigern zwischen 3.000 bis 5.000 Exemplaren, KIRCHNER gibt in seinem *Deutschen Zeitschriftenwesen* für das Jahr 1890 eine Auflage von 7.200 Exemplaren an; damit erreicht der literarisch anspruchsvollere *Heimgarten* freilich nicht die Auflage von Familienblättern und illustrierten Zeitschriften.[18]

Was will der Schriftsteller mit seinem Medium? Auf der einen Seite unterhalten, das liegt ihm im Blut, und so sind viele Texte hintergründig, humorvoll oder ironisch und keineswegs immer todernst zu nehmen.[19] Dabei möchte Rosegger eingefahrene Denkgewohnheiten umstoßen und neuen Ideen Raum geben. „Ein ewig reger Lehrtrieb drängte nach Betätigung", meint etwas umständlich LATZKE, und der Germanist HIMMEL betont, das pädagogische Element sei in seiner Bedeutung vor dem ästhetischen gestanden.[20]

Dabei nimmt der *Heimgarten* zahlreiche Impulse auf, denen gegenüber er einerseits integrierend, andererseits kritisch bleibt. Roseggers eigene Texte sind teilweise von einem Perspektivenwandel und von einem Abwägen gekennzeichnet, der auch durch seine Alltags- und Leseerfahrungen beeinflusst wird. „Die Gedankenbahn verläuft nicht immer geradlinig, nicht im Einzelaufsatz und noch weniger in einer Reihe von Aufsätzen gleichen Themas", meint LATZKE.[21] Zu beachten ist ein Element der Selbstironisierung, welches das Suggestive vieler Texte überlagert.[22]

Der Wechsel der Betrachtungsebenen und die Suche nach Widerlegung des einmal eingenommenen Standpunkts zeigen einen lebhaften Intellekt und die Bereitschaft an, Meinungen anzupassen und scheinbar entgegengesetzte Haltungen spielerisch zu übernehmen.[23]

Heimgärtners Tagebuch, das in den späteren Lebensjahren an Umfang und Bedeutung zunimmt, kommt dieser Offenheit, diesem impressionistischen Suchen sehr entgegen. 1907 äußerte sich Rosegger über sein öffentliches und damit fiktionales Tagebuch, indem er sich selbst gar nicht so wichtig nimmt:

> Und da kommt mir das Tagebuchschreiben gelegen. Man hat Erlebnisse, Erfahrungen, allerlei Gedanken und Anliegen, man hat kluge Einfälle und törichte Schalkheiten – all das und noch vieles andere, wie die Zeiten und Stimmungen es geben, will hinausgesagt werden. Gut, ich schreibe es weiter.[24]

Vier Jahre vor seinem Hinübergehen hat Rosegger einmal darauf verwiesen, in wie vielen verschiedenen, teils gegensätzlich entworfenen Kunstfiguren er sich wiederfindet.

> Jakob der Letzte und sein Sohn Friedel und sein Sohn Jakerl bin ich, und die Herzogin Juliana und Martin der Mann, der Gottsucher Wahnfred und der Baumhackel, Peter Mayr und der dumme Tonele und seine Hanai und der Journalist Trauttendorfer und der Pfarrer im Torwald und der Michelwirt, und Hans Schmid, der leichtfertige Student, und Hans Schmied, das gute arme Pfäfflein – ich bin's, ich bin's.[25]

Fin de siècle. Die Grazer Geselligkeit

Unter Grazer Intellektuellen und Künstlern des Fin de siècle fühlte Rosegger sich wohl, und es entstanden zahlreiche und vielschichtige Begegnungsräume. So fand man sich ab Ende der 1880er Jahre in Kleinoschegs Altdeutscher Weinstube, dem gemütlich eingerichteten *Krug zum Grünen Kranze*, zugänglich über den Innenhof des Hauses Herrengasse 13.[26] Andere Treffs waren etwa der *Krebsenkeller* in der ebenso zentralen Sackstraße[27] oder, unter Wagnerianern, die neo-klassizistische Villa Hofmann im noblen Stadtteil Geidorf.

Teils als Gesprächspartner, teils als Freunde Roseggers sind etwa folgende Persönlichkeiten zu nennen: der Archäologe und Sprachforscher Wilhelm Gurlitt (1844–1905) und der Jurist und Musiktheoretiker Friedrich von Hausegger (1837–1899), Vertreter der landschaftsbezogenen Literatur wie Johann Krainz (1847–1907) oder Ferdinand Krauss (1848–1898), der damals populäre Schriftsteller und ab 1903 Vizepräsident des *Grazer Kunstvereins* Emil Ertl (1860–1935), der Bildhauer Hans Brandstetter (1854–1925) oder die Maler Alfred von Schrötter-Kristelli (1856–1935) und Paul Schad-Rossa (1862–1916), Tonkünstler wie Wilhelm Kienzl (1857–1941) oder Joseph Gauby (1851–1932). Im bürgerlichen Geselligkeitsverein *Schlaraffia Graz*, dem Rosegger ab 1889 angehört, trifft er unter anderem mit Karl Morré, dem jungen Industriellen Hans von Reininghaus (1867–1959) und Hans Brandstetter zusammen.[28]

Ich möchte hier nicht untersuchen, wie dicht diese Kontakte waren und wie lange sie andauerten. Jedenfalls vermerkt der Musikkritiker Ernst Decsey in seiner Rosegger-Biographie, dass man sich bis 1910 regelmäßig, bis in den Ersten Weltkrieg hinein noch gelegentlich getroffen habe.[29] Der Schriftsteller selbst äußert sich gegenüber seinem Mäzen Hans von Reininghaus (1896), dass es auf diesen Treffen um „ernste, tiefmenschliche Dinge" gehe.[30] Als der *Krug* Ende Oktober 1906 seine Tore schließt, notiert er, er habe dem Kreis „gar viele Erholung, Erheiterung und Anregung zu verdanken".[31]

Einflüsse der Wagnerianer.
Hausegger, Hofmann, Kienzl

Ist Rosegger irgendwann in seinem Leben Wagnerianer? Die Antwort lautet: *ja* und *nein*! Gewiss, er gehört wohl um 1900 dem Grazer *Richard-Wagner-Verein* an, belegt ist dies zumindest für die Jahre 1885 bis 1891 und die Jahre 1902 bis 1903.[32] Auch unterhält er teils regen Austausch mit Wagnerianern wie Friedrich von Hausegger (s. o.) und dem Architekten Friedrich Hofmann (1849–1931); Persönlichkeiten, deren Profil auch mit antisemitischen Diskursen verbunden ist.[33]

Hausegger schreibt für den *Heimgarten* in den Jahren 1888 bis 1894 zu philosophischen Fragen, aber auch zu den Raiffeisenkassen oder zum Vegetarismus.[34] Rosegger seinerseits bespricht dessen in den 1890er Jah-

Friedrich Hofmann (um 1915)   *Wilhelm Kienzl (Jugendbildnis)*

ren veröffentlichte musikästhetische Arbeiten: Werke wie *Das Jenseits des Künstlers*[35] und *Die künstlerische Persönlichkeit*.[36]

Friedrich Hofmann steuert im Zeitraum von 1884 bis 1911 einige Beiträge bei, etwa über *Die Kleidung der Zukunft*, zur Ernährungsreform oder über Fragen des Tierschutzes, und er registriert auch das 40-jährige Jubiläum des jungen Deutschen Kaiserreiches.[37]

Eine gewisse Rolle in der Vermittlung des Wagnerismus spielt der Komponist Wilhelm Kienzl, vor allem nach Hauseggers Tod. Der Leibarzt Roseggers, der Grazer Naturheilmediziner und Homöopath Julius Bogensberger, war seit dem Jahr 1897 Ausschussmitglied des Wagner-Vereins. Und schließlich wird Roseggers erster Sohn, der hochmusikalische Josef Peter (1874–1948), als „begeisterter Wagnerianer" geschildert.[38]

Wie sieht es mit dem Verhältnis zu Richard Wagner selbst aus? Manchen philosophischen Positionen stimmt Rosegger gerne zu, und er teilt Wagners Mitleidsethik. 1883 bespricht er Hans von Wolzogens *Erinnerungen an Richard Wagner* und betont, „wie tief, ernst und genial Wagner die Welt überhaupt und seine Aufgabe insbesondere aufgefasst hat".[39] 1904 verfasst er eine knappe Rezension zu Wilhelm Kienzls glorifizierender Wagner-Biographie über „eine große Persönlichkeit und

Friedrich von Hausegger, Grabrelief (Hans Brandstetter), St. Peter-Friedhof

ihre bewundernswürdigen Schöpfungen".⁴⁰ 1906 wird auf die Ablehnung von Tierversuchen verwiesen, auf die der Komponist großen Wert legte.⁴¹ Auch die Autobiographie *Mein Weltleben* lobt knapp die „sozialen, humanitären Bestrebungen Wagners".⁴²

Schriften, in denen die Wagnerianer den Komponisten und sich selbst vollmundig feiern, sind Roseggers Sache nicht, und so liest man zu Hans von Wolzogens *Charakteristik der wirklichen Wagnerianer* (1891) eine sehr zurückhaltende Rezension.⁴³ Kein Wunder, dass die Spitzen des Wagner-Vereins sich die Ohren volljammern über den hausbackenen Poeten, der sich so gar nicht auf die lichten Höhen des Meisters schwingen könne.⁴⁴

Mir scheint, dass sich Rosegger weder für Wagners Tondichtungen noch die von ihm aktualisierten Stoffe wirklich erwärmen konnte.⁴⁵ Einzige Ausnahme sind vielleicht die *Meistersinger*, so wird etwa das Entsagungsmotiv bei Hans Sachs goutiert.⁴⁶ Friedrich von Hausegger spricht jedenfalls in einem Brief an den Poeten dessen fehlendes Interesse für Wagners Opern an:

> Sie sind der erste, welcher für die sozialen und humanitären Bestrebungen Wagners Verständnis zeigt, ehe sich Ihnen seine Bedeutung als Künstler geoffenbart hat. Jene haben bei Ihnen einen kürzeren Weg genommen als den durchs Ohr und konnten ihn auch nehmen, weil es in Ihrem Gemüte eine Musik gibt, die des sinnlichen Reizes der Gehörnerven nicht bedarf, um zu erwachen. Wie selten ist dies der Fall!⁴⁷

Das Thema Antisemitismus

In den 1880er Jahren wurde vor allem in bürgerlichen Kreisen der Antisemitismus Mode. 1879 prägte Wilhelm Marr diesen Begriff. In gewohnt provokanter Art springt Rosegger im Jahre 1885 in den Diskurs, genau drei Jahre nach dem Linzer Manifest, das Karl Lueger, Victor Adler und Georg von Schönerer gemeinsam unterzeichneten. Es ist sein *Heimgarten*-Beitrag *Bekenntnisse aus meinem Weltleben. Mein Antisemitismus*.[48]

Die Frage, wie es um diese Tendenz in Roseggers Texten steht, hat 1977 WOLFGANG BUNTE zu seinem Buch veranlasst; er unterscheidet eine Phase, in welcher derartige Vorurteile häufiger auftreten (aus meiner Sicht ab 1880), von den letzten beiden Lebensjahrzehnten des Dichters, in denen sie rückläufig seien.[49] Dies könnte mit dem von BRUCE F. PAULEY konstatierten Rückgang des österreichischen Antisemitismus vor dem Ersten Weltkrieg in Verbindung stehen.[50]

Auf einige Stellen, die demnach Elemente von Rassenantisemitismus durchscheinen lassen, verwiesen (1993) KERNMAYER, SPÖRK und HÖFLER in einem gemeinsamen Aufsatz.[51] Für das Trio ist der Schriftsteller ein „Antisemit", wenn auch „im Kampf gegen die Antisemiten", wobei es seine eigenen, im *Weltleben* formulierten Selbstinterpretationen aufnimmt.[52] Kirchlicher Antisemitismus findet sich in der Gegenüberstellung von positiv empfundenen Eigenschaften als ‚christlich' und negativ gezeichneten Eigenschaften als ‚jüdisch' ; dazu kommen in einigen Texten auftretende Vorstellungen des „verfluchten Kain" oder des „ewigen Juden".[53]

Wirtschaftlich antijüdische Diskurse überschneiden sich mit der Kritik an der neuen kapitalistischen Produktions- und Lebensweise.[54] Belegbar ist, dass sich das mobile Kapital in Österreich (im Vergleich zur ersten Jahrhunderthälfte) aus teils neuen Schichten rekrutierte, die vielfach mosaischen Glaubens waren.[55] Diesen Sachverhalt erklärt der Antisemitismus nun als „rassisch bedingtes Faktum", wie etwa PAULEY ausführt.[56] Das schon angedeutete Lavieren Roseggers, seine Neigung zum Standpunkt- und Perspektivenwechsel, dazu vielleicht eine gewisse Neigung zur Selbstüberhöhung, zeigt sich auch in dieser Frage. Dazu passt der Satz, den man etwa in der Volksausgabe von *Mein Weltleben* lesen kann; er bezieht sich auf die Heine-Umfrage des S. Fischer Verlages und wird von KERNMAYER, SPÖRK und HÖFLER nicht vollständig zitiert. „Und wenn einer, der mich, den kleinen Rosegger, etwa ebensowenig kennt, als ich den großen Heine, nun fragen sollte, wer ich denn also eigentlich wäre, wenn nicht Philo- oder Antisemit? Dem die ergebene Antwort: Ich bin ich."[57]

Schließlich ist ein pragmatischer Aspekt aufzufinden, der Konflikte in dieser Frage auflösen möchte, etwa im Lichte einer entgrenzenden Naturerfahrung.[58] Um die Skizzierung dieses Themas abzuschließen, möchte ich auf teils gerichtlich ausgefochtene Auseinandersetzungen zwischen Rosegger und Kreisen um den völkischen Antisemiten Georg Ritter von Schönerer (1842–1921) verweisen.[59] ALFRED ABLEITINGER hat in seinem aufmerksamem Essay *Rosegger und die Politik* verdeutlicht, wie prophetisch der Autor vor den Gefahren dieser Tendenz gewarnt hat und dessen anti-utopische Vision angesprochen, „dass der Antisemitismus sich zu einem großen Schreckens- und Vergewaltigungssystem auswachsen wird".[60]

Über den Parteien

Rosegger ist durch die (in Österreich) kurze liberale Phase geprägt worden, und er behält einige liberale Leitbilder bei, vor allem einen ausgeprägten Individualismus. Mag sein, dass er dabei durch den Skeptizismus Robert Hamerlings beeinflusst war.[61] So verwundert es nicht, dass er einen ausgesprochenen Widerwillen entwickelt, wenn eine politische Partei ihn instrumentalisieren will.[62]

1891 reagiert Rosegger auf die zunehmende politische Fragmentierung in seinem prägnanten Text *Mein social-politisches Glaubensbekenntnis*. Er bespricht darin liberale, klerikale, nationale, antisemitische

Peter Rosegger im Garten seines Krieglacher Hauses

und sozialistische Richtungen, betont Übereinstimmungen, kommt aber immer zum notorischen Schluss, er könne nicht mit ihnen „gehen". Und er fasst seine Vorstellungen zusammen, so gebündelt wie selten sonst:

> Meine Ideale sind: Förderung des christlichen Lebens, der sittlich freiheitlichen Entwicklung des Menschen, Treue zum eigenen Volk, Versöhnlichkeit gegen fremde Völker, deutsches Gemüt auf unserem geistigen, deutsche Rechtlichkeit auf unserem wirtschaftlichen Gebiete, Befreiung der Armen aus geistiger und materieller Unmündigkeit, und für die schwerarbeitende Klasse ein menschenwürdiges Dasein.[63]

Diese Haltung ist eine des ‚Sowohl-als-auch': Rosegger ist christlich und zugleich liberal; er liebt Land und Leute, zugleich fordert er zum Verständnis anderer Kulturen auf; Emotionalität wie Rechtsempfinden werden angesprochen, schließlich ruft er zur Lösung der ‚Sozialen Frage' auf. Immer wieder verdeutlicht der Autor, dass er „keiner unserer Parteien angehören" will und dass er sich zur „Partei der Parteilosen" zählt.[64] Er will über Parteigrenzen hinaus wirken und verändern.

Krieg und Frieden. Für die Donaumonarchie

1891 bespricht Rosegger Bertha von Suttners Werk *Die Waffen nieder!*, das anhand einer Biographie in der Ich-Form kriegsbedingte Verletzungen und Verluste thematisiert, mit ihr verbindet ihn auch das gemeinsame Interesse am Tierschutz.[65] Der Autor prangert Militarismus und Militärwesen an, mokiert sich über den Standesdünkel der österreichischen Armee, deren angeblich lose Sitten, und er wendet sich gegen die Rekrutierung von Bauernsöhnen, die in der elterlichen Wirtschaft fehlen (etwa in den Heimatromanen *Jakob der Letzte* oder *Erdsegen*). Frieden und gewaltfreie Konfliktlösung werden in einem weiten Sinn befürwortet, 1903 hebt ein Aufsatz die Tätigkeit der Friedensbewegung hervor.[66]

Eine frühe Erzählung, *Der Flößer-Hans* (1878), wendet sich gegen die Doktrin vom ‚Recht des Stärkeren', von der Jagd bis zum Krieg:

> Viele Jäger sind des Hasen Tod! Aber wo der General dabei ist,

Bertha von Suttner (1896)

da fallen Rehe, Hirsche und gar noch edleres Wild – wenn man der weiten Schlachtfelder gedenkt! Es gibt Wesen, deren größte Passion es ist, zu töten [...] Der Stärkere hat Recht, o Herr, auf deiner schönen Welt. Die Krone der Schöpfung, der Mensch ist nur in Einem unendlich groß: in seinem Egoismus.[67]

Der Dichter verurteilt die Expansion der Doppelmonarchie nach Bosnien und in die Herzegowina (1909), in einer Reihe mit den Deutschliberalen. Als jedoch der Erste Weltkrieg losbricht, setzen sich auf allen Seiten Künstler und Intellektuelle für ihre jeweiligen Regierungen und deren Kriegsziele ein. Rosegger gehört zu jenen, denen die deutsche Sozialwissenschaftlerin HEIDE GERSTENBERGER (1969) einen geistigen Kriegsdienst unterstellt und die der Wiener Germanist KARL WAGNER als „Sinnsoldaten" bezeichnet.[68]

In der Donaumonarchie hoffen viele, durch die aufflammenden patriotischen bis chauvinistischen „Ideen von 1914"[69] könnten politische Zerfallserscheinungen aufgehalten und das im Nationalitätenkonflikt angeschlagene Staatswesen stabilisiert werden. Das gilt etwa für den (mit Rosegger bekannten) prominenten Journalisten Hermann Bahr, der damals durch Aufsatzsammlungen wie *Kriegssegen* (1915), *Das österreichische Wunder* (1915) oder *Schwarzgelb* (1917) hervortritt, die seine austrophilen Veröffentlichungen einleiteten.[70] In Österreich bildet zum Beispiel das Kriegspressequartier des Armeeoberkommandos einen Sammelpunkt für propagandistische Aktivitäten.[71]

Hermann Bahr (1900)

Durch derlei ist die patriotische Parteinahme mit zu erklären. Dazu kommt, dass die staatskritische Haltung des Dichters mit seiner zunehmenden Reputation und den zahlreichen öffentlichen Ehrungen abgeflacht ist, die einen bis heute anhaltenden Roseggerkult erzeugten.[72] Als Beispiele seien genannt: die Auszeichnung durch den Orden der Eisernen Krone (1898) und durch das Ehrenzeichen für Kunst und Wissenschaft

Rosegger mit dem Genremaler Franz Defregger

(1913) oder aber die Überreichung von Ehrendoktoraten mehrere Universitäten (Heidelberg, Wien, 1917 auch Graz).

Roseggers Äußerungen in diesem Zusammenhang sind, etwa durch LATZKE oder WAGNER, gut dargestellt.[73] Allerdings ist auf die Zwiespältigkeit mancher Zitate zu verweisen, wie ich sie hier wiederholt sichtbar mache. Das kann man etwa anhand einer 1915 verfassten Notiz in *Heimgärtners Tagebuch* erkennen: „Geben wir dem Kriege, was er haben muss, aber verschreiben wir ihm nicht unsere Seele."[74]

1916 hat Rosegger, gemeinsam mit dem kaisertreuen ‚Priesterdichter' Ottokar Kernstock, eine Lyrik- und Prosasammlung unter dem Titel *Steirischer Waffensegen* vorgelegt, die man mit den oben genannten Essaysammlungen Hermann Bahr vergleichen kann, wenn vielleicht auch deutsch-nationale Töne in Roseggers Beiträgen zum *Waffensegen* stärker ausgeprägt sind als bei Bahr.[75] Mit dem etwa gleichaltrigen Kernstock (1848–1928) pflegte Rosegger sicher seit 1884 Kontakt, 1906 traf man sich das erste Mal, und zu einer Kernstock-Biographie von Oswald Floeck schrieb der Schriftsteller das Geleitwort.[76] Ungeachtet dessen finden sich später im *Heimgarten* distanziertere Äußerungen und Friedenstöne, wie DEAN GARRETT STROUD betont hat.[77]

„In die Ewigkeiten"

Die Krieglacher Rosegger-Kennerin SABINE MARKETZ hat unterstrichen, dass im Kontext von „seelischen Erschütterungen des Krieges" Altersbeschwerden und Asthma des Dichters zugenommen haben.[78] Und sie beschreibt seine verbliebenen Monate, seine bis zum Dezember 1917 täglichen Spaziergänge durch den Grazer Stadtpark, in dem man damals Gemüse zur Versorgung der Hungernden anbaute. In einem Sonderwagen der Südbahngesellschaft fährt Rosegger am 29. Mai 1918 in die geliebte Waldheimat – wie sich zeigen sollte, ein letztes Mal. Nur kurz verbessert sich sein Befinden, dann wird er schwächer, zunehmend unorientiert. Am 26. Juni um 11.30 Uhr mittags hört sein Herz auf zu schlagen, und am 28. wird der Leichnam zu Grabe getragen, unter Anteilnahme seiner großen Familie, der ganzen Steiermark und unzähliger Menschen darüber hinaus. Am Friedhof des Marktes Krieglach liegen seine sterblichen Überreste, und Fichten aus Alpl halten die Grabwacht.[79]

Noch mehrere Monate, bis Anfang November, sollte der verheerende Krieg toben, Vorbote noch größerer Konflikte und Katastrophen, die bis in unsere Gegenwart reichen. Die Person Peter Rosegger, die ihren

Roseggergedenkstätte in Krieglach

Weg vom armen ‚Waldbauernbuben' zum hochangesehenen Schriftsteller ging, aber hatte Frieden gefunden. In seinem Gedicht *Waldstimmung* (1885) heißt es:

> Meine Seele kam her aus unendlichen Zeiten,
> Und wie der wandernde Vogel den Ast,
> So wählte den Leib sie zur kurzen Rast,
> Ehe weiter sie fliegt in die Ewigkeiten.[80]

Roseggers große Vision

Der Katastrophe entgegen? Peter Roseggers Diagnose

Peter Rosegger stand inmitten einer Periode rascher sozialer, wirtschaftlicher und technologischer Veränderungen. Viele dieser Veränderungen sieht er positiv. Und doch macht er gleichzeitig negative Entwicklungen aus, die man in Beziehung zur zeitgenössischen Dekadenzkritik stellen muss.

Dekadenzkritik ist ein Thema um 1900. Wie viele andere, die sich an Rousseau orientieren, verbreitet der Lebensreformer Wilhelm Zimmermann die Vorstellung eines „physisch-moralischen Verfalls der Culturvölker" (1894).[81] Im Alpenland drohe, so Rosegger (1914), eine „Entheimung" und „Entdeutschung unseres Volkes"; die Nation wird scheinbar durch Stadt, Industrie und Verkehr aufgesogen.[82]

Auf globaler Ebene entwirft der Autor das Schreckbild eines Raubbaus, der die Menschheit selbst gefährdet. Wie Rosegger etwa in seinem Aufsatz zur *Waldfrage in den österreichischen Alpengebieten* (1883) ausführt, liegt dieser Tendenz eine auf Gewinn beschränkte Sichtweise zugrunde: „Nach Geld, nach *Geld* ringt alles, des weitern halten wir die Augen zu, um nicht zu sehen, wohin wir treiben."[83]

Vier Jahre vor seinem Tode findet der Dichter noch einmal drastische Worte für seine Katastrophenerwartung: „Und dass an Zukunft niemand denken will, dass alles nur in den Tage hineinlebt, weckt in mir die Ahnung, dass nach uns die Sündflut kommt."[84]

Die ‚Weltstadt' Hartberg. Um die Moderne

Der Aufsatz *Die neue Weltstadt Hartberg* (1891), den Rosegger als *Spaziergang in der Heimat* vorstellt, zeigt, wie differenziert seine Zugänge zur Moderne sind. Der Dichter erreicht die damals bescheidene 1.700 Einwohner zählende nordoststeirische Bezirksstadt mit der von ihm so geschätzten Eisenbahn, und zwar im weiten Bogen über Fehring, Fürstenfeld, der damaligen ungarischen Grenze entlang. Bauliche Veränderungen des „traulichen Landstädtchens" entgehen Rosegger nicht, und er erfreut sich an dieser „modernen Kultur", den „modern eingerichteten Wohltätigkeitsanstalten, der Sparkasse, dem Lokalmuseum, dem Casino, dem äußerst zweckmäßig eingerichteten Bade" und der städtischen Kanalisation.[85]

Nur ein dutzend Zeilen des zehnspaltigen Essays umfassen eine Schreckensvision, mit einem Konglomerat von Schlägerungen, Auflösung der bäuerlichen Landschaft, Umweltverschmutzung und politischer Instabilität:

> Heute liegt Hartberg noch still in reiner Sonnenluft, die Hügel und Täler von fleißigen Bauern, emsigen Öbstlern, Winzern und fröhlichen Hirten mäßig bevölkert. Wie lange wird es dauern, und Fabriken entstocken die Wälder, entvölkern die Bauernhäuser, die Fabriksarbeiter schmieden Waffen und sozialkommunistische Pläne, und die Fabriksschlote speien ihren schmutzigen Qualm zu einem Dunstbrodem über die fahlen Gebäude.[86]

Diesem Schreckbild stehen Begriffe wie Sonnenluft, Winzer, Hirten gegenüber, die positive Vorstellungen auslösen; dies macht die Dramatik des Essays aus. Eine humorvoll geschilderte Synthese spielt mit der Vokabel ‚Weltstadt':

> Das eiserne Band zwischen dem lieblichen Orte an der Safen und der weiten Welt ist geknüpft; Hartberg ist aus einer Landstadt eine Weltstadt geworden, wenn vorläufig auch nur eine kleine. Die Welt wird noch lange stehen, und wer weiß, ob der Herrgott am Fuße des Ringberges nicht einmal eine große Stadt braucht. Der Platz dazu ist vorhanden, und für die Bevölkerung – sorgen die Leute.[87]

‚Zurück zur Natur!' Was es bedeutet

Roseggers erschließt Wege zu einem naturgemäßen, gesunden und erfüllten Leben. Er will damit die Zukunft um-schreiben, neu erfinden. Wer negative Folgen seines Handelns erkennt, hat die Chance, es zu korrigieren. Es geht um ein naturkoordiniertes Leben und nachhaltiges Wirtschaften, um eine, wie es der Biotechnologe ANTON MOSER formuliert, „Integration der Zivilisation in die Natur".[88]

Für diese Veränderung verwendete Rosegger das damals populäre Bild der „Wiedergeburt" (Regeneration). So klingt in den *Idyllen aus einer untergehenden Welt* (1898) die Hoffnung an, „dass irgendwo und irgendwann eine Wiedergeburt kommt, eine neue waldfrische Jugend".[89] Es geht um eine mentale Umorientierung, um neue Formen des Lebens und Wohnens entstehen, abseits schädlicher Umweltbedingungen.

„Der Mensch gehört nicht zwischen Stein und Staub hinein", so liest man in einem Brief an Ludwig Anzengruber.[90] Der bemerkenswerte Essay *Rückkehr zur ländlichen Natur* (1898) verdeutlicht ein weiteres Mal, dass sich der Diskurs nicht um den Gegensatz ‚Bauer – Herr‘, sondern um jenen von Land und Stadt dreht! Das von Jean-Jacques Rousseau geprägte Motto ‚Rückkehr zur Natur‘ wird verstanden im Sinne eines kultivierten und modernen Lebens im Grünen:

> Und wenn wir so die wirkliche Kultur in Kunst und Forschen, bereichert mit allen Erfindungen, Entdeckungen, auf das Land verpflanzen, dort zweckmäßige Wohnstätten bauen, entsprechende Nahrung genießen, Körper und Geist harmonisch betätigen und ergötzen – so möchte ich doch sehen, ob das Rückschritt ist! Rousseaus Rückkehr zur Natur hat einst zur Revolution geführt. Unsere Rückkehr zur Natur wird eine Reform bedeuten [...] Das zwanzigste Jahrhundert, an dessen Schwelle wir stehen, wird ein Zusammenbruch und eine Wiedergeburt werden. [...] Mein Rat ist der: Wenn Sie gesund und zufrieden werden wollen, so kehren Sie zurück zur ländlichen Natur, um dort als gebildeter Mensch Körper und Geist in richtigem Ebenmaße zu beschäftigen.[91]

1911 erwartet Rosegger nach einem Niedergang der großstädtischen Lebensqualität, insbesondere durch Versorgungskrisen, eine Wendung zum Besseren: „Die Krise zur Gesundheit wird kommen, man wird sie den Stadtkrach nennen – und dieser Krach wird ein vernünftigeres Zeitalter aufwecken."[92] Ein ‚vernünftigeres‘ Zeitalter – das ist ganz im Sinn der Aufklärung argumentiert.

Die Schriften des Waldschulmeisters (1875)

Rosegger will, wie er in seiner Autobiographie *Mein Weltleben* schreibt, Werte wie „die Gerechtigkeit, die Mäßigkeit, die Klugheit, die Starkmut und die Menschenliebe" verbreiten.[93] Ausgeführt hat er diese Perspektive in seinem ersten Bestseller, *Die Schriften des Waldschulmeisters* (1875): Es ist dies eine Sammlung fiktiver Tagebuchaufzeichnungen, die jedoch in reale historische Ereignisse eingeordnet wird und die mit dem Tod des Helden im Jahr 1864 endet.[94]

Der Protagonist Andreas Erdmann ist in einem repressiven Schulsystem, wie es Rosegger selbst so wenig geliebt hat, gescheitert. Er stürzt sich als Soldat auf wechselnden Seiten ins Abenteuer, kämpft 1809 mit Andreas Hofer gegen Franzosen und Bayern, nimmt am Russlandfeldzug Napoleons teil und tötet in der Schlacht bei Leipzig (1813) Heinrich, seinen besten Freund.

Nun folgt eine Zeit der mentalen Reinigung, der Katharsis. Dazu wählt Erdmann die unwegsame und einsame Gegend von Winkelsteg. Hier wird er als Heiler, Mediator und Lehrer tätig und lässt Schule, Kir-

Waldlilie. Denkmal von Hans Brandstetter im Grazer Stadtpark (1885)

che, Friedhof errichten. Damit entsteht eine organisierte Dorfgemeinde, die Anschluss an die Zivilisation findet.

In der Begegnung mit der 17-jährigen *Waldlilie*, einer natürlichen Schönheit, entdeckt Erdmann sein ästhetisches Ideal. Hier ist alles da, was das Herz des Wald-Pädagogen erfreut: Wildnis, ein seine Kreise ziehender Steinadler, „ein junges, schönes Weib, eine Wasserjungfrau!", von dem zunächst nur „die braunen, langen Locken" und das „blühende Antlitz", ein sonnengebräunter Hals und die „sanftgebauten, wiegenden Achseln" sichtbar sind, die „durch das Wasser wie schneeweißer Marmor" schimmern.[95]

Die Waldlilie bleibt als inspirierendes Symbol stehen, eine reale Beziehung zu ihr kommt nicht in Frage. Überdies ist für Erdmann immer mehr

Rosegger-Brunnen von Hans Brandstetter in Kapfenberg

Modell des Rosegger-Brunnens. Vorstudie (1907)

Einsamkeit angesagt, stille Meditation in die Bergwelt. Der Gipfel des Grauen Zahns, der als eine Art entgrenzender und entrückender Sehnsuchtsraum figuriert (er soll den Blick bis zum Meer ermöglichen), wird zur Wintersonnwende zu seiner Ruhestätte.

Mit dieser Kunstfigur verbindet Rosegger persönliche Hoffnungen, Visionen, Utopien. So schreibt er (1906) an den Grazer Bildhauer Hans Brandstetter, nachdem er einige zur Wahl stehende Modelle für das geplante Waldschulmeister-Denkmal besichtigt hat:

> Die Waldschulmeister-Rehgruppe über der Naturquelle sagt alles, was zu sagen ist, ohne dass mein Bild, mein Name dabei zu sein braucht. Willst Du ein Übriges tun, so kannst Du dem Waldschulmeister ja annähernd meine Gesichtszüge geben, so wie ich ja auch in der Seele mit ihm eins bin. Die Inschrift könnte lauten: ‚Dem Waldschulmeister' oder ‚Dem Waldpoeten'.[96]

Natur und Kultur, Stadt und Land

Rosegger fragt nach Konturen, Richtung und Zielsetzungen des Fortschritts, und er wendet sich dagegen, ihn zum Fetisch zu erklären:

> In aufsteigender Linie der Kultur bin ich für den *Fortschritt*. In absteigender Linie bin ich gegen den Fortschritt. Weil der Fortschritt in ersterem Falle ja zur Höhe führt, in letzterem dem Abgrunde zu.[97]

Dieser Satz zeigt ein Geschichtsverständnis, das die Möglichkeit katastrophischer Tendenzen einräumt. Die *Versprechungen des Fortschritts* seien zudem, wie der Autor meint, zu einem großen Teil nicht eingelöst worden.[98]

Wer nach der Weisheit der Natur leben will, tut dies durch vernünftigen Verzicht, durch verinnerlichte Werte. Der Weg zur Natur ist damit kulturell bestimmt, wie schon Rousseau unterstrichen hat. Auch wenn sich Rosegger von akademischer Eitelkeit distanziert, sind es individuelle

Peter Rosegger, Nordische Landschaft. Bleistiftzeichnung

Bildung,[99] modernes Kommunikations- und Verkehrswesen, der Horizont urbaner Umgangskreise, die für ihn eine Erneuerungsperspektive ermöglichen. Und so betont des Dichters *Weltleben*, dass seine „nachdenklichen und raisonnierenden" Werke „fast alle in der Stadt und durch deren Einfluss" entstanden seien.[100]

Landhaus Roseggers, Krieglach

Rosegger verweist auf die Notwendigkeit des Abbaus von Spannungen und Vorurteilen zwischen städtischen und ländlichen Schichten, eines sozialen Bündnisses, von Ausgleich und „Versöhnung zwischen Land und Stadt".[101] Diese Zielsetzung fließt in das Konzept des *Heimgartens* ein, der ein vor allem bildungsbürgerliches Publikum mit bäuerlichen Anliegen konfrontierte.[102] Stadtleben und Landleben – kein Gegensatz, sondern eine Ergänzung und eine Einheit.

Interieur im Landhaus Roseggers, Krieglach

Und so sind das großzügige Krieglacher Landhaus und die in Holzbauweise hinzugesetzte Dichterklause erfüllt von fleißiger, angespannter und vielleicht auch manchmal hektischer Betriebsamkeit. Als Siebzigjähriger berichtet er vom Pendeln zwischen Stadtwohnung und dem Sommerhaus:

> Mir gab das gütige Geschick alljährlich sechs Monate Erdenleben in der Stadt und sechs Monat *Paradies* auf dem Land. Kaum, dass der Winter seinen Höhepunkt überschritten hat, werden schon die Monate, die Wochen und endlich die Tage gezählt, bis das Landhaus zu beziehen ist.[103]

Rosegger zog es aus der Stadt, doch diese folgte ihm. Und so ist sein Aufenthalt in Krieglach keineswegs so idyllisch, wie er im *Heimgarten* zu bekennen scheint. Privat liest man es ganz anders, etwa in einem in der Wiener *Theatersammlung* erhaltenen Brief an den *Zeit*-Redakteur Hermann Bahr (1899):

> Dass der arme Mensch aber auch aus der Provinz gehetzt sein kann, so dass er kaum zu sich selbst kommt, das empfinde ich, der unmöglich imstande ist, die ihm gestellten Anforderungen zu erfüllen. Ich soll den *Heimgarten* machen, ich soll lesen, ich möchte dichten, u. ich soll rasten. Letzteres ist eigentlich die schwerste Arbeit für mich, weil's in mir niemals Ruhe gibt, u. so fühle ich oft, wie nötig mir das Ausrasten wäre![104]

Von den Naturmenschen

Zahlreiche Texte veranschaulichen den Weg zur Natur als seelische Reinigung und als eine Befreiung aus Verstrickungen, Verlockungen und Verbrechen: Die Erzählung *Die Blumenmutter* (1882) zeigt die Wandlung der Kindesmörderin Irene Eman, die sich durch Gartenpflege und Verbindung mit Pflanzen menschlich entfaltet.[105] Auch der *Waldschulmeister* Karl Erdmann überwindet seine Anhaftungen: durch bescheidene, konzentrierte Lebensführung und Dienst an jenen Dörflern, deren Mentor er wird.[106]

Als *Naturmenschen* können in Roseggers Werken etwa identifiziert werden: Der Kutscher Sabin in *Weltgift*, der sein Pferd nicht antreiben will, wenn es der Städter Hadrian auch noch so eilig hat. Im *Waldschulmeister* die Waldlilie, die als Kind bei Rehen Zuflucht findet und die, „das wildscheue Wesen", Erdmann als 17-Jährige aus einem Bergsee rettet und reanimiert. Oder der Knecht Toni, der seine Münzsammlung wegen ihrer Schönheit mag und nicht wegen ihres Geldwerts.[107]

Wohl auch jener „zeitlose Mann", wie ihn eine *Heimgarten*-Notiz darstellt, ein Mensch, der als „Feststeher" weder Einrichtungsgegenstände noch Mode wechselt und hierin einer unwandelbaren Natur entspricht, deren Frühjahrszyklen „immer frisch und schön" sind.[108]

Doch es muss nicht immer gut ausgehen: ein norddeutscher Lebensreformer, der im obersteirischen Landgasthaus den Vegetarismus predigt, träumt vor sich hin und wird von zwei Einheimischen brutal beraubt und erstochen. Dieses Szenarium findet sich im Roman *Die Försterbuben*, der 1955 verfilmt wurde.[109] Und ein edeldeutscher Christ, Pazifist, Vegetarier und Verfechter der Naturheilverfahren ist – wie der Titel der ‚bedenklichen' Erzählung beklagt – nach schlechten Erfahrungen mit Mitmenschen schließlich *Auf den Hund gekommen* (1896), dem allein er noch traut. Unter seinem Pseudonym ‚Hans Malser' schildert der Autor, was sich wie eine Zusammenschau eigener Ideale ausmacht:

> er kämpfte gegen die Vivisektion wie gegen konfessionelle Missbräuche, gegen üppiges Leben, gegen Alkohol und andere Gifte, er war gegen Zweikampf wie gegen Kriegslust, er war Vegetarier, lebte für Naturheilkunde, war ein begeisterter Anhänger der Friedensidee, ein glühender Gegner des rohen zynischen Klassen- und Rassenhasses. Ohne das Deutschtum viel im Munde zu führen, lebte er still und freudig die deutschen Tugenden. Und seine Kraft für das alles keimte aus dem festen Glauben, dass die Menschheit sich veredeln und vervollkommnen werde und müsse zu einem Reiche Gottes auf Erden, und dass jedes gute Wort und Beispiel ein Körnlein dazu beitrage.[110]

Leben und Glauben

Kirche der Zukunft

Vor allem die 1890er Jahre stehen im Zeichen einer Kirchenkritik, die liberal, aber auch reformchristlich geprägt ist. Ein frühes Zeugnis ist das Gedicht *Wer ist mein Feind?* (1884), in einer Lyriksammlung als *Kanzelspruch* veröffentlicht; es grenzt sich hier aus extreme Weise vom Geldprotz, Wissenschaftler, „Thronenwächter", Chauvinisten, aber auch dogmatischem Kleriker ab:

> Der Pfaffe ist mein Feind, denn meinen Gott,
> ich nahm ihn anders, als mir er ihn bot.[111]

Wiederholt reibt sich Rosegger am Jesuitenorden, angeregt durch den Philosophen Blaise Pascal.[112] Ein langer Beitrag im *Heimgarten* protestiert, als 1890 Anzengrubers Theaterstück *Das vierte Gebot* zum zweiten Mal nach der Erstaufführung 1877 zensuriert wird. Der (auch von Friedrich Engels geschätzte) liberale Dramatiker Ludwig Anzengruber (1839–1889), der mit dem Steirer befreundet ist, hat in diesem Schau-

Altarbereich der Pfarrkirche in St. Kathrein am Hauenstein

spiel Machtmissbrauch durch Eltern und religiöse Autoritäten angeprangert.[113]

Der Aufsatz *Eine Bitte an den Klerus* (1891) wendet sich gegen verpflichtenden Konfessionsunterricht in den Volksschulen; der Anspruch der katholischen Kirche wird hinterfragt:

> Dem Klerus ist bei unserer Volksschule nicht zu tun um Religion und Christentum, sondern um die Herrschaft. Nicht so sehr zwischen dem Messias und den Menschenkindern will er ein unzerreißbares Band flechten, als vielmehr zwischen Kirche und Volk. Der Klerus will sich aus sozialen und politischen Gründen der Menschheit bemächtigen.[114]

Das Gedicht *Betbrüada* (1893) gibt ein scherzhaftes Panoptikum bigotter und in ihrer Lebensführung brüchiger Christen, zu dem wiederkehrenden Refrain:

> Gebet in Ehrn! – Da Beter owa
> Der hot ouft seini Schwäch'n,
> Ma muas n nit gleich heili sprech'n.[115]

1896 betont der Dichter zum Konflikt um den *Religionsunterricht in den Oberrealschulen*: „Wenn der Katechismus nicht dem Evangelium, die Dogmenlehre nicht der Sittenlehre vorgezogen würden, es stünde anders." Er will eher die Ausstrahlung und Botschaft von Jesus beleuchtet sehen als kirchliche Ethik, Moral und Ritualwelt.[116]

Zur Jahrhundertwende steuert die Konfrontation mit der katholischen Kirche einem Höhepunkt zu. Damals wird der *Heimgarten* wiederholt Opfer der Zensur. So ziehen die Behörden etwa den für das Maiheft 1899 vorgesehenen Aufsatz *Wie ich mir die Persönlichkeit Jesu denke* ein.[117]

Im Rahmen des sogenannten Modernismusstreits betont Rosegger sein Unverständnis für das Alte Testament: „… für

Gedenktafel in der Pfarrkirche in St. Kathrein am Hauenstein

mich Christen ist die hebräische Bibel kein Dogma, eher ein verwirrendes Anhängsel."[118] Auch den Katechismus (ein kirchliches Glaubensbuch) rückt er in den Hintergrund, wichtiger ist ein innerliches Erleben des Göttlichen.[119]

1901 erscheint der Forderungskatalog *Wie ich mir die katholische Kirche der Zukunft denke*: Themen sind Priesterwahl durch die Gemeinde, Aufhebung des Zölibats, Trennung von Staat und Kirche, doch staatliche Kontrolle über kirchliche Einkünfte, schließlich die Rolle des Evangeliums als spirituelle Basis einer erneuerten Kirche.[120]

Der Gottsucher (1882)

Der Roman *Der Gottsucher* (1882) bezieht sich auf eine Episode aus der Ortsgeschichte des obersteirischen Dorfes Tragöß, gelegen bei Bruck an der Mur. Diese an einem Talende unter hohen Bergen idyllisch gelegene Gemeinde war schon in der Keltenzeit, wenn nicht früher, besiedelt. Seit dem Hochmittelalter befand sich hier eine Lehenspfarre des Stiftes Göß, der Pfarrer war somit zugleich Agent der Grundherrschaft. 1493 wurde ein Priester namens Melchior Lang ermordet, sein Totenkopf wird heute noch im Pfarrhof gezeigt.

Doch im *Gottsucher* ist nicht historische Rekonstruktion angesagt. Hier wird nach bewährter Manier eine Experimentalstation aufgebaut: es geht um naturreligiöse Traditionen, die Abrechnung mit der Kirche und die Suche nach Glück.

In der katholischen Ortschaft Trawies werden nach gutem Brauch die Ahnen verehrt; es wird der Jahreskreis gefeiert. Das Heilige Feuer bewahrt man fromm in einer Glutschale, gehütet durch den Druiden Gallo Weißbucher, dessen Namen altkeltische Vorstellungen anspricht. Dieses „liebe, traute" Feuer wird erstickt, es wandelt sich zu einer verstörenden und zerstörenden Kraft.

Denn der neue Priester, ein Pater Franciscus, faul, tückisch und grausam, will mit der Tradition brechen. Er lässt Soldaten das Heilige Feuer auslöschen; Weißbucher jedoch entzündet damit sein eigenes Haus: Fanal des Ungehorsams. Als der wütende Franciscus eine Strafaktion gegen das aufmüpfige Dorf plant, wird er durch den Schreiner Wahnfred beseitigt. Wahnfred ist Prototyp eines Eiferers, mit Glockentürmchen und Weihwasserbecken am Haus. Er will den Auftrag zum Priestermord aus Bibelzitaten herauslesen. Gesagt, getan. Die Kirche lässt Trawies daraufhin auslöschen, die Menschen flüchten in die umliegenden Berge und versinken in Gesetzlosigkeit. Auf diese Katastrophe setzt Rosegger noch eins drauf. Wahnfred lässt an abgelegener Stelle einen Kultort bauen, in dem er sich mit seinen Anhängern selbst lebendig verbrennt.[121]

Der Roman rechnet also mit religiöser Hybris und konfessioneller Verstiegenheit ab, weltfernem Idealismus wie reinem Materialismus, kirchlicher Machtentfaltung und manichäischem Sektierertum.[122] Doch es gibt eine Gegenwelt. Was bleibt, ist die Liebe zweier junger Menschen, Erlefried und Sela: „Ihre Gesichter waren rosig erblüht, ihre Herzen zitterten leise, zitterten selig nach, als hätten sie ihn gesehen, der von Ewigkeit zu Ewigkeit seinen Kindern die Freude gibt."[123]

Unter dem Titel *Ein steirischer Faust* hat der – damals im Zeichen eines deutschradikalen Antiklerikalismus stehende – junge Schriftsteller Hermann Bahr diesen Roman besprochen, und er merkt an:

> Ein idealer Geist zieht durch den Realismus des Werkes; der kämpft so gegen pfäffische Unduldsamkeit und römischen Dünkel wie er blöde aufgeblasenen Materialismus befehdet; der will, dass das Volk von den Fesseln starrer Dogmatik sich löse, aber er weiß auch recht wohl, dass ohne Ideale, ohne Götter, ohne Trost, der das Herz himmelwärts richtet, die Menschheit verfaulen und verpesten müsse, dass die Bestie in uns Schranken braucht, die nur der Glaube, sei's nun welcher immer, geben kann.[124]

Über den Konfessionen

Dass Rosegger sich für Toleranz gegenüber der kleinen steirischen Gemeinde der Altkatholiken ausspricht[125] und im Jahr 1900 einen Spendenaufruf für die Errichtung der evangelischen *Heilandskirche* in Mürzzuschlag verfasst, zeigt seinen konfessionsübergreifenden Ansatz. Während er sich auf den Kärntner Reformpriester Anton Vogrinec bezieht, steht er für eine naturnahe Spiritualität ein, die andere Glaubenssysteme toleriert, vor allem aber der Kontemplation Raum gibt.[126] Verinnerlichung des Glaubens, Abkehr von Dogmatik ist es, was für Rosegger angesagt ist und was er sich auch für die katholische Kirche wünscht.[127]

Einen Wechsel der Konfession wünscht der Autor nicht. Die katholische Tradition wirkt als Vorlage, aus der ausgewählt werden kann. In einem Brief an Adolf Kappus, erster Pastor der evangelischen Heilandskirche Mürzzuschlags (1900), heißt es:

> Da ich aber von Haus aus der katholischen Provinz angehöre, so nehme ich von dieser, was nach meiner Überzeugung mit dem Evangelium übereinstimmt, das übrige lehne ich ab.[128]

Für die katholische Kirche spricht auch, dass in ihr naturreligiöse Rituale und Bräuche Platz haben, dass sie integrativer ist als der Protestantismus. Rosegger unterstreicht: „Die besten Dorfkatholiken sind nur zu zwei Dritteln Christen; das übrige Drittel an ihnen ist der Abstammung gemäß pures Heidentum."[129]

Gott und Mensch. Der Roman I.N.R.I.

Seit Mitte der 1890er Jahre kommen im *Heimgarten* spirituelle Themen häufiger vor. Deutlich wird dies in der Serie *Ich glaube* (1895). 1901 geht das Buch *Mein Himmelreich* über den Ladentisch, voller religiöser Legenden, Selbstbekenntnisse, Erzählungen.[130] Roseggers Jesusbuch erscheint im *Heimgarten* ab Herbst 1902, 1904 dann als *I.N.R.I. Frohe Botschaft eines armen Sünders*, zu der 1905 eine Volksausgabe kommt; der Band sollte ein Hit werden.[131]

Die Serie *Ich glaube* hebt die zentrale Bedeutung der Bergpredigt hervor, die als „Kern der christlichen Lehre" gilt.[132] Wer Ideale wie Armut, Sanftmut, Gerechtigkeit, Brüderlichkeit etc. lebt, wird bereits im Diesseits beglückt: „Nicht sie *werden* selig, sagt Christus von allen denen, vielmehr sie *sind* selig."[133] Der „arme Wanderrabbi aus Galiläa" sei der passende Avatar:

> Durch ihn ist das Wort Fleisch geworden, in ihm ist die Lehre in Fleisch und Blut übergegangen, er hat sie gelebt, er hat gezeigt, wie man sie leben muss, dass sie zum Heile wird. *Unser* Heiland ist Jesus Christus.[134]

Der Beitrag *Er ist wiedergekommen* (1903) gibt einen Überblick über religiöse Tendenzen der Zeit, die Entstehung von Konfessionsparteien, Konversionen zum Protestantismus, Bedürfnis nach Ökumene, individuelle Mystik. Das Christusbild der Neuzeit unterscheide sich grundlegend von jenem des Mittelalters:

> Nicht mehr der arme, blutige, nur zur Entsagung und Selbstqualung führende, nicht der weltverneinende, sondern der starke, der weltrettende, der weltheiligende Christus. Er bringt nicht das Zagen, er bringt den Mut, er bringt nicht Trauer, sondern Freude.[135]

Die Spur Christi will der Autor in Kunst, Wissenschaft, Schule erkennen, im „Nationalismus, wenn er die Leute so führt, dass sie ihr Volk lieben, ohne fremde Völker zu hassen", oder auch in „sozialen Bestrebungen" wie Tierschutz, Vegetarismus, Alkoholkritik und Friedensbewegung.[136]

Roseggers private Äußerungen zeigen, wie intim dieser Zugang zu Jesus ist. So schreibt er etwa (1899) an Wilhelm Kienzl, Christus inspiriere ihn, zu sich selbst zu stehen und sich nicht von Autoritätsfiguren beeinflussen zu lassen: „Christus sagt mir: kümmere dich nicht um Leute und ihre Sitten, sei du selbst. Wo ich selbst sein darf, dort atme ich auf."[137]

Der Erlöser erscheint, wie uns ein Brief an Reininghaus (1901) zeigt, als jemand, der es ablehnt, sich materielle Güter anzueignen und dadurch ebenso eins mit der Gottesnatur wird wie mit der eigenen Seele:

> Er liebt die Armut, aber nicht so, als ob diese an u. für sich ein Verdienst sei, sondern darum, weil die Besitzlosigkeit, wenn sie nicht an Not grenzt, frei und sorglos macht, weil die Besitzlosigkeit zu jener Einfachheit der Lebensführung führt, die uns Zeit und Stimmung lässt, Menschen in höherem Sinne zu sein, den unendlichen Wert der eigenen Seele zu fühlen, die schöne Gottesnatur harmlos u. freudig zu genießen.[138]

Der Roman *I.N.R.I.* zeigt in der Rahmenhandlung einen Handwerker namens Konrad Ferleitner, der, angestiftet durch anarchistische Kreise, einen Terroranschlag ausführt und dafür zum Tod verurteilt wird; schließlich stirbt er an einem Infarkt. In den sechs Wochen, die ihm bis zur Hinrichtung bleiben, paraphrasiert er die Lebensgeschichte Jesu; diese situative Aktualisierung macht den Hauptteil des Romans aus. Man kann diese Nacherzählung auch als Meditation verstehen, als Mittel, die Todesangst zu überwinden und zu einer tranceartigen Gleichmut zu gelangen.[139] Zugleich knüpft der Text an den damals aktuellen Christuskult und das spirituelle Suchen an, wie nicht zuletzt die Verkaufserfolge von *I.N.R.I.* zeigen; Erscheinungen, die der *Heimgarten* aufmerksam kommentiert.[140]

Tolstoi und Frenssen

Wie viele andere Kulturkritiker wird auch Rosegger inspiriert durch den russischen Schriftsteller Graf Lew Nikolajewitsch Tolstoi (1828–1910). In seinen Texten tauchen die „Argumentationsschemata der deutschen Tolstoi-Kritik um die Jahrhundertwende auf (Tolstoi als der große Einsame, als der Egoist, als der Fanatiker, als Gewissen der Menschheit)", meint JÜRGEN LEHMANN.[141]

Tolstoi, 1901 aus seiner Kirche ausgestoßen, pocht demnach auf die Botschaft Christi. Indem er sie verwirklicht, will er sein wahres Selbst entdecken. So schreibt er in einer Besprechung des eindrucksvollen Be-

Leo Tolstoi. Lithographie

kehrungsromans *Auferstehung* (*Woskressenije*, 1899), in dem die seelische Wandlung des Protagonisten geschildert wird:

> Es ist ein auffallendes Zeichen der Zeit, dass die vernehmlichsten Dichterstimmen aller Kulturländer jetzt nach dem Evangelium rufen. Tolstoi ist darunter der lauteste. Er predigt mit Wort und Leben.[142]

Ein (wohl etwas oberflächlicher) Kommentar, geschrieben kurz nach Tolstois einsamem Abschied im Bahnwärterhäuschen von Astapowo, distanziert sich freilich von Tolstois ‚strengen Lehren' und ‚extremen' Haltungen, die Anhänger, Freunde und Familie verschreckt hätten. Ihn selbst, wirft sich Rosegger in die Brust, habe man als den „deutschen Tolstoi" bezeichnet:

> Beileibe nicht in der Kunst, die ‚kann' ich nicht und ist mir ja auch ziemlich gleichgültig, als vielmehr in der Sehnsucht nach sittlicher Vollkommenheit an mir und den Mitmenschen. Hier mag ich wohl so ein kleines Tolstoiserl sein. Allerdings ein recht zahmes und bequemes, mit dem großen verglichen.[143]

Und er setzt sein bekannteres pädagogisches Selbstbekenntnis hinzu:

> Wer die Menge aufwärtsbringen will, der muss breitere Straßen wählen, die in sachten Schlangenwindungen vielleicht auf den Rigi führen können, nie aber auf das Matterhorn.[144]

Inspiriert sieht sich der Autor in dieser Frage ferner durch Vertreter der Heimatkunst. Ein Beispiel ist der norddeutsche, damals nationalkonservative Dichter Gustav Frenssen (1863–1945), der in seinem Roman *Jörn Uhl* die letztlich erfolgreiche Sinnsuche eines von Schicksalsschlägen heimgesuchten holsteinischen Bauern beschreibt. Rosegger, der später auch den (kolonialistischen) Text *Peter Moors Fahrt nach Südwest* (1906) besprechen sollte, hebt den, wie er es sieht, christlichen Charakter des Heimatromans hervor:

> Ein Zeichen der Zeit, dass dieses derb realistische Werk von christlichem Geiste beseelt ist, kein Wunder, dass es von kirchlicher Seite bereits angefochten wurde, und zwar im eigenen Lande von finsteren Protestanten.[145]

Modernismus und Monismus

1907 richtet Papst Pius X. seine Enzyklika *Pascendi Dominici Gregis* gegen den Modernismus als eine kirchliche Reformtendenz, die nach einem Ausgleich mit naturwissenschaftlichen Axiomen suchte, etwa der Evolutionstheorie. Im nationalliberalen Graz herrscht große Aufregung, und Rosegger beeilt sich, diese Tendenz als „Ausdruck der geistigen Entwicklung" anzupreisen.[146]

Der Aufsatz *Das zwanzigste Jahrhundert* (1908) interpretiert und feiert den Modernismus als einen „fortschrittlichen Katholizismus".[147] Die hier anklingende Losung von der ‚Abkehr vom Mittelalter' ist in zahlreichen Texten zu finden, etwa in einem Rekurs auf den durch die Kirche hingerichteten Forscher und Entdecker Giordano Bruno (1548–1600).[148]

Mit der modernistischen Strömung kommt eine monistische Philosophie ins Gespräch. Einer ihrer Verkünder ist ausgerechnet Roseggers

Mentor, der nationalliberale Journalist Svoboda, etwa mit seiner *Kritischen Geschichte der Ideale* (1886). Wie WERNER HAHL zusammenfasst, argumentiert der demnach durch den Materialismus Ludwig Feuerbachs geprägte Zeitungsmann gegen einen Dualismus von „Körper/Seele, Mensch/Gott, Diesseits/Jenseits".[149] Svoboda will an einen Pantheismus anknüpfen:

> Die Weltanschauung der heidnischen Deutschen war ursprünglich ein poetischer Pantheismus. Dieser entsprang der [...] Annahme, dass die ganze Natur ein lebendiger Quell sei, aus welchem sich das Leben in Pflanzen, Tiere und Menschen gleichmäßig ergieße.[150]

Derartige Sichtweisen finden sich nun auch bei Rosegger, in Notizen oder Naturlyrik. Möglicherweise ein Grund, dass der deutsche *Monistenbund* auf seinen Beitritt hoffte. Pech! Denn der Autor gibt ihm über den *Heimgarten* (1906) zu wissen, dass man dort wohl „den Glauben an geoffenbarte göttliche Wahrheiten, den Glauben an übernatürliche Kräfte und Gewalten, den Glauben an ein himmlisches Jenseits" bekämpfe.[151] Auch von der Freidenkerbewegung, die aus der freireligiösen Bewegung entstanden war, distanziert er sich zu dieser Zeit.[152]

1911 lehnt er die Positionen des mittlerweile amtsenthobenen Pastors Carl Jatho (1851–1913), eines Exponenten dieser Strömung, deutlich ab und betont:

> Meine Sehnsucht schaut nach anderen Sternen aus. Nach einem Reich, das nicht von dieser Welt ist. – Von *dieser* Welt hat man bald genug.[153]

Zunehmend weist Rosegger die wichtigsten Propagandisten des Monismus zurück: Leute wie den Zoologen Ernst Haeckel (1834–1919), den Wissenschaftsautor Wilhelm Bölsche (1861–1939) oder den Chemiker Wilhelm Ostwald (1853–1932), Aushängeschild des *Monistenbundes*. Darauf deuten Bemerkungen in *Heimgärtners Tagebuch* (1912).[154] Im Nachlass finden sich zwei Briefe von Ostwald von 1912, die sich auf (mir nicht zugängliche) Äußerungen des Steirers beziehen. Sie zeigen, wie wenig sich die beiden Intellektuellen verstanden haben.[155]

Karma und Wiedergeburt

Mit der uns in Indien erhalten gebliebenen, auch europäischen Karma- und Wiedergeburtslehre ist Rosegger zunächst durch Grazer Freunde um den Wagner-Verein bekannt, wenn nicht vertraut geworden; sie war eine gewichtige ethische Grundlage auch für seine Haltung Tieren gegenüber.[156]

Seit Anfang der 1890er Jahre befasst sich der Autor mit Veröffentlichungen aus dem Bereich der Theosophie. Diese geistige Strömung sucht nach einer Kombination von Philosophie, Religion und Wissenschaft; sie bestand aus einem sich zunehmend differenzierenden Geflecht von Gruppen und Richtungen und stellt eine Vorstufe zum New Age dar. Ziel war es, das Leben auf eine geistige Grundlage zu stellen. Diese Tendenz hat damals in bildungsbürgerlichen Kreisen der Donaumonarchie einiges Aufsehen erregt.[157]

Beleg für dieses Interesse ist der sehr knappe Aufsatz *Neuer Durst nach religiösem Idealismus* (1893). Rosegger nennt darin das theosophische Journal *Die Sphinx*, das seit dem Jahr 1886 in Leipzig erscheint. Ferner angedeutet ist die durch den Theosophen Franz Hartmann (1838–1912) herausgegebene *Bhagavad Gita*, ein Gespräch zwischen dem Herrn des Himmels und dem Sohn der Erde, die aus indischer Philosophie und der Yoga-Lehre schöpft. Der *Heimgarten* lässt sich auf die Inhalte jedoch kaum ein; sie seien anregend, doch von geringem praktischem Wert.[158]

Wiederholt bezeichnet Rosegger die Wiederverkörperung als eine willkommene Weiterentwicklung des Lebens.[159] Sie bildet eine ausgleichende Gerechtigkeit: so erwartet er, dass den Vivisektoren „ihre Verbrechen gegen die Tiere einst schrecklich heimgezahlt werden".[160]

Das Leben ist ewig, bestimmt von „Wiederbelebung und Auferstehung der Substanz", heißt es im *Glaubensbekenntnis* (1896). Dies gilt im kosmischen wie im individuellen Maßstab. Auch die Erde wird, wenn sie untergeht, in einen neuen Tanz der Formen übergehen. Für den Menschen gilt das karmische Gesetz, eine Verbindung von „Ursachen und Wirkungen", die im folgenden Leben entweder erhöht oder erniedrigt, hin zu einer letzten Auflösung im Universum:

> Vervollkommnet sich ein Wesen in diesem Leben, so tritt es eben vollkommener in ein nächstes über, erniedrigt es sich hier, so wird es dort als niedrige Art wiedergeboren. Dieser Glaube dürfte recht sehr verstimmend wirken bei niedertrachtenden Kreaturen, ist aber wunderbar beseligend für den, der sich bestrebt, reiner und besser zu werden, denn er geht einem edleren, vollkommeneren Leben entgegen – er nähert sich Gott.[161]

Und in einem dem Tierschutz gewidmeten Essay meint der Autor – hier klingt die Wiederverkörperungslehre an –, dass „keiner von uns weiß, in welchen Balg er noch geraten kann!".[162]

Das wahre Selbst

Rosegger ist sich oberflächlicher Blendungen, Anhaftungen und Verstrickungen bewusst. In einem Brief an Ludwig Anzengruber, verfasst in der sehr glücklichen Zeit seiner ersten Ehe, 1874, findet man die amüsante Bemerkung, „die Welt" sei „ein Schaf im Wolfspelz".[163] Das Gedicht *Zuflucht im Walde* (1886) weist im Einklang mit alten esoterischen Lehren und damals aktuellen Philosophien darauf, dass Lusterleben und Leidenserfahrung benachbart sind:

> Ich komme aus dem argen Land
> Wo jede Lust ein Leid gebiert,
> Wo – trotz des kochend heißen Blut's
> Im Auge selbst die Träne friert.[164]

Gewiss muss man innerhalb der so geschilderten Welt der Formen handeln, seine Entscheidungen treffen, Aufgaben verwirklichen. Doch im Grunde ist nur eines wirklich notwendig: das ewige Selbst zu erfahren, ein *Ruhendes Sein* (Rosegger); jenes Selbst, das sich nach dem Abstreifen einer Form eine erneute Inkarnation sucht.[165] Deutlich macht dies die *Unterhaltung zwischen Leib und Seele* (1912): hier beklagt sich die Seele am Ende ihrer Inkarnation über die gewählte Lebensweise.[166]

Der Verzicht auf irritierende Leidenschaften sowie durch Manipulation erzeugte Bedürfnisse liegt somit nahe. Askese scheint in der hektischen Welt des Westens kein probater Weg. Besser ist da, eine positive, befreiende ‚Gegentat' zu setzen. „Vielleicht könnte man sagen, dass Unterlassen einer lockenden Sünde ohne Ausübung einer rechtschaffenen Gegentat überhaupt unmöglich ist", notiert Rosegger daher und setzt leichthin hinzu: „Manches Vergnügen besteht darin, dass man mit Vergnügen darauf verzichtet."[167]

„Dichte dir die Welt, wie sie dir gefällt!"

Ein Weg zum Selbst ist die Verbindung mit der Landschaft. Dies zeigt anschaulich Roseggers Bericht von einem Aufenthalt am Mittelmeer, der *Seelenlabe zu Abazzia* (1889): „Ich bin ein großes, unsterbliches Wesen, die Felsgebirge sind meine Knochen, das Weltmeer ist mein Blut, die Stürme sind mein Atem."[168] Deckungsgleich, wenn auch nüchterner, heißt es 1915 im *Tagebuch*: „In der ewig lebenden Scholle ist unser Heim, unsere Kraft, unser Frieden."[169]

Die Natur ist für den Autor eine unerschöpfliche Erkenntnisquelle, an der es sich zu orientieren gilt. Umgekehrt ist die Wahrnehmung der Landschaft vom Selbst abhängig, denn „der Mensch trägt seine Seele in die Natur hinein".[170]

„Dichte dir die Welt, wie sie dir gefällt", so lautet ein geflügeltes Wort, wie es Rosegger selbst gern anderen mitgegeben hat. Er geht von einer Erkenntnis aus, wie sie später das *Positive Denken* aufgegriffen hat: Die menschliche Wahrnehmung konstituiert die Wirklichkeit; worauf wir unsere Aufmerksamkeit richten, das wird größer und schiebt sich in den Vordergrund, während alles andere an Bedeutsamkeit verliert. Und so schreibt der Autor, schon unter Bezug auf die modernen Massenmedien und ihre manipulative Kraft:

> Lerne sehen! Lerne glücklich, künstlerisch sehen! Lerne das Gute und Schöne sehen, und gestalte es aus mit deiner Phantasie und schmücke es! Und das Widerwärtige lerne möglichst übersehen. [...] Vor allem weise zurück, und das kannst du leicht, was die Zeitung, die Literatur, die dramatische, die bildende Kunst usw. dir an Quälendem, Elendem und Schmutzigen aufdrängen will.[171]

Aufgehen in der Naturlandschaft, Meditation und Kontemplation führen zum Selbst. Doch ist eine *Vita activa*, Einsatz für das Wohlergehen und das Glück von Mensch und Tier, ebenso notwendig. Und so betont der Autor in einer Laudatio auf die rührige Grazer Präsidentin des *Bundes der Vogelfreunde*, Sophie von Khuenberg:

> Denn mit Gedanken und Worten allein, und wären sie noch so schön, erlöst der Mensch sich nicht [...] Die Menschen haben sich in Wohlfahrtsbestrebungen zu teilen. Der eine helfe hier, der andere dort.[172]

Und so erklärt sich auch die Idee, negative Gefühle durch solidarische Hilfe abzubauen:

> Wenn dich die Leute verdrießen
> Und Bitterkeit dich beschleicht
> So tu' ihnen rasch was Gutes,
> Und dir ist wieder leicht.[173]

Diese helfende Grundhaltung schließt die Seelen auf der Ebene unseres Planeten zusammen: „Je einiger die Wesen werden, desto geringer wird der Raum, der zwischen ihnen ist."[174] Auch Tiere sind eingeschlossen, und so schildert *Heimgärtners Tagebuch* eine Almszene: „Und endlich kam die Menschenweisheit: wie viel man doch gemein hat mit den Ochsen."[175]

Peter Rosegger mit Hedwig Hafner und Paula Rosegger (um 1900)

Land und Heimat

Bedeutung und Bedrohung der bäuerlichen Welt

Michael Hainisch, der spätere Bundespräsident, hat 1903 in einem *Heimgarten*-Aufsatz auf die Bedeutung von *Rosegger als Agrarphilosoph* verwiesen.[176] Diese Lebenswelt, keineswegs völlig autark, ist für den steirischen Schriftsteller durch sparsamen Umgang mit Energie und Rohstoffen, hohen Anteil an Eigenversorgung und kleinräumige Erzeugung gekennzeichnet.[177]

Bundespräsident Michael Hainisch

Zu Recht erscheint Rosegger die so bezeichnete Agrarwelt bedroht. Er sieht die alpine Bauernwirtschaft schwinden und die Menschen in Städten nach Arbeit und Brot suchen. 1868 wird die väterliche Wirtschaft, bekannt als „Vorderer Kluppeneggerhof", versteigert.[178] In nur zwei Jahrzehnten zwischen 1869 und 1890 sinkt die Bevölkerung von Alpl von 207 auf 135 Personen. Ein Großteil der landwirtschaftlichen Flächen wurde durch vermögende Großgrundbesitzer aufgekauft und zu Jagdzwecken aufgeforstet.[179]

Der Austromarxist Otto Bauer sollte in seiner spektakulären Schrift *Kampf um Wald und Weide* (1925) diese Entwicklung folgendermaßen markieren:

> In Niederösterreich waren es die Rothschild, Wittgenstein, Kupelwieser, Berl, in [der] Steiermark die Gutmann, Schoeller, Aichinger, Plange, die die Bauerngüter und bäuerlichen Alpen in Massen aufkauften und zu großen Jagdgütern vereinigten.[180]

Mittlerweile ist die Erosion der bäuerlichen Wirtschaft weiter fortgeschritten, nicht nur in der Waldheimat. 1910 waren auf dem Gebiet des heutigen Österreich noch etwa 40 % der Bevölkerung in der Land- und Forstwirtschaft tätig.[181] Genau ein Jahrhundert später, 2010, sind es noch 214.600 Personen und 2,56 % der Erwerbstätigen (inkl. Fischerei).[182]

Waldlandschaft um den Kluppeneggerhof

Der Bauernroman ‚Jakob der Letzte' (1888)

Roseggers Roman *Jakob der Letzte* ist im *Heimgarten* im Jahre 1887 und in der Buchfassung 1888 erschienen und seitdem, auch vom Autor selbst, vielfach interpretiert worden.[183]

Die Rahmenhandlung: In einem fiktiven steirischen Gebirgstal lebt der beständige Bauer Jakob Steinreuter mit seiner Familie. In der Umgebung werden die Höfe für einen reichen Unternehmer und dessen geplantes Jagdrevier aufgekauft. Antipode Steinreuters ist der Oberförster und Oberjäger Ladislaus, der die Absiedelung der Altenmooser betreibt, ein würdiges Gegenbild zu den sonst in der Heimatkunst – etwa bei Rudolf Hans Bartsch, Friedrich von Gagern oder Ludwig Ganghofer – penetrant heroisierten Jägerfiguren. Dieser Ladislaus, rothaarig und blauäugig, stammt, wie der Namen schon sagt, aus einer polnischen Familie, kommt anscheinend aus dem (1871 gegründeten) Deutschen Reich und schwärmt vom „großen deutschen Vaterland".[184] Der Autor zeigt sich hier mithin nicht als ‚großdeutscher Bekenner';[185] dieses Persönlichkeitsbild ist kein nationalistisches, sondern eher ein regionalistisches Mythologem.

Jakobs Familie schmilzt zusammen, der älteste Sohn, ebenfalls Jakob genannt, wird totgeglaubt, sucht jedoch das Weite; Friedel, der zweite Sohn, fällt im Krieg; die Tochter Angerl zieht mit ihrem Mann auf einen Hof in der Ebene. Schließlich kommt seine Frau ums Leben, als sie Kaiser Franz Joseph eine Bittschrift überreichen will und von seinen Soldaten „mit blankem Säbel" bedroht wird: „Die Maria fühlt in ihrem Gesichte das Schnauben der Rosse, an ihrem Haupte das Klingen des Säbels – sie taumelt in den Hintergrund."[186]

Der verbitterte Bauer wird durch den Förster immer mehr drangsaliert, schließlich erschießt er ihn in einem hochdramatisch inszenierten Duell und begeht Selbstmord. Die Ungerechtigkeit bleibt auch nach dem Tode: Der Oberförster wird „mit Gepränge hinausgetragen auf den Kirchhof", Jakob jedoch wie ein Hund „verscharrt in der Hochschlucht, genannt: Der Gottesfrieden".[187]

Was können wir Positives aus diesem Text für uns entnehmen? Naturdünger wird gegenüber dem (chemischen) Kunstdünger bevorzugt – wenn auch nur aus Kostengründen. Immobilien gelten mehr als das (rasch verschwendete, im Wert sinkende) Geld. Einfache, dauerhafte Kleidung ist besser als modischer Tand, ‚Prunk und Pflanz' (Rosegger). Der Suff, unkontrollierter Alkoholgenuss, wird angeprangert. Vorausschauendes Wirtschaften (Hochwasserschutz) wird propagiert. Das Militär wird als Zwangsapparat aufgezeigt, der die Menschen entwurzelt; Autoritätshörigkeit erweist sich als obsolet. Bodenständigkeit zählt, nicht zuletzt aufgrund eines ausgeprägten Ahnenkultes.[188]

Eine Perspektive erwächst ausgerechnet aus jener Eigenschaft, die der – im Roman als Leitthema angezogenen – Treue und Beständigkeit entgegengesetzt ist. Der verschollene Sohn hat in Amerika ein Neu-Altenmoos gegründet, wie Jakob vor seinem Tod erfährt. Jakob jun. unternimmt in der Folge abenteuerliche Fahrten; es verschlägt ihn nach Südasien (‚Ostindien') sowie nach Afrika und Amerika; er betreibt eine kalifornische Goldmine und flüchtet schließlich in das Hochgebirge der Sierra Nevada. In einem idyllischen Gebirgstal, „fast vergleichbar unserem Altenmoos daheim, nur dass die Bäche im Sommer versiegen", lässt er sich nieder.[189]

In Neu-Altenmoos, wo man die „Sitten der alten Heimat" hochhält, baut Jakob seinen ‚Reuthof', betreibt Viehzucht und Ackerbau, und heiratet aus einer Nachbarsfamilie ein Mädchen. Er hofft, „nach den Anzeichen, dass man mich in Neualtenmoos Jakob den Ersten nennen wird".[190]

Der Heimatroman ‚Das ewige Licht' (1897)

Roseggers Roman *Das ewige Licht* (1896) entwirft eine Experimentalstation: Sie soll anhand des Dorfes mit dem sprechenden Namen St. Maria (im abgeschiedenen Torwald) zeigen, wie sich der Niedergang bäuerlicher Strukturen auswirkt.

Das Schema ist einfach genug. Doch haben wir es eben mit einer Fiktion zu tun, mit deutlich anti-utopischem Einschlag. Soziale Entwicklungen wie Verarmung, Verrohung oder Klassenkampf werden überdies kommentiert aus der Perspektive des zunehmend verwirrten Priesters Wolfgang Wieser. Dieser rekapituliert:

> Es ist, als ob eine Seelenseuche läge über aller Welt, als ob das Sonnenlicht vergiftet wäre, das sonst so voller Segen und Gnaden niedergeleuchtet hat aufs grüne Waldland![191]

Doch erzählen wir von Beginn an: In der Berggemeinde St. Maria herrschen bäuerliche Wirtschaft und Handwerk vor, soziale Fixsterne sind neben Pfarrer Wolfgang Wieser der Lehrer Michael Kornstock, der jedoch dem Locken der Großstadt Wien folgt, um als Bettler wiederzukehren. Es gibt auch Außenseiter, darunter, sehr positiv gezeichnet, der Waldmensch Rolf mit seinen urchristlichen Idealen.

In diese entlegene Ortschaft kehrt zunächst der Tourismus ein, dann die industrielle Produktion, schließlich wird in einer letzten dramatischen Wendung sogar der Kirchenhügel auf der Suche nach Bodenschätzen aufgewühlt: ein Bild, das die Unterminierung des Heiligen durch rein wirtschaftliche Interessen verdeutlicht.

Jener Unternehmer, der sich in der Gemeinde niederlässt, ist mosaischen Glaubens; in der *Heimgarten*-Fassung der aus Prag kommende Isidor Ritter von Guldner, in der Romanfassung der aus Budapest stammende Isidor Ritter von Yark, einer der Emporkömmlinge des sogenannten ‚Briefadels'. Der statusbewusste Unternehmer, der sich schon als der neue ‚Herr' der Gemeinde aufführt, begegnet in der Arbeiterschaft seinem Antagonisten und ‚Totengräber' (Karl Marx). Es ist Pfarrer Wieser, der ihn vor dem proletarischen Lynchmob rettet. Isidors Sohn wird als warmherzig und bescheiden charakterisiert, und Wieser nimmt ihn in die katholische Kirche auf. Bemerkenswert, dass Rosegger einen Kriminellen, den Holz-Hoisel, zum Antisemiten macht.[192]

„Glück auf dem Lande": Rezeption Heinrich Sohnreys

Es geht Rosegger darum, die Aufmerksamkeit der Öffentlichkeit verstärkt auf Entwicklungen in der Landwirtschaft und der bäuerlichen Kultur zu lenken; ähnlich wie in Norddeutschland der Lehrer, Redakteur und Schriftsteller Heinrich Sohnrey (1859–1948).[193] Der Steirer hat sich seit Mitte der 1890er Jahre mit Sohnrey beschäftigt, zu einem Zeitpunkt also, da sich dieser nach seinen Aktivitäten in Hildesheim, Northeim und in Freiburg im Breisgau bereits in Berlin-Steglitz angesiedelt hatte. Dort richtete er im Oktober 1896 mit Hilfe des preußischen Landwirtschaftsministeriums einen *Ausschuss für Wohlfahrtspflege auf dem Lande* ein.

Der *Heimgarten* bespricht das fiktionale Werk, das sich vor allem einer Schilderung ländlicher Charaktere widmet, die sich im großstädtischen Leben behaupten müssen.[194] In Sohnrey erblickt Rosegger „einen treuen Gesinnungsgenossen und unermüdlichen Mitkämpfer für die Wohlfahrt der Landbevölkerung"; der Schriftsteller habe erkannt, dass der „Zug nach den Städten die Wurzeln der deutschen Volkskraft untergräbt"; er wolle diese Tendenz „auf dem Wege unermüdlicher Friedensarbeit" aufhalten.[195]

Mitte der 1890er Jahre bespricht Rosegger Sohnreys sozialpolitisches und pädagogisches Jahrbuch *Landjugend*.[196] In seiner Rezension der durch Heinrich Sohnrey seit 1893 herausgegebenen Reformzeitschrift *Das Land* beklagt Rosegger mangelnde staatliche Investitionen in den ländlichen Raum: „Es ist im Norden wie im Süden dasselbe: nichts für das Land, alles für die Stadt."[197]

1905 befasst sich der *Heimgarten* mit Sohnreys Sammelwerk *Kunst auf dem Lande*, das auf die künstlerische und gesellschaftliche Bedeutung von „Wohnhäuser[n], Einrichtung, Dorfkirche, Kirchhof, Dorfschule, Dorfgarten, Tracht und Schmuck" verweist.[198] Wenig später wird der im Zeichen der Reagrarisierungsbestrebungen stehende ‚Wegweiser' *Das Glück auf dem Lande* dargestellt und das Erscheinen von Sohnreys *Dorfkalenders* vermerkt.[199]

Verteidigung und Modernisierung der bäuerlichen Wirtschaft

Rosegger leistet einen Beitrag, die traditionelle bäuerliche Wirtschaft zu modernisieren. Eingebettet ist dieses Bemühen historisch in den Übergang vom liberalen zum organisierten Kapitalismus, zum politischen Korporatismus und zur Phase demokratischer Massenparteien. Auf der Ebene der sozialen Bewegungen bildeten sich Kredit- und Sparvereine ebenso wie Einkaufs-, Verkaufs- und Produktivgenossenschaften, eine Entwicklung, auf die das Gesetz über Erwerbs- und Wirtschaftsgenossenschaften (1873) reagierte. Helfend einzugreifen versuchten auch die Agrarreformen der konservativen Regierung des Grafen Eduard von Taaffe: mit den Getreideschutzzöllen (ab 1879), mit der Wuchergesetzgebung (1881), der Unterstützung des Genossenschaftswesens und der Förderung der Raiffeisenkassen, später auch Reformen des Grundverkehrsrechts.[200]

Rosegger begrüßt diese Tendenzen.[201] Doch bleibt er skeptisch, ob derlei Maßnahmen ausreichen, und er fordert wirksamere Veränderungen, um seine Utopie umzusetzen: „Große Vereinigungen müssten sich bilden, große Mittel müssten aufgebracht werden, um den Zug in die Stadt aufzuhalten."[202]

Im bäuerlichen Genossenschaftswesen sieht Rosegger eine wirksame Hilfe für die Landwirtschaft. Den Wagnerianer Friedrich von Hausegger, der eine *Erste steiermärkische registrierte Selbsthilfegenossenschaft m. b. H.* und eine *Selbsthilfegenossenschafts-Vorschußcassa m. b. H.* mitbegründete, bittet er 1888 um einen Aufsatz über die Raiffeisengenossenschaften, der dann auch publiziert wurde.[203]

Als einen engagierten Vorläufer der bäuerlichen Selbstorganisation feiert der Dichter 1904 einen Vorarlberger Genossenschaftspionier, den liberalen, früh verstorbenen Bauern aus dem Bregenzerwald, Franz Michael Felder (1839–1869).[204] Während des Ersten Weltkriegs empfiehlt er die Direktvermarktung von Lebensmitteln.[205]

Modernisierung der bäuerlichen Wirtschaft bedeutet, einen Entwicklungsprozess vom traditionellen zum rationellen Landbau, wie ihn der naturverbundene Agrarwissenschaftler Hans Bach so treffend dargestellt hat.[206]

Vor allem technologische Innovation soll die Arbeit am Bauernhof verbessern. Das „überhandnehmende bäuerliche Elend" sei die Ursache dafür, dass noch „mit hölzernem Pfluge" geackert und „Wagen mit hölzernen Achsen" verwendet würden. Rosegger fordert die Erhöhung der

Produktivität durch „ordentliche Werkzeuge" und „praktische Maschinen".[207]

Zahlreiche Beiträge im *Heimgarten* zeigen Anklänge an die damalige Hygienebewegung, etwa die *Anklage in Bezug auf die Kinderpflege der Älpler* (1878) oder der Aufsatz *Über den Reinlichkeitssinn in unserer Bevölkerung* (1899), der sich für Verbesserungen der Badekultur ausspricht. Auch in diesem Bereich ist Rosegger ein Anwalt des Fortschritts.[208]

Ein ganzes Spektrum wirtschaftlicher und sozialer Themen wird angeschnitten: Die drückende Steuerlast soll verringert werden. Auch Mittellose sollen heiraten dürfen. Menschen mit psychischen Auffälligkeiten sollen integriert und dürfen nicht aus dem sozialen Leben ausgeschlossen werden.[209]

Die Frage der Altersversorgung im bäuerlichen Bereich klingt etwa in Roseggers Besprechung des Volksstücks *S'Nullerl* (1885) an, in dem der Schriftsteller und Politiker Karl Morré (1832–1897) die düsteren Lebensbedingungen der so genannten ‚Einleger' anklagend darstellt (mittellose Personen, die im Alter gegen geringe Arbeitsleistung Nahrung und Quartier auf wechselnden Höfen fanden).[210] Die Altersversorgung wird als Rezept gegen die Landflucht empfohlen; sie soll verhindern, dass „die Leute von solchen Sorgenhütten abspringen und in die Fabriken laufen".[211]

Tourismus und Volkskunde

Wenn der Autor den Tourismus auch bisweilen kritisch sieht, etwa in seinem Beitrag *Tourismus und Bergfexerei*,[212] so erkennt er doch in diesem Wirtschaftszweig einen bedeutenden Entwicklungsfaktor für benachteiligte Gebiete. 1884 vermerkt er, „dass sich mancher verrottete Flecken, mancher armselige Bauernhof in den letzten Jahren zu einem kleinen Luft- oder Kaltwasser-Kurort, zu einer lieblichen Sommerfrische umgewandelt hat". Das bäuerliche Einkommen vergrößere sich, und die Infrastruktur werde verbessert, etwa durch Errichtung von Bädern oder Gasthöfen.[213]

Eine Begleiterscheinung des Tourismus waren literarische Versuche, den ländlichen Raum volkskundlich zu erfassen und damit für seine Reize zu werben; Versuche, wie sie auch der *Heimgarten* unterstützte. Dies belegt ein Beitrag des aus Graz stammenden Schuldirektors Karl Reiterer, der zu Roseggers Lebzeiten noch mit Werken wie *Ennstalerisch* (1913) oder *Altsteirisches* (1916) hervortreten sollte.[214]

Sommerfrischenkultur in Aussee. Mittig: Hans Brandstetter mit Frau, Wilhelm Kienzl mit Frau und Hund Tristan (1906)

Vorgestellt wird auch die aus bäuerlichen Verhältnissen stammende Rosalia Fischer, die wiederholt für den Heimgarten publizierte und um 1910 nach Kalifornien auswandern sollte. Ihr *Oststeirisches Bauernleben* (1903) berichtet über Architektur und Gesellschaft ihrer Herkunftslandschaft, den bäuerlichen Jahreslauf und Elemente des Brauchtums.[215] Zur 1906 veröffentlichten zweiten, erweiterten Auflage des Buches vermerkt der Autor:

> Ich kann mir eine Schilderung des Landvolkes nicht schlichter, nicht wahrhaftiger und nicht liebreicher denken, als sie Rosa Fischer bietet, das tapfere ‚Bauern-Dirndl' von Hartberg.[216]

Stadt und Land.
Der philosophische Dialog „Rückkehr zur Natur"

Kultur und Bildung sollen am Land um sich greifen. Dies führt der philosophische Dialog *Rückkehr zur Natur* (1892) aus, der als Vorbilder die amerikanischen Farmer und die Schweizer Bauern nennt. Hier diskutiert ‚Peter' – die Ich-Repräsentanz des Autors – mit einem skeptischen ‚Moriz'. Leitbild ist eine Verschmelzung der Vorteile von Land und Stadt:

„Die städtische Intelligenz, mit den ländlichen Verhältnissen gesellt, gibt erst das Richtige."[217]

Peter verwehrt sich gegen das Argument, er wolle den Rückschritt: Es geht nicht darum, „dass der Städter verbauern solle, sondern dass auch der Bauer die Errungenschaften der Zivilisation genieße"; Errungenschaften, die in einer „Zeit der Eisenbahnen, des Telegrafen und des Telefons wohl auch auf dem Lande" verbreitet werden könnten.[218] Und er präzisiert:

> Eine freundliche, reinliche Wohnung, ein bequemes Kleid, eine schmackhafte Nahrung, Maschinen zur Arbeit, Bücher, Kunstgegenstände für Geist und Gemüt, kurz alles, was das Leben verschönert, ohne den Beruf zu schädigen, möchte ich eingeführt wissen im Landhause, im Bauernhof.[219]

Um das bäuerliche Leben in diesem Sinn attraktiver zu machen, ist somit eine grundlegende Verbesserung der Infrastruktur erforderlich.[220] Heilstätten, Schulen und Kirchen sollen auf dem Land errichtet werden, das Bildungswesen entfaltet. Aus der mit Rosegger verbundenen Heimatschutzbewegung sprießen so wichtige Vorhaben wie die durch Josef Steinberger (1874–1961) im Jahre 1910 gegründete Bäuerliche Haushaltungsschule oder ein *Verein für bäuerliche Jugendbildung* (1916).

Rosegger steht auch Pate bei der Gründung eines landwirtschaftlichen Fachblattes, das der junge Agrarjournalist Leopold Stocker (1886–1950) entwickelt, und er rät ihm, weder „Bauerngeschichten" noch „Bauernmundart" zu verwenden. 1917 sollte diese erste Fortbildungszeitschrift unter dem Titel *Die Landheimat* entstehen.[221]

Waldschule und Schulvereinsprojekte

Die durch Rosegger initiierte und 1902 eröffnete Waldschule in Alpl ist im Geiste einer Ganzheitspädagogik mit Werkstätten, Gemüsegärten und einem Bienenhaus versehen. Sie soll handwerkliche Ausbildung ebenso ermöglichen wie den Einblick in die natürliche Umgebung.[222] In seiner Eröffnungsrede unterstreicht der Dichter die Notwendigkeit umfassender bäuerlicher Bildung: „Lernet, so viel Euch möglich ist, zu lernen, richtet Eure Wirtschaften mehr nach den Zeitverhältnissen ein."[223] Sieben Jahrzehnte blieb die Waldschule regionales Bildungszentrum, sie ist heute Museum.

Auch die an den Sprachgrenzen initiierten Vorhaben des *Deutschen Schulvereins 1880* sahen sich unterstützt. Dieser Kulturverein unterschied sich damals durch seine größere Breite von der (seit 1907 anti-

„Helfet bauen!" Postkarte für die Sammlung des „Deutschen Schulvereins" (1909)

Waldschule in Alpl

semitischen) *Südmark*.[224] „In einer schlaflosen Nacht fiel es mir ein, wie man für den Zweck zur Erhaltung des Deutschtums in Österreich ein paar Millionen Kronen zusammenbringen könnte", notiert Rosegger (1909).[225] Gesagt, getan. Im Mai erscheint im *Heimgarten*, aber auch in Tageszeitungen ein Aufruf des Dichters, für Kindergärten und Schulen eine Summe von zwei Millionen Kronen zu sammeln.[226]

Bausteine werden ausgegeben, und der Steirer unterzeichnet eigenhändig um die 20.000 Werbebriefe, eine unglaublich aufreibende Arbeit. Doch was für ein Erfolg: Es kommen über drei Millionen Kronen zusammen![227] Wofür diese beträchtlichen Gelder verwendet wurden, teilt der *Heimgarten* drei Jahre später mit:

> Von dieser Sammlung (wieder nebenbei gesagt) sind bisher teils ausbezahlt, teils bewilligt worden[:] Beträge für 19 Schulbauten und Schulherstellungen, für 47 Schulbauunterstützungen und für 17 Kindergartenbauten respektive Unterstützungen.[228]

Zurück aufs Land? Erdsegen und Weltgift

In seinem Werk *Die bürgerliche Gesellschaft* (1866) forderte der konservative Kulturhistoriker und Begründer der Volkskunde, Wilhelm Heinrich Riehl, seine Landsleute auf, in ländliche Gegenden umzuziehen.

Denn nur so könnte die Balance von Stadt und Land wiederhergestellt werden.²²⁹

Vier Jahrzehnte später nimmt Rosegger diesen Appell auf, doch sieht er seine Erfolgsaussichten recht nüchtern. Er meint, dass es keinen Städter reizen würde, sich als Knecht in der Wintersaison an einem Bauernhof zu verdingen; es bleibt also bei der Perspektive eines sommerlichen Erholungsaufenthalts, begleitet von körperlicher Arbeit. Deswegen auch

Peter Rosegger und sein Bruder Jakob um 1903

Klagen über das „Dienstbotenelend", verstanden als Schwierigkeit, ausreichend „Burschen" und „Dirnen" für Haus und Hof zu engagieren.²³⁰

Diese Ferienjobs bieten auch den Hintergrund jener Vision, die der ‚Kulturroman' *Erdsegen* (1900) ausführt; im Untertitel *Vertrauliche Sonntagsbriefe eines Bauernknechts*, Echtzeit suggerierend.²³¹ Die Rahmenhandlung: Der Journalist Hans Trautendorffer verdingt sich aufgrund einer Wette auf dem entlegenen Hof des Adamshausers als Knecht. Die Verhältnisse dort sind nicht gerade idyllisch: Ein Sohn des Bauern ist zum Militärdienst eingezogen, der andere beim Wildern angeschossen und arbeitsunfähig, der Jüngste geht zur Schule. Die hübsche Tochter Barbel ist schwanger, der Kindesvater, ein Lehrer, heiratsscheu. Als schließlich

Titelvignette des „Heimgarten", Geburtstagsausgabe (1903)

der (wie Rosegger selbst) an Asthma leidende Adamshauser im Schock über die ‚Entehrung' stirbt, springt Trautendorffer ein. Er heiratet Barbel, die er lieb gewonnen hat, und er wird die Bauernwirtschaft zeitgemäßer gestalten. Das alte, konservative Bauerntum ist gescheitert, es wird Zeit für ein neues, fortschrittliches. Die Arbeit mit dem Boden selbst ist dabei kein Hindernis, sondern Herausforderung, nicht lähmend, sondern belebend: „Aus der Scholle sprießt Kraft für die ganze Welt und Segen für den, der sie berührt. Erdsegen."[232]

Den Gegenpol dazu stellt der Roman *Weltgift* (1903) dar: Hadrian Hausler, Sohn eines Industriellen, sucht Heilung auf dem Land, doch ist er schon zu sehr vom ‚Weltgift' zerfressen, und so kann er nur andere herabziehen. Auch andere Figuren des Romans, etwa ein Nietzscheaner und ein Mediziner, der sich in Tierversuchen gefällt, demonstrieren einen demoralisierenden Einfluss der städtischen Lebensweise.[233]

Auf neuen Wegen: Landsiedlung und Schrebergärten

Seit Mitte der 1890er Jahre entwickelte sich vor allem im Deutschen Kaiserreich eine namhafte Siedlungsbewegung, damals Innenkolonisation genannt, mit der Forderung nach Bodenreform und staatlicher Wohnbauförderung verbunden.[234] In Österreich mit seinem niedrigen Industrialisierungsgrad waren diese Ideen um diese Zeit nicht so populär; einer der frühen Protagonisten war der Salzburger Sekretär der k. k. Landwirtschaftsgesellschaft, Anton Losert, mit seinen *Blättern für Sozialreform*.[235]

Rosegger findet vor allem eine nationalpolitisch angeregte Siedlung von Familien oder Einzelpersonen interessant, wie sie etwa der Verein *Südmark* initiierte.[236] Dies streicht etwa die „Erwägung" über *Die Zukunft unseres Bauernstandes* heraus.[237]

Die genossenschaftliche Siedlung der Zeit[238] fand ich im *Heimgarten* dagegen kaum kommentiert. 1907 findet sich zwar die Anmerkung: „Am leichtesten denkbar ist eine solche Rückkehr zur Scholle durch eine größere Anzahl Gleichgesinnter, in dieselbe Gegend, unter Genossenschaftswesen." Doch wird dieser Gedanken nicht weiter ausgeführt und erstickt in der seltsamen Anregung an Jugendliche, es als ‚Gärtnerburschen' zu versuchen.[239]

Die Schrebergartenbewegung formte sich, inspiriert durch den Leipziger Arzt und Jugenderzieher Daniel Gottlob Moritz Schreber (1808–1861), seit 1900 aus, ihr Höhepunkt sollte aber erst in den Zwanzigern kommen.[240] Rosegger erkennt ihre Bedeutung, und er freut sich, dass Kleingärten zur Entspannung und Erholung beitragen und auch Obst und Gemüse liefern.[241]

Angesichts der Mangelernährung im Ersten Weltkrieg regt der Autor an, Stadtkinder auf dem Land zu versorgen, und er knüpft daran die Hoffnung, ein Teil von ihnen werde im handwerklichen oder bäuerlichen Bereich des Landes bleiben.[242] Selbstversorgung mit Lebensmitteln wird nun in Stadt und Land zu einer Frage des Überlebens, und so erklingt (1917) erneut der utopische Anspruch auf „ein neues, frisches, starkes Bauerntum mit möglichster Verdrängung des Mammonismus, mit Entwicklung einer gemeinnützigen, menschenwürdigen Kultur!".[243]

Natur und Kultur

Kritik der Moderne

Rosegger begrüßt das städtische Element, doch wendet er sich gegen seine Übersteigerung in riesigen Agglomerationen. Beleg dafür ist etwa der programmatische Essay *Großstadt – et cetera* (1885), später unter dem Titel *Das Leichenfeld* veröffentlicht. Nach einem Rundumschlag kommt der Autor zum Schluss:

> Einst waren die Städte das Verfeinernde, Vergeistigende, jetzt werden sie bald das Gegenteil sein. Große Städte sind Eiterbeulen, an denen, wenn ihrer zu viele werden, die Menschheit zu Grunde gehen muss.[244]

Aufmerksam hat Rosegger das Erscheinen des Romans *Fécondité* (1899) vermerkt, in dem der französische Naturalist Émile Zola (1840–1902) abnehmende Fruchtbarkeit und wachsende Vergreisung registriert, mithin die Gefahr der Selbstauslöschung.[245] Dieser Text, Erstlingsband des vierteiligen Zyklus *Quatre Evangiles*, zeigt zwei polare Einstellungen und ihre Resultate: Auf der einen Seite stehen Mathieu und Marianne Froment, die eine große Wildnisfläche fruchtbar machen und zusammen nicht weniger als 14 Kinder haben. Die Familie wächst und gedeiht, und man gründet eine Kolonie in Afrika, während Menschen, die aus Egoismus Kinder ablehnen, auf verschiedene Weise scheitern.[246]

Doch das Land ist für Rosegger keineswegs eine ideale Gegenwelt. Vielfach macht Rosegger auf Defizite und Funktionsstörungen aufmerksam und stellt seine düsteren Aspekte unverhohlen dar. Ein Beispiel dafür ist die Erzählung *Die schöne Lenerl* (1901), die von der Vergewaltigung eines jungen Mädchens als Leitmotiv ausgeht. Ein armer Holzhauer, der den Schänder seines Kindes in Notwehr mit einer Sichel ersticht, wird von Gendarmen abgeführt. Der Vergewaltiger Udalrich und sein bedauernswertes Opfer werden schließlich in demselben Armengrab beigesetzt.[247]

„Prunk und Pflanz": Gegen das Luxusleben

Rosegger unterscheidet zwischen notwendigen Erzeugnissen einerseits und Luxusprodukten andererseits. Er wirft den Begüterten vor, in Luxus zu schwelgen, und anderen, dies zu imitieren. Seltsam erscheint Rosegger, wie sich jemand vor allem durch Status und materielle Gütern definieren kann, durch jene „moderne Überkultur [...], die so viel Unruhe, Unzufrie-

Die schöne Lenerl.

Ein Schattenbild aus dem Volksleben.

Von Peter Rosegger.

Was ich hier erzählen will, ist so, dass mancher Leser fragen wird: Wozu? Warum erzählt er es? Was hat er damit für eine Absicht? und ich antworten muss: Keine andere, als wieder ein Stück Wahrheit aus dem Volke zu geben. Ich habe stets lieber die erfreulichen Seiten der Leute darzustellen getrachtet, als die gegentheiligen, aber mich nie auf einen Schönfärber des Volkes hinausgespielt. Es kann mir als Schilderer nicht ganz erspart bleiben, auch das Widerwärtige zu streifen, wenn es zur Kenntnis des Volkscharakters beiträgt. Ich suche es nicht auf, wenn es mir aber in den Weg tritt, da packe ich es an.

Also trat es mir auf den Weg an jenem Mariahimmelfahrtstage. Ich gieng über die grünen Almen hin, um meinen Kindern die Pracht zu zeigen. Das Mädel pflückte Blumen, der Knabe fieng Schmetterlinge und Käfer und beide so hastig, als wollten sie dem lieben Gott das ganze Pflanzen- und Thierreich abjagen. Es war Leidenschaft in diesem Sammeln, und als sie die kleinen Hände voll hatten, liessen sie alles wieder fallen, fliegen und laufen. In meiner Einfalt machte ich sie aufmerksam auf die hohen Berge, die ringsum standen, auf den blauen See, der in der Tiefe lag, auf den Wasserfall, der heraufdonnerte aus der Schlucht. Das war ihnen nichts — die Kinder wollten nicht sehen, nicht hören, sie wollten haben. Und darum pflückten sie und haschten sie.

Die schöne Lenerl. Erzählung Peter Roseggers (1901)

denheit und Verzweiflung in die Welt gebracht hat".[248] Kritisiert werden selbst Reisende, die „alle Gegenden, auch die entlegensten, absuchen, um Käufer für ihre Waren zu ergattern".[249]

Luxusleben gilt als ein „Ferment der Zersetzung",[250] es schwäche durch Beeinträchtigung der Gesundheit und durch Verweichlichung den Einzelnen ebenso wie die Gesellschaft.[251] Von dem zunehmenden Luxusbedürfnis bürgerlicher Schichten erwartet er sich nicht einen Anreiz, sondern im Gegenteil eine Destabilisierung der Wirtschaft.[252] „Prunk und Pflanz" stünden in Gegensatz zu einer „wahre[n] Kultur", die dann entsteht, wenn man sich auf das Notwendige konzentriert.[253]

Luxus und Verschwendung, so wird argumentiert, seien abzulehnen, und zwar „hauptsächlich aus nationalen und aus wirtschaftlichen Gründen". Denn ein Staat werde umso eher florieren, je gesünder seine Bürger und je autarker seine Wirtschaftskreise seien.[254]

Es gelte daher, „die Gier nach äußerem Glanz, nach Macht und Geld" abzulegen[255]; „Genusssucht und Windbeutelei" zerrütte die Persönlichkeit und berge die Gefahr finanziellen Ruins.[256] „Wahre Kultur" stehe im Gegensatz zu demonstrativem Konsum, zu „Prunk und Pflanz" (1915).[257] Wer auf sinnlose oder sogar gesundheitsschädliche Güter verzichtete, der „konzentriert das Leben, die Lebensfreude und hebt die Tatkraft zur Wahrung und Mehrung der eigentlichen kulturellen Güter".[258]

Geld, Aktien, Sparen.
Philosophie des Konsumverzichts

> Wertpapiere der Geldinstitute sind stets von Übel, entwerten sie sich nicht selbst, so entwerten sie ihren Besitzer. Nichts leistet der allgemeinen Charakterverderbnis größeren Vorschub, als die Anstalten, durch fremde Arbeit reich zu werden.

So klingt es düster drohend in Roseggers *Bergpredigten*, erstveröffentlicht im Jahre 1885, die, so LATZKE, noch unter dem Eindruck des Wiener Börsenkrachs von 1873 stehen.[259] Doch dieses Urteil sollte, wie so viele andere auch, ernsthaft verändert werden.

Betrachten wir etwa den Aufsatz *Das Geld ein Mittel zur sittlichen Freiheit* (1898). Hier wird nämlich empfohlen, Geld in Sparkassen und in, wie es heißt, „sichere Papiere" (also Aktien) anzulegen, „die auch eine Art Bargeld sind, aber eines zweiter Güte, die, wenn es recht hergeht, wieder eine menschliche Tätigkeit oder Verdienst" vorstellen.[260] Der Schwerpunkt der Argumentation hat sich verschoben, von einer Kritik des mobilen Kapitals zur Frage, für welche Zwecke Geld verwendet wird, ob für Luxus oder für „notwendige Lebensmittel und Erholung, für Arbeitswerkzeuge und Arbeitskraft".[261]

Dieser Diskurs ist schon in Roseggers *Bergpredigten* (1885) im Kern auffindbar, die Sparsamkeit und Mäßigkeit zu „germanischen" Tugenden erklärten.[262] 1903 rekapituliert der Autor die zunehmende Beliebtheit dieses Themas: „Überall entstehen Mäßigkeitsvereine, man strebt einer einfacheren Lebensführung zu, mancher, der Üppigkeit und einen großen Luxus treibt, beginnt sich dessen zu schämen."[263]

Der Aufsatz *Wald und Wasser* (1906) konzentriert die Anklage gegen eine skrupellose Verschwendung natürlicher Ressourcen und gegen die Umweltverschmutzung. Die Alternative ist klar: Konsumverzicht! Indem wir Dinge nicht mehr kaufen, die wir eigentlich gar nicht brauchen, verringert sich die industrielle Produktion ganz von selbst, und mit ihr die Menge der Emissionen:

> Wenn wir, die besser Situierten, die „Bourgeois", die Aristokraten der Kulturländer und Staaten, uns einmal zehn Jahre lang enthalten von all dem überflüssigen Zeug, von den Luxusdingen, in denen jetzt viele nachgerade ersticken, wenn wir uns nur das Nötige, das wahrhaft Nützliche anschaffen, eine einfache Lebensweise annehmen – in zehn Jahren ist die Industrie reduziert und ins richtige Verhältnis zum Staatsorganismus gebracht.[264]

Geringerer Konsum, ein Verzicht auf „kostspielige Modeführung an Kleidung, Wohnung, Wirtshaus etc." sollen überdies die Wirtschaft stabilisieren und die Inflation senken: über die Senkung der Nachfrage.[265] Hier wird auch klar, welche Gesellschaft sich Rosegger vorstellte: eine, in der die sozialen Unterschiede gering sind, das Eigentum breit gestreut und der Anteil an Selbstversorgung hoch ist.[266] Gelegentlich finden sich sogar noch radikalere, sehr eigentumskritische Attitüden: „Ich will sorgenlos leben, sagte der eine und jagte nach Geld. Ich will sorgenlos leben, sagte der andere und verschenkte sein Geld."[267]

Erfindungen und Technologien

Rosegger war offen gegenüber technischen Errungenschaften und nutzte sie auch. Die Eisenbahn schätzte er als Mittel, um rasch zu Lesungen oder auch zu Wanderzielen zu gelangen. Er ließ sich gerne fotografieren, stand jedoch der aufkommenden Kinematographie skeptisch gegenüber. 1890 sprach er zwei seiner Schwänke in den Phonographen (sie sind nicht erhalten), und schaffte sich noch im Alter eine Schreibmaschine an.[268]

Der Autor fragt jedoch: Wie wirken sich neue Technologien sozial und ökologisch aus? Er denkt generationenübergreifend: „Denn das Heimatland ist nicht bloß Eigentum des gegenwärtigen Geschlechtes, sondern auch der Nachkommen."[269] So befürchtet er Umweltschädigungen und Ressourcenverschwendung durch eine „*übergroße*, gefräßige Industrie".[270] Und er vermutet, dass frühere Hochkulturen freiwillig auf die Nutzung bestimmter Erfindungen verzichteten:

> Man sagt, dass alles, was unsere Neuzeit erfunden, gemacht hat, längst schon einmal dagewesen ist. Dass es aber fallen gelassen wurde, weil es sich nicht bewährt habe, weil es zum Unglück der Menschheit ausgefallen sei. Ich halte das nicht für unmöglich.[271]

Roseggers Skepsis gegenüber den langfristigen Folgen des technologischen Fortschritts beruht somit auf dem Wunsch, die menschlichen Lebensprozesse nicht willkürlich zu gefährden, auf einer „Maxime der ökologischen Risikovermeidung" (GERHARD SCHURZ).[272] 1907 äußert sich der Dichter genau in diesem differenzierten Sinne: „Die Maschine ist eine hübsche Erfindung, sie hat auch ihre Poesie, aber allzu viele Lebenswerte ihr zu opfern, das steht nicht dafür."[273]

Deutliches Interesse finden technologische Prozesse, die sparsam mit den vorhandenen Energien umgehen und sie nach Möglichkeit wieder ersetzen. Rosegger fordert einen kleinräumigen Ausbau der Wasserkraftwerke, um damit die Umweltverschmutzung durch die Dampfkraft zu beschränken. 1908 betont er, anlässlich der Debatte um die Einführung eines elektrischen Eisenbahnbetriebs durch das Gesäuse:

> Ich liebe das Wasser, aber viel davon wollte ich hergeben, könnte man damit die Fabrikschlote aus der Welt schwemmen. Und eine kräftigere Zerstörerin der Fabrikschlote weiß ich nicht als – die Elektrizität.[274]

Diese Auffassung steht im Zusammenhang mit der Verringerung des Schadstoffausstoßes durch die Hydroelektrizität, die damit den Anforderungen der Hygienebewegung an eine ‚saubere' Energiegewinnung entgegenkam.[275]

Automobilerei und Natursehnsucht

Rosegger registriert Motive, Ausdehnung und Gefahren des aufkommenden Kfz-Verkehrs. Eher scherzhaft spricht er 1904 von einem „wahnsinnige(n) Motorwagen, den der Teufel holen müsste".[276] Der etwa gleichzeitig erschienene Aufsatz *Das Recht des Rades* geht von den Empfindungen des irritierten Fußgängers aus:

> Das Vorrecht des Rades ist zur Tyrannei geworden, es trägt alle Kennzeichen des Despotismus an der Stirne, es demütigt, es verbreitet Schrecken, es versetzt die Menschen in eine Spannung, die ermattend wirkt, es nimmt die Sicherheit und die Freiheit der Bewegung, und was das Schlimmste ist: es tötet mit schauerlicher Regelmäßigkeit, es hat seine allmonatliche Liste der Hinrichtungen wie der Wahnwitz eines asiatischen Selbstherrschers, der die Leiber der Erschlagenen als seinen Tribut fordert.[277]

Gelegentlich steigt auch Rosegger in den Wagen, und so urteilt er zunehmend gelassener gegenüber jenem „modernen Ungetüm, das in allen Formen, offen, gedeckt, mit freundlichen Gelassen und Samtkissen, fast verlockend, nun die Straße beherrscht".[278] Als Triebkraft der „Automobilerei" macht der Autor eine Natursehnsucht ausfindig, die aus Defiziten des städtischen Lebens entsteht.[279] Somit ist insgesamt eine sehr ambivalente Haltung gegenüber dem damals erst in Spuren auftretenden PKW-Verkehr zu konstatieren, die auch die Staubwolken auf den damaligen Straßen nicht außer Acht lässt.[280]

Leitfiguren der Natürlichkeit

Natürliches Leben sieht Rosegger durch zahlreiche Zeitgenossen propagiert und umgesetzt. Ein Beispiel ist Eduard Baltzer (1814–1887). Seit 1866 Nichtraucher und Vegetarier, gründet er im Jahr darauf den *Verein für natürliche Lebensweise* und sollte später zum freireligiösen Prediger werden.[281] Rosegger bespricht 1882 die zweite Auflage von Baltzers Werk *Die Reform der Volkswirthschaft vom Standpunkte der natürlichen Lebensweise* (1867), und er bezieht aus ihm Argumente zur Ernährungsreform, in der Drogenfrage und gegen „die Güterverwüstung durch körperliche und geistige Krankheiten".[282] Baltzers Argumente werden zusammengefasst und zustimmend reflektiert:

> Zu den weiteren Feinden des Menschen gehören der Tabak, der Kaffee, Tee, Kakao, das Kochsalz, wie das Gewürze überhaupt, dann der Zucker, der Alkohol. Baltzer weist nach, was die Pflege dieser schädlichen Dinge für ungeheure Summen verschlingt, was an ihre Stelle zu treten hätte und dass bei einer rationellen Wirtschaft der naturgemäßen Lebensweise in Europa unvergleichlich mehr Menschen leben könnten, als es gegenwärtig der Fall ist.[283]

Als Vorbild einfacher Lebensführung stellt Rosegger 1894 den wiederholt polizeilich verfolgten Maler Karl Wilhelm Diefenbach (1851–1913) unter die Schlagzeile *Ein Sonderling und sein Werk*. Der Münchner lebte von 1892 bis 1895 auf dem Himmelhof in Ober St. Veit bei Wien und war auch mit steirischen Reformkreisen verbunden.

> Das, was andere sprechen und lehren – er lebt es. „Naturgemäße Lebensweise" in Nahrung, Kleidung, Wohnung, in allem – das ist sein Fall; in hemdartigem Talare spazierte er barfuß in der Stadt München umher, seine Kinder ließ er nackend herumlaufen in seinem abgeschlossenen Landwinkel.[284]

1896 erzählt Anna Plothow (1853–1924) im *Heimgarten* über den Lebensreformer und ehemaligen Offizier Johannes Friedrich Guttzeit (1853–1935): Dieser Reformpädagoge, Vegetarier und Anhänger der Freikörperkultur ebne den Weg aus einer dekadenten Kultur zu einem naturgemäßen Leben.[285] Auch Anna Plothow selbst passt in dieses Schema: die Schriftstellerin ist als Gründerin von Kinderhorten und als Exponentin der Frauenbewegung hervorgetreten.

Auch dem Protagonisten des Luft-Lichtbadens, dem christlich motivierten Lebensreformer, Vegetarier und Begründer der Heilanstalt *Jungborn* im Harz, Adolf Just (1859–1936), gibt der *Heimgarten* ein Forum. 1903 bespricht er Justs Werk *Kehrt zur Natur zurück*, aus dem er einige Abschnitte veröffentlicht.[286] Ein weiteres Buch von Just, *Die Hilfe auf dem Wege!* (1907), das sich einem harmonischen *Geistes- und Seelenleben* widmet, rezensiert Rosegger ebenfalls, er sieht es als Weg zur „Rückkehr zur Natur, zur einfachen, natürlichen Lebensweise".[287]

Adolf Just. Frontispiz seines Buches „Kehrt zur Natur zurück!"

Das einfache Leben.
Einrichtung und Bekleidung

Roseggers Ideal ist „das friedliche Heim in naturfrischer Landschaft",[288] als Gegensatz entworfen zu den damals elenden und finstern Lebensbedingungen in den städtischen Arbeiterbezirken, die er oftmals kritisch notiert.

Von dieser Vorstellung ausgehend, stellt der Philosoph Möglichkeiten eines einfachen Lebens in Hülle und Fülle dar, von gesunder Ernährung und einfacher Kleidung bis zu einem sparsamen Begräbnis; man beachte etwa die Beiträge zum Thema *Kranzspenden verbeten* oder zur *Anti-Grabkranzbewegung*.[289] Einer der letzten Aufsätze, in der Versorgungskrise des Jahres 1918 verfasst, empfiehlt ein kontrolliertes und preisbewusstes Einkaufen.[290]

Sauberkeit, Staubfreiheit, Abgasfreiheit sind die Leitbilder, die auf Roseggers Wohnungsreform-

Kleidungsreformdiskurs: Inserate der „Ethischen Rundschau" (1912)

ideen einwirken. Der Aufsatz *Von der Unzweckmäßigkeit unserer Zimmereinrichtung* (1886) wendet sich gegen „Unnatur" und „äußeren Glanz".[291] Man soll Praktisches und Funktionales vorziehen, auf Schnickschnack verzichten. Möbelstücke sollen solide handwerklich gearbeitet und dauerhaft sein und kurzlebiges „modernes Gschnas" ersetzten.[292]

Rosegger, der sich zu dieser Zeit auch mit der Wiener Wohnungsreform beschäftigt, meint in seinem Aufsatz *Wohnzimmer* (1900), wir sollten uns von Standard-Kitsch ebenso trennen wie von kostspieligen Antiquitäten, und uns dafür auf das wirklich Notwendige konzentrieren.[293]

Dass der vorgeschlagene Verzicht nicht auf Kosten von Bildung und Kultur gehen solle, vermerkt unter Verweis auf den englischen Sozialreformer John Ruskin (1819–1900) der Aufsatz *Vom Luxus der Reichen*.[294] Einrichtung soll jedoch auch der Persönlichkeit entsprechen. In Anlehnung an Anna Muthesius' Wort vom ‚Eigenkleid' könnte man also vom ‚Eigenhaus' sprechen.

Auch die Bemühungen um Kleidungsreform finden im *Heimgarten* ihren Niederschlag. Eine frühe Anregung vermittelt Friedrich Hofmanns Beitrag über *Die Kleidung der Zukunft*.[295] Zugrunde liegen die Auseinandersetzung mit dem künstlich beschleunigten Prozess der „Entmodung"

(SCHRENK)[296], einer immer rascheren Abfolge gesellschaftlich akzeptierter Kleidung, der Differenzierung von Kleidung und Mode, und ferner das Interesse an dauerhafter und auch zweckmäßiger Bekleidung.

Die Satire *Kaufe ich einen Frack?* knöpft sich Konventionen in der Herrenbekleidung vor.[297] In seiner Glosse *Ein ungalantes Stücklein* wendet sich Rosegger gegen die kostspielige und bewegungshemmende weibliche Ballkleidung.[298] Aufmerksamkeit finden das schädliche Korsett, beengende Schuhe oder bewegungshemmender Schmuck. 1911 spricht Rosegger zustimmend die (von der Turn- und Sportbewegung propagierte) Hosenbekleidung für Damen an.[299]

‚Modeterrorismus' und ‚Kleiderzwang' sollen gebrochen werden. Kleidung soll hygienisch, bequem und einfach sein, das ist Roseggers Leitbild, der als gelernter Schneider auch eine eigene Reformkleidung für Herren entwirft: Stiefel, wollene Wadenstrümpfe (wie sie heute noch Teil der Tracht sind), eine weite Dreiviertelhose aus Wolle, ein ungestärktes Seidenhemd, eine bis zum Hals hochgeschlossene Wollweste und ein „Rock aus Tuch oder Loden, bis an das Gesäß reichend", schließlich für den Winter ein bis zum Schuhrand reichender Lodenmantel mit einer Kapuze, und ein Filzhut mit breiter Krempe.[300]

Gesundheit und Lebensstil

Zu komplementären Heilweisen

Roseggers Gesundheitszustand hat in der germanistischen Literatur einige Beachtung gefunden.[301] Im *Heimgarten* liest man gelegentlich von seinen Atemschwierigkeiten, seinem häufig auftretenden, schweren Bronchialkatarrh und von Asthmaanfällen.[302] Dieses Krankheitsbild sieht der Autor selbst als Ergebnis von „Nervosität", ein Begriff, der um 1900 gerade in Mode kommt und die Auswirkungen des modernen Lebens umschreiben will:

> Das ist Nervosität und nichts als Nervosität! höre ich sagen und damit glaubt man der Sache alle Bedeutung abgesprochen zu haben. Als ob Nervosität keine wirkliche Krankheit wäre! Die Nerven sind bei allen Krankheiten die Hauptsache, jede Krankheit kommt uns nur durch die Nerven zum Bewusstsein, und das Sterben in seiner letzten Instanz ist nichts als eine Lähmung aller Nerven.[303]

Rosegger ist seit den 1870er Jahren in homöopathischer Behandlung, vor allem bei dem Grazer Mediziner Julius Bogensberger.[304] Er nimmt Anregungen der Naturheilbewegung auf, schätzt Moorbäder und die Kaltwassertherapie, und er genießt wiederholt die „Krainerkur": so benannt nach dem von der Schulmedizin verfolgten steirischen Hydropathen Franz Krainer, der sommers in seiner Heilanstalt Klöch bei Radkersburg und in der kalten Jahreszeit in Graz ordinierte.[305]

Rosegger turnt und wandert, er trägt Reformkleidung wie etwa die damals beliebte ‚Jägerwäsche' aus Wolle, legt im Schlafzimmer Fichtenreisig auf, und er lässt sich 1896 neben seiner Krieglacher Landvilla ein kleineres Blockhaus mit wohltuendem Holz errichten.[306]

Wie heute das Neurolinguistische Programmieren (NLP) spricht er (1906) Positives Denken und Autosuggestion an, um Gesundheit und Wohlbefinden zu verbessern:

> Der Mensch sollte sich immer schöne, hochgemute Vorstellungen machen, sollte stets nur wohltuende, frohe Dinge sich einbilden. In seinem Innern sich so ein bisschen überirdische Welt herrichten, dass er ein seliges Wärmen und Leuchten habe – ich meine, das würde auch den Körper erfrischen und stärken.[307]

Seit den 1870er Jahren befasst sich Rosegger öffentlich mit der Volksmedizin, und er verteidigt die Kräuterheilkunde gegen Kritik aus den Universitäten.[308] In der Besprechung der Hydrotherapie betont er deren Analogie zu einem „alten Volksglauben, der sich die Krankheiten im Körper als feindliche Wesen denkt, die so oder so ausgetrieben werden können".[309] Dogmen und Richtungsstreitigkeiten in der Naturheilbewegung sind ihm fremd, und er warnt davor, die akademische Medizin auszugrenzen.[310]

Der damals populäre Laienmediziner Sebastian Kneipp (1821–1897) wird besonders ausführlich gewürdigt. Anlass dazu ist ein erfolgreicher Auftritt des katholischen Priesters in der Grazer Industriehalle am 26. April des Jahres 1892, dem ein weiterer öffentlicher Auftritt ein Jahr später folgt.[311] Veranstalter ist der Rosegger nahestehende *Verein für naturgemäße Lebens- und Heilweise*. Im Vorfeld der Veranstaltung war unter Pseudonym der Aufsatz *Was sagen Sie zur Kaltwasserkur?* erschienen, der sich skeptisch gab und darauf verwies, dass diese Therapie nicht für jedes Naturell geeignet sei.[312] Danach ist der Autor offenbar überzeugt, er fasst die Vorstellungen der Kneipp-Bewegung zusammen, bewirbt Getreidekaffee und Kräutertee, und er bezieht sich auf Anregungen zu Ernährung und Lebensstil:

Werbung für Kneipp-Malzkaffee um 1900

> Nahrhafte Kost, Mäßigkeit, Zweckmäßigkeit in Kleidung, Wohnung, entsprechende körperliche Tätigkeit und Abhärtung – das sind die Hauptgebote des Pfarrers Kneipp [...] Ferner Schlafen bei offenem Fenster, Holzschneiden, zeitweiliges Barfußgehen und Anwendung von kaltem Wasser.[313]

Ein von der Naturheilbewegung angesprochenes Thema ist die Sexualreform. Hier spricht sich Rosegger für einen freieren Umgang der Geschlechter miteinander und auch die Koedukation aus. So bemängelt er in einer Besprechung von Heinz Starkenburgs Monographie *Das sexuelle Elend der oberen Stände* (1893) etwa „die Unnatur in der Erziehung, die strenge Absonderung der Geschlechter, das Interessant- und Pikantma-

Titelvignette der „Gesundheitswarte"

chen durch die Verhüllung".[314] Während Max Maders *Krankenzeitung* Strategien gegen die Syphilis erörtert, fehlt dieses Thema im *Heimgarten*. Staatliche Zensur, christliche Ethik und künstlerisches Formideal verhinderten vielleicht eine unmittelbare Darstellung sexualhygienischer Fragen.[315]

Wellness und Kuranstalten

Anfang der 1880er Jahre registriert der *Heimgarten* ein Aufblühen der steirischen Kurorte und Sommerfrischen, und er registriert darunter etwa in der Umgebung Mürzzuschlag, Neuberg, Mürzsteg oder Mariazell, in der Obersteiermark ferner Admont, Schladming, Murau, Aflenz oder Tragöß. Neben St. Radegund, Frohnleiten, Peggau und Tobelbad im Grazer Umfeld werden für die Weststeiermark Stainz, Voitsberg oder Deutschlandsberg genannt. Ganz besondere Beachtung finden Aussee, das bereits in der Startnummer gewürdigt wurde, und Bad Gleichenberg im Südosten.[316]

Zum Wasser- und Luftkurort Bad Gleichenberg, wo er sich wiederholt im Frühsommer aufhält, baut Rosegger eine besondere Beziehung auf. Es ist im Fin de siècle sehr beliebt und verzeichnet etwa im Jahre 1893 14.269 Gäste.[317] Der Schriftsteller schätzt diesen „lieben, maienhaften, friedsamen" Ort, und er lobt seine heilkundlichen Einrichtungen, Klima und Landschaft.[318] Die Wasserkur, wie Rosegger sie dort anwendet, ist verbunden mit langen Spaziergängen, einer entspannten Lebensweise, angenehmer Umgebung: „Gleichenberg lächelt. Man hat Vertrauen zu ihm, sobald man es nur sieht."[319]

Mitte der achtziger Jahre spricht sich der Autor dafür aus, eine Erholungseinrichtung für ‚siechende' Stadtkinder zu errichten, ein *Sühnhaus an der See*. Gemeint sind damit wohl Kinder, die an zu wenig Licht, Luft und Sonne leiden, und deren Ernährung nicht vollwertig ist.[320] In den Jahren 1906 und 1907 berichtet er über das kurz zuvor (1904–1906) durch einen privaten Verein mitfinanzierte Landes-Lungenkrankenhaus in Hörgas bei Stift Rein. Dabei betont er ebenso die naturheilkundliche Grundlage der Therapien wie die landschaftlichen Reize der Gegend:

M. Platen, *Die neue Heilmethode* (1901), Frontispiz

Die obersten hygienischen Hausgötter heißen Licht und Luft. Die Kur besteht aus einer nahrhaften Kost und sonstiger hygienischer Lebensweise in viel Spazierengehen und in viel Ausruhen; vor allem in strengster Reinlichkeit und Absonderung aller schädlichen Keimstoffe, für die tuberkulöse Personen besonders empfänglich sind.[321]

Die Veröffentlichung der rührenden Erzählung *Lieserl* im Jahre 1908 verknüpft Peter Rosegger mit einem Spendenaufruf für die Errichtung einer TBC-Heilanstalt für Frauen zugunsten des *Vereins zur Bekämpfung der Tuberkulose in Steiermark*.[322] Damit leistet der *Heimgarten* einen Beitrag zum weiteren Ausbau der medizinischen Versorgung, insbesondere zum Bau einer TBC-Anstalt für Frauen und Kinder in Graz, das Elisabethheim, und zur Errichtung von Lungenheilstätten auf der Stolzalpe.[323]

Reformkost und Homunkelfraß

Der Aufsatz *Wie steht's mit der Gesundheit?* (1889) berichtet über die törichten Ratschläge von Ärzten, „Fleisch, Milch, Eier, Malaga" zu konsumieren; Ratschläge, denen Rosegger jahrelang gefolgt sei. Doch in Graz gab es fortschrittlichere Ideen, und der Vegetarismus wurde modern. Der Dichter isst nun weniger Fleisch, und er verwendet auch Kräutertee, Molke und Mineralwasser, um sich selbst zu therapieren – mit gutem Erfolg![324] Ihm entgeht auch nicht das neue Modegetränk Kefir, das damals in drei Grazer Firmen erzeugt wurde.[325]

Wie die Reformbewegung seiner Zeit wendet sich der Autor vor allem gegen die Abkehr von frischer und natürlicher Nahrung, die ausufernde Verwendung von Süßstoffen oder den rapide zunehmenden Fleischkonsum.[326] Der Essay *Homunkelfraß* (1906) ironisiert die zunehmende Denaturierung von Naturprodukten durch die aufkommende Lebensmittelindustrie.[327]

Rosegger behält seine durch die Ernährungsreform geprägten Essgewohnheiten („köstlich und bekömmlich") bei, und berichtet, unter dem Titel *Weniger Fleisch!* (1910), darüber:

Erstes steiermärkisches alkoholfreies Speisehaus in Graz (1914)

Meine Nahrung ist die folgende: Des Morgens ein Teller Rahmsuppe mit geröstetem Roggenbrot. Am Vormittag ein Glas saure Milch mit einem Stückchen Roggenbrot. Mittags eine Schale Erbsensuppe, dann, aber nicht täglich, ein ganz kleines Stück gebratenes Fleisch mit viel Gemüse und dann noch eine leichte Mehlspeise. Zur Jause eine Schale Kneippkaffee mit einem Kipfel und des Abends einen kleinen Teller Grießsterz mit gekochten Zwetschken. Dazu ein Kelchgläschen Tiroler Rotwein.[328]

Der vegetarische Diskurs

Mit dem Vegetarismus wurde Rosegger durch seine Freunde aus der Wagner-Szene vertraut. Seit 1885 gibt es in Graz vegetarisch ausgerichtete Vereine und auch mehrere vegetarische Restaurants. Noch 1878 markiert eine *Heimgarten*-Notiz vegetarische Ansätze – für Rosegger damals „nur mehr Obst und Brot" – als eine „Rückkehr zum Tiere".[329]

Schon zwei Jahre darauf erscheint ein Beitrag über *Grundsätze der Vegetarianer*, der wohl von Friedrich von Hausegger stammt: Demnach ist diese Ernährungsweise gesund, preiswert und, das Beste: sie eröffnet eine Utopie allgemeinen Friedens. Rosegger, ganz Diplomat: „Zur Annahme solcher Lebensweise ist wenig Neigung, und zur Missachtung und Bespöttelung derselben wenig Grund vorhanden."[330] Wenig später findet man den (heute grotesk anmutenden) anti-vegetarischen Beitrag *Grundsätze eines Menschenfressers*.[331]

In den folgenden Jahren nähert sich Rosegger immer mehr dem Vegetarismus an: 1881 nimmt der *Heimgarten* darauf Bezug, dass sich europäische Bauern und Landarbeiter früher nahezu völlig fleischlos ernährten,[332] und spätere Publikationen, wie *Jakob der Letzte*, sehen den Vegetarismus als Ausdruck bäuerlicher Sparsamkeit.

Als Rosegger bei Hausegger um einen Beitrag für den *Heimgarten* nachfragt, erklärt er: „Ich bin dem Vegetarianismus nicht bloß zugetan aus Prinzip, sondern auch aus Erfahrung."[333] Der angeforderte Aufsatz erschien denn auch Anfang 1884 und glossiert Vorbehalte gegenüber dem Vegetarismus.[334] Drei Jahre später antwortet Rosegger wie folgt auf einen Leserbrief:

> Von allen ethischen und wirtschaftlichen Bestrebungen der heutigen Zeit ist die des Vegetarismus gewiss eine der erstrebenswertesten. Achten Sie keinen Spott; die Welt spottet nur dort, wo sie im Ernste keinen triftigen Einwand hat.[335]

Auch in späteren Jahren befasst sich der *Heimgarten* immer wieder mit dieser Thematik. 1889 hebt seine wohlwollende Rezension von Meta

Wellmers Werk *Die vegetarische Lebensweise und die Vegetarier* (1889) ethische, spirituelle und ästhetische Aspekte dieser Ernährungsweise hervor.[336] Der Wagnerianer Friedrich Hofmanns publiziert zwei Beiträge, 1886 und 1911, und spricht dabei anthropologische, ökonomische und hygienische Motive an.[337] Und in seinem Essay *Wie in Amerika die Fleischfabriken arbeiten* (1903) geht Rosegger auf die Industrialisierung des Schlachtvorgangs, etwa in den Schlachthöfen von Chicago ein, und er betont sogar: „Wenn die ganze Tierschlächterei abkäme, ich würde meinen Braten gern entbehren."[338]

Alkoholmissbrauch und Alkoholsucht

Exzessiver Alkoholkonsum und seine gesundheitlichen Folgen werden im *Heimgarten* drastisch dargestellt. Rosegger hat in seiner Jugend abstinent gelebt, wie er schreibt; über medizinischen Ratschlag ist er zum Rotwein gelangt, den er mäßig, aber regelmäßig einnimmt. „Seit etwa 35 Jahren trinke ich Wein, leichten Tiroler, täglich zwei Achtel", schreibt er 1911, und er fügt hinzu, dieses Quantum selten zu überschreiten.[339]

In der Tradition bäuerlicher Hausrezepte schätzt Rosegger Alkohol als Heilmittel. Er empfiehlt Wacholderbranntwein „als bestes Schutzmittel gegen Ansteckungen", und er weiß in seinem Aufsatz *Wie man achtzig wird* (1899), „dass ein heißes Glas Schnaps der Gesundheit weniger schadet, als ein Wurmen und Giften tief in die Nacht hinein".[340]

Problematisch wird Alkoholkonsum, wenn er zur Sucht wird, angeblich eine ‚deutsche' Eigenheit, und so wendet sich der Autor

> gegen die Trunksucht, [...] gegen diese tückische Vernichterin der Gesundheit und Kraft, der Sittlichkeit, des Familienglückes, des wirtschaftlichen Lebens. Gegen diesen ekelhaften Schandfleck, der uns Deutsche so sehr in Verruf bringt.[341]

Ins Visier nimmt der *Heimgarten* auch Trinkgewohnheiten studentischer Verbindungen, und der Aufsatz *Warum soffen die alten Deutschen* (1883) verspottet rituellen Bierkonsum.[342]

Als die Alkoholkritik um 1890 an Boden gewinnt, erscheint eine ganze Reihe von Aufsätzen, welche deren ökonomische, psychische, hygienische oder ethische Dimension ansprechen.[343] So mokiert sich der Beitrag *Ein verhängnisvolles Laster unseres Volkes* (1899) über eine degenerative Wirkung von Alkoholsucht am Lande, und Rosegger bringt es auf den Punkt: „Das Wort Marasmus [= Fäulnis] liegt mir auf der Zunge."[344]

Vergeblich appelliert Rosegger an Beamte und Politiker, einen Beitrag zur Bekämpfung des Alkoholismus zu leisten, und er fordert sogar, den Alkoholausschank zu verbieten. Auch die katholische Kirche sucht Rosegger – im Zeichen eines „praktischen Christentums" – für die Temperenz-Perspektive zu gewinnen; zu einem Zeitpunkt, da sich dort schon das alkoholkritische *Katholische Kreuzbündnis* herausgebildet hat.[345] Der Staat kümmerte sich um diese Frage erst ab der Jahrhundertwende, freilich nur im Rahmen von Restriktionen für Jugendliche und von Fürsorgemaßnahmen für Alkoholsüchtige (damals ‚Alkoholkranke' genannt).[346]

Eine Kritik an der alkoholerzeugenden Industrie findet sich im *Heimgarten* nicht; kein Wunder, war doch Roseggers Förderer Reininghaus schon seit 1853 (Ankauf der Königshofer Brauerei am Mauthaus in Baierdorf bei Graz) einer der wichtigsten steirischen Bier- und Likörproduzenten.

Verbindungen zur Abstinenzbewegung

Rosegger verfolgt aufmerksam den Boom der Nüchternheitsbewegung in den entwickelten Industrieländern. Er registriert die Wiener Tagung des 8. Internationalen Antialkoholkongresses (1901), die den Auftakt zur Bildung einiger Abstinenzorganisationen bildete.[347]

Mit Sympathie steht er dem 1901 gegründeten sozialdemokratischen *Arbeiter-Antialkoholistenverein* gegenüber, der 1902 das (freilich kurzlebige) alkoholfreie Restaurant *International* im Grazer Krankenkassengebäude einrichtet.[348] Der ironische Aufsatz *Alkohol als Schützer der Herrenmenschen* (1904) gibt eine fiktive Debatte zwischen einem Reichsratsabgeordneten und einem Herrn Schachner wieder. Alkohol wird dabei als Instrument der Herrschenden dargestellt und damit der sozialdemokratische Standpunkt aufgenommen.[349] Der Name ‚Schachner' verweist auf den bekannten sozialdemokratischen Politiker Michael Schacherl, der damals, gemeinsam mit August Lindner, den *Arbeiter-Antialkoholisten-Verein* leitete.

Zustimmend notiert werden Aktivitäten des internationalen Guttemplerordens und des deutschnationalen Vereins *Südmark*.[350] Der *Heimgarten* bespricht auch ein Kultbuch der Abstinenzbewegung, nämlich Hermann Poperts durch den *Dürerbund* herausgegebenen Roman *Helmut Harringa* (1910). Der Band zeigt, anhand des unterschiedlichen Schicksals zweier Brüder, wie verheerend exzessives Trinken wirken kann und bezieht auch (als Faktor des Grauens) den Diskurs um die ansteckende Syphilis ein:

> Das Buch tut den Deutschen so not wie dem irrenden Schiffe der Leuchtturm. Wer die Wiedergesundung des deutschen Volkes wünscht, der helfe mit, dass ‚Helmut Harringa' überall gelesen werde; soviel am Wort ist zu wirken, hier geschieht es.[351]

Der deutsche *Mäßigkeitsverlag* druckt 1902 einen Rosegger-Text als Flugblatt (*Eine Standrede an die Deutschen*), der bis in die 1920er Jahre immer wieder neu aufgelegt wird.[352] 1916 wird auf die Nüchternheitsbewegung indirekt, durch einen *Toast der Antialkoholiker* verwiesen:

> So wollen wir das Glas erheben
> Und auf aller Wohl und langes Leben
> Den Wein, den süßen
> Auf die Erde gießen.[353]

Mit Johannes Ude

Als 1911 der 2. Österreichische Alkoholgegnertag mit seinem Thema *Jugend und Alkohol* in den Grazer Redoutensälen stattfindet,[354] gibt es in der Szene einen unangefochtenen Lokalmatador: den damals in den Dreißigern stehenden asketischen Theologieprofessor und Priester Johannes Ude (1874–1965).

Mit seinem *Katholischen Kreuzbündnis* ist Ude ein Abstinenzler in allen Gassen, er betreibt Propaganda, baut die Trinkerbetreuung auf und unterstützt die Verbreitung alkoholfreier Getränke. Auf seine Initiative öffnet im Herbst 1913 am Grazer Bischofsplatz ein Alkoholfreies Speisehaus, das nach dem Vorbild des *Züricher Frauenvereins für alkoholfreie Wirtschaften* konzipiert ist.

Rosegger wird auf Ude schon während des 2. Alkoholgegnertags aufmerksam, und er betont, wie wichtig dessen Appell an die Geistlichkeit sei, sich des Themas ‚Trunksucht' anzunehmen.[355] Im Herbst 1912 berichtet er über die Errichtung einer vergleichbaren Gaststätte bei Leipzig.[356]

Ein Jahr darauf lädt der Theologe Rosegger zum Besuch „dieses uneigennützigen Unternehmens" ein, „das als Speisehaus und Kaffeehaus zugleich fungiert".[357] Dieser findet, wie er berichtet, „ein lichtes, reinliches, tabakrauchfreies Lokal (wie ein Hotelspeisesaal, so vornehm gehalten), wo man um 70 Heller ein Mittagessen kriegt, das Getränk dazu umsonst", und er lobt den überkonfessionellen Charakter des Hauses.[358]

Johannes Ude (in jüngeren Jahren)

Diese Eintracht dauert jedoch nicht lange, zu verschieden sind Charaktere, Weltanschauung und Lebensstil. Ganz im Gegensatz zu Ude spricht sich der ausgleichende Rosegger für ein Nebeneinander von Temperenz und Abstinenz aus.[359] Ein zweiter Grund für den Dissens: Während der liberal geprägte Schriftsteller die Aktivitäten des überkonfessionellen Guttemplerordens in der Steiermark befürwortet, wettert Ude dagegen, „dass die Guttempler nun sogar unter dem gläubigen Bauernvolk ihre Logen gründen".[360] Auch in Fragen der Erotik und der sogenannten ‚Josefsehe' (Ehe ohne Sex) gehen die Meinungen auseinander.[361] Rosegger stößt sich schließlich an jenen gegen den Krieg gerichteten Predigten, die der Theologe ab 1917 in der Grazer Mariahilferkirche abhielt.[362]

Tabak und Kaffee

Der in bäuerlichen Kreisen beliebte Tabakkonsum wird seit Beginn der achtziger Jahre besprochen, überwiegend humorvoll und überhaupt nicht kritisch.[363] Einerseits raucht Rosegger selbst gelegentlich, zum andern entfaltet sich eine Nichtraucherbewegung in Österreich erst kurz vor dem Ersten Weltkrieg. Immerhin nimmt der *Heimgarten* zwei satirische Aufsätze der beiden Wagnerianer Friedrich von Hausegger und Friedrich Hofmann auf, die das Zigarrenrauchen verpönen.[364]

Der Roman *Jakob der Letzte* verweist jedoch auf die Kostspieligkeit des Rauchens oder Schnupfens, und so betont der 4. Internationale Tabakgegnerkongress in Graz, der den angesehenen Schriftsteller für seine Agenda vereinnahmen will: „Der steirische Volksdichter lehrt darin, wie Alkohol und Nikotingenuss auch ihren Anteil am Untergang und Aussterben ganzer Dörfer haben."[365]

„Rauchen, das ist keine Tugend." Graphik in „Der Abstinent" (1911)

Der zunehmend importierte, koffeinhaltige Kaffee wird ebenso vor allem aus Kostengründen stigmatisiert. Er gilt, ebenso wie der schwarze Tee, überdies als gesundheitsschädlich, und Getränke wie Getreidekaffee oder Kräutertee werden höher geschätzt. Der Verbreitung von Bohnenkaffee sollte übrigens, wie der Wirtschaftshistoriker ROMAN SANDGRUBER bemerkt, durch die „autarken Strategien" der österreichischen Landwirte bis nach dem Zweiten Weltkrieg entgegengewirkt werden.[366]

Bewegungskultur und Sport

Sport – Brücke zum Landleben?

Manchmal hat man das Gefühl, dass der aufkommende Sport im *Heimgarten* vor allem als eine Vorstufe zur angestrebten Aufwertung des ländlichen Lebens betrachtet wird. So notiert Rosegger 1902, nach einer Wanderung auf den oststeirischen Aussichts- und Kultberg Kulm: „Das heutige Hinausströmen der Touristen aufs Land ist nur ein Vorspiel zur großen Stadtflucht."[367] Ist das nur ein Ceterum censeo des Agrarphilosophen? Jedenfalls liest man im *Tagebuch*:

> Diese körperlichen Sonntagsübungen in der freien Natur müssen unsere Geschlechter zur Not hinüberretten in eine Zeit, da sie ihre Städtetorheit gebüßt, eingesehen haben werden und wieder zu ihrer natürlichen Gesundheit und Frieden bringenden Arbeit zurückkehren wollen.[368]

Dazu passt, dass Leistungs- und Wettbewerbsgedanken eher abgelehnt werden: So verspottet der Aufsatz *Touristik und Bergfexerei* (1893) die Konzentration auf individuelle Spitzenleistungen.[369] Die traditionellen Pferderennen werden ebenso bemäkelt wie die neu aufkommenden Autorennen.[370] Immer wieder werden die Jagd nach Rekorden, der Wettbewerbsgedanken oder die Kommerzialisierung kritisch betrachtet:

> Der Sport hat die edelsten Dinge in Misskredit gebracht, das Reiten, das Jagen wilder Tiere, das Bergsteigen usw., er wird's auch mit dem Radfahren zuwege bringen.[371]

Und doch wird sich zeigen, dass die sich zunehmend ausdehnende Bewegungskultur als solche, vor allem aufgrund ihrer wohltuenden Wirkungen auf Körper, Geist und Seele, geschätzt und in einer gewissen Breite erörtert wird.

Turnen, Radfahren, Wintersport

Das Volkstümliche Turnen hat sich mit der Entstehung der Turnvereine seit den 1860er Jahren rasch verbreitet. Relativ spät, erst 1894, lobt Rosegger seine Wirkung als „Erziehungs- und Gesundheitsmittel", er schätzt dabei vor allem das von Friedrich Ludwig Jahn geforderte Freiluftturnen, das sich zu dieser Zeit durch die Einrichtung von Turnplätzen, durch Bergturnfeste und Turnwanderungen verbreitete.[372]

Die beiden Pioniere des Schisports in den Alpen: Max Kleinoscheg aus Graz (links) und Anton Schruf, der berühmte Wirt des Hotels Post in Mürzzuschlag

Wir wissen, dass Rosegger selbst zuhause turnte, doch wird die (sich zunehmend politisch und ethnisch differenzierende) Turnbewegung eher gelegentlich erörtert. 1902 erscheint ein kurzer Essay Louise Hackls, welcher die Rolle Jahns als *Denker und Redner* würdigt.[373] 1911 stuft *Heimgärtners Tagebuch* diesen Sport gegenüber dem Wandern zurück, er gilt nun als „Notbehelf für alle, denen die freie Natur mit ihren unbegrenzten Möglichkeiten versagt ist".[374]

In den 1890er Jahren beginnt das Radfahren soziales Prestige zu erobern und aus elitären Klubs herauszutreten. Roseggers Aufsatz *Das Gespenst auf der Straße* (1896) begrüßt diese Bewegungsform, „sei es zu praktischen Zwecken oder zur Erholung", doch macht er sich lustig über die Konflikte zwischen Fußgängern und Radfahrern, ‚Käfern' und ‚Libellen', die seitdem gewiss nicht geringer wurden.[375] 1903 wird dieses Thema im sehr abwägenden Beitrag *Das Recht des Rades* erneut angezogen.[376]

In einem *Heimgarten*-Aufsatz über *Das Radeln und die Gesundheit* (1899) befürwortet Ernst Schneider den neuen Sport, er wendet sich jedoch gegen das aufkommende Geländefahren.[377] Einige Jahre später bespricht Rosegger Otto Tejaners Reisebericht *Auf dem Rade von Genf nach Tunis*, und er hebt dabei Aspekte der Körperkultur, der Kleidungsreform und der Natur- und Landschaftserfahrung hervor – das Radfahren hat mehrfach seinen Wert bewiesen.[378]

Mit dem Wintersport ist Rosegger durch seinen jüngeren Freund, den 1863 geborenen Skipionier Toni Schruf, verbunden. Er setzt, gemeinsam mit Max Kleinoscheg, seit 1889 skandinavische Skier ein, und versucht sich damit auf der Pretulalpe, südlich von Mürzzuschlag. 1902 veranstaltet er in dieser touristisch beliebten Gemeinde die *Nordischen Spiele*.[379] Zwei Jahre darauf erörtert der Aufsatz *Was bedeutet der Sport?* derartige Schiwettbewerbe und betont, sie machten den Städter „mit den Schönheiten und Annehmlichkeiten des ländlichen Winters bekannt, von denen die meisten der Großstadtleute keine Ahnung hatten".[380] Schließlich wird auch das Rodeln gewürdigt. *Ein Tagebuch* notiert für den 25. Februar 1906: „Ganz Steiermark voll Rodler. Aus dem Radler ist ein Rodler geworden."[381]

Wanderfahrung und Wanderwelten

Peter Rosegger wanderte seit früher Kindheit; er lernte diese Bewegungsform in der Jugend zu lieben, wobei sich im späteren Leben lange Wanderungen zu kürzeren Ausflügen wandeln würden.[382] In den 1860ern konnte er wochenlang unterwegs sein; so dauert eine ‚Ferienreise' etwa vom 4. bis zum 25. August 1867.[383] Zahlreiche Beiträge zeigen, wie er die Landschaft empfindet, und schon die erste Folge schildert eine zauberhafte und traumverwobene *Samstagsnacht auf der Rax*[384].

Später besteigt der Dichter, oftmals impulsiv, die Eisenbahn, um an Ausgangspunkte für Wanderungen und Ausflüge zu gelangen, und LATZKE notiert:

> In der Mitte der Neunzigerjahre beginnt der letzte, ergiebigste, charakteristische Abschnitt von Roseggers Wanderleben, erst im Fünfziger und Sechziger nimmt Alpensehnsucht und Alpenfreude sozusagen bedrohliche Formen an; zumal der immer öfter sich einstellende Alpenhunger immer augenblicklich befriedigt werden muss, der Hausvater also nicht selten vom Schreibtisch weg in das Eisenbahnabteil läuft.[385]

Die Reize des Hochalpinismus kostet Rosegger überwiegend literarisch aus.[386] Er schätzt die Höhenerfahrung des Mittelgebirges, wie etwa seine Notizen zu einer Partie auf den Sonnwendstein verdeutlichen, einen Berg im Gebiet des Semmerings.[387] Die mittleren Höhenlagen preist der Autor wegen ihrer klimatischen Heilwirkung, unter ästhetischem Aspekt haben waldumstandene Bergseen (wie jener des obersteirischen Tragöß) oder auch die Bergkuppe Bedeutung, die seit alters als *Axis mundi* gilt.[388]

Was sind die Routen und Ziele von Roseggers Wanderungen? Da ist einmal eine ausgedehnte Wanderung vom August 1869, von der weststeirischen Gemeinde Köflach auf der klassischen Wallfahrerroute nach Judenburg, weiter nach Oberwölz im Bezirk Murau und ins Ennstal.[389] Im *Wanderleben* (1871) finden sich zahlreiche Wanderberichte aus Landschaften in Österreich, Deutschland, der Schweiz und Holland.

Ende der 1870er Jahre schildert der *Heimgarten* eine damals wohl reizvolle Wanderung der Mur entlang, von Graz nach Bruck.[390] Unter dem Titel *Die untersteirische Schweiz* werden die verträumten hügeligen Landschaften um die Sann geschildert.[391] Zwei Beiträge widmen sich dem waldbedeckten Pleschkogel, nördlich von Graz und unweit des Stiftes Rain gelegen. Dieser seltsame Berg mit seinem urigen Wirtshaus, auf den damals gerne die Turnvereine wanderten, hat heute eher noch an Faszination gewonnen, weil er wie eine Bastion der Natur über dem völlig zersiedelten Murtal erscheint.[392]

1897 bringt der *Heimgarten* den Bericht über eine Wanderung in der Stifterheimat unter dem Titel *Ein Tag im Böhmerwalde* (1897).[393] Bisweilen werden Wandererlebnisse aus früheren Tagen im Alter wieder aufge-

Leopoldsteinersee (1892)

nommen und dem Lesepublikum neu präsentiert, etwa eine Begehung des Dachsteinmassives, einer beeindruckenden steirischen Symbollandschaft.[394]

Das meditative Wandern

Im Gehen will Rosegger den Alltag abstreifen, und der Aufsatz *Alpensommer* (1898) spricht von einem ‚zwecklosen' Wandern, das sich außerhalb bestimmter Ziele und Wege stellt:

> Da frägt der müde Wanderer sich: Warum? Was ist es, das dich jagt von Tal zu Tal, von Höhe zu Höhe? Ein unendliches Dürsten nach Bergnatur, und doch nirgends Ruh' in derselben, so unstet wie Wildwasser, das immerwährend forteilt und immerwährend da ist. Diese heiße, selige Bergsucht, was hat sie nur für einen Zweck? Vielleicht ist sie gerade darum so glücklich, weil sie keinen hat.[395]

„Meine liebste Ostermusik sind die Frühjahrswässer, die weit von den Bergen schießen", schreibt Rosegger nach einem Frühjahrsausflug in das bei Mixnitz gelegene „wilde" Bärenschütztal.[396] Dieses Zitat zeigt die kultische Bedeutung des Wanderns, das zur Natur wie zum eigenen Selbst führt. Wandern ermöglicht es, sich selbst zu erfahren, wie er 1912 notiert:

Panorama von Eisenerz (1892)

> Wenn ich durch meine heimatlichen Gegenden wandere, da bin ich ganz ich. Da fühle ich eine ungelöste Einheit zwischen mir und den Bergen, Matten, Wänden und Bächen, die um mich sind, eine Einheit, die mein Lebtag so war und so sein muss, die meine volle Ganzheit ausmacht, in der ich mich ausfülle, kurz, in der ich bin – ich kann's nicht anders sagen.[397]

Diese auf seinen Unternehmungen entstandene „Stimmung" versteht Rosegger als „Gnade, die dem einen gegeben ist, dem anderen versagt".[398] Der Aufsatz *Nichts* beschreibt Bergerfahrung als Lösen von Raum und Zeit, als Eintauchen in reinen ‚Lichtäther': „Und dieses unendliche Nichts hebt einen gleichsam über die Erde empor und in die Ewigkeit hinein."[399]

Alpinismus und Tourismus

Den Alpinismus, der sich seit der Mitte des 19. Jahrhunderts entfaltete, verfolgt Rosegger mit Interesse, „weil er einem wahren Bedürfnisse der Zeit und der Gesellschaft entspringt und weil sein Gegenstand im Menschenherzen ungeahntes Glück aufweckt".[400] „Steiermarks erster Hochtourist" ist dem *Heimgarten* zufolge Erzherzog Johann, ein „Natur- und Volksfreund".[401]

Zahlreiche Beiträge vermitteln ein Bild der zunehmenden Erschließung der Ostalpen durch Zeitschriften, Wanderführer und auch Reisehandbücher.[402] 1884 wird etwa ein Wanderführer über das Obere Murtal besprochen,[403] und auch die von Franz Goldhann verfassten *Streifzüge durch das steirische Oberland* (1889) finden Beachtung.[404] Selbst eine kleine Broschüre, in der Wilhelm Gründorf von Zebegény *Wanderungen in der reizenden Umgebung von Graz* entdeckt, wird nicht vernachlässigt.[405]

Publikationen des Grazers Ferdinand Krauss (1848–1898) werden vielleicht auch deswegen rezensiert, weil dieser umtriebige Landesbeamte dem Zirkel im *Krug zum Grünen Kranze* angehörte. Beleuchtet wird 1892 der erste, 1897 der zweite Band des zweibändigen „historisch-topographischen"[406] Werkes *Die eherne Mark* (1892); ein Text, der durch natur- und kulturkundlich motiviertes Wandern entstand und zu Ausflügen in den obersteirischen Raum motivieren soll. Rosegger schreibt, indem er sich auf landschaftliche Höhepunkte des Ennstales bezieht:

> Ja gewiss, besonders in den seitlichen Hochtälern des Ennstales gibt es Naturschönheiten, die nur darum nicht Weltruf haben, weil sie bisher für den Fremdenzug zu entlegen, ohne Weg und Steg und ohne – Entdecker gewesen sind! Bilder wie der Salzafall, der Risachfall, der Schwarze See, der Bodensee im Seewegtal, der Hintersee usw. müssen ja jeden Naturfreund entzücken.[407]

Zur touristischen Vereinskultur

Zustimmend kommentiert werden touristische Vereine, etwa der *Österreichische Alpen-Club* oder der *Steirische Gebirgsverein*, dessen 1907 veröffentlichtes Jahrbuch folgendermaßen bewertet wird:

> Wissen es viele Grazer, wie der Schöckel von hinten aussieht? Der Titel dieses Jahrbuchs zeigt es. Interessieren sie sich für die Wetter des Schöckelgebietes? Das Jahrbuch plaudert davon. Machen sie gerne frohe Fußwanderungen im steirischen Oberlande? Das Jahrbuch nimmt sie mit und führt sie trefflich [...] Reich an touristischer Anregung und an Naturfreudigkeit ist dieses Jahrbuch. Ein sieghafter Werber auch für den *Gebirgsverein*.[408]

Besonderen Zuspruch erhält der 1874 fusionierte *Deutsche und Österreichische Alpenverein* (DÖAV) als einflussreichste Gruppierung. Zur Grazer Jahresversammlung des DÖAV (1891) verfasst Rosegger eine wenig anspruchsvolle Anlassdichtung, ein verklärendes Glückwunschgedicht, das Motive wie körperlicher Stärkung, ethische Entfaltung, aber auch nationale Konstruktion anspricht.[409]

1909 lobt Rosegger das Wirken der sozialdemokratischen *Naturfreunde*, die Mitte der neunziger Jahre entstanden.[410] Ein besonderes Anliegen ist ihm dabei die Wegfreiheit:

> Es ist die Frage, kann das uralte Menschenrecht an Wald und Berg und Wasser weggenommen werden? Dann würden die Herren ‚Eigentümer' den Besitzlosen auch noch Luft und Sonne wegnehmen, wenn sie könnten.[411]

Während sich seit 1908 in verschiedenen österreichischen Reformzeitschriften Beitrittsaufrufe zum *Wandervogel, Deutscher Bund für Jugendwandern* finden, nimmt der *Heimgarten* erst 1912 dazu Stellung, nachdem Gruppen in Marburg/Drau, Graz und Leoben entstanden sind.[412]

Auf die Pfadfinderbewegung reagiert Helene Fischer-Karmin in einem vierseitigen Aufsatz *Gut Pfad*.[413] Die Pfadfinder sieht Rosegger gelegentlich als „Pioniere der Wiedergeburt", und er unterstreicht, wie notwendig diese neue Form der Bewegung und der Naturerfahrung sei:

> Dass man den Menschen nicht mit Unterricht und Büchern allein bilden kann, das hat sich gezeigt. Die Erfahrung, das persönliche Anpacken mit dem Leben baut Männer und Charaktere. Einst, als man sich von der Natur noch nicht so weit entfernt hatte, genügte zur Auffrischung noch Vater Jahns Körperübung. Wer heute dem Verfall entfliehen will, der muss sich mit allen Vieren in die Wildnis stürzen.[414]

Landschaft und Umwelt

Anfänge des Natur- und Heimatschutzes

Der vielleicht wichtigste Anreger der frühen Naturschutzbewegung ist der Komponist Ernst Rudorff (1840–1916), eine Parallelerscheinung von Rosegger und fast ebenso alt geworden. Sein Aufsatz *Über das Verhältnis des modernen Lebens zur Natur* (1880) prangert Flurbereinigung und Bachregulierung, Ausräumen der Landschaft und Zersiedelung, Ausbau des Straßennetzes und des Tourismus an.[415] 1888 prägt er den Begriff „Naturschutz", und 1897 veröffentlicht er eine grundlegende Schrift zum *Heimatschutz*.[416]

Die Institutionalisierungsphase des Naturschutzes setzt im deutschsprachigen Raum 1904 mit der Gründung des *Deutschen Bundes Heimatschutz* ein; einem Bündnis, das innerhalb von drei Jahren auf ca. 100.000 individuelle oder korporative Mitglieder kommt.[417]

Ernst Rudorff (vor 1892)

Das landschaftsästhetische Programm des Heimatschutzes ist an „naturschonenden Vorstellungen orientiert" (ROLLINS) und leitete zu einer ökologischen Ästhetik über.[418] Die wichtigsten Arbeitsfelder des *Bundes Heimatschutz* sind: Erhaltung der Kulturdenkmäler und Weiterentwicklung einer regionalen und landschaftsbezogenen Bauweise, Pflege der Volkskunst, der Trachten und der Festkultur, der Schutz des Landschaftsbildes und die „Rettung der einheimischen Tier- und Pflanzenwelt sowie der geologischen Eigentümlichkeiten".[419]

Heimat und Heimatschutz. Von der Waldheimat

Die Heimatschutzbewegung entstand aus dem Versuch heraus, Modernisierungsprozesse wie Urbanisierung, Industrialisierung und Mechanisierung zu modifizieren und menschenfreundlicher zu gestalten.[420] Das zentrale Fahnenwort ‚Heimat' spricht dabei (nach SIEFERLE) einen „Dreiklang von Volk, Natur und Individuum" an und bezieht sich auf „eine organische Symbiose, die Wurzel jeder wahren und lebendigen Kultur sein sollte".[421]

Das von Rosegger verwendete zusammengesetzte Wort Waldheimat hat mehrere Dimensionen: Einerseits spielt es auf den Herkunftsort Alpl an, andererseits wird dadurch eine Region bezeichnet, in der der Autor wirkte, und schließlich steht der Begriff in Verbindung mit Wäldern und Forstökotopen als Chiffre des Steirischen, das sich gerne auch als Grüne Mark sieht.[422]

Eugen Gradmann, Programmatiker der Heimatbewegung, sagt 1910: „Heimat ist das Land, in dem wir jung gewesen sind."[423] Auch Rosegger bezieht sich auf Kindheitserinnerungen, die gegenüber dem Erwachsenendasein anscheinend plastischer und färbiger wirken. Seine Memoiren *Als ich noch der Waldbauernbub war* (1902), eine von mehreren ähnlichen Kindheits- und Jugenderinnerungen der Heimatbewegung,[424] zeigen, wie DEAN GARRETT STROUD anmerkt, „a treasure that neither contemporary circumstances nore time could destroy".[425]

Rosegger und die Heimatbewegung

Rosegger dürfte von Rudorff Anfang der 1990er Jahre Kenntnis genommen haben, und er empfiehlt 1892 dessen wertvollen Text *Der Schutz der landschaftlichen Natur und der geschichtlichen Denkmäler Deutschlands* „auf das Wärmste".[426]

Am Heimatschutzprojekt ist er von allem Anfang beteiligt.[427] Mit anderen ökologisch interessierten Intellektuellen, unter ihnen Heinrich Sohnrey (s. o.), der christlich-völkische Dichter Friedrich Lienhard (1865–1925) oder der Freidenker Wilhelm Bölsche (s. o.), unterzeichnet er den Gründungsaufruf des *Bundes Heimatschutz*, und er gehört auch dem Gesamtvorstand an. Zur Gründung des steirischen *Vereines für Heimatschutz* 1909 stellt er sich mit dem Aufsatz *Wir müssen uns ein wenig verbauern* ein. Hier wird der pragmatische und auch fachbezogene Zug dieser Bewegung sichtbar gemacht:

> Gegen den Drang, reich zu werden oder, mit beliebteren Worten, gegen das wirtschaftliche Interesse kommt der Heimatschutz nicht auf. Vom wichtigsten muss er seine Hand lassen. Einer freundlicheren Kleinarbeit muss er sich zuwenden.[428]

Ähnlich klingt es zwei Jahre danach bei Hans Ludwig Rosegger (1880–1929), der mittlerweile den *Heimgarten* herausgibt; er fordert, der Verein

Titelseite des „Kunstwart" (1908)

möchte sich stärker gegen die „Verhässlichung der Natur" einsetzen.[429]

Rosegger ist auch im Vorstand einer weiteren dem Natur- und Heimatschutz gewidmeten Organisation, des sogenannten *Dürerbundes*. Der gesamtdeutsche Verein wurde 1902 von Ferdinand Avenarius (1856–1923) gegründet, dem Schriftleiter der Kulturzeitschrift *Kunstwart*.[430] Am Höhepunkt des *Dürerbunds* in Österreich, im Jahre 1912, gibt es Zweigstellen in 28 Städten der Donaumonarchie.[431] Grazer *Dürerbund*-Fans wie Vorstandsmitglied Emil Ertl, Friedrich von Hausegger, Friedrich Hofmann und Wilhelm Kienzl sind in engem Kontakt mit Rosegger; 1913 wird dem Dichter der Vereinskalender gewidmet.[432]

Kritik der Emissionen

1873, also noch bevor er den Plan zu seiner Programmzeitschrift *Heimgarten* gefasst hat, bekundet der damals 30-jährige Schriftsteller einen gewissen Abscheu vor industriellen Emissionen. In einen Brief an August Brunlechner kritzelt er einen Babylonischen Turm – seit jeher Symbol der Hybris wie der unausweichlichen Katastrophe, und er kommentiert seine Graphik wie folgt:

> Wäre mir wohl u. wohlzumute gewesen, ich hätte dich sicher besucht in Niklasdorf, solange die Luft noch rein u. durch Hochofenruß nicht verfinstert ist. Ihr mit Euerem Wühlen u. Sengen u. Brennen richtet uns ohnehin die Welt zu Grunde; ihr Maulwürfe, ihr Borkenkäfer, ihr Rosthammel, Ihr seid ja ärger als der Türk![433]

Rosegger reagiert damit auf die Metamorphose seiner Herkunftsregion. Denn das Mürztal wurde, wie der verdienstvolle steirische Wirtschafts-

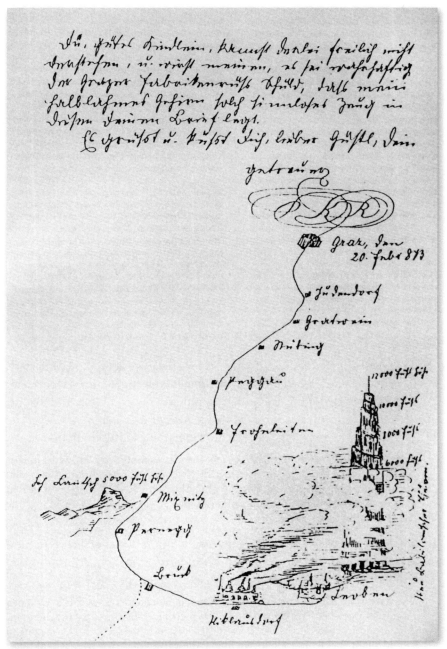

Babylonischer Turm. Zeichnung Peter Roseggers (1873)

historiker PAUL W. ROTH beschreibt, zu dieser Zeit zu „*dem* Zentrum der Stahlerzeugung", und es bildeten sich industrielle Zentren in der Mur-Mürzfurche heraus.[434] Doch hängt an Roseggers Vorstellung wohl auch etwas Anti-Utopisches. Die Beeinträchtigung des Atmens durch Hochöfen steht nicht nur für sich, sie wird zum Menetekel, zum Symbol des drohenden Untergangs der gesamten industriellen Zivilisation, die damals erst im Begriffe war, sich herauszubilden.

Ein zweiter Aspekt der Emissionskritik entsteht aus der Heimatbewegung, eine Kritik an Ruß- und Abgasemissionen; sowohl in der freien Landschaft als auch in den Ortschaften.[435] Eine dritte Ebene ergibt sich aus der besonders ungünstigen Lage von Graz:

> Tot wie in einem Tümpel liegt dieser graublaue Brodem über dem Becken unserer Stadt, und wir trinken die luftige Asche der Herd-, Ofen- und Fabriksfeuer, den Stickstoff von 200.000 Atmenden. Zu Hause wagt man kaum die Wohnung zu lüften, weil zu den Fenstern eine noch widerlichere Luft hereinkommt als schon im Zimmer ist. Wie erst, wenn wir (nach dem Wunsch mancher Leute) eine große Industrie hätten![436]

Zum Projekt Landschaftsverschönerung

Wie Ernst Rudorff erkennt Rosegger, wie schwerwiegend die Landschaft transformiert wurde: durch Industrieanlagen, die sogenannte Meliorisierung, Verforstung und Verfichtung, Regulierung der Flüsse und Bäche, Ausdehnung der Infrastruktur ... Seine *Briefe aus der Sommerfrische* (1884) verweisen auf kleinräumige Störungen des Landschaftsbildes:

> Das Dorf, der Flecken verstädtert sich, die Landschaft wird alt, wird glatziger mit jedem Jahr [...] Dort ist ein Feldweg verlegt, hier ein Steg über den Bach abgetragen, da eine buschige Fichte abgeschneidelt, ein Scheiterhaufen aufgeschlichtet, ein Steinbruch aufgerissen wie ein wüstes Loch in's grüne Kleid des Berges.[437]

In der Folge werden diese Veränderungen immer wieder erörtert, und zwei Jahrzehnte bringt sie der Essay *Veränderung der Landschaft* mit den Katastrophen der Vergangenheit in Beziehung:

> Wie das breite Alpenland kahl und trocken geworden ist, so wird es auch das Hintergebirge werden. Wenn wir in Ägypten, in Palästina, in Griechenland mit Grauen heute die kahle, karstige Landschaft betrachten: Es ist daran schuld nicht das Klima allein; vielmehr die tausendjährige Menschenkultur hat die Berge rasiert und die Täler ausgesogen. Das wird auch die Zukunft unseres Vaterlandes sein.[438]

Zur Korrektur dieser Entwicklung hat Rosegger vielfältige Alternativen vorgestellt, die auch in diesem Buch allenthalben erörtert werden. Eine, und gewiss nicht unproblematische, ist jene der Landschaftsverschönerung.[439] Auf diesem Feld wirkten etwa Verschönerungsvereine und der 1881 begründeten steirische Fremdenverkehrsverband, der durchaus wegweisend für Österreich war.

Themen sind etwa die Erhaltung und Anlage von Gärten und Parks und Sicherung von stadtnahen Erholungsgebieten: 1886 entsteht in Trofaiach (bei Leoben) über Roseggers Initiative des Dichters ein Stadtpark. 1894 trägt er dazu bei, dass der geplante Verkauf des Grazer Mariagrüner Waldes durch den Grafen Schönborn an eine Holzexportfirma gestoppt wurde, und eine Pressekampagne hat erreicht, dass dieser wert-

Krieglach, Panorama um 1884

volle Mischwald in öffentliches Eigentum überging.[440]

Als im Zuge der Errichtung des Stadttheaters 1898 zahlreiche Bäume gefällt wurden und der südliche Teil des Stadtparkes fällt, vermerkt dies der Schriftsteller recht bitter unter dem Titel *Eine Schildbürger-Geschichte*.[441] Wie manche damalige Grazer Politiker ist Rosegger der Ansicht, dass der neobarocke Bau, dieses „zopfige Monstrum des Theaters, ein undeutscher Bau mit überladener, kostspieliger Außenseite" überdimensioniert sei, und ergrimmt holt er zum Rundumschlag gegen die Stadtpolitiker aus:

> Ich glaube nicht, dass unsere Stadtväter persönliche Feinde des Grünen und der Bäume sind, aber ich vermute, dass sie für materiellen Gewinn der Stadt im Stande sein würden, den letzten Baum zu opfern. Und diese Spekulation ist schief, denn was heute noch als Gewinn erscheinen mag, ist morgen Verlust. War es bisher eine *blühende* Stadt, so wird es dann eine blühende *Stadt* sein, aber gewiss nur für ein kurzes Weilchen.[442]

Rosegger ist der Ansicht, dass der Reiz von Graz besonders in seinem Grünbereich liegt: er lobt den ungewöhnlichen Schloßberg mit seinen verschlungenen, baumüberschatteten Wegen[443], den geliebten Stadtpark inmitten des Häusermeers und die damals noch grünen Hügel ringsherum. „Was an Graz schön ist", so vermerkt er (1911), „was die Gäste zu uns lockt, das ist nicht die Stadt, sondern die Landschaft".[444]

Wirkung des Waldes

Schon das erste Heft des *Heimgarten* erfasst im Aufsatz *Unser nordischer Wald* hiesige Baumarten auf eine poetisch wie naturkundlich ansprechende Weise.[445] Die Bewaldung verlassenen Siedlungsraumes wird keineswegs nur beklagt:

> Und es ist auch ein Glück, dass wilder Wald manchmal wieder Sieger wird, dass der Ast immer nachwächst, auf dem der Mensch sitzt und den er mit aller Emsigkeit durchsägen will.[446]

Den „reinen, friedensvollen, tausendfältig lebenden, in hundert klaren Quellen sprudelnden, in allen Wipfeln säuselnden und von Vogelsang erklingenden Wald" hebt der Dichter, so Goethe paraphrasierend, als ein Gegenbild zur Großstadt hervor.[447] Der Wald löst seelische Prozesse aus, wie der 1906 von einer Erzählung auf einen Roman erweiterte Text *Die Försterbuben* verdeutlicht, und er bildet einen „Ort der Geborgenheit, der psychischen Gesundheit und der Zuflucht" (GERHARD PAIL).[448] Er wirkt als Erholungsort, „in Ewigkeit jung und rein", in den man immer wieder eintauchen und sich regenerieren kann.[449]

Eine bemerkenswerte Würdigung enthält das Gedicht *Zuflucht im Walde*, das auf die reinigende, ent-spannende Wirkung dieser Landschaft verweist, die innere Harmonie und Ruhe bringt:

> Auch mein Gemüt will tauen hier,
> Bis müde sinkt das Auge zu.
> O senke Frieden in mein Herz,
> Du süße, heilige Waldesruh.[450]

Schutz des Waldes

Der *Heimgarten* prangert Schlägerungen weiter Waldgebiete an, die auf das Konto von Siedlung, Industrialisierung oder Straßenbau gehen. Er gibt Alpinvereinen Raum, die über Abholzung und mangelnde Aufforstung klagen, so etwa dem *Steirischen Gebirgsverein* mit seiner Kritik an der Abholzung des untersteirischen Bachergebirges:

> Der Holzreichtum des Bacher war vor etwa 15 Jahren noch sehr bedeutend; der Wald wird jedoch hier rücksichtslos ausgebeutet, so dass man jetzt ungeheure Flächen entholzt antrifft. Wenig oder ungenügend wird aufgeforstet.[451]

Roseggers Aufsatz *Zur Waldfrage in den österreichischen Alpengebieten* (1883) nimmt eine Schrift des *Alpenvereins* zum Anlass, um auf die nachlässige Handhabung des Reichsforstgesetzes (1852) hinzuweisen, das als solches mangelhaft war und zu schwache Sanktionen beinhaltete. Zugrunde lagen Erfahrungen mit Überschwemmungen und Vermurungen, die im Herbst des Jahres 1882 Tirol und Kärnten betrafen. Begünstigt waren diese Katastrophen durch massive Schlägerungen und mangelnde Aufforstung. Rosegger erklärt in diesem Zusammenhang eine „Erhaltung der Waldungen in den Alpengebieten als ein allgemeines österreichisches Reichsinteresse".[452]

Im Jahre 1884 vermerkten seine *Briefe aus der Sommerfrische* den Rückgang des Waldes (in den *Bergpredigten* tritt dieser Text auf als *Von der Geldgier als Waldverwüsterin*[453]):

> Alljährlich werden die Täler sonniger, die Wälder weichen zurück, wie erschreckt vor jedem Pfiff der Lokomotive. [...] Wo ich Wüsten sehe an den Hängen, an denen sonst Waldesflur war, da schwöre ich darauf, eine Fabrik, eine Dampfsäge, eine Eisenbahn ist in der Nähe.[454]

Rosegger missfallen ausgedehnte Schlägerungen, für die er den Holzhandel und wirtschaftliche Nöte verantwortlich macht. Ökologische Motive wiegen schwerer als Profitinteressen, und so fordert er im Aufsatz *Unsere armen Wälder!*, den verbreiteten Holzexport nach Italien einzustellen.[455]

Doch dort, wo auf ehemaligen bäuerlichen Landschaften wieder Sträucher und Bäume wachsen, ist der Autor unzufrieden. Dies wird klar anhand des Gedichtes *Ich liebe den Wald* (1893).[456] Aus diesem Zwiespalt findet der Autor, indem er als Aufgabe des Landwirts unterstreicht, Wald zu pflegen und zu erweitern, vor allem unter den Aspekten wirtschaftlicher Versorgung über Generationen hinweg. Der Aufsatz *Da Baur ohni Bam* betont diese Mission.[457]

Naturschutzparke für Österreich

Die Einrichtung des Yellowstone Nationalparks in den Vereinigten Staaten (1872) strahlte auf den deutschsprachigen Raum aus, und 1910 unternahm der Verein *Naturschutzpark* erste Versuche, eine Schutzzone in den Hohen Tauern einzurichten.[458]

1912 ergriff der Wiener Universitätsprofessor für forstliche Betriebslehre, Adolf von Guttenberg (1839–1917), Präsident der Sektion Austria des Alpenvereins, die Initiative mit der Gründung des *Österreichischen Vereins Naturschutzpark*. 1913 wurden im Stubach-, Dorfer Öd-, Amer- und Felbertal fünf Almen mit einer Gesamtfläche von etwa 12 km² angekauft, die somit zum Kerngebiet des erst 1971 geschaffenen Nationalparks Hohe Tauern wurden.[459]

Naturschutzparke für Deutschland und Österreich (1910)

Rosegger verfolgt diese Projekte seit ihrem Beginn mit Interesse.[460] 1911 berichtet der *Heimgarten* von der Idee, einen steirischen Naturpark einzurichten, „östlich vom Dachstein, das Wald- und Felsengebirge beziehungsweise auch Elendgebirge geheißen, zwischen Schladming und Aussee, Mitterndorf und Dachstein".[461] In seinem Aufsatz *Wem gehört der Großglockner?* regt der Autor an, das am Großglockner gelegene Privateigentum zu enteignen und den Ländern zu übertragen, wovon allerdings Jagd- und Wasserrecht unangetastet bleiben sollten.[462]

Doch Roseggers Ansatz ist weitaus fundamentaler: „Wir dürfen es nicht darauf ankommen lassen, dass in unseren Ländern ein starker Baum, ein ursprüngliches Tier, ein wilder Bach zur Kuriosität wird", schreibt er 1913, und er will eine „perverse Naturkraftverschwendung" eingeschränkt sehen![463]

Mensch und Tier

Grundlagen des Tierschutzes

Seit der Mitte des 19. Jahrhunderts gibt es in Österreich Tierschutzvereine, und 1860 wird der *Steiermärkische Tierschutzverein* gegründet. Um 1900 besteht in Graz ein breites Spektrum von Vereinen, sogar ein durch Wagnerianer gegründeter *Bund gegen Vivisektion*. In der Besprechung einer Grazer Tierschutzzeitschrift (1900) verdeutlicht Rosegger, dass das Tier

> der Liebe und dem Vorteil des Menschen am nächsten steht. Weil aber alle Liebe auf Uneigennützigkeit beruht, so ist dem menschlichen Schutze alle Kreatur empfohlen – die verschiedenen Feinde des Menschen natürlich ausgenommen.[464]

Titelvignette „Der illustrierte Thier- und Vogelfreund" (1900)

Dieses Prinzip bringt er an anderer Stelle sehr klar und plausibel zum Ausdruck: „Beschütze jedes Tier, vor dem *du* dich nicht beschützen musst."[465]

Die Stellung des Christentums zum Tier wird kontroversiell erörtert. Der Beitrag *Würde des Menschen! Recht des Thieres!* entwirft eine Genealogie des Tierschutzes seit dem fiktiven jüdischen Propheten Moses.[466]

Auf der anderen Seite distanziert sich Rosegger von einer anthropozentrischen Perspektive, die er mit dem Monotheismus in Verbindung bringt:

> Die Religion sagt, alles in der Welt sei nur zum Nutzen des Menschen erschaffen. Es ist das eine etwas hochmütige Meinung, die der Wolf oder der Tiger gelegentlich umkehren könnte, sobald er der Stärkere ist, und das Insekt und die Bakterie tatsächlich umgekehrt hat, eben weil diese Wesen, durch ihre Winzigkeit geschützt, – stärker sind als der Mensch.[467]

Deckungsgleich bekräftigt der Rosegger-Biograph Theodor Kappstein 1907 im *Heimgarten*, „es fehlt der jenseitig orientierten Frömmigkeit das Verständnis für die Einheit der Natur; diese Menschen wandeln durch die Welt, aber sie gehören in ihrem Dünkel nicht organisch zu ihr. Der kirchlich geprägte Dualismus hat geschieden, was Gott zusammengefügt."[468]

Dieser Diskurs ist auch im Licht der Verarbeitung naturwissenschaftlicher und naturphilosophischer Erkenntnisse zu sehen. Die Evolutionslehre etwa nimmt Rosegger über zeitgenössische Autoren (wie Konrad Guenther) auf und ordnete sie höchst unterschiedlich ein: ab und zu skeptisch wie in seinem Beitrag *Merkwürdiges aus dem Tierleben* aus dem Jahre 1905[469]; einige Jahre später betont er, dass die Evolutionslehre „der reine gottselige Idealismus" sei.[470]

Wie dem auch sei: Das Tier wird nur mehr graduell und nicht mehr dem Wesen nach vom Menschen geschieden.[471] Rosegger bedauert auch, wie Eingriffe in die Habitate das Tierleben beeinflussen. So meint er, dass die Errichtung der Wiener Hochquellwasserleitung „unzähligen Geschlechtern der Forellen" die Existenz raube.[472]

Ethik des Tierschutzes

Die Mitleidsethik, wie sie etwa der Philosoph Arthur Schopenhauer aktualisierte, geht von der Annahme einer gemeinsamen Leidensfähigkeit von Mensch und Tier aus.[473] Schon im zweiten *Heimgarten*-Jahrgang findet sich der Aufsatz *Über den sprachlichen Verkehr des Menschen mit den Hausthieren*, in dem Rosegger die emotionalen Verbindungen zwischen Tier und Mensch darstellt und vermutet,

> dass das Haustier überhaupt mehr von uns weiß und uns besser versteht, als wir in der Regel annehmen; dass es uns im Allgemeinen treuer ergeben ist, als wir ahnen, und dass es, anstatt sich selbst zu beklagen, uns, die Menschen bedauert, als jene unseligen Geschöpfe, die vor lauter Selbstsucht und Eigennutz ihrer Not kein Ende wissen.[474]

Peter Rosegger, Hundeszene. Bleistiftzeichnung (1865)

Naturkundliches Interesse und Einfühlungsvermögen zeigt der Aufsatz *Zur Liebestragik im Leben der Thiere* (1881),[475] während die 1886 veröffentlichten *Geschichten von meinem Hector* eine ergreifende Darstellung des Sterbens eines geliebten Tieres enthalten.[476]

Wiederholt zeigt Rosegger das Mitleidsgefühl als eine wichtige Voraussetzung des Tierschutzes und als eine Quelle der Hilfsbereitschaft, und er meint: „Nur wer die Liebe und das Leid kennt, kann mitleidig sein".[477] Dieses gefühlsmäßige Fundament des Tierschutzes wird auch deutlich in der im *Heimgarten* abgedruckten Kindheitserzählung *Die Wachtel* (1884) von Iwan Turgenjew.[478]

Ähnliche Überlegungen finden sich auch in den *Heimgarten*-Beiträgen des Pazifisten und Sozialethikers Magnus Schwantje (1877–1959), der, von Arthur Schopenhauer und Richard Wagner beeinflusst, 1907 eine *Gesellschaft zur Förderung des Tierschutzes und verwandter Bestrebungen* gründete.[479]

Vielfach wird Barmherzigkeit Tieren gegenüber erörtert, und es findet sich selbst eine aus dem Türkischen übertragene Erzählung, nämlich *Der verschmachtende Hund*.[480] 1904 betonte die reizende und liebevoll ausgestaltete Kurzerzählung *Landa und Scott*:

115

> Des Tieres Schicksal ist der Mensch. Ich denke da vor allem ans Haustier. Was dem Menschen Armut, Knechtschaft, unglückliche Ehe, Hunger, Krieg und Pest ist, das zusammen ist dem Tiere der rohe Herr, so wie der gütige Herr des Tieres Glücksstern ist.[481]

Für Rosegger ist der Tierschutz „eine gute Übung in der Barmherzigkeit mit den Mitmenschen".[482] Zuneigung zu Tieren darf jedoch, wie er wiederholt ausführt, nicht an die Stelle der Liebe zu Menschen treten: „Du sollst dein Herz nicht an das Tier verschwenden, solange es der Mensch bedarf."[483] Rosegger, der ausgeprägte Familienmensch, ist alles andere als ein Tiernarr.

Pädagogik des Tierschutzes

In Österreich waren Misshandlungen von Tieren seit einer Verordnung des Innenministeriums (1855) dann strafbar, wenn sie öffentlich erfolgten.[484] So erhielt der soziale Diskurs um Tierquälerei Profil und Berechtigung.

Im *Heimgarten* erhält dieses Thema einen prominenten Platz. Hier erscheint ein Beitrag über *Die Tierquälerei und ihre Stellung im Kulturleben der Völker*, und Rosegger selbst wendet sich der Tierquälerei durch Kinder zu, nicht ohne auf eigene Verfehlungen zu verweisen.[485] *Eine Culturskizze aus der eleganten Welt* (1892), unter dem Pseudonym „Oswald Stamm" publiziert, prangert das damals im Stadtrand von Graz beliebte Schießen auf lebende Tauben an.[486]

In den 1890er Jahren sieht der *Heimgarten* Tierschutz als ein Projekt der „Volkserziehung".[487] Ein in Friesach wirkender Lehrer mit dem (vielleicht unpassenden) Namen Josef Killer stellt die Frage *Was kann der Lehrer für den Thierschutz tun?*[488] Kritisch beleuchtet werden der Vogelfang, die Verstümmelung von Fröschen, die Verwendung von Legangeln und das ohne Betäubung vorgenommene Schlachten.[489]

1902 unterzeichnet Rosegger gemeinsam mit den Schriftstellern Marie von Ebner-Eschenbach, Hans Fraungruber, Emil Marriot, Bertha von Suttner und Ferdinand von Saar einen Aufruf, wonach pädagogische Tierschutz-Texte der Vereine auch in Schulen verteilt werden sollten. Hier sind erste Ansätze zu einem Tierschutz-Unterricht zu erkennen.[490]

Beiträge zum Vogelschutz

Vogelschutz war lange von der Trennung in schädliche und für die Bodenkultivierung nützliche Arten bestimmt. Nach einem ersten galizischen

Gesetz von 1854, dem 1868 die Steiermark folgte, galt ab 1889 in allen österreichischen Ländern ein bestimmte Arten betreffender ganzjähriger Vogelschutz. In der Steiermark waren alle Vögel geschützt, mit Ausnahme der jagdbaren.[491]

1888 kritisiert J. B. Holzinger im *Heimgarten* den Fang einheimischer Singvögel und die damals trotz Verbot vorgenommene Praxis des Blendens (1886).[492] Dieses Thema wird 1904 durch den Beitrag *Warum dieses Geschlecht verworfen ist* in dramatischer Weise aufgenommen.[493] 1892 erscheint Roseggers drastischer Aufsatz *Vogelmörder*.[494]

1896 entsteht in Graz der äußerst erfolgreiche *Österreichische Bund der Vogelfreunde*. Der *Heimgarten* veröffentlicht kurz danach einen Beitrittsaufruf mit dem Hinweis, dass sich die *Vogelfreunde* für wirksamere Vogelschutzgesetze und deren Durchführung insbesondere in Südtirol und Dalmatien einsetzten.[495] Man bewirbt die 1899 publizierte Schrift der Rosegger nahestehenden Poetin Sophie von Khuenberg-Kleinert (1863–1917) *Über die sittliche Bedeutung des Thier- und Vogelschutzes*.[496] Und 1900 erscheint eine Rezension der bis 1910 bestehenden Vereinszeitschrift *Illustrierter Thier- und Vogelfreund*.[497]

Der *Heimgarten* wendet sich gegen die in Mittelmeerländern populäre Jagd auf *Singvögel*, der Millionen Lerchen, Drosseln, Finken, Hänflinge, Ammern, Schwalben, Zaunkönige und Rotkehlchen auslöscht und damit das ökologische Gleichgewicht gefährdet.[498] Der mit dem Schriftsteller befreundete Autor Franz Goldhann verweist (1916) darauf, dass „unter solchen Umständen die Obstkulturen von dem vielen Ungeziefer, das sich überall breit macht, arg mitgenommen werden".[499]

Einen weiteren Ansatz bildet die Verwendung von Gefieder zu Modezwecken, die damals in ganz Europa in der Kritik steht.[500] So wirft man ein Schlaglicht auf *Die Vogelleiche als Frauenputz* und betont, dass in England und Frankreich jährlich 1,6 Millionen Vogelbälge exotischer Arten verarbeitet würden, die den bemitleidenswerten Geschöpfen bei lebendigem Leibe entfernt worden seien.[501]

1904 erscheint ein Gedicht Roseggers *Dem Singvogel ins Stammbuch*, in dem sich der Autor ganz mit dem Tier und seinem Recht auf Freiheit identifiziert:

Mein liebes Vöglein, merke fein,
Der Liebling dieser Menschen zu sein,
Das ist ein Verbrechen. Es wird bestraft
Mit lebenslänglicher Käfighaft.[502]

Darf Schlachten sein?

In der kleinen bäuerlichen Wirtschaft steht das Schlachten notwendigerweise am Ende eines Tierlebens, das vorher „Aufmerksamkeit und Liebe" erfahren habe: so sieht es der hier ganz vom bäuerlichen Standpunkt ausgehende Rosegger.[503] Auf der anderen Seite werden Automatisierung und Mechanisierung zum Horror, sichtbar damals schon anhand der riesigen Schlachthöfe von Chicago, die Rosegger als „Fleischfabriken" bezeichnet und die auch in Upton Sinclairs Klassiker *The Jungle* (1906) und von Bertolt Brecht in seiner *Heiligen Johanna der Schlachthöfe* (1929) dargestellt werden sollten.[504] Wie ein tiereverschlingender und menschenverzehrender Moloch erscheint jedoch bereits die Großstadt Wien:

> Breite Plättenwagen, mit gebundenen Kälbern beladen, klapperten rasch heran; die Köpfe der armen Tiere hingen teils über das Rad herab, mitunter hoben sie sich ein wenig, glotzten mit verglasten Augen die Vorübergehenden an und versuchten zu röhren, waren aber schon heiser [...] In die Stadt hinein Schlachtvieh, tote Tiere, aus der Stadt heraus tote Menschen.[505]

Von dieser polarisierenden Sichtweise abgesehen, gibt Rosegger den Vorschlägen der Tierschutzvereine „zur Einführung von zweckmäßigen, rasch tötenden oder wenigstens momentan betäubenden Schlachtwerkzeugen" Raum, und er urteilt kritisch, Bauern und Behörden seien an dieser Agenda zu wenig interessiert.[506]

Bisweilen finden sich radikalere Töne, die ganz einer vegetarischen Sichtweise entsprechen: Roseggers *Geschichte vom Lamm* (1893) zeigt, wie das Tier vor der Schlachtung bewahrt wird und entwirft so eine Friedensutopie im Kleinen.[507] 1903 liest man im *Heimgarten* einen Beitrag der Wagnerianerin Fanny Spork, der sich mit dem Tier als dem unschuldigen „Opfer materiellen Gewinnes" identifiziert.[508]

Um die Jagd

Menschen oder Hirsche – unter diesem provokanten Titel spricht sich Rosegger 1892 gegen die Wildhege in landwirtschaftlich genutzten Gebieten aus, und er behauptet: „Auch bei uns in den Alpen ist es vielfach so, dass der Mensch auswandern muss, um das Heimatrecht dem Hirschen zu überlassen."[509] In seinem Beitrag *Ein Anti-Dianaist bittet ums Wort* (1893) setzt der Autor nach: „Seit es Bauern und Jäger gibt, ist zwischen beiden der Krieg."[510] Und er fordert die Landwirte zum „Ausrotten" des Wildes auf, um „statt Hasen fleißig Schafe, statt Hirsche Rinder züchten" zu können.⁵¹¹

Nicht das Töten von Tieren steht hier also im Vordergrund, sondern die Verteidigung des Bauern (und des Wilderers) gegen Anmaßungen von Jägern und Förstern.

Spürbar genüsslich rezensiert Rosegger 1897 ein Pamphlet Magnus Schwantjes, *Das „edle Weidwerk" und der Lustmord*. Schwantje entwirft darin eine krude Sexualpathologie der Jagd. Der Steirer verweist mit dem deutschen Autor auf den „schändlichen, wenn auch wohl zumeist unbewussten Urgrund" der Jagd, und meint sogar, „dass es Zeit wäre, die Ausübung dieser rohen und wilden Leidenschaft gebührend zu bestrafen".⁵¹²

Es wäre nicht Rosegger, hätte er diese harsche Aburteilung in der Folge nicht abgeschwächt und relativiert. „Der Mensch hat heimgefunden zur Natur, und das ist die Hauptsache", meint der Beitrag *Was bedeutet der Sport?* (1904), der damit eine völlig andere und positive Perspektive auf die Jagd eröffnet.⁵¹³ Doch dann wieder, wenige Jahre später, ganz Mitfühlen mit dem zu Tode getroffenen Tierwesen:

> Gegen das „Jagern" hätte ich ja nichts, nur gegen das Totschießen, und noch mehr gegen das Nichtganztotschießen. Ich bin zu viel Tier, um das nicht ein wenig mitzufühlen, und so oft sie einen Rehbock schießen, fühle ich mich getroffen.⁵¹⁴

Gegen die Tierversuche

Rosegger wendet sich gegen Tierversuche – damals unter dem Begriff der Vivisektion gefasst – als eine institutionalisierte, staatlich sanktionierte und mit wissenschaftlicher Systematik betriebene Variante der Tierfolter. Sie ist „die schlimmste, entsetzlichste aller Tierquälereien".⁵¹⁵ Und er meint, der *Heimgarten* habe im Kampf gegen diese verbreitete Praxis „alles menschliche Rechtsgefühl" aufgerufen.⁵¹⁶

Die Kritik an der Vivisektion setzte in Deutschland seit den 1870er Jahren ein und strahlt in den *Heimgarten* aus. 1885 schreibt ein Tierfreund aus Dresden, der zu Besuch in Graz ist, in dieser Sache an Rosegger, und der antwortet in seinem Essay: *Wehe dem, der zum Wissen geht durch Schuld!*⁵¹⁷ Drei Jahre darauf betont Friedrich Haßlwanders Gedicht *An die Vivisektoren* die Gültigkeit der Mitleidsethik für Mensch und Tier:

> Wer unempfindlich für des Tieres Schmerzen
> Und kalt das Amt der Folterknechte übt,
> Trägt Mitleid auch für Menschen nicht im Herzen.[518]

1892 empfiehlt Rosegger zeitgenössische Texte gegen die Vivisektion: unter ihnen Richard Wagners (erstmals in den *Bayreuther Blättern* 1879 publiziertes) *Offenes Schreiben an Herrn Ernst von Weber* und die zugrundeliegende Schrift Webers: *Die Folterkammern der Wissenschaft*.[519]

Seit den 1890ern kann Rosegger an eine merkliche österreichische Antivivisektionsbewegung anknüpfen, und 1898 entsteht in Graz ein *Weltbund zur Bekämpfung der Vivisektion*. Parallel dazu wird der Diskurs im *Heimgarten* signifikanter: etwa unter dem Einfluss von Meta Wellmer, einer Mitarbeiterin der *Bayreuther Blätter*, die auch in Ernährungsfragen Rosegger beeinflusst hat.[520]

1897 wird die Broschüre *Die Bestie im Menschen* des früh verstorbenen Grazer Tierfreunds und Ethnographen Carl Heinrich Rudolf Bergner (1860–1899) in Auszügen veröffentlicht.[521] Bergner ist Mitbegründer der Zeitschrift *Der illustrierte Thierfreund* (1895–1928) und des *Österreichischen Bundes der Vogelfreunde*.[522]

Der Grazer Tierschützer Rudolf Bergner (um 1900)

Bemerkenswert ist Roseggers 1897 unter dem Pseudonym Johann Wildhardtner veröffentlichte Erzählung *Ein interessanter Fall*. Sie führt in dem Vivisektor Albin Gibhart einen skrupellosen Mediziner vor, dessen Frau das „Scheusal" nach dem Tod des gemeinsamen Kindes und einem entlarvenden Besuch in der Universitätsklinik verlässt.[523] Magnus Schwantje sollte diesen Text in eine seiner Tierschutz-Anthologien aufnehmen.[524] Ähnliche Angriffe auf Vivisektoren reitet der Autor in seiner Besprechung von Wilhelm Ressels Satire *Moderne Gelehrte*.[525]

1903 lässt Rosegger noch einmal den Münchner Wagnerianer Max Seiling mit einem Angriff gegen die Schulmedizin zu Wort kommen.[526] Dass Rosegger einmal diese Praktiken rechtfertigt, für den Fall, „dass

Tierversuch. Aus einer antivivisektionistischen Broschüre (1913)

die Versuche an Tieren den Menschen wirkliche Heilvorteile bringen", passt in seine abwägende Haltung, könnte aber ebenso abnehmendes Interesse an der Frage andeuten.[527] Denn er würdigt den 1905 erschienenen Novellenband Emil Ertls (*Feuertaufe*) eher zurückhaltend. Hier wird die Vivisektion aus der Sicht eines betroffenen Hundes dargestellt, und eine Novelle namens *Apportl* zeigt den Tod eines bis zur Erschöpfung ins Wasser gehetzten Hundes.[528]

Studiobild Peter Roseggers

Peter Rosegger – Zeitleiste

1843	31. Juli: Geburt bei Maria und Lorenz Roßegger, Alpl-Kluppeneggerhof
1849	Beginn des Unterrichts durch Michael Patterer
1860	Juli: Beginn der Lehre beim Wanderschneider Ignaz Orthofer, St. Kathrein am Hauenstein
1864	Drei Hefte *Volkslieder aus der Steiermark* an J. E. Schmölzer
1865	Februar: P. R. zieht nach Graz, Wickenburggasse
1865	Ostern: Beginn der Ausbildung in der Handelsakademie, Graz
1868	Kluppeneggerhof wird versteigert, Eltern ziehen ins Ausgedinge
1869	Erste Lyriksammlung: *Zither und Hackbrett*, Graz
1870	Erste Prosa- und Liedersammlung *Tannenharz und Fichtennadeln*, Graz
1872	Hinübergehen von Maria Roßegger
1873	13. Mai: Heirat mit Anna Pichler
1874	Geburt des Sohnes Sepp
1875	Geburt der Tochter Anna
1875	März: Hinübergehen von Anna
1875	*Die Schriften des Waldschulmeisters*, Pressburg (Bratislava)
1876	Erste Ausgabe des *Heimgarten*
1877/78	Karl Mays Erzählung *Rose von Kahira* im *Heimgarten* abgedruckt
1877	Oktober: Bezug des Landhauses, Krieglach
1879	1. Mai: Heirat mit Anna Knaur
1880	Geburt des Sohnes Hans Ludwig
1881–94	Ausgewählte Schriften in 30 Bänden
1875	*Volksleben in Steiermark*, Pressburg (Bratislava)
1881	Aufsatz *Zur Liebestragik im Leben der Tiere*
1882	Roman *Der Gottsucher*
1883	Geburt der Tochter Margarete
1884	Lesungen in Triest
1885	Beitritt zum *Richard-Wagner-Verein*, Graz
1885	Statue der Waldlilie, Hans Brandstetter, Graz
1887	Ehrenmitglied des Vereins *Colonie*, Graz

1888	Bauernroman *Jakob der Letzte*, Wien
1889	Beitritt zur *Schlaraffia Graz*
1890	Geburt der jüngsten Tochter, Martha
1891	*Mein social-politisches Glaubensbekenntnis*
1892	Lesung für den Verein *Friedensfreunde*, Wien
1896	Blockhaus neben der Landvilla, Krieglach
1897	Heimatroman *Das ewige Licht*, Leipzig
1898	Orden der Eisernen Krone III. Klasse
1898	Roseggerstübel, Mürzzuschlag
1900	Heilandskirche, Mürzzuschlag
1900	Kulturroman *Erdsegen*, Leipzig
1900	Lesung für den Verein „Arbeiterbühne", Graz
1901	Erzählung *Die schöne Lenerl*
1902	Eröffnung der Waldschule, Alpl-Krieglach
1903	Roman *Weltgift*, Leipzig
1903	Rosegger-Bisquittes, Hamburg
1903	Christus-Aufsatz *Er ist wiedergekommen*
1904	Rosegger-Hemdkrägen, Graz
1904	Sammlung für die abgebrannte Kirche, St. Kathrein am Hauenstein
1904	*Warum dieses Geschlecht verworfen ist. Ein Gesicht*
1905	Volksausgabe des Romans *I. N. R. I.*, Leipzig
1906	Aufsatz *Wald und Wasser*
1907	Ehrenmitglied der Royal Society of Literature, London
1907	Rosegger-Speikseife, Wien
1908	Roman *Die Försterbuben*, Leipzig
1908	*Lieserl*: Spendenaufruf für eine TBC-Heilanstalt für Frauen
1908	Aufsatz *Das zwanzigste Jahrhundert*
1909	*Schulvereins*-Sammlung
1909	Schule „Roseggerhaus", Abbazia (heute Opatija, Kroatien)
1910	Aufsatz *Weniger Fleisch!*
1910	Roseggerweg, Graz-Mariatrost
1910	„Drei aus Steiermark". Lesung mit E. Ertl und O. Kernstock, Graz
1911	Ortsgruppe ‚Rosegger' des Vereins der Alkoholgegner, Brünn
1912	Philosophischer Dialog *Unterhaltung zwischen Leib und Seele*

1913	Österreichisch-Ungarisches Ehrenzeichen für Kunst und Wissenschaft
1913	Kalender des *Dürerbundes* Rosegger gewidmet
1913–16	Gesammelte Werke in 40 Bänden, Leipzig
1914	Roseggerhaus, Graz
1916	*Steirischer Waffensegen*. Mit O. Kernstock, Graz
1916	Erzherzog Franz Salvator Offiziers Ehrenzeichen mit Kriegsdekoration
1917	Ehrendoktorat, Universität Graz
1918	26. Juni: Hinübergehen, Krieglach

ROSEGGER-DOKUMENTE

Abschnitt I

LEBEN UND GLAUBEN

Waldstimmung

Du ruhsamer Wald, wie bist Du fein!
Wie bist Du in Ewigkeit jung und rein!
Vom blutigen Kreuzweg der Menschensöhne
Entweiht keine Spur Deine heilige Schöne.
Wohl heut' wie zur Urzeit die Stürme tosen,
Und wühlen im See und brechen den Baum.
Wohl heut' wie zur Urzeit blühen die Rosen
Und funkelt der Tau am Blütensaum.
Mein Leib will liegen
In blumiger Wiegen.
Meine Seele kam her aus unendlichen Zeiten,
Und wie der wandernde Vogel den Ast,
So wählte den Leib sie zur kurzen Rast,
Ehe weiter sie fliegt in die Ewigkeiten.

Neuer Durst nach religiösem Idealismus

Es ist merkwürdig, wie seit etwa zehn Jahren im Volke das religiöse Bedürfnis sich wieder steigert. Mit der Wissenschaft von der Materie, die uns den Glauben ersetzen sollte, war es also nichts. Sowie der Mensch Sinn hat zum Schaffen und irdischen Genießen, so hat er auch einen natürlichen Sinn für das, was wir Religion nennen; der kann zeitweilig verkümmern, aber nie ersterben. Und je kümmerlicher er eine Zeitlang gehalten wurde, desto üppiger, um nicht zu sagen ausschweifender, entwickelt er sich nachher. Gegenwärtig werden orientalische Philosophen stark beliebt und die Lehren des Buddha verbreitet. So erschienen in Braunschweig bei C. A. Schwetschke der „Buddhistische Katechismus zum Gebrauche für Europäer", zusammengestellt von Subhadra Bhikschu; „Die Bhaga-

Buddha. Statue im Historical Museum of Scotland, Edinburgh

vad Gita, das Lied von der Gottheit, oder die Lehre vom göttlichen Sein" ins Deutsche übertragen von Dr. Franz Hartmann. Im selben Verlage erscheint eine „Theosophische Bibliothek" und die spiritistische Monatsschrift „Sphinx", herausgegeben von Hübbe-Schleiden.

All diese Schriften sind in hohem Grade anregend, doch zu einem wirklichen praktischen Werte dürften solche Richtungen sich für uns kaum gestalten. Die weitaus passendste und fruchtbarste Religion für uns ist das Christentum.

Dieses hat Grundlage für alle religiösen Stimmungen, in ihm liegen die Heilmittel für alle Schäden der Zeit, es kommt nur darauf an, dass wir sie vorurteilslos suchen und üben. Im Vergleiche zum Christentum ist der Buddhismus eng, dunkel und lähmend, im Vergleiche zum Christentum ist der moderne Spiritismus kindisch. Die Gottheit des Geistes, die Gottberufenheit des Menschen, der immerwährende Verkehr zwischen Menschheit und Gottheit kann nirgends so großartig und überzeugend zum Ausdrucke kommen als im Christentum. Freilich mag wohl auch der Spiritismus immerhin eine Aufgabe zu erfüllen haben. Sind es auch ganz schwanke und meist viel zu kurze Brücklein, die vom Materialismus zurückführen sollen zum christlichen Idealismus – Brücklein sind es doch. Und trostreich ist uns jede Andeutung, dass es auch noch etwas anderes gibt als das Armselige und Wertlose der rein materialistischen Welt.

Ich glaube
BEKENNTNISSE UND GESTÄNDNISSE (FORTSETZUNG)
Und an Jesum Christum, seinen eingeborenen Sohn unsern Herrn

[...] Der Kern der christlichen Lehre ist die Bergpredigt. Ein beispielloses Monument. Sie ist überaus vielfach und verschiedenartig gedeutet worden. Ich habe nie besonders darauf hingehört, sondern das Evangeliumbuch genommen und mir die Auslegung selber gemacht. Meine Auffassung ist recht einfach. – Selig sind die Armen im Geiste. Das verstehe ich nicht so, als ob die geistig Beschränkten selig wären, nein, im Geiste sind sie selig, die Armen, die sonst nichts haben, in ihren Idealen und Vorstellungen, in ihrem geistigen Leben, sie haben den Himmel in sich. Die Sanftmütigen sind selig, denn sie werden das Land besitzen, sie werden den Genuss der Schönheit des Landes haben, während die Sorge und Mühsal um dasselbe denen zufällt, die sich dessen Herren nennen. Die Traurigen sind selig, denn sie können nicht enttäuscht werden, jeder sanfte Lichtblick ist ihnen zum Trost, zur Freude, während die Vergnügten jeden Augenblick Gefahr laufen, betrübt zu werden, oder, als an die Freude gewöhnt, im Unglücke der Verzweiflung anheimfallen. Die nach Gerechtigkeit sich sehnen, sind selig, denn sie finden in der Gerechtigkeit eine göttliche Bundesgenossenschaft, sie sehen die Spur Gottes in dem, wie das Gute zum Siege und das Böse zum Untergange kommt. Die Barmherzigen sind selig, denn im Mitleide mit anderen finden sie ihr besseres Selbst, spüren die Zusammengehörigkeit mit den Menschen, fühlen sich nicht allein, sondern in gemeinsamer Hut mit allen. Selig sind, die ihr Herz rein halten von irdischen Begierden, ihnen wird das Bild Gottes, das sie in der Seele tragen, nicht getrübt. Die Friedsamen sind selig, denn kein Hass und keine Schuld beunruhigt ihr Herz, sie sind harmlos und froh wie die Kinder, die Gott an seiner Brust wiegt. Die ihrer Ideale wegen unschuldig Verfolgten sind selig, denn es ist Seligkeit, für das zu leiden, was man liebt, und das Bild wird uns immer noch teurer, je mehr Anstrengung die Feinde machen, es uns zu entreißen. Nicht sie *werden* selig, sagt Christus von allen denen, vielmehr sie *sind* selig.

Denen Erkenntnis geworden, sie sollen offen bekennen, sollen gleichsam das Salz der Erde und das Licht der Welt sein, indem sie ihre Überzeugung freimütig aussprechen. Dann weiter: Sollst aus Demut in verschlossener Kammer beten, aber auch vor den Leuten dich dessen nicht schämen. – Ich bin, so sagt er, nicht gekommen, die alten Gesetze aufzuheben, sondern sie zu erfüllen, aber nicht zu erfüllen nach dem toten Buchstaben, sondern nach dem lebendigen Geiste. Nach dem Buchstaben erfüllen es ja auch die Schriftgelehrten und Pharisäer, aber wenn ihr tut wie diese, werdet ihr nicht gerecht sein und den Himmel niemals gewinnen. Die Schriftgelehrten sagen: Du sollst nicht töten; ich sage, du sollst nicht einmal zürnen. Wer zürnt und richtet, der wird selbst gerichtet werden. Nichts nützen dir deine Opfergaben auf dem Altare, wenn du mit deinem Nächsten Feindschaft hast. Bei den Alten heißt es: Du sollst nicht ehebrechen. Ich sage, du sollst nicht einmal den Gedanken haben, die Ehe zu brechen. Schaut dein Auge begehrend nach der Frau des Nächsten, so blende dich – besser dein Auge ist verloren, als deine Ehrbarkeit. Streckt deine Hand sich aus nach dem Gute des Nächsten, so haue sie ab; besser deine Hand ist hin als deine Seele. Bei den Alten heißt es: Du sollst nicht falsch schwören. Ich sage, du sollst überhaupt nicht schwören bei Gott; ja oder nein, das sei genug. Bei den Alten heißt es Aug' um Auge, Zahn um Zahn; ich sage, du sollst dich gar nicht widersetzen, sollst alles geduldig leiden. Bei den Alten heißt es, hasse deinen Feind; ich sage, liebe deinen Feind, tue Gutes denen, die dich hassen. So tut auch unser Vater im

Christus am Kreuz. St. Flannan in Killaloe, Irland

Himmel den Menschen, die ihm feindselig sind, werde ihm ähnlich. Die zu lieben, die dich lieben, das ist leicht, dazu brauchen wir kein Gesetz, das tun auch die Gottlosen. Willst du mir folgen, so trachte vollkommen zu werden.

So höre ich es, das Wort Christi in der Bergpredigt, die an Gewalt und Erhabenheit ihresgleichen nicht hat. Und also fährt sie fort:

Tust du Gutes, so tue es nicht der Leute wegen, sonst hast du keine Freude an deiner Tat. Nicht einmal deine linke Hand soll es wissen, was die rechte tut, so geheim halte das gute Werk, dein Vater im Himmel sieht es doch und wird es segnen. Wenn du betest, so mache nicht viel Geschwätz. Ergib dich in den Willen dessen, der im Himmel ist, preise seinen Namen, suche sein Reich. Bitte um Vergebung deiner Schuld, gelobe, dass du auch deinen Beleidigern verzeihest. Bitte um die Stärke des Herzens gegen die Versuchung der Welt und um die Erlösung vor dem Bösen. – So sollst du beten. – Büßest du eine Sünde, so tue es nicht mit scheinheiliger Gebärde, schmücke dich festlich, sei heiter, damit die Leute dir nicht ansehen, dass du büßest. – Sammle nicht Schätze auf Erden, die vergänglich sind; sammle vielmehr Schätze zu deiner geistigen Vollkommenheit, hinterlege sie beim Vater im Himmel. Wo dein Schatz ist, da ist auch dein Herz, und es soll nicht an der Erde kleben, es soll bei deinem himmlischen Vater sein. – Bist du der Erde, so kannst du nicht des Himmels sein, denn zweien Herren kann man nicht dienen. Sorge nicht für dein zeitliches Leben, sorge für dein ewiges. Der Herr kleidet die Blumen auf dem Felde, nährt die Vögel in der Luft und sollte deiner vergessen? Arbeite für den Tag, bitte um das Brot für heute und trachte froh und heiter nach dem Reiche Gottes, nach dem Frieden des Herzens. Das Wort Gottes ist deine einzige Leuchte, alles Licht der Welt ist Finsternis. Richte nicht über andere, damit nicht du selbst gerichtet werdest, denn wie du tust, so wird dir getan werden. Bessere dich zuerst selbst, dann verlange Besserung deines Nächsten. Gib dein Bestes nicht dem Schlechten hin, behalte dein Heiligstes bei dir selber. Bestrebe dich, dann wirst du erlangen, bitte Gott, und er wird dir geben. Wenn dein Sohn dich um Brot bittet, so wirst du ihm keinen Stein geben, umso mehr wird dein himmlischer Vater auf dein Bitten dir geben, was dir frommt. Was du willst, dass die Leute dir tun, das tue du ihnen, das ist der Kern des Gesetzes. Der Weg zur Vollkommenheit ist schmal und beschwerlich, wenige gehen ihn. Hüte dich vor falschen Lehrern, die schmeichelnd zu dir kommen, um deine Seele zu verführen; beurteile sie nicht nach ihren Worten, sondern nach ihren Werken. Zeigen sie schlechte Werke, so sind es schlechte Menschen. Gott gibt den Himmel nicht dem, der ihm in Worten schmeichelt, sondern dem, der seinen Willen befolgt. – Das ist meine Lehre. Erfüllst du sie, so bauest du dein Haus auf einen guten Grund, die Stürme und die Wässer werden es nicht zerstören. –

Fast schauerlich hallen diese Worte durch unsere Herzen, denn kaum einer von allen, die sich Christen nennen, lebt nach dieser Lehre. Ja noch mehr, die wenigsten der berufenen Lehrer verkünden sie. Vor einiger Zeit hat ein klerikales Blatt, welches als Organ des Adels und des Großgrundbesitzes gilt, die Tatsache zu widerlegen gesucht, dass das Christentum die Religion der Armen und Unterdrückten ist. Es sei eine Religion für alle, für Arme und *Reiche*, für Knechte und *Herren*. Zum Beweis dafür führte das Blatt allerlei Aussprüche von Kirchenlehrern und katholischen Schriftstellern an, aber nicht einen einzigen Ausspruch von Christus selbst. Das ist bezeichnend. Freilich ist das Christentum eine Religion für alle, aber es will, dass unter diesen allen nicht Reiche und nicht Herren seien, die auf Kosten der Armen genießen und herrschen. Christus predigt eine Obrigkeit, aber keine Unterdrücker, er lässt Habende gelten, wenn sie gleichzeitig Gebende sind, und zornig ruft er die Worte aus: Eher geht das Kamel durch ein Nadelöhr als ein Reicher in den Himmel!

Hingegen lädt er die Armen und Mühseligen zu sich, tröstet die Verfolgten und Kreuztragenden, die Sünder, ehrt die Demütigen und Einfältigen und wird nicht müde zu sagen, der Mensch verachte die irdischen Schätze und sammle sich himmlische, er sei so sanftmütig, dass er auch noch die linke Wange hinhalte, wenn er auf der rechten geschlagen worden. „Wer mich liebt, der verlasse alles, was er besitzt, nehme das Kreuz auf sich und folge mir nach." Ich frage, ist das eine Religion im Sinne Reicher und Mächtiger?

Die Sozialdemokraten tun unklug, wenn sie sich vom Christentume abwenden. Es gibt keine Lehre und kein Gesetz, welches so für die wirklichen Arbeiter und Unterdrückten einstünde als das Christentum, das schon einmal das Joch der Sklaven gebrochen hat. – Allerdings, wenn die Sozialdemokraten nicht zufrieden sind damit, dass sie befreit werden und eine so menschenwürdige Stellung erhalten, um sich auch menschlich vervollkommnen zu können, wenn sie herrschen wollen und andere unterdrücken, dann passt für sie das Christentum freilich so wenig wie für die Tyrannen. Das Christentum kennt keinen Herrn im Sinne des rücksichtslosen Gewalthabers. Selbst Gott den Herrn nennt es Vater. Und alle Menschen sind Brüder. Schon uralte Religionen des Orients haben die Brüderlichkeit und die Entsagung gepredigt; gewiss, auch in ihnen war der Geist Gottes. Zu uns gekommen ist das Wort, der Wille, tausendfach erhöht durch den armen Wanderrabbi von Galiläa. Durch ihn ist das Wort Fleisch geworden, in ihm ist die Lehre in Fleisch und Blut übergegangen, er hat sie gelebt, er hat gezeigt, wie man sie leben muss, dass sie zum Heile wird. *Unser* Heiland ist Jesus Christus.

[...] Alles ist dem Tode verfallen, man kann es sagen, aber auch: Alles ist zum Leben bestimmt. Denn so viel wir täglich sterben sehen, so viel sehen wir geboren werden. Und wenn einst der Erdball alt und kraftlos sein wird, so wird er bloß ein wenig rasten, dann sich verwandeln und im Kosmos Mitanlass zu einer neuen Lebenswelt sein.

Die Wiederbelebung und Auferstehung der Substanz kann von niemandem geleugnet werden. Ich glaube aber auch dreist an die Auferstehung des Individuums. Sei es, dass der Vater im Sohne lebt, sei es, dass die Person durch ein anderes Geheimnis das Bewusstsein ihrer selbst wieder findet – ich glaube, dass dieses Ichbewusstsein vielleicht unterbrochen werden kann, dass es aber unzerstörbar ist.

Und wenn das Ichbewusstsein auch nur seine Gegenwart weiß, sich aber nicht erinnern kann an seine Vergangenheiten, so glaube ich doch, dass von einem „Leben" zum anderen gewisse Ursachen und Wirkungen verbindend fortbestehen, die das Individuum erhalten und bestimmen. Und so möchte es ja wohl sein, dass die Person in einem späteren Leben die Folgen eines früheren empfindet und zu tragen hat. Vervollkommnet sich ein Wesen in diesem Leben, so tritt es eben vollkommener in ein nächstes über, erniedrigt es sich hier, so wird es dort als niedrige Art wieder geboren. Dieser Glaube dürfte recht sehr verstimmend wirken bei niedertrachtenden Kreaturen, ist aber wunderbar beseligend für den, der sich bestrebt, reiner und besser zu werden, denn er geht einen edleren, vollkommeneren Leben entgegen – er nähert sich Gott.

Güte

Manches Menschen Herz ist mit einer Eiskruste überzogen, die erst schmilzt, wenn man auf seinem Haupte glühende Kohlen sammelt.

Der Materialismus

vor dem Richterstuhl der Wissenschaft, den Gebildeten aller Stände dargeboten von *Theodor Menzi* (Zürich. Friedrich Schultheß. 1898)

Der Materialismus gehört der Naturforschung an und nicht der Philosophie. Der Materialismus als Philosophie ist ein Unding. Sobald der Materialist *philosophiert*, begibt er sich selbst ins Reich, das er bekämpft, denn die Philosophie gehört ins Gebiet des *Idealismus*. Das Zwitterding hat sich denn auch bald überlebt, die Religionsstürmerei der sogenannten Materialisten hat aufgehört, und das religiöse Bewusstsein steht heute dort, wo es vor Darwin, Haeckel, Büchner usw. gestanden – nur dass es seither in der Theorie noch verknöcherter, in der Empfindung aber lebendiger geworden ist. Ich habe mir aus dem Materialismus nie viel gemacht, so scharf er die Ellbogen links und rechts ausgespitzt hat, um Gott zu verdrängen. Mein Gott hatte noch Platz genug. Dass die Naturforschung das Christentum gefährden oder gar aufheben könnte, habe ich nie befürchtet. Wenn die materialistische Entstehungs- oder Entwicklungslehre mit der Genesis des „Alten Testaments" nicht stimmte, so ließ ich mir darüber kein graues Haar wachsen; für mich Christen ist die hebräische Bibel kein Dogma, eher ein verwirrendes Anhängsel. Sie war die Wiege des Christentums; doch wer groß geworden ist, der braucht keine Wiege mehr. – Also die Forschung als solche ist dem Gottesbegriffe nicht gefährlich. Der *philosophierende* Materialismus aber ist nichtig und wird durch die oben angeführte Schrift von Theodor Menzi auch formell abgetan. Der Verfasser beleuchtet die von Pfaffen des Materialismus aufgestellten Dogmen von der Materie, den Atomen, von Kraft und Stoff, bezeichnet die Stellung der Naturwissenschaft zu den Hypothesen des Materialismus und behandelt das Verhältnis des Materialismus zur organischen und zur geistigen Welt. Endlich, da der Materialismus zum Tempel des Idealen hinausgetrieben ist, hebt der Verfasser in den Abschnitten das Selbstbewusstsein, die Selbstbestimmung und das Gottesbewusstsein unserer Seele zu den lichten Höhen der Ethik.

Ein Traum

Mir träumte, dass alle Religionen und Kirchen in einen großen Kessel zusammengeworfen wurden. Dann heizte man tüchtig unter. Die Masse löste sich auf, die Materie lagerte sich ab zu einem trüben Bodensatz, der Geist (Gottes) destillierte über ins Menschenherz.

Wie ich mir die katholische Kirche der Zukunft denke

Zur stillen Sommerszeit, wenn man so hinwandelt durch Wald und Flur, Ruhe im Herzen, da denkt man mehr nach über die Welt als im Winter, da man mitten in ihr lebt. Wenn man sonst umgarnt war von ihr oder entrüstet über sie – im Frieden der Einsamkeit macht sie einem bloß Sorge. Wohin mit der Welt? Wo hinaus mit den Aufgaben, die sie sich stellt?

Wohin führen die dunklen Wege, die sie einschlägt? Und wohin der heiße, wilde Streit, den sie – mit sich selber führt?

In vielfacher Beziehung ist dieser Streit einer um des Kaisers Bart. Aber er ist auch ein Anlauf zum Besserwerden. Denn laut und ununterbrochen schreit das Gewissen des modernen Menschen: Es kann vieles, vielleicht alles in unserem Leben besser werden, und es *muss* besser werden.

Manchmal hat's den Anschein, als lebten wir im Zeitalter der Revolution. Doch mich dünkt, wir leben in einem besseren, in dem der Reform. Alles, was Leben hat, entwickelt sich. So muss eine Wesenheit, die nach dem Glauben von Millionen Menschen das stärkste Leben hat, sich entwickeln können bis zu jener Wirklichkeit und Wirksamkeit, die sie haben will und soll.

Die katholische Kirche. Sie ist heute wieder die Unruhe der Geister geworden. Viele lieben sie, viele hassen sie, viele fallen von ihr ab, viele hoffen, dass sie sich reformieren wird. Denn nach ihren mittelalterlichen Grundsätzen ist es undenkbar, dass sie die Geister und Herzen des zwanzigsten Jahrhunderts erobert. Sie will es aber und sie hat – wie sie selbst sagt – für sich kein größeres Gebot als das, den Völkern der Erde das Christentum zu geben. Das Eisen schmiedet man heute im Feuer, wie im Mittelalter, aber man schmiedet es mit *neuen* Werkzeugen und in *neuen* Hütten. So muss es auch die Kirche tun.

Reform der Kirche! Man spricht das Wort, ohne dabei gerade viel zu denken. Wir fragen: Wie soll sie sich reformieren, um dem Gewissen unserer Zeit zu entsprechen und doch die alte katholische Kirche zu bleiben?

So saß ich eines Tages auf der Waldbank und schrieb Gedanken hin. Gedanken, die vor mir tausendmal und viel besser werden gedacht worden sein. Das macht nichts, ich dachte sie doch aus dem Innern heraus, folgte nur meinen persönlichen Wünschen und sah die reformierte christkatholische Kirche also vor mir stehen:

Kirchliches. Jede einzelne Gemeinde wählt sich den Pfarrer. Er wird vom Bischof bestätigt. Der Diözesanklerus wählt den Bischof. Er wird vom Papste bestätigt. Die Bischöfe aller katholischen Länder wählen den Papst, der im Sinne des Oberhirtenamtes vom Evangelium bestätigt ist und der sich selber seine Beiräte wählt. Der Papst ist das Oberhaupt, in allen kirchlichen Dingen die letzte unantastbare Instanz. Diese Verfassung ist der äußeren Einheit wegen nötig. Als Menschen und Christen ist zwischen Priester und Laien kein Unterschied.

Die Priesterweihe, nicht vor dem dreißigsten Jahre des Weihlings vom Bischof erteilt, ist im Prinzipe unauslöschlich, kann aber im Falle antikatholischer Gesinnung des Geweihten weltlich gelöst werden. Die Priesterehe ist gestattet, freiwilliger Verzicht aber eine Tugend. Die Priester sind im Privatleben Bürger des Staates, in dem sie wohnen, und haben auch ihr Recht auf Politik. In ihrem kirchlichen Amte aber ist jede Politik ausgeschlossen. Die Kirche ist eine Stütze des Staates und genießt den Schutz des Staates. Im Übrigen sind sie voneinander unabhängig.

Alle materiellen Bedürfnisse der Kirche hat das katholische Volk zu bestreiten. Jeder Katholik hat je nach Stand und Einkommen jährlich seinen Beitrag zu leisten. Die Priester beziehen ihr entsprechendes Gehalt. Für religiöse Handlungen, also Taufen, Trauungen, Begräbnisse usw., darf kein Geld genommen werden. Für den Katholiken bleibt es Sitte, nach geschlossener lösbarer Zivilehe sich auch kirchlich trauen zu lassen, wodurch die Ehe unlösbar wird.

Pfarrkirche und Friedhof sind Eigentum der Kirchengemeinde. Alle Katholiken, auch Selbstmörder, haben – wenn es gewünscht wird – mit dem kirchlichen Segen bestattet zu werden.

Freiwillige Orden und Klöster sind gestattet, wenn dieselben rein religiösen Zwecken dienen. Für dieselben können Geschenke und Stiftungen gemacht werden. Doch ist das Klostervermögen, wenn es eine gewisse Höhe erreicht hat, in die Hand des Staates zu legen für gemeinnützige Zwecke, die vom Orden vorgeschlagen und vom Staate ausgeführt werden. Das gilt auch für ein allenfalls überschüssiges Vermögen der Bistümer. In solchen Fällen verringert sich besonders die kirchliche Jahressteuer der Laien. Widmen Orden und Klöster sich gemeinnützigen Zwecken in Schule, Krankenpflege usw., so lässt ihnen der Staat ein entsprechendes größeres Vermögen zu.

Der Gottesdienst wird in der ganzen katholischen Welt möglichst einheitlich, doch je nur in der Landessprache abgehalten. Künstlerische Ausstattung der Kirchen ist nicht bloß gestattet, sondern auch erwünscht. Der Gottesdienst soll mit tiefer Feierlichkeit begangen werden, doch soll das Gepränge niemals weltlichen Charakter annehmen. Die kirchlichen Zeremonien beim Gottesdienst bleiben beibehalten, insofern sie symbolisch einen christlichen Gedanken ausdrücken oder eine gemütserhebende Stimmung erzeugen.

Religiöses: Grund der christkatholischen Kirche ist das Evangelium. Es ist der Leitfaden für Geistlichkeit und Kultus und steht jedem katholischen Christen in seiner Muttersprache ganz und unverkürzt frei.

Das neugeborene Kind wird auf Wunsch der Eltern durch die Taufe in die katholische Kirche aufgenommen. Dieser Bund wird, wenn der Mensch zur Vernunft kommt, bei der Firmung erneuert. – Das Messopfer mit dem Altarsakrament wird begangen zum Gedächtnisse des Leidens und Sterbens Jesu Christi. Das Geheimnis vom eingeborenen Sohn Gottes darf nicht durch scholastische Auslegung profaniert werden. Bei der Kommunion bewirkt der Glaube an die Gegenwart Gottes und der innige Wunsch nach Vereinigung mit Gott das Wunder der Vereinigung. – Bei der Ohrenbeichte kann der Beichtvater anstatt Gottes die Sünden vergeben, wenn Bekenntnis, Reue und Vorsatz des Sünders vollkommen sind. Der Beichtvater vermeidet jede unpassende Frage, stellt nur solche Fragen, die ihm zur sittlichen Einflussnahme pädagogisch absolut notwendig scheinen. Rückhältige und zweideutige Fragen und Bekenntnisse, auch wenn sie wohlgemeint wären, sind in der Beichte gänzlich ausgeschlossen. Die Sündenvergebung kann nur von einem ganz freiwilligen, offenen Bekenntnisse und von einer durchaus aufrichtigen Reue abhängig sein. – Zur Beichte wird niemand gezwungen, doch kann jeder erwachsene Katholik beichten und kommunizieren, so oft es sein Herz verlangt. Außerdem wird alljährlich einmal in feierlicher Weise von der Gemeinde ein allgemeines öffentliches Sündenbekenntnis abgelegt.

Leitfaden einer christkatholischen Predigt ist stets das Evangelium; der Prediger wendet es an auf die Zeitumstände und auf die besonderen Anliegen der Gemeinde, mit dem Zweck, die Zuhörer geistig zu stärken, sittlich zu erheben, in der Liebe zu Gott und Menschen zu erwärmen. Jede Polemik gegen Personen, Kirchen oder Körperschaften sowie auch gegen die wissenschaftliche Forschung ist ausgeschlossen. – Außer der Predigt gibt es die Christenlehre, bestimmt zum gegenseitigen vertraulichen Aussprechen zwischen Priester und Laien in religiösen Dingen, besonders über die den Laien etwa dunklen Sätze der heiligen Schrift. – Der Religionsunterricht in den Schulen behandelt die Geschichte des Christentums, die Einrichtung der Kirche mit möglichster Vermeidung dogmatischer Erörterungen, die bei den stehen bleibenden Dogmen von der Erbsünde, der unbefleckten Empfängnis, der Dreifaltigkeit usw. Sache des Theologen sind. Diese Gegenstände eignen sich nicht für volkstümliche Betrachtungen.

Hauptsache des Religionsunterrichtes ist und bleibt Erweckung des Vertrauens zu Gott und Erziehung des Schülers aufgrund der Lehre Jesu zur Sittlichkeit.

Die sogenannten guten Werke sind nicht als solche verdienstlich, sondern nur, insofern sie den Ausübenden sittlich fördern oder dem Nächsten zum Wohle gereichen. Gute Werke können aus Liebe zu anderen geübt werden und sind als Betätigung der Liebe Gott wohlgefällig. Doch eigentlich übertragbar auf andere sind die menschlichen Verdienste nicht. Auch können die guten Werke als solche, wie Beten, Fasten, Almosengeben nur in Sonderfällen als Buße gelten. Buße heißt Besserung. Jeder Ablass hängt von der sittlichen Besserung ab. Auf andere Weise ist er nicht zu erlangen. – Fegefeuer und Hölle sind Drangsale körperlicher oder geistiger Natur, von Gott angeordnet, um die Menschenseelen zu prüfen, sie von dem Vergänglichen loszulösen und zum Ewigen zu führen.

Das Gebet ist die Erhebung des Geistes zu Gott. Es kann gebetet werden im Gemüte, in Gedanken, Worten und Gesängen, für sich allein und gemeinsam. Es kann in vorbereiteten Formeln gebetet werden, wenn der Betende dabei Beseligung findet. Anhaltendes Lippengebet, geeignet, die Andacht einzuschläfern und die heiligen Worte zu profanieren, gilt als unchristlich. Gebetworte ohne Innigkeit haben keinen Wert.

Die Heiligen werden als sittliche Vorbilder verehrt; zu ihnen beten heißt, in Gesinnung ihnen nachzustreben auf dem Wege Christi. In diesem Sinne können ihre Bilder hochgehalten, ihre Gedächtnistage begangen werden. – Die Verehrung Mariens, der Mutter des Heilands, steht obenan. Ihr zu Ehren können Kirchen gebaut, Feste gefeiert, Prozessionen und Wallfahrten unternommen werden, aber immer nur in der Meinung, dass alle Verehrung der Mutter in letzter Linie dem Heiland selbst gegeben wird. Alle Vergöttlichung der Heiligen, aller Heiligen-Kultus, soweit er von der Anbetung Gottes ablenkt, ist unzulässig.

Das wäre so in allgemeinen Zügen das Ideal christkatholischer Herzen. Es wird nun Leute geben, die sagen: Aber das ist zu wenig der Reform. Die denkenden Katholiken haben vieles überhaupt nie anders verstanden. Der Kleriker aber wird ausrufen: Mein Lieber, das ist weit gefehlt! Und er wird, wenn er unser Programm überhaupt beachtet, eine schwere Menge von Einwendungen machen und in diesen Vorschlägen grobe Sakrilegien und Ketzereien finden. Sakrilegien und Ketzereien habe ich nun ganz gewiss nicht begehen wollen; man müsste es meinen Träumen wohl anmerken, dass sie dem treuen Wunsche nach kirchlicher Reform entspringen, einer pietätvollen Reform, die auch eine Aussöhnung mit anderen christlichen Kirchen bedeutet. Wenn wir nach hundert Jahren wieder aufstehen und fragen könnten, wie es mit der katholischen Kirche steht – ich glaube, wir würden in ihr viele der hier vorgeschlagenen Punkte verwirklicht finden.

Doch schon heute – die Esse loht, das Eisen glüht. Es ist Zeit zum Schmieden!

Er ist wieder gekommen
EINE ZEITBETRACHTUNG

Als um die Mitte des vorigen Jahrhunderts die naturgeschichtliche Wissenschaft aufkam und volkstümlich wurde, da glaubte man wieder einmal, auf dem rechten Wege zu sein. Man hatte im Laufe der Zeiten ja sehr oft schon die Wahrheit gefunden, die unumstößliche, untrügliche Wahrheit, und man war allemal wieder sachte von ihr abgekommen. Aber diesmal, die Natur, die Materie, das war absolut unzweifelhaft, unanfechtbar, denn das war Tatsache, die man mit den Augen sah, mit den Ohren hörte, mit den Händen griff. Der menschliche Geist, der sonst in allen undenklichen Bereichen umhergeirrt war und sich abgequält hatte im Suchen und Sehnen, er hatte hier nichts zu tun, als die Tatsachen zu sehen und anzuerkennen. Das war einfach, das versprach das Ziel. Wenn man sicher weiß, dass der eingeschlagene Weg der rechte ist, dann braucht man auf demselben nur sorglos weiterzugehen, und aller Zwiespalt, alles Bangen hat ein Ende. Die Naturwissenschaft umfasst alle Wahrheit, außer ihr gibt es keine, alles was außer ihr die Phantasie träumt, sinnt und spinnt, ist Aberglaube, der zum Verderben führt. Die Naturwissenschaft hatte endlich Erlösung gebracht.

In dieser freudigen Zuversicht habe ich die gebildete Gesellschaft, besonders das Bürgertum, gefunden, als mein Weg mich aus den Waldbergen geführt. Alles schwärmte von der Wissenschaft, auch die, die nichts weiter von ihr wussten. Das waren damals die „Liberalen", lauter gläubige Leute, denn sie glaubten an die Materie, an Erlösung durch die Wissenschaft. Die Bücher, die Zeitungen, die Lehrkanzeln, die Rednerbühnen waren voll und widerhallten von dem neuen Glauben, und der Geist des Strebenden fand reichliche Nahrung an der popularisierten Wissenschaft. Hand in Hand damit ging der Kampf gegen die Kirchen. Und das konnte kaum wundernehmen. Aber auch der Kampf gegen Jesus Christus. Das konnte ich eigentlich nicht und nie verstehen. Jesus war der Wissenschaft und ihren Entwicklungen nirgends im Wege. Er hatte sein ewiges Gottesreich ins Menschenherz gegründet, die äußeren natürlichen Dinge konnten ungehemmt ihren Lauf nehmen, sofern sie nicht für die

Gesittung der Menschen, für das Wohl der Gesellschaft gefährlich wurden. Wo sie das wurden, da stand ihr allerdings Jesus im Wege, aber nicht er allein, sondern auch das Gesetz und die menschliche Artung, die sich auch die Auslegung der Darwinischen Forschung durchaus nicht immer gefallen lassen wollte. Denn es war bei dem neuen Glauben eines vergessen worden – das Menschengemüt. Das Bedürfnis nach seelischem Trost im Elende, nach Liebe und Dankbarkeit im Wohlergehen, das Verlangen nach ewigem Sein, nach unzerstörbarem Glück. Wir finden kein Volk auf der weiten Welt, das eine Geschichte ohne Gott hätte. Die wilden Rassen etwa, die keine Gottheit, keine Götter haben, die haben auch keine Geschichte, sie entwickeln sich nicht, sie bleiben stehen auf einer Stufe, wie das Tiergeschlecht. Sind es Menschen, so kommt einmal auch für sie die Zeit, dass sie vor der Sonne knien, oder den Sturm um Schonung bitten – die erste Stufe geistigen Lebens, das, durch Irrtümer und Leid gehend, endlich dort ausmünden muss, wo Jesus steht mit seiner Botschaft vom himmlischen Vater und vom Brüdertum aller Menschen.

Der Naturgeschichtsglaube schlug den entgegengesetzten Weg ein, er wies und trachtete nieder zum Tiere. Und wenn man ihn deshalb niederträchtig nennen kann, so ist das nur buchstäblich zu nehmen, denn gemeint war es gut. Man wollte in bester Absicht den Menschen von Aberglauben und Priesterherrschaft befreien und ihn aufklären, dass er sich nicht auf das „Jenseits" vertrösten lasse, sondern seinen Vorteil und sein Glück auf Erden suche. Gegen Aberglauben und weltliche Priesterherrschaft ist Tüchtiges geleistet worden in dieser Zeit, im Weiteren aber ist eine ganz abscheuliche Sauce angerichtet worden. Was noch an vornehmer Gesittung und Seelen-Seligkeit vorhanden war – der Materialismus hatte es zugrunde gerichtet. Bei diesem Verzichten auf Ideales, bei diesem rücksichtslosen Wühlen in der Materie, bei dem rohen und verrohenden Kämpfen gegen Mitmenschen war das Elend auf Erden nur noch größer und trostloser geworden. – Da kam die Erhebung. Die Menschenseele, die erstickt werden sollte, sie wachte auf und tat einen Schrei, der durch Erde und Himmel drang. Einen Schrei nach Gott. Sie begann zu tasten, zu suchen nach einem allmächtigen, gütigen Gott, der die sinkende Menschheit halte und in das ersehnte Leben der Ewigkeit hebe. Neue Wege zu ihm schlug sie ein, aber sie tastete und suchte vergebens, sie fand nicht Frieden und nicht Trost, sie irrte umher – eine verlorene Seele. Da besann sie sich auf den alten, schmalen Steig. Es war der Weg der Demut, des Mitleids, des Vertrauens – und auf diesem Wege begegnet ihr – Jesus Christus.

Seit etwa fünfzehn Jahren hat – wenigstens in Europa – das geistige Leben sich also wieder geändert. Wären es nur Einzelne gewesen, die für sich Gott und Himmel suchten, die Welt würde sie als Sonderlinge und Narren verspottet, in die Winkel zurückgejagt haben und bei ihrer Tagesordnung geblieben sein. Aber die ganze Volksstimmung war es; die schöpferischen Geister kamen mit religiösen Dingen und fanden Interesse. Vielleicht war es Nietzsche, der durch seine Keulenschläge auf das Christentum manchem das Bewusstsein brachte, dass es noch vorhanden sei. Denn wäre es tot gewesen, wie der Materialismus behauptet, so hätte kein Herkules versucht, es zu erschlagen. Dann kam Tolstoi und begann zu rütteln an denen, die noch Christentum zu haben glaubten: Was? Das nennt ihr Christentum? Geht mir weg. Der Materialismus soll der Schädling des Christentums sein? Ihr selbst seid es. Euer Egoismus, eure Gleichgültigkeit ist es. Seht einmal, so sieht das Christentum aus! – Und er lebte es den Leuten vor. So kamen sachte die Propheten. Die Welt blickte auf und war erstaunt und begann zu blättern in den alten heiligen Schriften, um zu untersuchen, wer da recht habe. Dann die Kunst. Sie fühlte, dass die bisherigen Stoffe und Formen abgebraucht waren, und während sie einerseits in den übelriechendsten Naturalismus niedertauchte, begann sie anderseits einen hochgemuten Flug in den religiösen Himmel, verherrlichte heilige Legenden und Mythen und führte uns in neuen Gestalten Christus vor. Die Dichter sangen Lieder, erzählten Geschichten, schufen Dramen mit religiösen Stimmungen und christlichen Idealen. Kunstwerke solcher Art wären in den Siebzigerjahren einfach verlacht und verhöhnt worden – nun strömte ihnen alles zu, die Gebildeten wie das Volk, und man begeisterte, erquickte, erbaute sich an ihnen. Wer Gelegenheit hat, den Büchermarkt zu beobachten, der muss staunen, was zum Beginne des zwanzigsten Jahrhunderts an religionsphilosophischen Werken, theologischen Schriften, an religiösen Büchern überhaupt erscheint und mit Interesse gelesen wird. Religiöse Zeitschriften, kirchliche Tageszeitungen gedeihen überall. Religiöse Gespräche sind salonfähig geworden, und mancher Gelehrter, der früher in den Regionen der Weltweisen von Sokrates bis Kant geschwebt und den Darwinismus in den Bereich der Philosophie erhoben hatte, verschwendet jetzt seinen Geist an dogmatische, religions- und kirchenpolitische Fragen vor andächtig lauschenden Zuhörern.

Die Kirchen halten die Zeit ihrer Ernte für gekommen, öffnen ihre Tore weit und entfalten glänzend ihren Kultus. Religiöse Schwärmerei und Heuchelei wagen sich wieder auf die Straße und selbst in der Stadt

Peter Rosegger, „Ave Maria" (kolorierte Bleistiftzeichnung)

kann man manchen in seinem Herrenrock sehen, der vor Kirchentoren und Bildstöckeln auffallend sein Kreuz schlägt, oder andere, die das nicht tun, entrüstet zurückweist. Große Parteien bilden sich, die unter der Flagge „Christlich" ihre politischen Interessen fördern, und sehr hohe Herren treffen Anstalten, alle Welt so oder so wieder katholisch zu machen. Derlei Entartungen hätten aber nicht neu erstehen können, wäre nicht wieder das religiöse Bedürfnis erwacht, freilich eins, das – keinen Kompass hat. Das religiöse Gefühl setzt sich bei den meisten nicht in christliches Leben um, sondern in Äußerlichkeiten, in beschauliche Stimmungen und erbauliche Betrachtungen. Damit findet man sein Genügen.

Einzelne Erweckte greifen allerdings tiefer und finden, dass der neu erschienene Christus in eine orthodoxe Kirche nicht mehr recht passen wolle. Sie wenden sich den evangelischen Richtungen zu, die einerseits in den Ursprung des Christentums zurückgründen, andererseits Raum für das moderne Geistesleben haben. Jeder, der das Christentum nicht bloß als Stimmungsbild in sich trägt, sondern es tiefer und ernster nimmt, wird gar nicht anders können, als sich bekannt zu machen auch mit der evangelischen Kirche und ihrem Geiste, um dann sich für das zu entscheiden, das ihm zu seiner Vervollkommnung am angedeihlichsten erscheint. Den einen fördert die katholische Kirche, den anderen macht erst die evangelische zum Christen, und ein dritter schließt sich gar keiner der offiziellen Kirchen an, sondern reiht sich still in jede schweigende Gemeinde ein, die „Gott im Geiste und in der Wahrheit anbetet".

Der Christus, der heute wieder gekommen ist, er ist ein anderer als jener des Mittelalters. Er verlangt nicht, dass man der Messe beiwohne und seine Sünden ins Ohr eines Menschen flüstere, oder dass man das Abendmahl nehme. Wer seelisches Verlangen danach hat, den wird er in den Sakramenten segnen; zu finden ist aber dieser wieder erschienene Christus auch außerhalb der Kirchen und ihren Zeremonien. Aber einen stärkeren Willen nach ihm muss der haben, der ihn nur im Geiste sucht. Und eine stärkere Liebe zu ihm muss er haben, denn er kann ihm nicht Lippengebete und Orgelklang und Weihrauch opfern, er kann dem Herrn nicht anders dienen, als dass er mit Strenge und Beständigkeit trachtet, nach seinem Willen zu leben.

Aber lässt sich denn das wirklich vereinigen, Christus und das moderne Leben? Ich glaube, ja. Man sieht es zuweilen, dass es möglich ist. Nur wird ein solcher Christ nicht reich werden, wird nicht ein Abgott der Menge werden, wird nicht Macht vor Recht stellen, wird sein Gemüt nicht in sinnlichen Lüsten ersticken, wird nicht Feindschaft stiften, sondern bescheiden, treu und arbeitsam anderen und sich dienen, daneben die schönen Errungenschaften der Zeit mitgenießen und den Frieden des Herzens haben. –

Nach dem Frieden des Herzens ist doch jetzt wieder eine lebhaftere Nachfrage als vor Jahren. Die sittlichen Eigenschaften beginnen an Wert zu steigen. Es gibt viele junge gebildete Leute, besonders auch Studenten, und sie mehren sich von Jahr zu Jahr, die sich des übermäßigen Trinkens enthalten; der Alkohol kommt mehr und mehr in seinen verdienten Verruf. Überall entstehen Mäßigkeitsvereine, man strebt einer einfacheren Lebensführung zu; mancher, der Üppigkeit und einen großen Luxus treibt, beginnt sich dessen sachte zu schämen. Man besinnt sich und schaut hilfebereit zu den Armen und Zurückgebliebenen nieder. Wohltätigkeitsbestrebungen überall. Es bilden sich große Gesellschaften gegen das Duell, die Friedensbewegung ist unermüdlich tätig. Tierschutzvereine tragen die Liebe in die animalische Welt und schützen die hilflose Kreatur vor den allzu gierigen Instrumenten der Wissenschaft. Zahllos sind die ethischen Bestrebungen, immer mutiger und stärker werden sie.

Ich sage nicht, dass alle eine religiöse Triebfeder haben, denn es gibt auch außerhalb der Religion im Menschen große ethische Anlagen. Aber dass mit dem gegenwärtigen Aufstreben des religiösen Geistes – bewusst oder unbewusst – die allgemeine sittliche Stärkung Hand in Hand geht, das steht klar vor unseren Augen.

Der ausschließliche Bund mit der Materie ist unheimlich geworden, man will endlich wieder höher hinan. Ein schreckliches Unbefriedigtsein quält uns, eine dumpfe Bangigkeit hat uns befallen – das ist Heimweh nach Gott. Viele wollen das nicht wahrhaben, aber es ist doch so – Heimweh nach Gott. Die Ungeklärten, die Willensschwachen tasten noch unsicher umher, sie wissen ihren inneren Unfrieden nicht zu deuten, geben ihm allerhand Krankheitsnamen, schreiben ihm allerhand äußere Ursachen zu, versuchen allerhand gefehlte Mittel, um ihn loszuwerden und bleiben leidend und verlassen. Die Entschlossenen gehen geradenwegs auf Jesus Christus zu: Herr, *Du* bist der Heiland!

Und siehe, es ist ein anderer Christus als der des Mittelalters. Nicht mehr der arme, blutige, nur zur Entsagung und Selbstquälung führende, nicht der weltverneinende, sondern der starke, der weltrettende, der weltheiligende Christus. Er bringt nicht das Zagen, er bringt den Mut, er bringt nicht Trauer, sondern Freude. Er bringt frisch ausschauende, opferfrohe Liebe zu den Menschen und hochgemutes Vertrauen zum Vater im Himmel. Nein, das ist nicht der des Mittelalters, das ist der des Evangeliums. – Aber es ist auch nicht der jüdische Rabbi, der in Konflikt mit der Obrigkeit kam und hingerichtet wurde. Und es ist nicht der edelste der Menschen, zu dem ihn die Humanisten machen wollten. Es ist der eingeborene Sohn Gottes, den die Menschheit in ihrer Sehnsucht endlich selbst erschaffen hätte, wenn er nicht von oben gekommen wäre. Er ist anders als alle Propheten waren, er hat Gott nicht verkündet, er hat ihn in sich selbst *gezeigt und gelebt*.

Das ist nicht dogmatisch gesprochen, sondern so gemeint: Wenn persönlich eine Gottheit ist, die den Menschen liebt, so muss sie sich ihm einmal ganz unmittelbar offenbaren. Sie muss mit ihm persönlich in Verkehr treten, sonst hätte ihre Existenz für den sinnlichen Menschen keinen Sinn. Aber erst muss der Mensch dazu bereit sein. Wäre der Mittler nicht ersehnt worden, hätten die Menschen ihm ihre Herzen nicht entgegengehalten, wären sie nicht bereitwillig gewesen, ihn zu glauben und in seinem Sinne selig zu werden – so wäre er nicht gekommen. Hätte nicht kommen können, so wie er zu Herodes und den Hohenpriestern nicht gekommen ist, sondern nur zu denen, die seiner harrten. Und dieselbe Bereitwilligkeit und Sehnsucht, die in den ersten Jüngern Jesu war, ist zu allen Zeiten mehr oder weniger auch in anderen Menschen gewesen. Je unseliger die weltlichen Zustände waren, je lebhafter haben sie den Weiser Gottes gesucht. Hätte der Materialismus der Siebziger- und Achtzigerjahre das ideale Bedürfnis der Menschen auch nur einigermaßen befriedigt, so wäre das Verlangen nach einer inneren, überirdischen Beseeligung nicht so schreiend geworden, so wäre Christus vielleicht einstweilen nicht wieder gekommen.

Aber ist er denn wirklich da? Wo sieht man im Leben seine Spuren? Dort, wo christliche Kirchen sich hasserfüllt befehden? Dort, wo eine Kirche sich gerne als die allein wahre und seligmachende ausruft? Dort, wo der Priester mit seinen Zeremonien Christus ganz in den Hintergrund drängt? – Ich kann dort die Spuren des Heilands kaum finden. – Auch in weltlichen Regierungskreisen ist Christus wenig zu spüren, da herrscht die Politik mit ihrer Eigensucht und Zweideutigkeit. Die politischen Parteien sind schon gar des Teufels, wie einmal ein Spaßvogel gesagt hat: „Da heißt's, es gebe zwar einen Gott, aber keinen Teufel; ich hingegen sehe keinen Gott, überall nur den Teufel." – Im Nationalismus, wenn er die Leute so führt, dass sie ihr Volk lieben, ohne fremde Völker zu hassen, ist die Spur Christi schon zu merken. In der Schule, in der Kunst, wenn sie den Menschen zu idealem geistigem Leben erzieht, ist er schon zu spüren. In den sozialen Bestrebungen, die Reichen menschenfreundlich zu machen, die Arbeiter zu ihren Pflichten und Rechten zu führen, die Armen und Schwachen so zu stützen, dass sie sich aus eigenem aufzuraffen vermögen, ist Christus deutlich zu spüren. In dem immer wachsenden Gemeinsinn vieler, in ihrem ruhelosen Wirken, die Welt schöner, die Menschen glücklicher zu machen, sie vor Wahn und Roheit zu befreien, ihnen frische Tatkraft und frohen Frieden zu vermitteln – in diesen Bestrebungen steht Christus unmittelbar in der Zeit, selbst wenn sie nicht an ihn glauben würde.

Am klarsten aber zeigt sich Christus in jenen Personen, die durch das Vertrauen auf Gott eine frohe Ebenmäßigkeit ihres Wesens, ein treues Aushalten in ihren Berufspflichten und einen milden Seelenfrieden gefunden haben. Und solche Leute gibt es heute mehr als gestern. Besonders die gegenwärtige Religionsbewegung hat es bewirkt, dass viele und immer noch mehr sich besinnen auf den tieferen Gehalt des Christentums und mancher, der im täglichen Leben gleichgültig oder verwirrt war oder eingeschläfert durch äußere, leicht erfüllbare Bedingungen – er hat im Evangelium eine Verinnerlichung und Stärkung erfahren, so als hätte ihn

Jesus Christus herb und fest an der Hand gefasst. Man mag über die Kirchen denken wie jeder will, erfreulich ist und bleibt es, dass so viele, namentliche junge Leute, die im Kirchentum schon ganz abgestanden waren, mit dem Bekennen zum Evangelismus frisches religiöses Leben ins Herz bekommen haben.

Mit dem Evangelismus meine ich natürlich nicht die Anhänger jenes Protestantismus, die Christi Göttlichkeit leugnen, das sind keine Evangelischen. Das Evangelium ist ja gar nichts anderes als die frohe Botschaft vom Gottessohne. Das Evangelium ist so einfach und klar und bestimmt in diesem Punkte, dass viele allein damit auskommen, keines Pastors und keines Papstes bedürfen, der ihnen das Buch auslegte oder ins Kirchliche übertrüge. Sie stehen am Ursprunge. Christus soll vom Evangelium unmittelbar in die Persönlichkeit gehen. Durch je mehr Leute er kolportiert wird, je menschlicher, irdischer, unverlässlicher wird er. Weil es jedoch gar viel Menschen gibt, die mit dem puren Geiste sich nicht zu helfen wissen, denen alles, was sie verstehen und fassen sollen, in sichtbaren Beispielen und Gleichnissen beigebracht werden muss, so sind die Kirchen mit ihren Lehrern nötig und in diesem Sinne, so meine ich, sind sie eine göttliche Einrichtung. Aber freilich nur so lange, als sie vom Evangelium nicht abweichen.

Ein sicheres Zeichen endlich, dass Christus wieder gekommen, sehe ich in dem Verlangen und Bestreben zahlloser Menschen, dass zwischen den christlichen Kirchen Frieden werden möchte, dass die Geistlichen ohne Eifersucht gegeneinander ihr Hirtenamt üben, dass sie nicht durch Herabwürdigung anderer Kirchen, wohl aber durch sittliche Erhebung der eigenen ihre Bekehrungen machen sollten. Christliche Freiheit des Einzelnen und Frieden auf religiösem Gebiete! Dieses Verlangen wird immer lauter und allgemeiner, und hierin der gewaltige Rufer ist – Christus selbst.

Der Glaube an die Materie hatte ausgeartet in Roheit und Frevelhaftigkeit; nicht aber möge der Glaube an den Geist ausarten in Weichmut und Frömmelei. Noch einmal: Stimmungen, Andachten, Worte und Namen tun es nicht. Einzig darauf kommt es an, dass das Menschenherz wieder lebensfreudig und gottesfroh, wohlwollend, treu und stark werde. Das ermöglicht uns schon auf Erden den Himmel. Und mehr wollen wir ja nicht.

Viele wollen nicht einmal das. Denen ist nicht zu helfen.

Der Mensch trägt seine Seele in die Natur hinein

„Ob die Natur
Dir freundlich scheint und wohlgewogen,
Ob feindlich grollend, beides nur
Hast du in sie hineingelogen."

Ich will nicht sagen „hineingelogen", aber das ist doch so: der Mensch trägt seine Seele in die Natur hinein. Wer eine glückliche Seele hineinzulegen hat, dem ist die Natur schön und freundlich. Wer im Leide ist oder in Zwiespalt, in Scheelsucht und Bosheit, in bösem Gewissen, dem kann kein Maientag, kein goldener Abendhimmel recht gefallen. Je öfter man aber in Glücksstimmung durch eine Landschaft gereist ist, je schöner wird diese Landschaft immer noch, weil zum augenblicklichen Seelenbehagen auch noch die glückselige Erinnerung kommt. Darum ist die landschaftliche Natur der Heimat so unvergleichlich schön, weil in ihr die seligsten unserer Stimmungen, die der unschuldigen Kindheit, aufgespeichert ist. Alles, alles ist aus uns selbst hervorgekommen, was die äußere Natur an Glück zu geben scheint. Die Natur aus sich gibt gar nichts her, denn sie hat nichts. Mensch, darum solltest du alles aufwenden, um dich

Baumstudien. Bleistiftzeichnung Peter Roseggers

so herzurichten, dass dein Wesen *schön* sich in der Außenwelt spiegelt. Das ist das Geheimnis des Glückes.

Heute hörte ich auf der Waldbank einen Kohlenbrenner und einen Doktor miteinander philosophieren. Der Doktor hatte gesagt: „Wenn der Leib abstirbt, ist die Seele auch hin?" – Antwort des Kohlenbrenners: „Das muss nit sein. Ich denk' mir's halt so: *Der Leib ist der Docht und die Seel' ist die Flamm.*" Der Doktor: „Ganz recht. Und wenn der Docht verzehrt ist, lischt die Flamme aus." Der Kohlenbrenner: „Haben Sie's noch nie gesehen, dass man mit einem schier abgebrannten Funzerl eine frische Kerze anzünden kann?"

Die gottsuchende Menschheit

Die gottsuchende Menschheit pocht jetzt an allen Toren. Ein großer Teil derselben sucht mit ganzem Herzen das Christentum, das sich mit unserer natürlichen Geisteskultur vereinigen lässt. Wie wird es die römische Kirche verantworten, den Suchenden ihr Tor dreifach verschlossen zu haben! Sie will angeblich alle an sich ziehen, verlangt aber Dinge, die ein moderner Mensch, ein gebildeter Mensch unserer Zeit *nie und nimmer* erfüllen *kann*. Wenn er auch noch so gern möchte, er kann nicht, es ist ihm unmöglich. Höchstens müsste er es heucheln! Ein ehrlicher Mensch kann das nicht alles tun oder lassen, was die römische Kirche vorschreibt. Die Kirche muss es doch wissen, dass es ihm einfach unmöglich ist. Darum sage ich, sie verschließt ihm frevlerisch ihr Tor, hinter dem doch so viele das Christentum zu finden hofften. Zu finden wähnten? Oder weiß es die oberste Behörde der Kirche wirklich nicht, dass der heutige Mensch nicht zu ihr ins Mittelalter *kann!* Man verflucht die moderne Menschheit, als ob diese dafür könnte, dass sie so geworden ist, wie sie ist. Es behagt ihr ja ohnehin nicht und sie möchte anders sein. Wenigstens die Ernsteren und Tieferen sehnen sich heiß nach Christentum, nach dem Geiste des Christentums, nach der Liebe des Christentums. Und sie suchen für diesen Inhalt ein reines Gefäß. Sie wären vielfach den schönen Formen der katholischen Kirche nicht abgeneigt und gewiss nicht ihrem Gehalte, soweit er dem Evangelium unmittelbar entspricht. Aber die Kirche stößt sie zurück mit ihren unmöglichen Bedingungen. Und das ist es, was sie nicht wird verantworten können. Spricht sie doch selber von einem Tage des Gerichts.

Ich kenne mehr als einen, die zur Zeit, als der Reformkatholizismus stillschweigend geduldet wurde, sich noch als Katholiken fühlten. Jetzt können sie das nicht mehr sagen.

Was ich unter Natur verstehe

Ein junger Mann stellte einen alten also zur Rede: „Sie haben einmal geschrieben, dass Sie nicht unglücklich lieben könnten. Denn Sie liebten nur einen solchen Menschen, der Sie ebenfalls liebt. Eine Liebe, sei sie anfangs noch so leidenschaftlich, lösche sofort aus, sobald Sie erfahren, dass keine Gegenliebe vorhanden. Ist das Ihr Ernst?"

„Was denn sonst?", fragte der andere entgegen.

„Jetzt habe ich Sie!", rief der eine. „Sie behaupten, die Natur zu lieben. Was verstehen Sie unter Natur?"

„Wenn ich von Natur spreche, so meine ich gewöhnlich die freie Landschaft mit Himmel und Erde, Wasser, Bäumen, Blumen, Tieren usw."

„Und so was lieben Sie?", fragte der eine: „Das ist ja inkonsequent von Ihnen. Diese Natur hat so wenig Gegenliebe als das herzloseste Weib. Sie weiß gar nichts von Ihnen."

„Lassen Sie es nur gut sein", entgegnete der andere, „kein Mensch auf Erden hat mir so viel Freude gemacht, als die Natur mit ihren Farben, Klängen, Düften, mit ihrem Frieden und ihren Stimmungen. Sie hat mich gesund und oft glückselig gemacht."

„Was Ihnen an der Natur so gefällt, das legen Sie in sie hinein."

„Richtig. Aber in einen lieblosen Menschen kann man noch so viel hineinlegen, es kommt nichts zurück. Man erlebt keine Freude."

Dann kamen die beiden überein: Der von uns geliebte Gegenstand tut nichts, als den Reflex zurückwerfen von dem, was wir als unser Bestes ihm hingeben. Wir lieben in dem andern das, was wir als das Abbild unserer eigenen besseren Wesenheit empfinden.

Tolstoi und die Welt

Wie gefährlich es ist, allzu strenge Lebensgrundsätze aufzustellen, das Christentum allzu straff zu spannen, das zeigt sich an *Tolstoi*. Dieser starke Mann hat strenge Lehren gegeben, strengere und immer strengere, bis ihm am Ende auch die Willigsten nicht mehr zu folgen vermochten. Es blieben seine Verehrer zurück! Es blieben seine Freunde zurück, es blieb seine Familie zurück, und endlich musste er gestehen, dass auch sein eigenes Leben seiner Lehre nicht mehr entsprechen konnte. Wenigstens nicht, solange er unter Menschen lebte. Erst Einsiedler musste er werden, und das *musste* er, um sich nicht selber untreu zu werden und um zu zeigen, wie heiliger Ernst ihm seine Sache ist. Tatsächlich ist er aber damit angekommen – jenseits des Christentums. Denn Christus selbst hat menschlich unter Menschen gelebt, seine Lehre war nicht für Einsiedler, nicht bloß für ein eigennütziges persönliches Erlöstwerden, nein, diese große Lehre war eine soziale, war für die beisammen und füreinander lebende menschliche Gesellschaft gegeben.

So denke ich mir oft, wer was Rechtes erreichen will, wer nicht bloß einzelnen, wer vielen Mitmenschen nützen will, der soll nicht extrem werden, soll nicht Übermenschliches verlangen. Es werden ja immer Einzelne aufstehen, die der Menschheit in Lehre und Leben das höchste Ideal zeigen. Tolstoi ist ein solcher, man bewundert ihn, man vergöttert ihn, aber – man folgt ihm nicht.

Mich hat man gelegentlich den deutschen Tolstoi genannt. Beileibe nicht in der Kunst, die „kann" ich nicht und ist mir ja ziemlich gleichgültig, als vielmehr in der Sehnsucht nach sittlicher Vollkommenheit an mir und den Mitmenschen. Hierin mag ich wohl so ein kleines Tolstoiserl sein. Allerdings ein recht zahmes und bequemes, mit dem großen verglichen. Aber selbst dieser bequeme, scheint es, wäre noch zu unkomfortabel. Mich deucht, die Lebensvorschläge, die ich mache, müssten die allermeisten Leute an sich durchführen können. Und wie oft ertappe ich mich dabei, dass ich sie selber nicht zu halten vermag. Na, wenigstens strengt man sich an, Erreichbares zu erreichen, während man sich vor dem Unerreichbaren keine Mühe mehr gibt. Wer die Menge aufwärtsbringen will, der muss breitere Straßen wählen, die in sachten Schlangenwindungen vielleicht auf den Rigi führen können, nie aber auf das Matterhorn. Man muss es bei Beginn der Wanderung ja nicht gleich sagen, wie hoch man hinauf will. – Persönliche Neigung hätte auch ich (wie Tolstoi) für das Matterhorn. Aber was macht man allein dort oben? Ich erinnere mich an ein Wort meiner Mutter, als sie schon sterbenskrank war: „Wenn nicht auch ihr alle nachkommen tätet, ich allein möcht' nit im Himmel oben sein."

Die Natur ist altruistisch

Der Einzelmensch muss die Natur für eine brave Person halten, weil er ihr angeblich nachfolgen will. Wenn er egoistisch ist, so beruft er sich auf die Natur, sie sei es auch. Freilich wohl, jedes Einzelwesen – etwa der Fuchs, der Wolf, der Ochse – ist egoistisch. *Die Natur* im ganzen ist es nicht. Die ist *altruistisch* und opfert jeden Augenblick kaltblütig Millionen Einzelwesen auf, um die Art zu erhalten. Sie vernichtet den Einzelnen aus Liebe zum Ganzen. Wer also der braven Person folgen wollte, der wüsste jetzt beiläufig, was die Meinung der Natur ist.

Dichte dir die Welt, wie sie dir gefällt!

„Dichte dir die Welt, wie sie dir gefällt!", habe ich früher gern in die Stammbücher geschrieben. Damit bin ich einmal an den Unrichtigen geraten. Ein Materialist war's; Idealismus witterte er! „Herr, was soll das heißen, dichte dir die Welt, wie sie dir gefällt?!"

Das soll heißen – so meine unzulängliche Antwort: Lerne sehen! Lerne glücklich, künstlerisch sehen! Lerne das Gute und Schöne sehen und gestalte es aus mit deiner Phantasie und schmücke es! Und das Widerwärtige lerne möglichst übersehen. Es wird damit ja nicht aus der Welt zu schaffen sein, aber es wird mehr zurücktreten, wenn wir es nicht immer noch künstlich nähren und pflegen. Mache vor Schlechtigkeit und Hässlichkeit möglichst alle Tore und Fenster zu; und was davon doch anfliegt, das verkleinere anstatt zu vergrößern – und du wirst weniger darunter zu leiden haben. Vor allem weise zurück, und das kannst du leicht, was die Zeitung, die Literatur, die dramatische, die bildende Kunst usw. dir an Quälendem, Elendem und Schmutzigem aufdrängen will. Damit befreiest du dich von einem großen Teil der Widerwärtigkeiten und führst ein reineres Leben. Pflege die erhebenden Gedanken und wohltuenden Empfindungen und es wird vieles ganz anders, viel erträglicher und erfreulicher erscheinen. – So kann man die Welt ein wenig deichseln, für sich sogar ändern zum Wohlgefallen, und das meine ich mit dem Wahlspruch. Nennt mir das nicht Vogel-Strauß-Politik; die übersieht absichtlich, was unmittelbar bedroht. – Ich meine vielmehr, das Elende von sich stoßen und dem Besseren, Höheren, Reineren zustreben.

Mein Gegner belehrte mich: So die Augen zumachen vor der Wirklichkeit, heißt ja geradezu ins Verderben rennen! Nicht das Schöne soll man sehen lernen und auch nicht das Hässliche, sondern das Wirkliche! Wer das nicht will, ist ein Tor.

Gut. Aber ich *bin* ein solcher Tor. Meine Natur hat die Dinge immer besser und schöner genommen, als sie an sich sein mögen – und ich habe durch ein langes Leben immer nur Vorteil davon gehabt – Freude und Kraft.

Wiederkehr des Lebens

Wie schon oft ausgeplaudert wurde, wiege ich mich gerne in der Vorstellung von der Wiederkehr des Lebens. So wie mein persönliches Leben war und ist, genau so wird es wiederkommen. „Das muss ein sehr selbstgefälliger, entwicklungsunfähiger Geselle sein, der sich nicht ein höheres Leben wünscht, der zufrieden ist mit diesem armseligen Dasein!" Also tadelte mich einmal ein freimütiger Freund. Und er hatte tausendmal recht. Ich bin freilich auch ganz unzufrieden mit meinen Leistungen in diesem Leben; aber ich bin hochbefriedigt von den Genüssen, die es mir gebracht hat. Dieses allmähliche Heraussteigen aus der Verborgenheit, diese Stufen der Entwicklung, der Erfahrung, diese Mannigfaltigkeit, die wie ein Wandelpanorama an mir vorüberzog oder ich an ihr – es war doch allzu köstlich. Und noch die größten, reinsten Genüsse habe ich gehabt in den Zeiten der Armut, der Bedürfnislosigkeit einer ländlichen Jugend. An sie denke ich immer so dankbar, dass ich mir kaum einen schöneren Himmel zu dichten, zu wünschen vermag. Wäre das Leben ein leidloses gewesen, so hätten die Freuden nie so leuchtend hervortreten können. Das leidlose, in sich erfüllte Leben wäre in dieser Vollkommenheit weit, weit unvollkommener gewesen, als das wirkliche es war. *Die* Lichter strahlen am hellsten, neben denen die schärfsten Schatten stehen. Nicht im Ziele selbst, im Ringen nach dem Ziele liegt unsere Lust. Man kann wohl auch nicht sagen, dass es ein Unterschied sei, ob man „weiter" vom oder „näher" dem Ziel ist. Das Ziel an sich ist immer gleich fern. Tausend achtzigjährige Leben, jedes der Vollkommenheit zustrebend, bringen uns dem Ziele vielleicht näher, gewiss aber nie zu ihm. – In diesem Sinne ist mir *das* Leben am liebsten, das mir am nächsten liegt, das mein ist, in dem ich – um noch etwas Ungereimtes zu sagen – eben schon daheim bin.

Der Raum etwas Feindliches

Der Raum ist der Wohnort aller Dinge. Wir können uns nichts sinnlich vorstellen ohne Raum. Und doch habe ich oft und oft den Raum als *etwas* Feindliches empfunden, als etwas, das mich trennte von dem, was ich lieb hatte, etwas, das überwunden werden musste, wenn ich das Geliebte erreichen wollte. Einst, als ich von einem Berg auf den gegenüberstehenden Berg in die Schule ging, sehnte ich mich nach der Mutter, ein weiter Raum war zwischen uns, der nur mit Tausenden von kleinen Schrittlein überwunden werden konnte. Als ich später in der Fremde war, welch unermesslicher Raum zwischen mir und meiner Heimat! Zur Zeit der Liebe legte sich das unsichtbare Ungeheuer zwischen meine Braut und mich, und dann, als die Kinder in die Welt gingen – welche Fernen, so dass es war, als wären sie gestorben.

Je enger der Mensch in seinem Ich lebt, je undurchdringlicher schließt ihn der Raum ab von Menschen und Welt. Der Egoist ist eingemauert in Raum und Zeit, dass er sich gar nicht frei bewegen kann. Er ist *nur* in seinem kleinen Leibe, sonst nirgends. Dem Altruisten wird es leichter, sich zu befreien, in weiten Räumen und Zeiten zu leben. Je einiger die Wesen werden, je geringer wird der Raum, der zwischen ihnen ist. Es gibt Leute, die des Glaubens sind, dass die Menschenseele sich aus ihrem Körperlein befreien, sich in die Dinge der Schöpfung verbreiten könne, damit sie eins mit dem All sei. Ach ja, wenn man sein kleines Persönlein nicht so mühsam müsste hintragen in eine Ferne, um ein Gut zu erreichen, wenn wir eins wären mit allem, was wir lieben, ob es da oder dort ist – dann wäre der Raum besiegt, wir wären allgegenwärtig wie die Gottheit.

Es gibt vielleicht etwas noch unendlicheres als Raum und Zeit – die große Seele. Wie, wenn endlich nichts mehr sein wird, als eine einzige große Seele?!

Die Weltseele

Einer, der schon in seinem achten Jahrzehnt steht, denkt wohl täglich an den Tod. Und nicht einmal ungern. Nicht so, wie man ängstlich und bangend an etwas Ungeheuerliches denkt, sondern ruhig und nüchtern, wie man an das Geschäft einer nächsten Zukunft denkt, oder an eine bevorstehende größere Reise. Was denn anders?

Als ob sterben das Ende wäre? Nicht die Spur. Ich sehe hinter dem „Sterben" nichts als Leben, unermessliches Leben. Wer in jenem Leben steht, wird vieles sehen und begreifen, nur eins nicht, nämlich, wie der Erdenmensch all die Enge und Ungewissheit so gelassen hatte ertragen können. – Aus dem Geiste des Christentums hat sich in mir die Vorstellung entwickelt von einer das All sanft durchwehenden *Weltseele*. Vergleich: Der einzelne Mensch, das Individuum ist ein Apparat, der wie ein Funkentelegraph Teile der Weltseele in sich auffängt, konzentriert zum Ichbewusstsein, und sie dann selbständig weitergibt. Je besser ein Menschenhaupt organisiert ist, je mehr Seele fängt es auf, je tiefer lässt es sich beleben und je mehr Seele hat es abzugeben, wenn eines Tages der Apparat zerbricht. Dann vereinigt sich diese freigewordene Menschenseele wieder mit der Ganzheit, sie geht in Gott ein.

Man sollte jeden Tag so sein, fühlen und denken, als ob man am selben Morgen neu geboren worden wäre. Nichts Angelebtes haben, alles aus sich herausleben, als ob man der einzige auf der Welt wäre – ganz eins mit sich selbst sein. – Wenn ich diese Weisheit der Minute aufschreibe, so wird die Kritik lauten: „Kindskopf!" und nicht ahnen, welchen großen Wert sie damit genannt hat.

Vorherbestimmung

Bei gelegentlichen Mohammedstudien stieß ich wieder auf jene fatale Lehre von der Prädestination, der Vorherbestimmung aller Schicksale. Diese Lehre hielt ich, wie jeder denkende Mensch, immer für die größte Beleidigung Gottes und für den größten Feind der Gesittung. Wenn Gott das Menschengeschlecht geschaffen und im vorhinein verworfen hat, wie kann denn da eine Liebe zu Gott entstehen, was nützt dann all unser Ringen nach seliger Vollendung? – Sind wir aber mit diesem Einwand fertig? Ist es nicht am Ende doch möglich, das grauenhafte Rätsel von der Prädestination zu lösen? Mit ein wenig Kompromiss? Ich brauche dazu das ewige Leben der Christen und die Wiedergeburt der Seelenwanderung.

Also: Gott bestimmte dem Menschen, als er ihn ins Leben rief, für dieses Leben das Schicksal voraus. Lässt dem Menschen aber den freien Willen. Der Mensch mag anstreben, was er will, er entgeht seinem Schicksal nicht; das ist für das eine Leben vorausbestimmt, daran ist trotz allem menschlichen Wollen und Ringen keine Änderung möglich. Der Mensch mag noch so gut wollen, sein Schicksal bleibt schlecht. Ist das nicht unerhört grausam? Warum tut es Gott, der Gütige und Gerechte? Vielleicht weil er den Willen des Menschen prüfen will? Bewährt dieser Wille sich für das eine harte Leben zum guten, dann gibt ihm Gott für ein nächstes Leben ein besseres Schicksal. Und hier ist es auch wieder so, der Mensch mag noch so böse wollen, sein Schicksal bleibt gut bis zum Lebensende. Dafür wird er im nächsten Leben wieder mit einer schlimmen Vorherbestimmung bestraft. Und warum dieses umständliche Verfahren? Um so allmählich die von Leib zu Leib wandernde Menschenseele zu prüfen, zu läutern, zur Vollkommenheit emporzudestillieren. Vorausgesetzt muss aber sein, dass der Mensch vom Ursprung aus ein elendes Wesen ist, das erst so durch Schuld und Leid gerettet werden kann.

Da sind wir aber neuerdings bei der Unzulänglichkeit des Schöpfers, und der Rundtanz geht von vorn wieder an.

Knapp neben der Lehre von der unabänderlichen *ewigen* Vorherbestimmung steht das Christentum mit seiner Erlösung. Die beiden Lehren widersprechen sich wie Feuer und Wasser, und man meint, eine müsse endlich die andere verzehren. Aber sie bleiben ruhig nebeneinander bestehen, und das Widerstreitende tut, als wolle es sich gegenseitig ergänzen.

Was schließe ich daraus? Dass die beiden Lehren, jede für sich, notwendige Beruhigungsmittel sind für die zwiespältige Menschenseele, die – ohne dogmatisch zu sprechen – halt einmal ein unbegreifliches Ding ist. Unbegreiflich, wie alles miteinander.

Abschnitt II

LAND UND HEIMAT

Sommerfrische
EIN WINK FÜR STÄDTER UND BAUERSLEUTE

Wer unsere steirischen Dörfer seit dreißig Jahren heute das erste Mal wiedersieht, der wird sie kaum mehr erkennen. Das allgemeine Aufstreben hat auch das Bauerntum ergriffen, und dort – insofern es die Leute nicht vom Bauernstand hinaus, sondern eigentlich erst in denselben emporgehoben hat – die erfreulichsten Umgestaltungen hervorgebracht. Die Eisenbahnen, die allgemeine Militärpflicht und viele andere Erscheinungen der Zeit haben die Bevölkerung durcheinandergeschüttelt; der eine sieht, wie der andere lebt, arbeitet und wohnt, und gefällt es ihm, so sucht er's nachzumachen. Die Schulen, die Erweiterung des geistigen Horizontes haben Einsicht und besseren Geschmack erweckt. Jeder kann nicht „Herr" sein, aber man ist auch im Bauernstand ein freier Mann; jeder kann nicht in einem Stadtpalast wohnen, aber man hebt auch in der Hütte an, menschenwürdig zu leben.

Im Unterlande der Steiermark – besonders im fruchtbaren Lande der Slowenen – lässt diese „Menschenwürdigkeit" freilich noch sehr viel zu wünschen übrig, und was die Zustände der Bauernhäuser und Dörfer anbelangt, erinnere ich mich an den Ausspruch jenes boshaften Fremden: Die Grenze zwischen Europa und Asien gehe mitten durch die Steiermark. Das Unterland hat paradiesische Gegenden, wer weiß es nicht! Und doch wird sich selten ein städtischer Sommerfrischler in eine jener Bauernschaften verirren, wenn er in derselben nicht etwa sein Winzerhaus oder sein Schloss hat; während sich die obersteirischen Dörfer, kaum minder als die salzburgischen, tirolischen und kärntnischen, selbst die entlegenen, bescheidenen, von Jahr zu Jahr mehr mit Städtern füllen.

Mit dem unaufhaltbaren Wachsen der Städte wächst auch das Bedürfnis nach Sommerfrische. Die Sommerfrische ist kein Luxus, sondern ein Bedürfnis wie die reine Luft, wie das frische Wasser, wie das Sonnenlicht; ich kann es daher nicht begreifen, wie man dieses Bedürfnis durch die unerhört hohe Zinssteuer der Sommerwohnungen so mörderisch belasten kann. Viele Jahre werden nicht mehr vergehen, ohne dass in unserem Parlamente oder von einem andern Tribunale herab eine Rede gegen derlei unverhältnismäßige Steuern gedonnert werden wird, vor welcher alle Luxusgelüste, seien sie nun im Zivile oder Militär, werden verstummen müssen.

Ob durch das Eindringen des städtischen Elementes in den Bauernstand dieser moralisch gewinnt oder verliert, diese Frage beantworte ich hier nicht, aber ihr könnt euch denken, wie die Antwort ausfallen müsste. – Nur die Tatsache konstatiere ich, dass in den ersten Sommermonaten stets eine förmliche Völkerwanderung vor sich geht, von den Städten aufs Land hinaus, schier, als ob Pech und Schwefel vom Himmel fiele auf all' unsere modernen Sodoms und Gomorrhas. Und ich konstatiere den *momentanen* Vorteil, den die Landleute als kleinen Ersatz für so vieles andere aus diesen sommerfrischebedürftigen Städtern zu schöpfen wissen.

Schon in den ersten Frühlingstagen beginnen in der Umgebung der Städte und weiter hinaus die Wohnungssucher zu schwärmen. Es sind zumeist Leute des Mittelstandes, die selber kein Landhaus besitzen und denen der Sommeraufenthalt in den Kurorten zu kostspielig und – zu langweilig ist. Diesen Leuten geht es nicht um pittoreske Gegenden, nicht um feine Hotels und vornehmen Komfort; sie sind zufrieden mit der grünen Landschaft, der frischen Luft und dem klaren Wasser; im Schatten eines Apfelbaumes unter Vogelgezwitscher und mit dem Ausblick auf den blauenden Duft der Landschaft sind sie glücklich; dort – mit einer kleinen Handarbeit, mit einem Buche, oder munter plaudernd, oder still hinträumend, ruhen sie aus von dem Kulturmärtyrtum der Großstädte. Sie sind glücklich, auf Feldwegen und Wiesenrainen sich ergehen zu können, zählen es zu ihren großen Ereignissen, im Walde einmal einen bemoosten Felsblock, einen rieselnden Wasserfall, eine Erdbeerlehne zu entdecken, ein Reh zu erblicken, ein Vogelnest zu finden, mit einem alten Bauersmanne gemütlich plaudern zu können oder gar in einer Bauernhütte mit Milch und Brot freundlich bewirtet zu werden. Besteigen Sie einmal eine Anhöhe, um von der Ferne die schimmernden Kirchtürme und die blauen Berge zu sehen, dann sind sie selig wie ein Kind und finden kein Superlativ, das kräftig genug wäre, ihre Hochstimmung brieflich den unglücklichen Zurückgebliebenen in den Städten auszudrücken.

Ich habe Frauen gesehen, die in den ersten Tagen ihrer Sommerfrische im kühlen Schatten saßen, in den lichten Sommertag hinausschauten und still vor sich hinweinten vor lauter Glück. Der ländliche Frieden und die süße Gottesruhe, die er ins Gemüt legt, kann nur von dem Städter, oder dem Kenner der Städte tief und voll empfunden werden.

Und ebenso bescheiden ist der Sommerfrischler in der Regel auch in Bezug auf seine ländliche Mietwohnung, auf Gasthaus und Atzung. Reinlichkeit und einfache gute Zubereitung der Nahrung ist wohl das Wenigste, was er hierin verlangen kann. Allerdings gibt es auch Stadtkreaturen, welche auf dem Bauerndorfe elegante Logements mit Salons, vornehme Speise- und Unterhaltungs-Etablissements, gekünstelte Promenaden und Parks und was weiß ich alles suchen, sich aber schon über die mäßigsten Rechnungen mokieren und ihre Sommerfrische mit Greinen und Keifen auf die ungemütlichste Weise verbringen. Auf gut geartete, gebildete Menschen wirkt die ländliche Natur immer veredelnd, allein ein arroganter, versauerter Geselle findet auf dem Lande so wenig wie in der Stadt seine Befriedigung und Harmonie. Doch gehören derlei Sauerampferseelen zu den Ausnahmen.

Für mich gibt es kaum etwas Rührenderes als eine Stadtfamilie am ersten Tag in der Sommerfrische. Die Kinder rasen wie toll im Grünen herum, der Vater begibt sich still vergnügt auf Entdeckungsreisen nach angenehmen Spaziergängen und Aussichtspunkten, die Mutter sitzt auf der Gartenbank und hört den Jubel der Kinder, und sieht vor sich die freie, lichte Weite, und kann's kaum fassen, dass um sie keine Mauern mehr sind, dass allerwärts eine friedensmilde, eine blühende, klingende, heitere Welt ist. Nirgends Müßiggang, überall Arbeit, und die Leute sind munter dabei und gehaben und bewegen sich einfach und natürlich. Und die städtische Dienstmagd macht schon in der ersten Stunde ein halbes Dutzend Bekanntschaften, und überall sind sie mit ihr freundlich und offen, und da fällt ihr ein, was sie in der Stadt nachgerade vergessen musste, sie wäre auch noch Mensch. Hier auf dem Lande werden die armen Städter erst inne, dass auch das Atemholen ein Genuss ist – und so atmen sie auf! – [...]

Die alten Holzhäuser, wofern sie nicht neuen, gemauerten, stattlichen Gebäuden weichen mussten, haben wenigstens ihre Haustüren erhöht, ihre Fenster vergrößert, mit weißer Täfelung, hellen Scheiben und freundlichen Vorhängen versehen. Das Innere der Zimmer ist dem entsprechend licht und reinlich, mit anmutigen Bildern, einfachen, aber bequemen Möbeln, mit traulichen Kachelöfen, guten Betten und oft mit Ledersesseln und Sofa versehen; in den feuersicheren Küchen Sparherde und weiß getünchte Wände. – Wer sich erinnert, wie solche Hütten vor zwanzig oder dreißig Jahren bei uns ausgesehen haben! Rauchige Höhlen mit engen Fensterlöchern, an denen Spinnengewebe und erblindete Scheiben noch das bisschen Licht und Luft abhielten. – Die Dorfwege sind geschottert, die Fußwege trocken gelegt, oftmals mit weißem Sande bestreut. Die öffentlichen Brunnen sind zugänglich und rein gehalten; die Wirtshäuser haben beschattete Gastgärten; auf den beliebtesten Spazierwegen gibt es an den hübschesten Stellen und Aussichtspunkten schattige Ruhebänke; Wege, die zu weit entfernten Zielen führen, sind mit Orientierungsmarken versehen. Jedes Dorf hat sein gutes Wirtshaus, in welchem die Sommerfrischler zu mittags und abends zu speisen pflegen; Frühstück und Jause bereiten sie sich lieber zu Hause. Fast jedes größere Dorf hat seine kleine Badeanstalt, wenn auch primitiv, aber doch das Beste eines Bades bietend: reines, erquickendes Wasser.

Die Dorfbewohner sind stets gutmütig und zuvorkommend; sie betrachten ihre Mietparteien wirklich als Gäste in deutschem Sinne. Die Preise sind bescheiden und würden nach der Leute Art noch viel bescheidener sein, wenn die Steuerbehörde es gestattete, die aber, wie mein Freund Michel in Krieglach so maliziös sagt, jede Aufnahme und Unterstandbietung für Zigeuner und Sommerfrischler mit den höchsten Geldstrafen belegt.

Dass die angedeuteten Verbesserungen in unseren Dörfer und Märkten zustande gekommen oder gegenwärtig ausgeführt werden, ist großenteils das Verdienst der Fremdenverkehrs- und Verschönerungs-Vereine, die, von der Landeshauptstadt ausgehend, sich in unseren Tagen überall bilden. – Graz gibt ein geradezu großartiges Beispiel, was Verschönerungs- und Fremdenverkehrs-Vereine zu leisten vermögen. Im Verhältnisse wird auch im Landstädtchen und auf dem Dorfe durch gemeinsames Wirken möglich, was unmöglich erschien. […]

Gewiss ist, dass der Bauer den materiellen Vorteil zu schätzen beginnt und dass manche oberländische Ortschaft ein gutes Sommerfrischjahr einer guten Ernte vorzieht. Es ist eben auch hier wieder die verkehrte Weltordnung zu spüren; sonst hat der Städter vom Bauer leben müssen, heute ist's umgekehrt. Darum ist es also kein Wunder, dass sich mancher verrottete Flecken, manches armselige Bauerndorf in den letzten Jahren zu einem kleinen Luft- oder Kaltwasser-Kurort, zu einer lieblichen Sommerfrische umgestaltet hat. Und wie einerseits heutzutage die Bauersleute in die Stadt drängen, so drängen andererseits die Städter aufs Land. Wer diesen Schachzug der Natur versteht, der macht sein Profitchen.

Die Zukunft unseres Bauernstandes
EINE ERWÄGUNG

[…] Man fürchtet die Übervölkerung, und lässt urbaren Boden zur Wildnis werden. Man ist demokratisch gesinnt, von materieller Weltanschauung durchdrungen, und verachtet die körperliche Arbeit. Man will hinauf, und steigt hinab. Man will Machthaber sein und wird Diener. Man sucht die Freiheit und begibt sich in die Knechtschaft. Man studiert zwölf oder mehr Jahre, um ein Herr zu werden, und wird ein Bettler, weil man zwölf oder mehr Jahre studiert hat. – Wer soll aus solchen Widersprüchen klug werden? Wer soll sagen, auch nur ahnen können, wo das hinaus will?

Ich sehe keine Lösung zur natürlichen Wiedererstarkung unseres alten Bauernstandes. Auch für jenen Teil der Bauern, der noch nicht schollenflüchtig geworden ist, der noch treu festhält an der teueren Heimatserde, habe ich keine große Hoffnung, selbst wenn ihm von Staats wegen noch so sehr unter die Arme gegriffen würde. Der Bauernstand unserer Alpen wird schon vermöge seiner Kirche zu sehr festgehalten auf der Basis einer alten Kultur und Weltanschauung, als dass er mit der neuen Zeit siegreich anbinden könnte. Und ich selbst bin der Meinung, dass seine alte Weltanschauung für sein inneres Leben mehr Wert hat als jene neue, die ihm dafür gegeben werden soll. Wird an Stelle der alten Gemütswerte beim Landmanne die fromme Freude an der Natur treten? Und wird diese jene ersetzen? – Ich denke, auch die katholische Geistlichkeit, welche man im ganzen für einen Freund des Bauerntums halten muss, könnte und sollte etwas tun, um den Bauern nach den Bedürfnissen der Zeit körperlich und geistig wehrfähig machen zu helfen um seiner Existenz willen. Er darf nicht mehr abgeschlossen werden von der Welt, um zu ihr einen feindlichen Gegensatz zu bilden, er muss sich frei, stark und stolz fühlen, anstatt vor Gebildeten sich zu drücken, seines Bauerntums sich zu schämen. Priester und Lehrer sollten im Bauern ein kräftiges Selbstbewusstsein aufwecken.

Doch es ist vieles versäumt. Das Geschick scheint sich unerbittlich vollziehen zu wollen, teils durch äußere Verhältnisse, teils durch eigene Schuld! Viele werden, von der Zeiten Ungunst kopfscheu gemacht, freiwillig abspringen, andere werden durch die schweren Steuern, durch Dienstboten- und Gewerbsmangel, durch Wildschaden und Missjahre usw. gezwungen, ihren Bauernhof zu verlassen. Wieder andere werden es aus Übermut und Großmannssucht tun oder wenigstens in der Vorstellung, dass es ihnen „überall besser gehen wird als daheim auf der Keuschen". Die jungen Burschen zieht der Staat fort, die Dirnen eilen als Dienstboten in die Stadt. Die veranlagteren Jungen wollen in die Studie oder wenigstens zum Kaufmann als Kommis. Der Wege vom Bauernhause herab gibt es so viele, zum Bauernhause hinauf so wenige. Auch die so billig gewordenen Fahrpreise unserer Staatsbahnen tragen dazu bei, dass der Bauer rutschend wird. Der Rest aber, der noch sitzen bleibt auf dem Hofe, verkümmert, kommt immer tiefer in Schulden, endlich in die Abhängigkeit von nachbarlichen Großgrundbesitzern, die aus Barmherzigkeit den Kleinbauer noch eine Weile zappeln lassen, schließlich aber wieder aus Barmherzigkeit ihm den Garaus machen. Eine nächste Generation dürfte den Rest unseres Bauernstandes in Pachtverhältnissen finden. Sind die Landleute bishin nicht Pächter auf „Herrschaftshuben", so sind sie vielleicht Pächter – des Staates. Oder soll es werden, wie die hochmögenden Jagdliebhaber meinen? Dass auf allen Bergen Wald und in allen Wäldern Rehe und Hirsche stehen! Ob tausende und tausende Familien heimatlos werden und zugrunde gehen, was kümmert sie das!

Schon seit Jahre hoffte ich auf eines, auf etwas ganz Besonderes. Weil alles, auch das Unglaublichste und Verrückteste, manchmal aber auch etwas sehr Vernünftiges Mode werden kann, so dachte ich, müsste es auch

Peter Rosegger, Wanderer in Alpl vor dem Geburtshaus. Bleistiftzeichnung

einmal Mode werden, dass junge landwirtschaftlich geschulte Städter hinausziehen aufs Land, dort Bauernwirtschaften kaufen und anfangen zu ackern, Vieh zu züchten, Obst zu hegen. Ja, einige haben es wirklich so gemacht, aber nicht um persönlich Bauernarbeit zu treiben, sondern die vornehme Gutsherrschaft zu spielen. Die Reicheren können das auch tun. Nun gibt es aber Hunderte und Tausende von jungen Leuten, die nur ein kleineres Vermögen, etwa von sechs- bis zehntausend Gulden besitzen. Manche wissen nicht recht, was sie damit anfangen sollen, versuchen es mit allerlei Geschäften, Spekulationen, und haben den besten Willen, durch Fleiß und Sparsamkeit sich eine Existenz zu gründen. Eines der Bauernhäuser zu kaufen, die oben und unten freiwillig und gerichtlich ausgeboten werden, fällt keinem ein. Und es wäre für den frischen geschulten Weltbürger doch eine Aussicht vorhanden, er würde das Gut bar ausbezahlen, hätte dann einen schuldenfreien Besitz, wäre etwa noch in der Lage, etwas zur Verbesserung und Verschönerung des Hofes anzuwenden und sich einfach und gediegen einzurichten. Er könnte dann persönlich sein Feld bebauen, seine Bäume hegen, seinen Garten pflegen, sein Vieh züchten, was ihm abwechslungsreichste und anregendste Beschäftigung gäbe. Gesunde Bewegung, gesunde Luft, gesundes Wasser, ein dralles, frohes Weib, pausbackige Kinder zu haben, ein freier Bauer zu sein mitten in der großen Natur, im ländlichen Frieden! – Wenn zehntausend Bürgersöhne unserer Städte in den Alpen ebenso viele mittelgroße, sonst dem Verfalle bestimmte Bauernhöfe ankaufen, um sie selber zu bewirtschaften, so ist der Bauernstand gerettet und die Ehre der persönlichen Arbeit wieder hergestellt. Diese Neubauern könnten miteinander in ein Schutz- und Trutz-Verhältnis treten. Die Knechte und Mägde aus Stadt und Fabrik würden dann wohl von selbst folgen.

Die Waffen nieder!

Als in diesem Jahre die schönen, stillen Herbsttage waren, saß ich in einem Wald bei Krieglach und las ein Buch. Ich las zwei Tage daran, und diese zwei Tage sind wie ein Ereignis in meinem Leben. Als die Lektüre zu Ende war, hatte ich den einen lebhaften Wunsch, dieses Buch möchte in alle Kultursprachen übersetzt, in alle Büchereien aufgenommen, in alle Schulen eingeführt werden. Es gibt Gesellschaften zur Verbreitung der Bibel; möge sich auch eine Gesellschaft bilden zur Verbreitung dieses merkwürdigen Buches, welches ich geneigt bin, ein epochemachendes Werk zu nennen.

Das Buch ist von einer Frau aus der österreichischen Aristokratie verfasst; umso merkwürdiger, dass es ein Volksbuch im schönsten Sinne des Wortes ist. Die Verfasserin weiß nichts vom Edelmann, nur vom Edelmenschen, nichts vom Helden des Krieges, nur von Helden der Liebe, des Mitleids. Ein geradezu verblüffender Freimut begegnet uns in dem Werke, ein erfreuliches Zeichen der Zeit, dass es in unseren Landen passieren darf. Das Buch gehört scheinbar zur Unterhaltungsliteratur, es ist eine Art Roman, aber mit liebenswürdiger Ungeniertheit übertritt es manche

Gesetze eines Kunstwerkes. Schön zu sein, amüsant zu sein? Nein, es hat ein anderes Bestreben, ein tiefsittliches, kulturbauendes, welterlösendes, und ich sage damit kaum zu viel. Das Buch ist ein Entrüstungsschrei gegen den Krieg, ein Schrei, wie er so leidenschaftlich heiß und herzdurchdringend wohl oft auf dem Schlachtfelde, aber nie in der Literatur ausgestoßen worden sein wird.

Ein Protest gegen den Krieg, oh diese Schwärmer! So höre ich ausrufen. Was sagt doch ein großer Dichter? „Was Großes auf Erden geschehen, vollbrachten die Schwärmer!" – Nun, ich meine, auch für die Ungläubigen wäre das Buch lesenswert, verloren ist die Zeit keineswegs, auch wenn sie nicht bekehrt werden sollten.

„Die Waffen nieder!" Eine Lebensgeschichte von Bertha von Suttner, erschienen bei E. Pierson in Dresden. Erzählt wird die Geschichte einer aristokratischen Familie, welche die Kriegsjahre 1859, 1864, 1866 und 1870–1871 mitgemacht hat. Schon die Schicksale für sich sind interessant, dazu kommt die Schilderung hoher und höchster Kreise, von Charakteren, die überaus treffend gezeichnet sind. Hauptsache aber ist die schrecklich naturwahre Beschreibung des Krieges und seines grenzenlosen Jammers. Selten wird sonst das grausige Bild aufgedeckt, die Aufrufe, die Leitartikel, die Kriegsberichte, selbst die Schilderung der heimgekehrten Soldaten; sie ergehen sich in allem Möglichen, nur nicht in der einfachen grässlichen Wahrheit, wie sie das vorurteilslose Auge eines Menschen – eines „Edelmenschen" – sehen kann.

Hoher Idealismus paart sich in dem Buche mit einem so markigen Naturalismus, dass selbst unser „Junges Deutschland" daran eine Freude haben könnte. Hauptzwecke des genialen Werkes ist, Abscheu zu erwecken vor dem Kriege, von welchem manche Leute noch immer zu sagen lieben, er sei eine Naturnotwendigkeit, er sei der Ursprung von allerlei Tugenden und zur sittlichen Entwicklung der Menschheit unerlässlich.

Der Leser des Buches wird erfüllt von dem gewaltigsten Abscheu gegen den Krieg, von dem heißesten Mitleide zu den unzähligen Opfern, welche dieser ungeheure Blutkultus einer alten Barbarei verschlingt. Ferner wird der Leser belehrt darüber, wie die Kriege gemacht zu werden pflegen; nicht das Volk wünscht sie, fängt sie an, sondern der Soldatenstand drängt zum Kriege, und die Diplomaten spinnen ihn kühl berechnend aus; dabei die unglaubliche Frivolität, die bodenlose Heuchelei, mit der das Unerhörte überdeckt wird. Das ist kein in natürlicher Leidenschaft verübtes Verbrechen, sondern ein vorsätzlich ausgeführter Massenmord. Lieber tausend Menschenleben opfern als eine Handbreit Erde oder ein paar Buchstaben in einem Vertrage. Die Begeisterung für den Krieg wird im Volke heute nur mehr künstlich erzeugt – und durch welche Mittel? Wer so glücklich war, es im Leben noch nicht erfahren zu haben, der lese es in diesem Buche. Es ist alles buchstäblich wahr, es ist schrecklich wahr!

Humanitätsduselei! höre ich spotten. Die so rufen, die haben wohl noch keinen Bruder, keinen Gatten, keinen Sohn auf dem Schlachtfeld gehabt, und sie selber sind vielleicht auch noch auf keinem gestanden. Und sind sie einmal auf dem Schlachtfelde, so mag es ja sein, dass sie, berauscht von allerlei, bereit sind, „heldenhaft" in den Tod zu springen. Aber liegen sie nur erst tagelang schwerverwundet unter Sterbenden und Leichen, hilflos, labelos, dann wird es mit der hochklingenden „Sterbensfreudigkeit" ein Bewenden haben. „Wer einmal ein Schlachtfeld gesehen hat, der wird es als eine erste Pflicht betrachten, zur Vermeidung der Kriege mitzuwirken!" Ein Soldat sprach das, ein tapferer Soldat, der edle Kaiser Friedrich III. [Gemeint ist der „99-Tage-Kaiser" (1831–1888).]

Und fragt nun erst das Volk, den Bauern, den Bürger, den Arbeiter, den wahrhaften Edelmann, fragt sie, ob es ihnen nach einem Kriege verlangt! „Um Gotteswillen, nein!", werden sie ausrufen. Erst wenn sie künstlich durch Parlamentsreden, Zeitungsartikel, Maueranschläge, kirchliche Demonstrationen usw. angestachelt werden, dann entwickelt sich eine spontane Begeisterung, die ansteckend wirkt und in den Taumel hinreißt. Sie wird erstickt unter einem Meere von Tränen. O, sage nur niemand, dass das Volk den Krieg wolle, dass der Krieg eine unabwendbare Naturnotwendigkeit sei!

Ich begreife wohl, dass man für sein Volk leben müsse, aber nicht, dass man für es zu sterben habe. Der Kämpfer stirbt auch nicht freiwillig, er wehrt sich vor dem Sterben so lange er kann; sein Tod mag für andere als gutes Beispiel von Tapferkeit aufgestellt werden, dem Vaterlande schadet er. Nützlicher und größer ist der lebendig heimkehrende Held als der gefallene. So ist's gemeint, und das nebenbei.

Die Verteidigung seines Volkes, wo es angegriffen wird, halte ich für die höchste Mannestat. Darum Ehre dem Soldaten als Beschützer des Vaterlandes! Aber hinauszudringen über die Grenze, um „für sein Volk zu sterben", das ist – bedenklich. In diesem Sinne habe ich es nie begreifen können, wieso sich jeder Einzelne dem Volke opfern müsse. Denn diese Einzelnen machen das Volk aus, und wenn jeder Deutsche für sein Volk stirbt, dann ist das ganze deutsche Volk gestorben. Alle Begründung des Krieges ist unglaublich widersinnig.

Ich sehe schon, wie sie jetzt über mich herfallen, über den „Volksbetörer", über den „Feigling". Nun, feige ist es wahrlich nicht, heute der waffenstrotzenden, streitwütigen Welt zornig ins Angesicht zu rufen: Die Waffen nieder! Es gehört einiger Mut dazu, einer gewaltigen und gewalttätigen Wirklichkeit gegenüber freimütig seinen Glauben zu bekennen.

Kriege waren, solange die Menschen denken, heißt es. Im Gegenteile: Kriege waren, solange die Menschen nicht dachten. Unsere Verfasserin sagt: „Solange wir uns an die Vergangenheit klammern, werden wir Wilde bleiben." Der Angriffskrieg muss mit aller Schande und Schmach gebrandmarkt werden. Solchem Kriege muss die Gloriole genommen werden, er muss als das bezeichnet werden, was er ist.

Nochmals: Nur Verteidigungskriege im wahren und redlichsten Sinne, nur solche sind erlaubt und heldenhaft. Auf das stützen sie sich scheinbar auch; jeder Kriegsurheber macht es seinem Volke weiß: Wir sind die Angegriffenen, wie kämpfen für eine heilige Sache, mit uns ist Gott der allmächtige Herr der Heerscharen! – Hüben und drüben dieselben Phrasen. Und die Massen unschuldiger, gesitteter, meist sanfter, rechtliebender Menschen, die sich nie was zuleide getan, fahren ineinander und morden sich zu Tausenden und Tausenden. Es ist unbegreiflich!

Die Waffen nieder! Ein internationales Schiedsgericht für Völkerstreitigkeiten in zivilisierten Staaten! Darin allein liegt unsere Rettung. Es ist möglich. Es ist ganz gewiss möglich. Wer diese Zuversicht nicht hat, wer den Krieg für notwendig hält oder gar für ein Mittel zur sittlichen Entwicklung, der – ist man versucht zu sagen – lästert Gott, beleidigt die Menschheit und schändet sich selbst.

Solche Gedanken erweckt der Roman „Die Waffen nieder!". Von Blaustrümpfen ist der deutschen Literatur oft schon großes Unheil gekommen. Hier aber hat eine deutsche Frau ein Buch geschrieben, welches männlicher und kerniger nicht sein könnte. Es wird von Tausenden brutal angefochten werden, aber von Millionen bejubelt und gesegnet. Freien Weg für dieses Werk durch alle Lande, und es kann eine Mission erfüllen.

Rückkehr zur Natur
EIN ZWEIGESPRÄCH

MORIZ. Lieber Poet! Sie singen schon seit fünfundzwanzig Jahren von der Rückkehr zur Natur.

PETER. Ein schlechter Poet, der das nicht tut.

MORIZ. Aber Freund, die Menschheit ist in einer organischen fortschreitenden Entwicklung und eine Rückkehr ist nicht möglich.

PETER. Herr, Sie sprechen da wie ein Zeitungsschreiber, der etwas, das ihm nicht behagt, mit einer hübschen Phrase totmachen will. Eine Umkehr und ein Rückwärtswandeln im alten Geleise ist freilich nicht möglich. Rückkehr ist ein schlechtes Wort und nur an unklaren Ausdrücken liegt es oft, wenn wir einander nicht verstehen, und ein unklares Wort ist eine gute Ausrede für solche, die nicht verstehen wollen. Rückkehr zur Natur! Als ob die Natur hinter uns läge! Sie liegt neben uns, vor uns, ja auch um und in uns. Um zu verwirren, kann man ja die Allgemeinbedeutung nehmen: Das raffinierteste Leben, was ist es anders als Natur? Denn sonst wäre es nicht, sonst hätte es sich nicht so entwickeln können. Die Städte mit ihren Palästen sind ebenso Natur als etwa ein Ameisenhaufen, eine Bienenwabe, ein Wespennest.

MORIZ. Die Stadt ein Wespennest, das ist gut.

PETER. Das Wort Natur hat aber sehr verschiedene Bedeutungen; in dem Sinne, als ich es hauptsächlich meine, bedeutet der Satz: Rückkehr zur Natur nicht etwa: Einkehr in die Stadt, sondern vielmehr Heimkehr zum ländlichen Leben.

MORIZ. Das ist ja klar.

PETER. Und doch wird es missdeutet, als ob der Poet so einfältig wäre zu glauben, die Menschheit müsse wieder in ihren ursprünglichen Naturzustand zurückkehren, gesetzlos und gewandlos in den Wildnissen umherlaufen und sich von wildwachsenden Früchten nähren! Als ob ein Idealist unserer Tage in jenem Urzustande das goldene Zeitalter sähe, als ob er das Glück nur in der gänzlichen Bedürfnislosigkeit und Leidenschaftslosigkeit suchen wolle! – Nein, so meint es der Poet nicht oder nur im allegorischen Sinne. Und wer seine „Rückkehr oder Einkehr zur Natur" so auslegt, der ist verbohrt oder verschlagen.

MORIZ. Ich bestreite übrigens die Möglichkeit nicht einmal, dass infolge furchtbarer Revolutionen oder durch ungünstige Lebensbedingungen die Menschheit degenerieren und allmählich in den Zustand des wilden Tieres zurückkehren könne.

PETER. Ich fürchte, dass es möglich ist. Jedenfalls dürfte die Phrase von der immerwährenden Vorwärtsentwicklung überflüssig sein. Darum aber handelt es sich hier nicht. Um mein Bestreben klarer und unanfechtbarer zu bezeichnen, wollen wir statt „Rückkehr zur Natur" sagen: *„Heimkehr zum ländlichen Leben"*. Ist das etwa auch nicht möglich? Ist es infolge der Kulturentwicklung dem Menschen bestimmt, dass er sein

Leben in einem ungeheuren Mauerwerke zubringe, verpestete Luft, stinkendes Wasser genieße, spitzfindige Geistesspiele treibe, den Körper verweichliche, das Herz verstocke, die große Gottesnatur nur nachgeahmt in Kunstwerken schaue, die Nacht zum Tage, den Tag zur Nacht mache und in der großen Stadt stets über dem ungeheuren Abgrunde zwischen der üppigsten Pracht und dem trostlosen Elende schwebe? Sollte das tatsächlich des Menschen Bestimmung sein? Ich sehe in einer solchen Kultur nicht mehr eine Entwicklung, sondern einen Niedergang, ein Faulwerden.

MORIZ. Wie denken Sie sich aber eine Heimkehr zum ländlichen Leben?

PETER. Wie ich sie unzählige Male geschildert habe, wie wir sie täglich in der Tat vor sich gehen sehen. Ein Mensch, dem es in der Stadt nicht mehr gefällt, siedelt sich auf dem Lande an. Was ist denn daran so viel Unerhörtes, Ungeheuerliches, dass man ausruft: O Schwärmer!

MORIZ. Die Schwärmerei liegt darin, dass Sie annehmen, der Mensch vermöge seine hochentwickelten Bedürfnisse von sich zu werfen, gebildet und verwöhnt wie er ist, sich der ländlichen Einfachheit und Einfalt begeben. Das verlangen Sie.

PETER. Wieso verlange ich das? Wer es muss, der kann's zwar, wie wir täglich sehen, dass herabgekommene Existenzen sich recht und schlecht abfinden mit einem „Häuserl am Rain". Ich denke aber, dass es sich mit den entsprechenden Mitteln auf dem Lande gar prächtig leben lässt; man braucht nicht viel zu entbehren von all den schönen Dingen der Stadt, als etwa nur Theater, Konzerte, Gesellschaften, die man dort oft nur besucht, um die Langweile zu töten. Und sollten jene Herrlichkeiten und Vorzüge der Stadt, die sich aufs Land absolut nicht mitnehmen lassen, nicht reichlich ersetzt werden von der unendlichen, den gebildeten Geist, das offene Gemüt immerdar anregenden und sättigenden Natur? Und der Arme! Ist das Elend, der Hunger in der Stadt angenehmer als auf dem Lande?

MORIZ. Es muss wohl so sein, weil das Proletariat mit solcher Vorliebe sich in der Stadt einzunisten pflegt.

PETER. Wo aber findet man die größte Roheit, das krasseste Laster, die wildeste Vertierung? Bei den Armen, den Ungebildeten auf dem Lande? Nein, bei dem Proletariate der Großstadt – gerade auf der Stätte der gepriesenen menschlichen Hochkultur.

MORIZ. Es gibt auf dem Lande auch nicht lauter Engel.

PETER. Aber Freund, welch banale Phrase! Wer behauptet denn das? Wenn jemand, so habe *ich es* erfahren, wie es auf dem Lande zugeht. Ich weiß am besten, dass das Landleben keine Idylle aus „goldenem Zeitalter" ist, habe des Landlebens herbste Seite persönlich kennen gelernt. Und doch rufe ich aus tiefster Überzeugung: Fort aus der Großstadt! – Es ist ja selbstverständlich: Überall gibt es Gute und auch Schlechte, gewiss kommen auch auf dem Lande manchmal grauenhafte Fälle von Roheit und Vertierung vor; aber die Schlechten auf dem Lande würden in der Stadt noch schlechter und üppiger ausarten, weil für die Laster und Verbrechen aller Art gerade die Proletarierviertel der Großstadt das richtige Mistbeet sind. Und weil selbst unter Armut und Elend in der Stadt noch gewisse Lastergenüsse zu haben sind, eben deshalb strömen auch die unteren Klassen, die Arbeitslosen und Arbeitsscheuen, zusammen in die Großstadt.

MORIZ. Lassen wir die Auswürflinge, es wäre ja ein Glück, wenn man sie zum Tempel hinausbrächte. Sie wollen aber auch die Wohlhabenden und Gebildeten aufs Land locken, dieselben dort einschachteln in ein schmutziges Bauernhaus, ihnen Urvätersitte und Urvätertugenden anzwingen, schweres Arbeitswerkzeug in die Hand drücken und sie mit frugaler Kost ernähren! Sie wollen mit Ihrer Rückkehr zur Natur den Menschen die Genüsse des Lebens schmälern. Sie wollen den Rückschritt.

PETER. Ist das Ihr Ernst? Glauben Sie wirklich, dass ich solches wollen, anstreben könnte? Ein rechtes Maß von körperlicher Arbeit, Mäßigkeit im Genusse, einen ehrbaren Lebenswandel, das wünschte ich allerdings; die Einführung solcher Dinge werden Sie doch nicht Rückschritt nennen! Diese Dinge würden den wahren gesunden Lebensgenuss nicht schmälern, sondern ihn erhöhen und verlängern.

MORIZ. Wenn die bäuerliche Existenz mit der „natürlichen Lebensweise" von Überanstrengung und Faulheit, von Hungerleiden und Überfraß, von Schmutz und Kurpfuschen gar so gesund wäre, warum lebt man denn jetzt auf dem Lande nicht länger als in der Stadt?

PETER. Und wenn das Stadtleben gar so vorteilhaft ist, warum wird man trotz aller Mittel des Reichtums und der Wissenschaft in der Stadt nicht älter als auf dem Lande? Die städtische Intelligenz, mit den ländlichen Verhältnissen gesellt, gibt erst das Richtige. Ich habe auch gar nichts dagegen, ja es ist nur zu wünschen, dass alle Gedeihen schaffenden Kulturmittel, von der Stadt aufs Land verpflanzt, soweit es zweckmäßig [ist], in das Bauernhaus übertragen werden. Eine freundliche, reinliche Wohnung, ein bequemes Kleid, eine schmackhafte Nahrung, Maschinen zur Arbeit, Bücher, Kunstgegenstände für Geist und Gemüt, kurz alles, was das Leben verschönert, ohne den Beruf zu schädigen, möchte ich eingeführt wissen im Landhause, im Bauernhof. Lässt sich in einem Dorfe, in einem Marktflecken, in einer Landstadt denn nicht auch eine behagliche Existenz führen? Muss es denn gerade die Großstadt sein? Muss man das Neue, Unerprobte denn gleich aus allererster Hand haben? Muss denn der Mensch, in allerhand Modetorheiten befangen, von allerlei Begierden nach Pflanz und Glanz gehetzt, sein kurzes Leben in nervöser Aufregung, in Hasten und Haschen nach Richtigem verbrauchen? Die Stadt bietet schöne und edle Genüsse, ich bestreite es ja nicht, allein dem Städter mangelt dafür das naive, empfängliche Gemüt, er ist blasiert. Er geht nicht ins Theater, in das Konzert, in den Bildersaal, um zu genießen, sondern um zu kritisieren. Man möchte fast sagen, dass die schlimmen Zeiten der Kunst, des Lebens dem Städter (natürlich die Städterin ausgenommen!) mehr Vergnügen machen, als die guten, denn das Bekritteln, Nörgeln und Absprechen ist seine größte Unterhaltung. Es gäbe ein langes Kapitel, um zu untersuchen, worin die großen Vorzüge, die wirklichen Genüsse der Großstadt denn eigentlich bestehen. Trockene Trottoirs, auf welche Dachziegel herabfallen können, feine Fahrgelegenheiten, bei welchen einen der Kutscher betackelt, elegante Gesellschaftszirkel voll äußerer Liebenswürdigkeit und innerer Missgunst – und solcherlei schöne Sachen in Überfluss; wenn man krank wird, berühmte Ärzte, wenn man stirbt, großartigen *pompe funèbre,* Herz was willst du mehr? – Nein, es ist nichts dahinter. Was in der Stadt wirklich Kultur ist, das lässt sich auch aufs Land verpflanzen. Und Hauptsache ist, dass auf dem Lande der Mensch gesünder bleibt und weitaus genussfähiger als in der Stadt. Noch einmal sage ich's: Nicht um die Gesittung, den Lebensgenuss zu verringern, möchte ich die Bevölkerung großer Städte zerstreut wissen auf dem Lande, sondern um Gesittung und Lebensgenuss zu erhöhen. Was die geselligen Bedürfnisse anbelangt, werden dieselben in einer Zeit der Eisenbahnen, des Telegraphen und des Telephons wohl auch auf dem Lande zu befriedigen sein. Und wer zeitweilig die köstliche Einsamkeit liebt zur süßen Beschaulichkeit, zur Sammlung und Kräftigung, wo findet er sie besser, frischer, gedeihlicher als auf dem Lande! Ich verlange also nicht, dass der Städter verbauern solle, sondern dass auch der Bauer die Errungenschaften der Zivilisation genieße. Die wirklichen, den Wert und das Leben des Menschen erhöhenden Errungenschaften wohlgemerkt, nicht etwa den Modestand, den Luxus, die nimmersatte und doch übersättigte Unzufriedenheit. Derlei vermag auf dem Lande ohnehin nie so üppig zu wuchern als in der Großstadt. Neben dem freien, stolzen, gesitteten Bürgertume möchte ich ein freies, stolzes, gesittetes Bauerntum haben. Ist das Rückschritt? Ist das Utopie? – Wahrlich, dann stünde es traurig mit unserer Zivilisation. Wenn in der Schweiz, in Amerika ein Bauer möglich ist, der meinem Ideale nahe kommt, warum nicht auch bei uns? Zivilisation auf dem Lande, das ist mein Ideal.

MORIZ. Es ist ein schönes Ideal.

PETER. Ich hoffe zuversichtlich, dass es erreicht wird. In diesem Jahrhunderte freilich noch nicht.

MORIZ. Und was gibt Ihnen die Zuversicht?

PETER. Das Naturgesetz. Es wird ein Zeitpunkt kommen, wo es einfach nicht mehr möglich sein wird, in der heutigen Art fortzuwirtschaften, weil die Degeneration eines Volkes mit zwingender Notwendigkeit eine Regeneration verlangen wird und weil die Vernunft den siech gewordenen Menschen hinausführen muss auf die ländliche Flur. Die Familie, der Staat, die Volkswirtschaft, die Politik werden es verlangen. Man spricht von einem sozialistischen Zukunftstaate. Wird denn der in den Städten zusammengepfercht leben im Verhältnisse zwischen Reich und Arm, zwischen Herrn und Knecht? Gewiss nicht. Er wird sich möglichst gleichmäßig verbreiten über das Land und jegliche Scholle rationell auszunützen suchen. Doch nicht erst dieser sozialistische Staat soll uns das Richtige lehren müssen. Wir beugen ihm vor, wenn wir es früher lernen. Nicht die Idylle des Märchens, der Romantik wird man auf dem Lande finden, nicht mehr der Väter Hausrat, Brauch und Frömmigkeit, wohl aber Raum, Zeit und Gelegenheit, dass sich Gesundes, Angenehmes, Herzerfrischendes neu entwickle, dass der Mensch wieder natürlicher, fröhlicher und zufriedener werde.

MORIZ. Erlauben Sie mir, lieber Dichter, eine kleine Frage im Vertrauen. Unter Ihrer Rückkehr zur Natur darf wohl auch verstanden werden, dass der Mensch seinen gewissen Leidenschaften – Sie verstehen mich schon – den natürlichen, freien Lauf lasse?

PETER. Aha, mit dieser „Rückkehr" wären wohl auch solche allsobald einverstanden, welche sonst die Möglichkeit eines „Zurückschraubens der Zivilisation" bestreiten. Nein, ich kann nicht dienen, die menschliche Natur verlangt Bezähmung der Leidenschaften, Maßhalten und Eingezogenheit. Die Tugenden sind wenigstens so naturgemäß als ihr Gegenteil, sonst würden sie nicht Wohlbefinden und ein langes Leben verursachen können.

MORIZ. Sie meinen also mit ihrer Rückkehr oder Heimkehr zur Natur lediglich nur das Wiederaufsuchen des ländlichen Lebens?

PETER. O Freund, ich meine damit noch hunderterlei anderes. Man kann auch in der Stadt zur Natur zurückkehren, zur Zweckmäßigkeit,

Einfachheit, Wahrhaftigkeit in Leben und Wandel, in Arbeit und Genuss, in Häuslichkeit und Erziehung. Wozu noch weiter, Sie wissen alles, was ich meine.

MORIZ. Es gibt Leute, welche all derlei unfruchtbare Schwärmerei nennen.

PETER. Solchen trauen Sie nicht. Solche haben die Absicht oder wenigstens den Instinkt, die Völker schmeichelnd hinabzugeleiten in die tiefste Verkommenheit. Das nennen sie Fortschritt.

MORIZ. Ich danke. Das ist mir klar.

PETER. Nun frage ich Sie aber, ob eine Rückkehr zur Natur in meinem Sinne denn gar so unmöglich ist, als mancher Moderne behauptet?

MORIZ. Sie wird nicht bloß möglich, sie wird notwendig sein, jedoch erst, bis das Völkergeschick die Menschen dazu reif gemacht hat. Bishin werden wir uns wohl noch mancherlei – Unbegreiflichkeiten gefallen lassen müssen.

Rückkehr zur ländlichen Natur
(ANTWORT AUF EINE ZUSCHRIFT)

Geehrter Herr!
Sie legen mir in einem ausführlichen und aufgeregten Schreiben Ihre Weltanschauung und Ihr Lebensprogramm vor und fragen mich nach meiner Meinung, ob man damit glücklich werden könne. Hunderte der Menschen von heute höre ich sprechen aus Ihren Zeilen, darum soll die Antwort eine öffentliche sein.

In der Großstadt wollen Sie leben und glücklich werden wollen Sie! Wenn Sie ein wohlhabender Alltagsgeselle sind, so dürfte es Ihnen gelingen. Wenn Sie jedoch, Ihren Mitteilungen nach zu schließen, ein tieferer Mensch sind, dann finden Sie in der Großstadt Ihr Genügen niemals, außer Sie haben einen ernsten Beruf, der Sie zur Arbeit und Entsagung zwingt. Sie scheinen aber frei zu sein und Geld zu haben. Es wundert mich, dass Sie sich an mich wenden, dessen Vorliebe für das Bauerntum Ihnen nicht gefällt. Nun, es ist ja auch nicht so, als ob ich gerade im Bauerntum das Heil erblickte. Im heutigen schon gewiss nicht mehr. Es handelt sich in unserem Falle nicht um die Gegensätze „Bauer" und „Herr", es handelt sich um die Gegensätze *Land* und *Stadt*. Sie behaupten, dass die Rückkehr zur Natur nicht möglich sei, oder mindestens, dass sie einen Rückschritt bedeute. Warum soll es nicht möglich sein, die besten Dinge unserer Zeit mit dem ländlichen Leben zu vereinigen, dem verhängnisvollen Übergewicht geistiger Betätigung ein erkleckliches Maß körperlicher Arbeit entgegenzustellen? Warum ein Rückschritt, den stinkenden Stadtqualm mit frischer Landluft zu vertauschen, die Menschenmassen aus den Städten zu zerstreuen, aufs flache Land zu gesünderen Zuständen zu bringen? Zum mindesten bestreite ich, dass es freien, wohlhabenden Personen nicht möglich sein soll, mit sich selbst die Wandlung vorzunehmen. Nicht, als ob solche Leute ihr Brot mit körperlicher Arbeit erwerben sollten, als vielmehr, weil ein gewisses Maß von körperlicher Arbeit zur Gesundheit und Lebenswürze nötig ist. Gefiele Ihnen das nicht, auf einem wohl eingerichteten Schlosse oder Landhause zu leben, durch unsere zahlreichen Verkehrsmittel jeden Augenblick beliebig verbunden mit der Stadt, unter Beihilfe unserer Erfindungen mit allem Angenehmen versehen, das Naturleben zu beobachten, in Garten, Feld und Wald zeitweilig Hand anzulegen und sich in gesammelten, stimmungsvollen Stunden der Kunst und Literatur zu widmen? Die großen und ganzen Menschen haben es stets gerne so eingerichtet und damit sich und ihrem Wirken ein gedeihliches Ebenmaß gestellt. Das wirklich Beste des Stadtlebens mit dem Landleben zu vereinigen, das wäre die „Blüte der Kultur". Sie aber nennen die moderne Großstadt mit ihrem G'schnas und ihren giftvollen Genüssen die Blüte der Kultur! Oho, das ist nicht Blüte, das ist Fäulnis. Großstadtleben ist Entartung und Untergang, nur verlangsamt durch beständigen Zufluss ländlicher Kräfte.

Sie sind schwer in den Vorurteilen des Stadtmenschen befangen, Sie meinen, das Stadtleben sei die normale Menschenexistenz, alles andere sei so ziemlich Nebensache. Ein Waldbauer kann über seinen Bezirk kaum beschränkter denken.

Ich habe ein halbes Jahrhundert das Bauerntum und das ländliche Leben mitgelebt beziehungsweise beobachtet und nebenbei über dreißig Jahre lang das Stadtleben genau kennen gelernt. Vom Glanze der Stadtkultur, von der Süßigkeit städtischer Verweichlichung zeitweilig berauscht, habe ich mich oft losreißen wollen von meiner ursprünglichen Ansicht, aber allemal hat es mich wieder zurückgerissen zur Überzeugung, dass große Städte das Unglück der Menschheit sind. Ich gebe zu, weil, durch die Geschichte belehrt, man es zugeben muss, dass die Großstädte zeit- und ortsweise für die Menschheit eine Naturnotwendigkeit sind, so ähnlich, wie an einem ungesunden Körper sich Geschwüre bilden können, die aber dann rückwirkend den ganzen Körper vergiften. Aber ich verstehe nicht, wie vernünftige, ernste Menschen der Großstadt das Wort reden und sie die Höhe der Zivilisation nennen können.

Ich schwärme nicht für das Land, als ob dort alles gut wäre, aber ich hasse die Großstädte, weil es in denselben noch unvergleichlich schlechter ist. Vor allem, weil dort die Menschen unglücklich werden. Unglücklich, nicht etwa, weil sie arm sind oder krank, nein gerade in ihrem Überfluss, in eigenliebiger Körperverzärtelung und unfruchtbarer Geistesüberbürdung werden sie verstimmt und seelisch elend. Unzufriedenheit gibt es schon überall, aber in den Großstädten wuchert sie am wildesten. Was hilft es, dass die Statistik uns eine durchschnittliche Verlängerung des menschlichen Lebens verbucht, wenn die Neigung zum Selbstmorde wächst!

Sie sind ja ein solcher Stadtmensch, „dem nichts fehlt", und sie fragen mich, den einfältigen Landapostel, was Sie tun sollen, um glücklich zu werden. Sie sind genusshungrig, ohne herzhaft genießen zu können, ruhelos, ohne eigentlich zu wissen, was Sie erjagen wollen, unzufrieden mit sich selbst und doch zu mutlos, um Tüchtigkeit und Zufriedenheit anzustreben. Es fehlt Ihnen die Zuversicht, und der moderne Fatalist kann nicht glauben, dass er selbst etwas zu seinem und der Menschheit wirklichem Wohle beitragen kann. Er räsoniert und räsoniert und versumpft im Pessimismus. Was meinen Sie denn, dass die Hauptsache des Lebens sei? Fein zu wohnen? Elegant sich zu kleiden? Auf der Elektrischen zu fahren? In luxuriösen Räumen Sekt zu trinken und kostspielige Zigarren zu rauchen? Alles Neueste der Kunst und Literatur und anderer Richtungen kennen zu lernen und darüber zu kritisieren? Im Übrigen ein artiges Benehmen zur Schau zu tragen und gelegentlich sentimental zu sein? – Nach meiner Meinung kommt es vor allem darauf an, dass man sich kräftig des Lebens freue. Diejenige Kultur ist die edelste und blühendste, die uns Gesundheit und *Daseinslust* gibt. Einst, heißt es, hätte man das unmittelbar erreicht, es war der Naturzustand. Heute kann Gesundheit und Daseinslust durch Bildung und wahre Gesittung erreicht werden, aber nicht durch Überbildung und nicht durch theoretisches Spintisieren. Wahre Lebensfreude beruht auf Gegenseitigkeit, darum gehört auch tatkräftige Nächstenliebe dazu. Auch lebendige Herzensreligion trägt viel zur Lebensfreude bei.

Verschließt man sich diesen Wahrheiten nur deshalb, weil sie alt sind? Ich glaube vielmehr, dass es unsere Aufgabe wäre, diese alten Wahrheiten wieder populär zu machen, den Glauben an sie zu kräftigen. Und wer als moderner Mensch schon nicht glauben *kann* an die Rückkehr mit der Bildung zu Natur, der sollte sich diesem Glauben wenigstens nicht feindlich widersetzen, dem Ideale sich nicht prinzipiell entgegenstellen.

Es ist das Erbärmlichste, sich und die Zukunft gleichsam mit einer gewissen schmerzlichen Wollust aufzugeben, in einer faulenden Zivilisation zugrunde gehen zu wollen. Dazu haben sich die großen Geister doch nicht angestrengt, die Menschheit zu sittigen.

Ich würde als Gesetzgeber das Wachstum der Städte möglichst erschweren, das Leben auf dem Lande möglichst begünstigen. Ich würde nicht Unterrichtsanstalten, Kasernen, Krankenhäuser, Fabriken, Kunstinstitute, Behörden usw. in *eine* Stadt konzentrieren, sondern all derlei im Lande möglichst verteilen. Ich würde produktive körperliche Arbeiten bevorzugen und ehren, ich würde die Wohltätigkeit nicht sosehr in den Städten, als vielmehr auf dem Lande organisieren und protegieren, und ich würde es ins Volksbewusstsein rufen, dass es würdig und vornehm ist, auf dem Lande zu wohnen und auch mit seiner Hand zu arbeiten. Und wenn wir so die wirkliche Kultur in Kunst und Forschen, bereichert mit allen Erfindungen, Entdeckungen, auf das Land verpflanzen, dort zweckmäßige Wohnstätten bauen, entsprechende Nahrung genießen, Körper und Geist harmonisch betätigen und ergötzen – so möchte ich doch sehen, ob das Rückschritt ist! Rousseaus Rückkehr zur Natur hat einst zur Revolution geführt. Unsere Rückkehr zur Natur wird eine Reform bedeuten. Aber sie kann nicht auf dem Wege ruhiger Entwicklung vor sich gehen, solange man an ihre Möglichkeit nicht glaubt, sondern ihr zynisch entgegenarbeitet.

Das zwanzigste Jahrhundert, an dessen Schwelle wir stehen, wird ein Zusammenbruch und eine Wiedergeburt werden. In welchem Sinne, das ist mir nicht zweifelhaft.

Mein Rat ist der: Wenn Sie gesund und zufrieden werden wollen, so kehren Sie zurück zur ländlichen Natur, um dort als gebildeter Mensch Körper und Geist in richtigem Ebenmaße zu beschäftigen.

Erdsegen!
EINE PLAUDEREI

Mein neuer Roman *Weltgift* wird von einigen Auslegern so verstanden, als ob – es mir anders eingefallen wäre. Bisher hätte ich die Rückkehr zur Natur, zum Bauerntum, zum ländlichen Leben gesungen und gepredigt, und in dieser neuen Erzählung hieße es auf einmal, der Stadtmensch könne und solle nicht in die ländliche Natur zurückkehren.

Wenn es wirklich so hieße, das würde allerdings nicht stimmen. Aber es heißt anders. Es heißt: Ein Stadtmensch, *der eine von Weltgift zerfres-*

sene Seele hat, der soll nicht aufs Land zurückkehren. Da müsste man erst einmal erwägen, was das heißt: eine von Weltgift zerfressene Seele! Man kann sich's denken, ich sage es zum hundertsten Mal, es sind jene einerseits genusshungrigen, anderseits geistig und sinnlich stumpf gewordenen Leute, die alles haben möchten und doch nicht wissen, was sie wollen, die alles bekritteln, bespötteln, und doch selber nichts können, die alles auf der Welt für nichtig halten und doch nicht den mindesten Versuch machen, dass sie selbst wenigstens tüchtig würden, sondern die zynisch in ihrem Elende untergehen: das sind die abgestandenen Seelen, die gar nicht mehr charakteristisch zu fassen, nur pathologisch zu nehmen sind. Solche haben draußen in der ländlichen Natur nichts zu tun. Natürlich wollen auch sie hinaus, um dort mit größter Raffiniertheit ein „natürliches" Leben zu führen. Dabei kommt ein Unding heraus. Unnatürliche Menschen gehen nirgends rascher und sicherer zugrunde als in der ländlichen Natur, und was das Schlimmste ist, sie stecken mit ihrem Weltgift auch andere an, verderben die einfachen Sitten, die schlichten Charaktere, die gute Einfalt und Zufriedenheit der Landleute. In unserer Gegenwart sehen wir's, wie es sich vollzieht. Der genannte Roman ist ein sehr kümmerliches und einseitiges Bild davon. Es wäre vielleicht zu sagen, wie die Agenten, die Handelsreisenden, die da angeblich „Kultur" hinaustragen aufs Land, nichts anderes tun, als Weltgift verbreiten. Doch nein, das ist zu stark, die Hälfte davon nehme ich zurück. Aber etwas Wahres ist daran.

Und weil wir einmal so weit sind, so soll's noch weitergehen. Wie dem Lande von der Stadt die Erkrankung kam, so muss von ihr auch – die Gesundung kommen. Noch ist die Stadt gottlob reich an gesunden Elementen. Diese sind vor nicht langer Zeit vom Lande gekommen und haben Schulung durchgemacht und ihren Geist durch Bildung gestärkt, ohne allzu verweichlicht worden zu sein. Diese und ihre Kinder sind berufen, das Land wieder in Besitz zu nehmen und das Landleben neu zu frischen, wenn sie Neigung und Mut haben, der Stadt den Rücken zu kehren, oder wenn sie durch Verhältnisse dazu gezwungen werden.

Wenn es leider häufig zu beobachten ist, dass der Blöde daheim auf dem Bauernhofe bleibt, der Gescheite aber in die Stadt oder in die Fabrik geht, so muss sich's endlich dahin wenden, dass der von Weltgift verseuchte Städter in der Stadt zugrunde geht, der Gesunde und Mutige aber dem Lande, der Scholle zustrebt, so wie ein Schiffbrüchiger, der noch die Kraft hat zu schwimmen.

Das geschieht, weil es geschehen muss, und es fängt bereits an zu geschehen. Einigen ist mein Roman *Erdsegen* Anlass geworden, nachzudenken darüber, was bisher nur eine dunkle Empfindung in ihnen gewesen sein mag. Heimkehr zur Scholle! Denn schließlich dämmert es auch dem Kulturmenschen auf, mag er im Büro sitzen oder in der Fabrik arbeiten, oder auf Eisenbahnen und Schiffen fahren, dass er auf der Scholle daheim ist oder war wie das Kind an der Mutterbrust.

Von Jahr zu Jahr häufen sich die Briefe, in denen ich um Rat befragt werde. Man will die Stadt, die Schreibstuben, die Werkstätten verlassen und auf dem Lande draußen bei Bauern Arbeit suchen. Zumeist jüngere, ernst veranlagte Männer, die dem wahnsinnigen Kampf ums Dasein, wie er in der Stadt geführt wird, zu unterliegen drohen und nach Hilfe und Rettung ausschauen, sie wollten für Geringes körperlich arbeiten, in ihrer Lebensführung anspruchslos sein, um in ländlicher Natur leben zu können. Nur ein paar Stunden täglich möchten sie sich für geistige Arbeit sichern – und nun – ob sie's wagen sollen und wie anfangen und wohin sich wenden? –

Zumeist rührende Menschen. Aber es ist schwer zu raten. Ich zweifle nicht an ihrem guten Willen, auch nicht an ihrer nötigen Körperkraft, auch nicht an der Anschicksamkeit für den Spaten oder die Sense oder die Axt. Aber ich zweifle an ihrer Beharrlichkeit. Die körperliche Arbeit, sage ich ihnen, ist eine treue, aber eine *herbe* Freundin. Und wer Stadtleben geschmeckt hat, für den ist es kaum möglich, es unter den heutigen Verhältnissen in einem Bauernhöfe auszuhalten. Einige Fälle sind mir aber doch bekannt, wo es versucht wurde, wo gebildete Männer monatelang als gewöhnliche Bauernknechte gearbeitet haben; aber auch von diesen jagte einen und den anderen der Winter in die Stadt zurück. Allerdings schieden sie von Erde und Himmel mit der festen Absicht, im nächsten Frühjahre wieder hinauszugehen. Die städtische Karriere beginnt für solche in den Hintergrund zu treten, die Freude am Landleben und der körperlichen Arbeit in den Vordergrund, aber – welche Aussichten dort für eine beständige menschenwürdige Existenz! Einstweilen kann das doch nur als eine Gesundheits- und Abhärtungskur gelten. Allein, dass solche Kuren immer häufiger gesucht werden, ist ein Zeichen der Zeit, aus dem ich Hoffnung schöpfe.

Nun fragt der Leser verblüfft: Ist es denn wirklich so arg mit unserem Bauerntum, dass ein Mensch auf solche Gedanken kommen kann? Bauern aus der Stadt kommen lassen? – Nun haltet bloß einmal ein wenig Umschau bei uns im Gebirge. Ein kluges Köpfel tat mir einmal folgende

Bemerkung: Wenn schon alles aus der Stadt kommt, was wir Bauern jetzt brauchen: Zucker und Kaffee, Lichtöl, Sparherd und Töpfe, Werkzeug und Maschine, Stadtgewand und Stadtmode, so wird aus der Stadt endlich auch – der Bauer kommen müssen.

Es ist eine andere Zeit. Eine wunderliche Zeit!

Der Rest des altständigen Bauerntums, das wir noch haben, dürfte sich kaum dazu eignen, dem Zeitbedürfnisse verständnisvoll entgegenzukommen. Um seine guten alten Sitten besorgt, wittert es Weltgift in jedem Fremden, besonders wenn dieser einen Stadtrock trägt. Aber dieses alte brave Bauerntum besitzt auch nicht mehr die Kraft, den Kampf mit den ganz und gar veränderten, ihm feindlichen Verhältnissen weiterzuführen. Ich war einer von denen, die mit Liebe und Trauer seinen Schwanengesang gesungen haben. Die Weltgeschichte geht zur Tagesordnung über, ohne dass aber ein Posten übersprungen wird. Der gegenwärtige Posten heißt: Beginn der Erneuerung. Er ist nicht allein im Touristenwesen, im Sommerfrischleben, in Eroberung einfacher, natürlicher Lebensweise zu sehen. In der gebildeten Jugend regt sich sachte der Hang zu körperlicher Arbeit. Nicht mehr die Ärzte allein sind es, die sie dem anraten, der sich mit übermäßiger Geistesarbeit zuschanden geschunden hat. Auch die eigene Neigung erwacht, und das Pflichtgefühl, sich gesund zu erhalten oder gesund zu machen.

Wäre ich da draußen irgend so eine Art Großbauer, ich fasste das Zeitbedürfnis keck beim Schopf. Dem Dienstbotenelend würde ich Schach ansagen. Die Burschen sollen nur in die Fabriken gehen und die Dirnen sich bei „Herrschaften" Dienst suchen. Ich brauche diese unzufrieden gewordenen Elemente gar nicht. Ich annonciere in den Zeitungen, dass auf meinem Hofe Städter, gebildete Leute, überarbeitete Kulturroboter, nervöse Studenten usw. willkommen sind, die für einfache reinliche Pflege und für geringes Entgelt bei mir geistige Erholung, das heißt körperliche Arbeit finden können. Es wird mancher kommen, ich werde intelligente und willige Arbeitskräfte haben. Die einfache Arbeit lernt sich leicht und mit der körperlichen Mangelhaftigkeit hat man Rücksicht. Diese wird nicht immer beansprucht werden, es hat auch mancher Städter seinen starken Arm. Wen hindert die Mathematik und das römische Recht, Bäume zu fällen? Warum soll einer, den Homer im Kopf, nicht Korn schneiden können? Der doch erst recht. – In neuerwachender kindlicher Frische werden sie miteinander wetteifern und geistig sich gegenseitig anregen, so dass das Schlimmste entfällt, die Versumpfung. Sie binden sich auf wenige Monate, um dann nach Belieben wieder zu ihren

Studien oder in andere Kreise zurückzukehren. Die meisten werden das recht gern tun, einer oder der andere wird finden, dass er in der Stadt nichts mehr zu suchen habe, und wird, mit dem ländlichen Leben vertraut geworden, hier sein ganz leidliches Fortkommen sich schaffen.

Das ist der Anfang der Gegenbewegung. Zieht das Landvolk in die Städte, so geht der Städter eben aufs Land, um vielleicht mit seiner Bildung und seinen Kulturmitteln allmählich ein neues Bauerntum zu gründen, das stark genug ist, um es mit den anderen Ständen aufzunehmen und in Gesittung und rationeller Volkswirtschaft die Scholle wieder zu Ehren zu bringen.

Ist es nicht sehr töricht, zu einer Zeit, wo allerorts die Städte wachsen wie noch nie, von einer Bewegung zur Scholle hin zu sprechen? Überlassen wir die Antwort der Zukunft.

Zurück zur Scholle

Zurück zur Scholle! Der Ruf wird mächtiger. Der „Heimgarten" hat ihn früh erhoben, schon vor dreißig Jahren. Nun will mancher damit ernst machen, aber es geht nicht so leicht, als es sich denkt. Immer häufiger erhalte ich Zuschriften von (zumeist jungen und mittellosen) Städtern. *Sie wollen Bauer werden*, mindestens Bauernknecht, und ich möchte ihnen dazu behilflich sein. In früheren Jahren habe ich's, wenn auch vorwegs mit größten Zweifeln, leidenschaftlichem Drängen nachgebend, ein paarmal mit solchen versucht und ihnen Stellen auf dem Lande zu vermitteln getrachtet. Sie sind ja kaum unterzubringen. Gegen „Herlaufer" hat der Bauer das größte Misstrauen. Wenn aber doch die Not an Arbeitskräften zu groß ist, so versucht er's vielleicht einmal mit so einem „Halbherrischen". Der Erfolg war stets armselig. Der Städter kann die Bauernarbeit, die Bauernkost und die Bauerngrobheit nicht vertragen. Idealisten, hatten sie [doch] auf dem Lande eine Idylle zu finden geglaubt. Aber die Landnatur ist nicht schön, wenn man in ihr hart arbeiten muss und die schlechtgekochten Mehlklöße im Magen liegen. Die Luft ist nicht gut, wenn die Kammern ungelüftet bleiben, das Wasser ist nicht gut, wenn seine Leitung durch Dunghaufen und Jauchen geht, die Leute sind nicht gut, wenn sie immer mit dem Elende der niedergehenden Wirtschaft zu tun haben. Entgleist und verkommen kehren die enttäuschten Idealisten in die Stadt zurück. – Nein, so ist es auch nicht gemeint mit der Rückkehr zur Scholle. Man denke sich das vielmehr so, dass bemittelte Städter sich auf dem Lande ansiedeln, eine den neuen Verhältnissen

Siedlung der „Gesunden Menschen" in der Dult bei Gratkorn (1913)

entsprechende Wirtschaft betreiben und dabei – das ist die Hauptsache – persönlich und körperlich mitarbeiten. Nur unter solchen Neubauern ließen sich auch stadtflüchtige Dienstboten denken. In einer gesunden Bauernwirtschaft entfällt dann auch der Luxus. Ein menschenwürdiges Dasein, wie es dem Gebildeten entspricht, lässt sich auf dem Lande immer führen. Am leichtesten denkbar ist eine solche Rückkehr zur Scholle durch eine größere Anzahl Gleichgesinnter, in dieselbe Gegend, unter Genossenschaftswesen. Besonders müssen höhere Interessen mitsprechen. Vor allem muss der Wert der Unabhängigkeit und der Heimständigkeit wieder erkannt werden. Das wahre Bauerntum ist ein geeinigtes und beständiges Schaffen nach dem einen Ziele hin, den Hofbesitz und dessen Unabhängigkeit auch den Nachkommen zu sichern – ein aristokratisches Freibauerngeschlecht. – Solch jugendlichen Städtern, die mir nichts dir nichts Bauer werden wollen, pflege ich zu raten: Versucht es einmal, wenn Gelegenheit ist, als Gärtnerbursche. Habt ihr unter Landgut- oder Villenbesitzern einen Bekannten, so probiert bei ihm einmal das Ackern, das Mähen, die Viehpflege. Aber nicht auf halbe Stunden lang – auf tage-, wenn möglich auf wochenlang. Dann wird es sich zeigen, ob ihr Bauern seid oder nicht. Das Bauerntum ist kein Schäferspiel. Ein Stadtherr, der zum Bauer avancieren will, muss Muskel-, Nerven- und Willensstärke haben!

Großstadtwahnsinn

Die Volkszählung hat ein recht mäßiges Wachstum der Stadt Graz aufgewiesen. Die Großstadtwahnsinnigen sind darob niedergeschlagen. Die wollen, dass das ganze Land zusammenlaufe, dass auch recht viel Auswendige herbeieilen sollen in ein gemeinsames Riesennest, damit man sagen könne: Wir sind eine Großstadt! Doch Graz, das seit jeher von gesunder Natur gezeugt wurde, tut ihnen den Gefallen nicht. Anstatt, dass es die Bewohner krampfhaft in die Enge der Mauern zieht, schickt es sie hinaus in die Vororte, in die Fluren der Umgebung. Aber diese Flüchtlinge, meinen die Großstadtfreunde, müssten wieder eingefangen werden, die Vororte und alle Gegenden, wo noch Leute wohnen, müssten in das Stadtnetz einbezogen werden, damit man dann solche Leute als „Kulturträger" mit der höheren Stadtsteuer auszeichnen könne. – Ich hoffe aber, dass künftige Volkszählungen ganz andere Überraschungen bringen werden. Städte, die im letzten Jahrzehnt eine neunprozentige Bevölkerungszunahme aufweisen, werden demnächst etwa nur eine vierprozentige bekommen, später gar keine und sicherlich schon nach dreißig Jahren wird eine Abnahme der Städte zu verzeichnen sein, wenn unser „Fortschritt" wirklich eine soziale Gesundung zuwege bringt. Denn es ist unbegreiflich, dass, da wir keine mit Mauern befestigten Plätze mehr brauchen, da Schulen, Fabriken, Kasernen, Spitäler usw. viel besser auf dem Lande oder in Kleinstädten aufgehoben sind als in der Großstadt, und da wir alle denkbaren Verkehrsmittel haben – unbegreiflich, dass in solcher Zeit sich alles in die Großstadt drängt. Es ist eine Kulturkrankheit. Die Krise zur Gesundung wird kommen, man wird sie den Stadtkrach nennen – und dieser Krach wird ein vernünftigeres Zeitalter aufwecken. Aber es ist zu fürchten, dass durch einen solchen Krach die Gesetzgebung erst grässlich wird aufgerüttelt werden müssen, um auf dem Lande wirtschaftliche Zustände zu schaffen, die dem Kulturmenschen dort Leben, Erwerb und Versorgung möglich machen. Wie es jetzt ist, verwildert das Land wegen Menschenmangels und die Städte wegen Übervölkerung.

Unsere deutscheren und freieren Vorfahren liebten auf Einzelhöfen zu wohnen oder auf kleinen Burgen. Bismarck sagt, dass jede Stadt mit über 50.000 Einwohnern eine Gefahr bedeute. Graz ist dreimal so groß, es ist nur erträglich durch seine Anlagen, durch den Schloßberg, durch seine Umgebung. Viel an Gärten haben uns die spekulierenden Großstadtzüchter schon weggenommen; ich habe es erlebt, dass man den Stadtpark ernstlich vor Verbauung schützen musste, dass man wie zu Türken- und

Franzosenzeiten den Schloßberg verteidigen musste gegen die Besetzung mit Häusern. – Was an Graz schön ist, was die Gäste zu uns lockt, das ist nicht die Stadt, sondern die Landschaft.

Die Bauernwirtschaft

Endlich ist das wieder einmal gesagt, und zwar von fachmännischer Seite. Dr. M. Hainisch spricht in der „Österr. Rundschau" (Juni 1912) von der Bauernwirtschaft. Sie füge sich nicht und *könne* sich nicht fügen in die moderne Wirtschaftsordnung und deshalb werde sie so grob missverstanden. Die Bauernwirtschaft dürfe nicht nach den Geschäftsgrundsätzen des Handels, der Industrie betrieben werden, denn sie habe ganz andere Bedingungen und Ziele. Das Bauerngut ist von ganz anderen „Konjunkturen" abhängig als der Kaufmann. Das Bauerngut ist naturgemäß eine Naturalienwirtschaft, die nicht auf Austausch der Lebensmittel angewiesen ist, sondern auf der eine bestimmte Familie, sich im Notfalle aus eigenem Boden nährend, von Geschlecht zu Geschlecht hausen und bauen kann. Leben von der Eigenscholle und Heimständigkeit, das ist Bauerntum. Nicht aber Spekulationen mit Haus und Hof, als wären das Aktien. In den Alpen nennt der Bauer sein Elternhaus einfach „s Hoamat", er kann sich keine andere Heimat denken als die Scholle, die er bearbeitet und die ihn ernährt. Sobald aber, wie in der Gegenwart, das Heimgefühl aufhört und die Mitglieder einer Bauernfamilie das Opfer für die Erhaltung ihres ererbten Besitzes nicht mehr bringen wollen, wird es aus mit dem echten Bauernstand. Und wenn das Gut von einem Geschäftsmann aufgekauft wird, der es nach kaufmännischen Prinzipien betreiben und danach eine „Musterwirtschaft" machen will, da kann man Wunder erleben. In kurzer Zeit sieht er, es gehe nicht mit modernen Theorien, und er will des Bauerngutes los sein, wie eines Papieres, das sich schlecht oder gar nicht verzinst. Der Altbauer denkt nicht ans Verzinsen, er will auf seinem Gut unter persönlicher Arbeit nur halbwegs anständig leben und den Boden seiner Väter seinen Kindern vererben können. Bei diesem Grundsatz wäre unser Bauerntum arm, aber fest geblieben, und die wenigen, die ihm treu bleiben, werden zwar ein hartes Leben führen müssen, jedoch mit ihren Familien die heute geldreichen Geschlechter der Industrie und des Handels überdauern. –

Das sind Heimgartengedanken! wird mancher Leser sagen. Ganz richtig. Aber es sind auch die Gedanken erfahrener Nationalökonomen, die sich von Jahr zu Jahr vernehmlicher machen. Das wirkliche Bauerntum –

Vorderer Kluppeneggerhof

besonders das in den Alpen – wird heute einfach nicht verstanden; selbst von irregeleiteten Bauern missverstanden. Immer „aufhelfen" will man dem Bauerntum. Das aber wäre nur mit jenen Mitteln möglich, die sich an seine Urgesetze halten: Naturalienwirtschaft, von der eine Familie unter allen Umständen leben kann, und sich vererbende Heimständigkeit. Hainisch erzählt, dass europäische Auswanderer in Amerika ihre Farmen wieder nach den uralten Traditionen ihrer Väter einzurichten bestrebt sind. Gar rentabel wird das auch dort nicht ausfallen; doch scheint ihnen zum festen Anhacken an die neue Heimat der Spaten das sicherste Instrument zu sein.

Freilich ist die Naturalienwirtschaft nicht so gemeint, dass der Bauer alles, was er baut, auch selbst verzehren soll – wovon würden andere Leute leben, die nichts bauen können! Denen soll er seinen *Überschuss* an Naturprodukten ablassen und andere Dinge dafür nehmen, die das Leben verschönern. Wenn jedoch der Bauer seine Lebensmittel verkauft, um für sich und die Seinen fremde Lebensmittel zu kaufen, so finde ich das nicht besonders gescheit. Wenn ihm der Kaffee lieber ist als seine Rahmsuppe, der Reis lieber als sein Roggenbrei, der Baumwollrock lieber als seine Schafwolljacke – nun so ist das Geschmacksache; das Unglück besteht darin, dass bei dem Handel der Bauer (wie Figura zeigt) entgründet wird. Schon auch deshalb, weil seine Nahrung, sein Gewand usw. um das verteuert wird, was die Transportkosten ausmachen, und der Profit des Händlers für das Einkaufen hier und das Verkaufen dort, für das Einkaufen dort und das Verkaufen hier. Der Bauer muss auch den Kaufmann miternähren, und der lebt zumeist viel besser als er selbst. – Das alles sollte anders sein.

Oh, was schreibe ich denn da? Das ist ja niemandem recht. Dem Kaufmann nicht, weil er um sein Geschäft kommt, dem Industriellen nicht, weil er um Arbeiter und Konsumenten kommt, und dem Bauern nicht, weil er nicht mehr Bauer bleiben will.

Na, dann ist ja alles in Ordnung. Ich kapriziere mich nicht auf das alte Bauerntum und ich werde gewiss auch selbst kein Bauer mehr; groß und lieb an ihm war mir nur seine stolze Fest- und Heimständigkeit. Das macht ihm keiner mehr nach. Selbst in den Zeiten der Hörigkeit war der Bauer der freieste aller Knechte.

Heimgärten

Die heimliche Gartenstadt an der Mur hat nicht bloß ihren „Heimgarten", sie hat auch ihre Heimgärten. Schon vor Jahren haben sich etliche Menschenfreunde zusammengetan und in der Nähe der Stadt Grundstücke erworben, die geeignet sind für Gärten kleiner Leute, Arbeiter und jene, die nie hinauskommen, sich nie eine Scholle erwerben können auf dem Lande. Auch solche, die einst ihre Heimaterde leichtsinnig verlassen haben, sehnen sich jetzt zwischen den Stadtmauern nach einem Stückchen Erdreich, um wieder einen selbstgepflanzten Halm oder Strauch oder Baum zu sehen. Und können zu nichts mehr kommen. Solche Leute nun können aus jenen Grundstücken in der Nähe der Stadt, ja sogar mitten drin um ganz billiges Geld, wenn unter Umständen nicht gar umsonst, kleine Breiten erhalten, freilich manchmal nicht viel größer als ein paar Zimmer, um darauf in ihrer freien Zeit Gemüse, Blumen, Obst zu bauen. Sie sind Pächter und da sie möglicherweise auch Erbpächter werden können, so fühlen sie sich auf ihrer Erdscholle ganz daheim, richten sich Sitzplätzchen und Lauben her und haben also ihr kleines Bauerngut. Nach der oft geistig arg anstrengenden Beschäftigung des Stadtberufes wird die Gartenarbeit ihnen zur Erholung und die Kinder werden vertraut mit der Natur, von der sie sonst in der Schule nur aus Büchern lesen. Das Turnen ist ein vorgeschriebener Schulgegenstand, aber die Gartenarbeit ist noch wichtiger, zweckmäßiger als das Turnen, eine Arbeit, die Erholung ist, eine Erholung, die Früchte trägt.

Nun haben wir um Graz herum schon an tausend so kleine Familiengärten, wo welke Menschen frisch, vergrämte Leute heiter werden. Mich wundert, dass öffentlich so wenig die Rede ist von dieser Volkswohltat der Heimgärten. – Einer meiner Nachbarn besitzt einen Baugrund, der schon jahrelang brachliegt. Das schaut nicht hübsch aus. Dem Mann muss ich's sagen, er wird's nicht wissen, dass er den Platz bis zu seiner Verwertung für Heimgärten herleihen könnte. Anstatt Kehricht, Unrat und Disteln frisches Gemüse drauf und Blumen und ein paar frohe Leutchen – es wäre nicht übel. *Mein* Heimgarten hier ist viel kleiner als so ein Baugrund, und was wächst nicht alles drin!

Die Menschheit auf der Flucht

Die Menschheit auf der Flucht. Sonst hat man auf Erziehung was gehalten. Man hatte sich Grundsätze anzueignen, einen geläuterten Geschmack, ein bestimmtes Ziel, einen starken Willen, um das Ziel zu erreichen. Jetzt ist alles das überflüssig. Heute bringt jedes Jahrzehnt eine neue Zeit, der man sich anbequemen soll, für die man sich neue Grundsätze, neue Ziele schaffen muss. Die meisten unserer Erfindungen gehen aus auf ein großes Zerstören, auf ein fieberhaftes Eilen und Weiterkommen. Nicht, wer sich treu bleibt, ist ein brauchbarer Charakter. Wer die gelenkigsten Wandlungen vollführt, wer die größten Sprünge machen, alle paar Jahre ein anderer werden kann, der ist ein Kind seiner Zeit, nein, seiner Zeiten. Die Menschheit ist auf der Flucht. Vor wem? Vor sich selber.

Geldsucht und Gelbsucht

Zu Weihnachten fragte mich ein reichsdeutsches Blatt, was ich dem deutschen Volke zum neuen Jahre wünsche. Rasch schrieb ich hin: Ich wünsche ihm Genesung von der Geldsucht! – Da kicherte der *Druckfehlerteufel* schon und als der Ausspruch im Zeitungsblatte gedruckt zurückkam, hieß es: Ich wünsche dem deutschen Volke Genesung von der Gelbsucht!

Dem Druckfehlerteufelchen wird mein beständiges Moralisieren zuwider geworden sein.

Bauern

Das jetzige Geschehen hat uns also wieder stark erinnert an die Bauern. Die hatte man in unserer Zeit mehr hinten liegen lassen und jetzt auf einmal sehen wir, dass sie in erster Linie zu stehen haben. Man hatte sie zurückgeschoben und sie wichen gerne, allzu gerne zurück und seitab.

Besonders auch unsere Deutschen, weil die sich immer einbilden, sie seien zu etwas Besserem geboren, als immer nur dem Herrgott Welt erschaffen zu helfen. Denn seine wichtigsten Handlanger hatte Gott seit jeher bei Bauern genommen.

Vor einiger Zeit erhielt ich von einem südsteirischen Deutschen einen kläglichen Brief: In Untersteier geschähe es immer häufiger, dass die Slowenen den Deutschen die Bauernhöfe abkauften, wodurch das Land entdeutscht werde. Ich solle dagegenwirken. – Freund, da wüsste ich keinen besseren Rat, als die Deutschen sollten eben ihre Höfe nicht hergeben. So einfach wäre die nationale Frage oft zu lösen, man müsste eben als das, was man ist und bleiben will, fest stehenbleiben. – Mit dem Bauernstand ist es ja ein Elend. Da werden jetzt immer allerhand Mittel und Mittelchen hergezählt, um dem Bauernstand aufzuhelfen. An den wichtigsten geht man vorüber.

Es ist nicht genug, dass der Bauer vom Bauern geboren wird, er muss auch zum Bauern erzogen werden. Vor allem natürlich in der Familie, dann aber auch in der Schule. Wir haben eine Volksschule, die überall das Gleiche lehrt, auf dem Lande wie in der Stadt. Und das ist recht, denn lesen, schreiben und rechnen muss jeder können. Aber es kommt auch darauf an, *was* lesen, *was* schreiben und *was* rechnen! Dass in den Schullesebüchern Bestes aus der deutschen Literatur geboten wird, wie selbstverständlich! Wo und wie anders sollte der Bauer sonst je davon hören? Aber müssten in den Lesebüchern für Landschulen nicht auch Aufsätze über das ländliche Leben, über sein Wesen, seine Naturwunder und seine Freuden stehen? Sollte den Kindern nicht die Wichtigkeit, Würde und Mannigfaltigkeit des Bauernberufes dargelegt werden? Sollte man in der Dorfschule nicht ein bisschen Bauernstolz wecken! – Wie viel Schönes und Anregendes wäre da zu sagen, was den Kindern in Fleisch und Blut übergehen könnte! Geschieht das? – Und dann landwirtschaftliche Schulen! Jedes Gewerbe hat seine Schule, nur der bedeutsamste und mannigfaltigste Beruf hat daran Mangel. Es dürfte freilich nicht über jeden Zweig der Landwirtschaft überall das Gleiche gelehrt werden, der Gebirgsbauer braucht andere Vorschriften und Winke als der von der Ebene. Es sollte keiner einen Bauernhof übernehmen dürfen, der nicht die landwirtschaftliche Schulung seines Bereiches hinter sich hat. – Dann im Berufe selbst, die Genossenschaften! Besonders die Gemeinsamkeit in der Bereitung, in dem Vertriebe der zu verkaufenden Nahrungsmittel. Daran fehlt es in unseren Ländern grob. Der Bauer macht so ungern gemeinsame Sache mit dem Berufsgenossen. Er traut jedem fremden Handelsagenten lieber als dem Nachbar. Ein Zeichen, wie schwankend leider seine sittlichen Vorstellungen geworden sind.

Etwas Neues, aber Gutes nach meiner Meinung in der Bauernschaft wären die Vorbildhöfe. Hat man schon davon gehört, dass in irgendeiner Gegend von klugen, geschulten Bauern Vorbildhöfe bewirtschaftet werden? Das sind Höfe, die nach den bewährten wissenschaftlichen und praktischen Grundsätzen der Landwirtschaft betrieben werden und an denen sich die übrigen Bauern der Gegend Vorbild und Beispiel nehmen könnten. Jede Gegend müsste je nach Beschaffenheit des Bodens und des Klimas ihre besondere Vorwirtschaft haben, die von tüchtigen geschulten Landwirten geleitet wird, um allmählich auch die gelehrigen Nachbarhöfe in den Kreis zu ziehen. – Endlich die Altersversorgung, die im Argen liegt, so viel darüber auch gesprochen und geschrieben wurde. Ich glaube, in dieser hochwichtigen Sache ist in den meisten Ortschaften noch gar nichts getan. Ist es ein Wunder, wenn die Leute von solchen Sorgenhütten abspringen und in die Fabriken laufen?

In früheren Zeiten hat man den Bauern für so wichtig gehalten, dass man ihn sogar vom Militärdienst befreite. Und wir verschleudern Mann und Scholle, als wäre es nichts. Bald zu Beginn des Krieges hat man eine Verordnung gelesen, dass während des Krieges ohne Wissen und Beistimmung der Gemeinde kein Bauerngut verkauft werden dürfe. Und jetzt hört man immer wieder, dass die kriegswuchernden Millionäre sich Bauernhof um Bauernhof ankaufen, weil Grund und Boden bis auf weitere Spekulation fester liegt als das Papiergeld.

Zum Schluss dieser flüchtigen Bemerkungen also ein Fragezeichen, und zwar ein großes.

Ist es der Regierung, den Reichsratsabgeordneten, den verschiedenen Volksbeglückern ernst, das Bauerntum zu stärken? Dann hätten sie nach meiner Meinung große und gründliche Änderungen durchzuführen, anstatt ihre kleinen, wohlgemeinten Mittelchen – zu unterlassen.

Abschnitt III

NATUR UND KULTUR

Von der Unzweckmäßigkeit unserer Zimmereinrichtung

Es ist unglaublich, wie die Leute in manchen Dingen unbeholfen und schwerfällig sind. Wo sie die Gewohnheit einmal am Kragen hat, da sind sie blind für Zweckmäßigkeit und Schönheit, taub für die Ratschläge Einsichtsvoller, empfindungslos für das Verlangen ihrer eigenen Natur. Aller Sinne wären sie bar, wenn sie auch stumm wären und nicht raunzen und räsonieren könnten über die Übelstände, von denen sie umgeben sind. Nur eins ist im Stande, sie aus ihrer gewohnheitsmäßigen Verrottung herauszureißen, nämlich die Mode. Wie willkürlich und tyrannisch aber die Mode mit den Leuten umspringt, das weiß man.

Wechsel der Mode von einer Unzweckmäßigkeit zur anderen, den findet man überall in unserem städtischen Leben, am meisten natürlich – oder vielmehr unnatürlich – in der Kleidung und in der Wohnung. Über die Kleidermode verlieren wir kein Wort, sie hebt alljährlich die Naturgesetze auf, was gestern unbrauchbar, hässlich und lächerlich war, das ist heute höchst praktisch und schön – gegen solche Mächte lässt sich nicht ankämpfen. Aber vielleicht ist man in Sachen des Heims besonnener, zwischen seinen vier Wänden ehrlicher und wohlwollender gegen sich, als auf der Gasse. Ich will hier auch nicht einmal den „Salon" antasten; dieses zumeist beste, größte und luftigste Zimmer der Wohnung, welches aber von den Hausleuten nicht benutzt werden darf, diese aufgeflitterte Rumpelkammer von prunkhaften Geschmacklosigkeiten, in die man den Gast hineinführt, um mit ihm Phrasen und konventionelle Lügen zu wechseln, ihn mit Tratsch zu unterhalten oder mit Klaviergeklimper in eine Verzweiflung zu stürzen, die umso furchtbarer ist, als er dabei ein lächelndes Gesicht machen und: „Reizend! sehr hübsch! magnifique!" girren muss.

Diese Torheiten gehen uns hier nichts an. Wir dringen in das Heiligtum des Hauses, in das Schlafzimmer ein. Wenn es wahr ist, dass die Wohnung, besonders das Schlafzimmer das Spiegelbild der Seele des Inhabers ist, so leben in unseren Häusern lauter seelische Ungeheuer, Leute, die einen kurzen und einen langen Fuß besitzen, Leute, denen die Hand am Rücken herauswächst, Leute, die ihre Ohren an den Ellbogen und ihre Nase am Nacken haben. Denn nicht minder unzweckmäßig und lächerlich ist die Einrichtung ihres Schlafzimmers.

Bei den Bauern und bei den Aristokraten findet man Zweckmäßigkeit; ihre Wohnungseinrichtung ist aus ihren Bedürfnissen und Sitten organisch herausgewachsen. Aber bei den modernen Emporkömmlingen des

Bürgertums, bei den über ihren Stand Hinausstrebenden gibt es Unnatur überall und barbarischer Regent ist nur der äußere Glanz. – Betrachten wir einmal ein solches bürgerliches Durchschnittsschlafzimmer älterer wie neuerer Gattung.

Das Bett ist zu kurz, zu schmal, zu hoch und ringsum mit schneidenden Kanten und scharfen Ecken versehen, als wäre es eine Folterbank und nicht eine Ruhestätte. Das Nachtkästchen zu schmal, zu hoch, und dann der Waschtisch mit denselben Fehlern, so dass man auf einen Schemel steigen müsste, um sich beim Waschen entsprechend über das Becken beugen zu können, obendrein mit zu engen Gefäßen, mit zu wenig Was-

Blick in das Landhaus Peter Roseggers in Krieglach

ser usw. Der Kleiderkasten eng und tief, dass man mancherlei übereinander werfen und ballen muss, bevor man das rechte Stück findet. Der Wäscheschrank mit ähnlichen Fehlern. Vor dem Bett kümmerlich schmale Auftretteppiche, hingegen große weiche Teppiche unter dem Tisch, den Sesseln, wo keines Menschen Fuß hinkommt, außer er hat schon die Beschuhung an. Der Toilettespiegel steht gewöhnlich so dem Fenster gegenüber, dass das Gesicht des Hineinschauers im Schatten ist. Die glasgerahmten Bilder hängen so, dass sich in ihnen immer nur die Fenster spiegeln; überhaupt hängen die Bilder häufig zu hoch, um dem Beschauer im richtigen Augenwinkel gegenüberzustehen. Die Kerzenleuchter, die

Luster, die Lampen ebenfalls zu hoch, als dass dem Lesenden und Schreibenden das Licht nicht in die Augen, sondern entsprechend aufs Blatt schiene. Der Schreibtisch ist zumeist so gestellt, dass dem Schreibenden das Fensterlicht nicht von der linken Seite kommt, wie es zweckmäßig wäre, sondern von vorne in die Augen fällt.

Mit natürlicher Vorliebe sucht man sich lichte Wohnungen aus, um sie dann mit schweren Vorhängen möglichst zu verdüstern und mit allerlei Geweben den Ausblick aus dem Fenster zu verhindern. Diese faltenreichen, verdunkelnden Vorhänge haben wir dem Volke des sonnigen Südens abgelauscht, ohne zu erwägen, ob derlei Fremdes unseren Zuständen angemessen sei. Ähnliche gedanken- und verständnislose Nachäfferei hat uns schon viel an Wohlbefinden und Geld gekostet.

Möchten diese wenigen Beispiele den Leser veranlassen, einmal zu untersuchen, inwiefern sie bei ihm zutreffen; ich fürchte, er wird bei dieser Untersuchung mit Erstaunen gewahren, wie vieles in seiner Wohnung unpraktisch eingerichtet ist. Ich spreche nicht von dem, was etwa mangelt, sondern von dem, was vorhanden, aber unzweckmäßig gemacht ist. Ich spreche nicht von Feinheit und Eleganz; das Einfachste, Gewöhnlichste ist gut und schön, wenn es zweckmäßig ist.

Vor allem sollte man einmal eine Gewissensfrage an unsere Tischler stellen, ob das, was sie – im Allgemeinen gesprochen – heute treiben, ihrem gewerbsmännischen Ehrgeiz entspricht? An Glanz mangelt es ihren Möbeln nicht. Bettstätten mit prächtigen Aufsätzen in Renaissance, Schwungvolle Schnirkeln in Barock, alles stets fein politiert und scheinbar massiv. Aber wenn man sich darin einmal recken und strecken will nach der natürlichen Länge, die uns Gott gegeben hat, wackelt fürs erste der hölzerne Aufsatz, es krachen die Fugen, das Bett ist zu kurz, die Beine stemmen sich an, da weicht auch schon das Getäfel, dessen Falzung nur mit feinen Drahtstiften festgefügt war. Und unsere Chiffonièrs – das kräftige deutsche Wort Kasten halten sie nicht aus –: wie glänzend und zierlich! Ein braver Mann zerknittert sie mit den Händen wie eine Papierschachtel. Einst las ich in einer solchen Chiffonière bei verschlossener Tür, nur beim Lichte der Fugen, ein Bändchen der Reclam'schen Universalbibliothek. Aber nicht viel weniger Fugen für Licht und Staub haben die normalen Schubladkästen. Ein Bauernzimmermann macht tüchtigere und praktischere Möbel, als die sind, die in unseren Möbelhandlungen dekorativ zwar das Auge bestechen, sonst aber nicht viel wert sind.

Der Tischler antwortet mir, und mit Recht: Was kann ich denn machen? Ich muss die Möbel stellen, wie sie von den Möbelhändlern und vom Publikum verlangt werden. Bemühen Sie sich doch einmal in die Werkstatt, Sie werden sehen, dass der Tischler auch gediegene, geschmackvolle und praktische Möbel erzeugen kann, dass solche Arbeiten seine größte Freude wären. Aber wer kauft sie? Alles nur billig will das Publikum haben, denn es versteht nicht zu wirtschaften. Was die Maßverhältnisse anbelangt, so kommen nun zwar praktisch geformte Betten, Waschkästen usw. um keinen Kreuzer teurer, aber gegen alte Gewohnheit und Vorurteil kommt der Tischler so wenig auf als irgendein anderer.

Sohin wäre meine Epistel an das kaufende Publikum zu richten, auch an die Möbelhändler, die, wenn sie einigen Geschmack besäßen, einerseits wenn es nötig, den Erzeuger, andererseits den Käufer für das Tüchtige animieren könnten. Und unsere Kunstgewerbeschulen! Diese haben schon manches geleistet, haben auf den Steinmetz, den Töpfer, den Tapezierer, den Tischler usw. schon vorteilhaften Einfluss geübt; möchten sie darauf sehen, dass unsere häusliche Einrichtung nicht allein nach einer bestimmten Kunstschule stilgerecht, sondern auch, dass sie zweckentsprechend sei.

Das Geld ein Mittel zur sittlichen Freiheit
BETRACHTUNG

Von den alten Geizhälsen liest man, dass sie ihr Geld in eisernen Töpfen vergraben hätten. Ist das lächerlich? Nein, nach den heutigen Anschauungen ist es empörend, ist es ein Verbrechen, nicht allein an dem Täter selbst, viel mehr noch an der Allgemeinheit. Lebendiges vergräbt man nicht, es wären denn Samenkörner, die nur darum in die Erde gelegt werden, damit sie vielfältige Frucht bringen. Alles Lebendige hat die Eigenschaft, Frucht zu bringen.

Auch das Geld ist etwas Lebendiges, und bestände es gleich in starrem Metall oder in nichtigem Papier. Es ist der vollgültige Vertreter irgendeiner menschlichen Tätigkeit, eines Verdienstes, das im Gelde eine Wirkung hat für unberechenbare Zeiten. Wenn du heute, am Montag, einen Scheffel Kartoffeln erntest und für einen Gulden verkaufst, so ist die Arbeit durchaus nicht abgetan, sobald die Kartoffeln verzehrt sind. Nein, es lebt nicht bloß der durch die Kartoffeln Gesättigte, es lebt auch der Gulden, den du dafür eingenommen hast. Du kaufst dir am Dienstag um diesen Gulden einen Hut, der Hutmacher lässt am Mittwoch mit dem Gulden seine Walchmaschine reparieren, der damit betraute Schlosser verschafft sich für den Gulden am Donnerstag einen Sitz im Theater. Der Theaterdirektor entlohnt mit dem Gulden am Freitag den Maler für ein Dekorationsstück. Der Maler bezahlt mit dem Gulden am Samstag das Höslein für seinen Knaben, der Schneider bereitet mit dem Gulden am Sonntage sich und seiner Familie ein Mittagsmahl usw.

Schon in einer einzigen Woche also war der Gulden siebenmal Gulden. Er bedeutete sieben Gulden, hatte für sieben Gulden Werte vermittelt, die sonst brachliegen geblieben wären. Nicht allein, dass er einer wahrscheinlich hungrigen Familie einen Scheffel Kartoffeln verschafft, er erzeugte gleichsam auch einen Hut, eine Walchmaschinenschraube, ein Theaterstück, ein Dekorationsblatt, ein Höslein und ein Mittagsmahl. – Hättest du am Montag den für die Kartoffeln eingenommenen Gulden in die Erde vergraben, so würdest du deine Mitmenschen schon in dieser einen Woche um sechs Gulden benachteilt haben. – Die Wesenheit des Geldes ist geheimnisvoll, ein Nationalökonom würde es gewiss deutlicher machen und begründen können, wieso die Kraft des Geldes sich so zauberhaft entfaltet.

Aber ist das etwa ein Argument für die Sparsamkeit? Gerade darum dürfe man das Geld nicht in den Kasten sperren, höre ich sagen, sondern man müsse selbes, kaum eingenommen, wieder ausgeben, damit es unter die Leute kommt! Allerdings eine herrliche Begründung für Verschwender – wenn sie nur stichhaltig wäre! Man braucht das Geld, wenn eines vorhanden ist, weder in den Kasten zu sperren noch auszugeben. Oder vielmehr man kann beides tun. Ich weiß ein Mittel, das Geld zu sparen und es doch unter die Leute zu bringen. Man lege es in die Sparkasse. Die Sparkasse verschließt das Geld nicht in ihre eisernen Kassen, da könnte sie ja keine Zinsen zahlen, sondern müsste noch Aufbewahrungsgebühr einheben. Die Sparkasse gibt das ihr anvertraute Geld weiter an Leute, die es notwendig für die Wirtschaft brauchen, die Zinsen zahlen und eine gute Deckung bieten können. Oder sie legt es auf sichere Papiere an, die auch eine Art Bargeld sind, aber eines zweiter Güte, die, wenn es recht hergeht, wieder eine menschliche Tätigkeit oder Verdienst und das dadurch erzielte allgemein brauchbare Resultat vorstellen. Kurz, die Sparkasse streut das Geld wie einen Samen in die Welt hinaus, wo es in mannigfaltigster Weise befruchtet und den Volksreichtum vermehren hilft. An dieser Vermehrung hast du, der Einleger, deinen Anteil an Perzenten, die du jährlich beheben kannst oder auch in der Sparkasse belassen, wo sie selbst wieder Zinsen tragen und dein ursprünglich eingelegtes Kapital vermehren. Denn dein in die Sparkasse gelegtes und von dieser weitergegebenes Geld hat die Eigenschaft, dass – obschon von dir ausgegeben und fremden Leuten dienstbar geworden – es zu dir zurückkehren muss bis auf den letzten Kreuzer, wann du willst. Es hat fremden Wohlstand gefördert und sich auch für dich vermehrt, es hat seine geheimnisvolle Kraft hundertfach entfaltet und verzweigt. Du hast dein Geld unter die Leute kommen lassen und doch für dich behalten.

Es ist also sehr unsinnig zu sagen, man müsse das Geld leichter Hand ausgeben, damit es unter die Leute kommt. Und es ist schon auch darum nicht richtig, weil solches Geld von solchen Leuten, die das sagen, nicht ausgegeben wird aus Liebe zu den Mitmenschen, sondern um sich selbst Genüsse zu verschaffen. Was weiter mit dem ausgegebenen Geld geschieht und wem es zugutekommt, das ist dem Ausgeber ganz gleichgültig. – Vor kurzem habe ich diese Phrase vom Geldausgeben, damit es unter die Leute kommt, in einer sozialdemokratischen Versammlung gehört, nachdem vorher über die Verschwendung der Kapitalisten und über die für militärische Zwecke ausgegebenen Unsummen des Staates weidlich gewettert worden war. Aber das Geld des Kapitalisten kommt ja auch unter die Leute, warum soll er's nicht für Luxus ausgeben!

Die Milliarden für das Militär kommen ebenfalls unter die Leute, weshalb soll sie der Staat nicht ausgeben! Nein, die Hauptsache ist, *wofür* ausgegeben wird! Ob das, was man sich durch Geld anschafft, nutzbringend ist oder unfruchtbar oder gar schädlich. Wer sein Geld für notwendige Lebensmittel und Erholung, für Arbeitswerkzeuge und Arbeitskraft ausgibt, der ist kein Verschwender, und wenn er auch mit vollen Händen ausstreut. Wer sein Bargeld in die Erde vergräbt, um es aufzusparen, der ist ein unsinniger Verschwender. Und wer sich mit seinem Gelde gar Räusche, Krankheiten, sonstige Kraftzerstörungen, Unlust und Unfähigkeit für seinen Beruf kauft, der ist der gewissenloseste und verächtlichste Verschwender, der ins Zucht- oder Krankenhaus, ja am besten so bald als möglich in den Moder gehört, er ist ein Nichtsnutz.

Ein Staat, und hätte er die besten wirtschaftlichen Theorien, muss zugrunde gehen, sobald die Mehrzahl der Staatsbürger nicht spart. Wir haben eine Menge wirtschaftlicher Parteien, deren Agitatoren und Blätter immer alle erdenkbaren Ursachen aufzählen, weshalb die Leute verarmen. Stets sind sie bereit, die Schuld ihres Niederganges und Elendes anderen zu zuschreiben. Eine der allerwichtigsten Ursachen unseres wirtschaftlichen Jammers verschweigen sie regelmäßig: Den Mangel an Sparsamkeit. Verschwender und Wirtshauslumpen hat es wohl zu allen Zeiten gegeben, aber das waren Ausnahmen und haben als solche die abschreckenden Beispiele geliefert. Heute verschwenden die meisten, denn sie geben mehr aus, als sie einnehmen, und sie geben es für Dinge aus, die unfruchtbar sind oder die mehr schaden als nützen. „Größere Bedürfnisse" hat man, „Zurückbleiben" kann man nicht. – Die Kost ist leckeriger als früher, aber teurer und weniger nahrhaft. Die Kleidung ist feiner, aber teurer und weniger haltbar. Die Einrichtungsstücke sind glänzender, aber teurer, verweichlichender und hinfälliger. Das fabriksmäßig hergestellte Zeug scheint nur für heute billig zu sein, während es morgen schon zuschanden gebraucht ist und durch immer neue Anschaffungen und Reparaturen viel teurer zu stehen kommt als früher die soliden Sachen. Alles ist dazu eingerichtet, auch den armen Leuten den letzten Groschen aus dem Beutel zu locken. Ja, es gibt ein gottverfluchtes Prinzip: das des Manchester-Liberalismus, und das heißt, die Aufgabe der Zivilisation sei es, dem Menschen so viel als möglich Bedürfnisse anzugewöhnen. Ein Volk, das die meisten Bedürfnisse habe, sei das vorgeschrittenste. Man könnte dann geradesogut sagen, ein Volk, das die drückendste Armut und die meisten Schulden und die größte Unzufriedenheit aufweist, sei das vorgeschrittenste. Ich dank' schön für eine solche Kultur. Es wäre ja freilich sehr schön, wenn jeder alles Denkbare haben und genießen könnte. Ich hätte nichts gegen eine Kultur, die uns auch das äußere Leben so reich und fein als immer möglich machte; wenn sie uns aber innerlich verkommen lässt, wenn sie uns darüber zu Bettlern macht, die freilich nicht mehr unter sich betteln können, sondern die bei der Zukunft Anlehen machen müssen, dann lieber nicht. Lieber ein einfaches, mehr nach innen gekehrtes Leben als heute den Luxus und morgen den Bankrott. Aber diese Kultur ist einmal da, das Elend, besonders in den untern Ständen, ist allgemein; natürlich geht man ins Wirtshaus, um es in Bier zu ertränken, in Wein zu ersticken oder gar mit Schnaps zu vergiften. Und vergiftet sich selber mit. Um sich in den jämmerlichen Zuständen ein wenig zu zerstreuen, sucht man Unterhaltungen auf, die Geld kosten und doch das Herz nicht mehr erfreuen. – All derlei scheint notwendig, wenigstens allgemein gebräuchlich zu sein – wer wollte darin eine Verschwendung sehen! Und es ist doch eine, und zwar eine so allgemeine, dass sie gar nicht mehr auffällt. Wie früher die Lumpen Ausnahmen waren, so sind es jetzt die Bedürfnislosen, die Fleißigen, die Sparsamen, sie werden auch ordentlich ausgelacht, aber wer zuletzt lacht, das sind sie, die Sparsamen, weil sie mitten im allgemeinen Niedergang bestehen bleiben und sogar in die Höhe kommen. Denn im Ganzen spielt die Weltordnung immer noch so korrekt, dass Fleiß, Sparsamkeit und schlichte Redlichkeit gesegnet sind, während das Gegenteilige einen stets fortzeugenden Fluch in sich trägt und das Geschlecht, das ihm huldigt, moralisch und physisch zugrunde richtet. [...] Geld allein macht nicht glücklich, man muss es auch haben, sagt ein lustiges Sprichwort. Ernsterweise aber zeigt es sich, dass das Haben noch nicht genug ist, man muss es auch recht anwenden können. Das kann nun weder der Geizige noch der Verschwender. Ferner lehrt die Erfahrung, dass geschenktes oder ererbtes oder gar unrechtmäßiges Geld ungleich weniger Segen in sich hat, als durch eigene Arbeit erworbenes. Das ist auch leicht zu verstehen, den Wert des Geldes kann nur der ermessen, der ihn zuerst aus sich heraus dem Gelde gegeben hat. Das persönlich erworbene Geld gehört gleichsam zur Person, zu seiner persönlichen Kraft. Sowie ein vernünftiger Mensch nicht mehr Kraft verbraucht, als er entraten kann, so gibt er auch nicht mehr Geld aus, als angemessen ist, er schont nicht allein seine körperliche, er schont auch seine wirtschaftliche Gesundheit, und damit steht er – wie die Welt einmal eingerichtet ist – auf Grundlage seiner Persönlichkeit und Freiheit.

Ich gebe sehr gern zu, dass jedermann das Geld, das er sein Lebtag verdient hat, auch sein Lebtag aufbrauchen darf. Aber immer nur so, dass es ihm zum Wohle wird, dass es ihn unabhängig und frei macht und eine Stütze ist in schweren Zeiten und im Alter. Wer mehr einnimmt, der mag natürlich mehr ausgeben, er darf nur nicht vergessen, dass das Mehrausgeben die Bedürfnisse steigert, also: Je mehr er täglich ausgibt, je mehr Ursache hat er, täglich zu sparen für die gesteigerten Bedürfnisse. Dass der Arbeitsmensch bei solcher Lebensweise allmählich zufriedener werden würde, ist allerdings nicht zu leugnen – doch meine ich, dass die übrige Gesellschaft und der Staat mit einer sparsamen und zufriedeneren Arbeiterschaft wesentlich lieber paktieren würde als mit einer wirtschaftlich so zerfahrenen, wie es ein Teil der heutigen Arbeiter ist.

Doch ich entsinne mich. Das moderne Wirtschaftssystem ist ja nicht auf das Sparen begründet, sondern auf das Schuldenmachen. Das Schuldenmachen ist auch der Grund, weshalb das Geld Zinsen trägt. Gäbe es keine Schulden, so hätte das Geld keinen Zinsfuß, weil niemand Darlehen nehmen und dafür eine Entschädigung zahlen würde. Je mehr Schuldenmacher, desto höher der Zinsfuß. Also sind es die Verschwender und Unternehmer, die dem Ausleiher das Geld vermehren helfen, und die Sammler und Sparer, die den Zinsfuß niederdrücken und am Ende ganz verschwinden machen könnten. Was folgt daraus? Es folgt daraus, dass diejenigen, die ein Feind hoher Zinsen und behaglicher Rentiers sind, das Sparen zu einem ihrer Grundsätze machen müssten. Ein Arbeiter, der sich viele Luxussachen anschafft, schädigt sich und nützt dem Kapital, dem Fabrikanten, dem das Geld für die gekauften Sachen hauptsächlich zufließt. So komme ich schließlich auch auf diesem Wege zum bekannten Schlusse.

Wenn das Volk auf einmal anfinge zu sparen, es wäre eine wahre Kalamität für die Reichen und Mächtigen. Das wirtschaftliche Leben würde sich total ändern und mit ihm das gesellschaftliche und die Politik! Wenn die Leute anfingen, stets fleißig zu arbeiten, entsprechend zu ruhen, sich naturgemäß zu nähren, eifrig zu lernen, mäßig zu genießen, vernünftig hauszuhalten: vorbei wäre es mit der Übermacht des Kapitals, aber auch mit dem Arbeiterelende, wir hätten einen kräftigen Mittelstand, und wir würden nicht abwechselnd Sklaven des Klerus, des Adels, der Geldmächte sein. Oder irre ich mich? Sollen die altbewährten Tugenden doch nichts mehr zustande bringen? Ich glaube, die größte Schwäche dieser Tugenden besteht darin, dass man nicht mehr an sie glaubt. Sie sind altväterisch, spießbürgerlich und verächtlich geworden. Von Einzelnen ausgeübt, erweisen sie sich allerdings oft als wirkungslos; je fleißiger einer arbeitet, je mäßiger er lebt, desto mehr Fett bietet er anderen zum Abschöpfen. Wenn nur aber *alle* in ihrem Beruf fleißig arbeiten, einfach leben und gut haushalten wollten! In wenigen Jahren schon würde sich das Land allgemein eines großartigen Wohlstandes erfreuen, und die Menschen würden körperlich gestärkt und sittlich gekräftigt sein.

Jean-Jacques Rousseau beim Botanisieren. Stich von Jean Baptiste Michel Dupréel (1778)

Doch wohin gerate ich? Das sind ja schon die gesegneten Fluren Utopiens. Da haben wir nichts zu suchen. Bleiben wir bei unserer hausbackenen Welt und unseren erprobten Grundsätzen. Alles kann man nicht machen, doch dem Einzelnen kann man rettende Zeichen geben. Die fleißige Arbeit allein kann ausgenützt werden, aber sie führt zum Wohlstand des Arbeiters, wenn die *Klugheit* dazukommt. In unserem Volksmunde, der auf alte Erfahrungen bauend zumeist das Richtige sagt, heißt „Klugheit" soviel wie Sparsamkeit, gleichsam als ob der Kern aller Klugheit darin bestünde, mit seinen erworbenen Sachen sorgfältig hauszuhalten. Wie dem auch sei, wichtig ist und bleibt die Klugheit des Sparens nicht bloß für das leibliche Wohl, vielmehr noch für höhere Güter. Ein gewisser, wenn auch mäßiger Besitz *entzieht uns fremder Willkür und Demütigung und macht uns erst zum freien Menschen.*

Das ist der Hauptgrund, warum ich auf ein vernünftiges Haushalten so großes Gewicht lege.

Wohnzimmer

Wenn jemand einen Gast erwartet, so richtet er ihm das Zimmer her. Dabei hat er Gelegenheit, Takt und Geschmack zu zeigen – oder auch das Gegenteil.

Wenn man als Gast in sein bereitetes Zimmer tritt, und es ist vollgeräumt mit allerlei Sachen, mit Schaustücken, Vasen, Figuren usw., dass Tisch und Stellen davon voll sind, so ist unser erstes Gefühl: hier hat man nicht Platz. Hier muss man erst wegräumen, um die eigenen Sachen auspacken zu können. Man gehört eigentlich gar nicht herein. Was finge man auch an mit Vasen, die bei jeder Bewegung umkippen, mit Photographien fremder Personen, mit Lampen, die nicht anzuzünden sind, mit schweren Vorhängen, die Licht, Luft und Aussicht verhüllen, mit Stockuhren, die nicht gehen usw.

Das Gastzimmer kann ja wohnlich ausgestattet und einladend geschmückt sein, aber es muss leere Räume haben, nicht allein Schränke, Bänke, worauf nichts liegt, sondern auch Tische, worauf nichts steht, es muss sozusagen die Arme auftun nach dem Gast und seinen Sachen.

In Bezug auf Wohnzimmer habe ich überhaupt meinen eigenen Geschmack, der gar manchem nicht entsprechen wird. Große unverdeckte Fenster, an der Wand einige Bilder, aber nicht zu viele, genügend Schränke, die nicht überfüllt sein dürfen, sondern immer noch weidlich Raum für etwa noch Dazukommendes haben. Große Tische, die nicht mit Nippes bestellt sein dürfen, sondern Platz für das haben, womit man auf ihnen zu schaffen hat. Alles, was man braucht, soll da sein; alles überflüssige Zeug macht in meinen Augen das Zimmer nur unwohnlich. Liebe Gegenstände, als Bildnisse, Leuchter, Lampen, freundliche Andenken aller Art stelle man auf Leisten, wo sie nicht der erste Zufall herabwerfen kann und wo sie nicht im Wege sind. Aber zu viel ist auch hierin von Übel, es macht nur täglich unfruchtbare Arbeit, wird durch die immerwährende

Schaustellung alltäglich und gleichgültig. Ein Wohnzimmer ist weder ein Museum noch ein Trödlerladen. Auch Teppiche sind nicht immer schön und selbst, wenn es echte wären, sie sind ein Staub- und Geruchsreservoir und muten den Deutschen zu orientalisch an. Antiquitäten sind nur dort am Platz, wo historischer Sinn herrscht, oder wenn die Gegenstände gewisse, uns teure Erinnerungen erwecken. Mit Antiquitäten wird man nur allzu oft gefoppt um sein teures Geld.

Ich weiß, was das heißt, zu wenig haben. Allein auch das Zuvielhaben erscheint mir als Übel. Zum mindesten ist es eine unbequeme Last, die oft keinen anderen Zweck hat, als zu prunken, der Eitelkeit zu dienen, Unbequemlichkeit zu verursachen und schließlich durch zufälliges Beschädigtwerden Ärgernis zu erregen. An mir habe ich stets die Erfahrung gemacht, dass wenig mir mehr Freude macht als viel. So muss ich fast jährlich einmal, wenn sich Sachen angesammelt haben, Musterung halten. Bücher, Bilder, Statuen, Krüge, Leuchter, Tintenfässer, Briefbeschwerer, Blumenvasen, Spiegelchen, Schächtelchen usw., usw. Fort mit ihnen. Das Notwendige bleibt, Gegenstände, an denen das Herz hängt, bleiben. Dann, von allem Wuste losgelöst, werden einem diese Dinge neuerdings lieb und die Wohnung ist heimelig. Alles, was wir in unserem Zimmer haben, soll zu unserer Person in Beziehung stehen – das ist das Geheimnis der Heimlichkeit und Gemütlichkeit einer Wohnung. Darum kann sie nicht für Fremde eingerichtet sein, darf sie nicht auf den Gefallen anderer oder auf die Mode berechnet sein. Individuelle Menschen schaffen sich eine individuelle Wohnung. Und in der Wohnung spiegelt sich der Charakter des Bewohners.

Etwas über die Reformkleidung

Also die neueste Mode heißt – Reformkleidung. Sollte es aber keine Mode sein, sondern wirkliche Hinkehr zum Zweckmäßigen und Praktischen, dann Respekt! – Dann bekämen wir etwas Beständiges, denn die Bedürfnisse der Gesundheit, der Bequemlichkeit, der Zweckmäßigkeit überhaupt bleiben sich unter denselben Himmelsstrichen ziemlich gleich. Wir bekämen also eine Kleidung, die sich von Generation zu Generation gleich bliebe, der ewigen Norm des menschlichen Körpers vernünftig angepasst. Ist das denkbar? Dann müssten die Leute andere geworden sein.

Aber es wäre eine Freude zu leben. Keine Schnürbrust mehr, die unseren Frauen bisher jenen hässlichen Ameisenleib geformt, das Blut gehemmt, die Nerven gedrückt, die Leber, die Lunge gepresst und das arme

Herzlein verkümmert hat. Keine Schleppe mehr, die uns den Straßenstaub mit allen Miasmen und Bazillen aufgewirbelt, sich selbst und uns beschmutzt hat. Keine unsinnigen Damenhüte mehr, die weder vor Sonne noch vor Regen schützten, uns aber in Theatern, Konzerten usw. die Aussicht beschränkt haben. Keine zehenverkümmernden, hühneraugenfördernden engen Schuhe mehr, die ihre Herrin nachgerade zum Krüppel machten. Keine Ohr- und Halsgehänge mehr, wie sie die Wilden tragen, überhaupt keine Torheiten mehr an dem schönen, heiligen Menschenleib. Und wir Männer! Wir sollen erlöst werden von Frack und Zylinder, von brettsteifen Halskrägen, Chemisetten und Manschetten, von ärgerlicher Krawattenbinderei und halsstarriger Zuknöpferarbeit an der bocksteif gestärkten Wäsche! Erlöst von Beinkleidern, die oben zu eng und unten zu weit sind und von allen möglichen Torheiten. Jeder könnte sich die Kleider nach seiner Bequemlichkeit, nach seinem Geschmack, nach seinem Farbensinn machen lassen, ohne Spott und Gelächter und ohne förmliche Ausstoßung aus „dem Salon" befürchten zu müssen.

Es wäre zu schön. Aber ich glaube nicht daran.

Man weiß ja noch gar nicht, was die Kleideränderung, deren Schlagwort „Reformkleidung" ist, eigentlich will. Die einzelnen Förderer derselben werden recht Unterschiedliches wollen, aber einig, fürchte ich, werden sie sein in der Unduldsamkeit gegen andere. Die Reformkleidung wird eine – Uniformkleidung werden wollen. Eine Uniform, die überall und immer, wo sie auftritt, Individualität und Persönlichkeit vernichtet.

Wenn gleichwohl unser Himmelsstrich und die daraus sich ergebenden Umstände eine entsprechende, sich gleichbleibende Kleidung bedingen, so ist damit nicht gesagt, dass alle in der gleichen Wolle stecken, die gleiche Farbe und den gleichen Schnitt tragen müssen. Es sind innerhalb einer vernünftigen Normalkleidung hunderterlei Abstufungen des persönlichen Bedarfes und Geschmackes möglich und nötig. Eben der Kleider*zwang* ist es, der Modeterrorismus, an dem wir gegenwärtig leiden und der durch eine freie vernünftige Kleidung gebrochen werden sollte. Ich gebe mich nicht einen Augenblick der Hoffnung hin, dass je einmal alle sonst normal vernünftigen Leute sich normal vernünftig kleiden werden. Aber *den* Erfolg einer Kleiderbewegung halte ich für möglich, dass jeder sich kleiden *darf,* wie er will, wie es seiner Gesundheit und Behaglichkeit entspricht, ohne in der „Gesellschaft unmöglich" zu sein. Wer ungesittet genug wäre, um Ärgernis zu geben, bei dem stäke es nicht im Gewand, sondern im Charakter, und ein solcher müsste immer und unter allen Umständen in der Gesellschaft unmöglich sein. Wer aber zur heißen

Sommerszeit in Sandalen und nur in einem langen Linnenkleide durch die Gassen gehen will, der sollte weder vom Pöbel verhöhnt noch von der Polizei abgeschafft werden können. Ja, die Freiheit müsste so weit gehen, dass jemand ungeniert in Frack und Zylinder einherstolzieren dürfte, ohne ausgelacht zu werden! Nach meinem Gefühle wäre das so ziemlich die höchste Konzession, die man einer Leibestracht gestatten kann. Erlaubt sollte sein das Vernünftigste wie das Törichteste, denn das Äußere des Menschen soll dem Innern stets entsprechen; soweit ist selbst gegen das dümmste Gewand nichts einzuwenden, und auch ich würde mein Spotten sein lassen, wenn der „Schwalbenschwanz" und die „Angströhre" nicht das *offizielle* Kleid der Minister und Kellner wäre.

Wenn sonst Schneider Schriftsteller geworden sind, weil ihnen die Feder handlicher schien als die Nadel, so müssten Schriftsteller jetzt Schneider werden, um auch mit Händen mitzutun, so wichtig wäre die Einführung einer wahren Kleiderreform. Über das Reformkleid der Damen kann nur eine kluge Frau das Richtige sagen, da mag ich mich nicht zu tief hineinmischen. Was die männliche Kleidung anbelangt, da wüsste ich, was gut ist. Reform vom Fuß bis zum Kopf! – Stiefel mit dicken Sohlen, weichem Überleder und Strupfenzügen. Wadenstrümpfe aus grober Schafwolle, bis an die Knie reichend. Weites Beinkleid aus Wolle, dessen Gürtel sich über den Hüften leicht festhält, es reicht über die Knie hinab, wo es leicht gebunden durch Gummi oder Hafteln die Strümpfe hält. Nirgends durch festes Binden eine Hemmung des Blutumlaufes. Das Beinkleid möglichst ohne Taschen. Das Hemd von weißer Seide, Kragen, Brust und Manschetten also ungestärkt. Weste aus leichter Wolle, vorne bis hinauf geschlossen, so dass vom Hemdkragen nur der Rand hervorsteht. Halsbinde, Krawatte und dergleichen überflüssig. Rock aus Tuch oder Loden, bis an das Gesäß reichend, mit zwei Seitentaschen und einer Brusttasche. Der Rock ohne liegenden Kragen und ohne Brustflügel, vielmehr durch Beinknöpfe oder Stahlhafteln bis hinauf verschließbar, die Ärmel ziemlich weit, aber vor dem Handgelenke verengt. Handschuhe nur, wenn es kalt ist, und dann nicht Leder-, sondern Wollenhandschuhe. Die Kleidung hat nicht den Zweck, den Zutritt der Luft abzuhalten oder die Ausdünstung zu verhindern, [sondern] vielmehr beides zu regeln und durch Reibung der Haut Blut und Wärme auszugleichen. Auch muss die Kleidung so beschaffen sein, dass zwischen ihr und dem Körper keine Zugluft streichen kann, deshalb enger Abschluss am Handgelenke und an den Knien. Für den Winter ein Mantel aus weichem Loden, der bis an den Rand der Schuhe geht, weit und bequem, von unten bis oben zuknöpfbar, allenfalls mit einer Kapuze versehen, am Handgelenk ebenfalls geschlossen, an den Seiten zwei Taschen. Der Hut aus weichem Filz, nieder und mit nicht zu schmaler Krempe.

Auf diesem Hut ein Sträußchen oder eine Feder wird gut stehen. Im Übrigen ist an Kleidern jeder Schmuck mehr Nachteil als Vorzug. Die größte Einfachheit mit der größten Zweckmäßigkeit vereint macht die Schönheit des Gewandes aus und der schönste Schmuck daran ist die Reinlichkeit. Die Farbe der Kleider soll die Naturfarbe ihrer Stoffe sein. Sind wir nur erst aus dem schwarzen Banne befreit, der allein uns heute „salonfähig" macht, so wird sich bald ein richtiger Farbensinn ausbilden.

Also das wäre die männliche Reformkleidung nach meinem Sinne.

Aber ich finde keinen Schneider, der mir sie macht. „Ist nicht modern, trägt man jetzt nicht", sagen sie. Und ich finde keine Zeitgenossen, die mich in solchem Anzug „gesellschaftsfähig" erklären. Habe ich auf die „Gesellschaftsfähigkeit" gleichwohl seit jeher sehr willig verzichtet, so fühle ich mich doch in meinem alten Handwerk nicht mehr so sattelfest, um die sonst unter allen Umständen beste und erfolgreichste Politik der – Selbsthilfe einzuschlagen.

Also vor allem wird ein Schneider gesucht, der ein gutes Reformkleid zu machen versteht, und dann werden Leute gesucht, die sich nicht schämen – vernünftig zu sein.

Härtet Eure Kinder ab!
JÄNNER 1907

Am ersten Morgen des Jahres ein stundenlanger Spaziergang durch das Gebirgstal im wonnigsten Schneegestöber. Mir war jung und frisch wie vor vierzig Jahren. Eine harte Jugend hält lange vor. Ich bitte euch, Mitmenschen, härtet eure Kinder ab! Wer reich ist, der halte diesen Fluch von seinen Kindern fern. Die Kinder müssen so erzogen werden, als ob ein herbes Leben auf sie wartete, indem sie ihr Brot persönlich verdienen, das Leben jeden Tag von neuem erkämpfen müssen. Auf dieser Winterwanderung sah ich an Berghängen armer Leute Knaben und Mädeln im leichten Linnengewande lustig sich mit Rodelschlitten tummeln. Aber es hatte 17 Grad Kälte. Nicht vor Kälte waren ihre rosigen Wangen gerötet, sondern vor Eifer und Freude. Kälte härtet, Bewegung kräftigt. Ihr Reichen! Das werden die Konkurrenten eurer Kinder sein!

Volkswohlstand

Je länger der sogenannte Volkswohlstand dauert, je hässlicher wird das Land. Die Wälder werden abgeholzt, die Berge aufgeschürft, die Bäche abgeleitet, verunreinigt. Die Wiesen werden mit Fabriken besetzt, die Lüfte mit Rauch erfüllt, die Menschen unruhig, unzufrieden, heimatlos gemacht. Und so fort. Und alles des Geldes wegen. Ja, zum Teufel, was ist denn an dem Gelde, dass ihm die ungeheuren Opfer gebracht werden! Dass die Armen nach so viel Geld trachten, um sich den anständigen Lebensunterhalt leisten zu können, das ist zu verstehen. Aber dass die Wohlhabenden noch mehr haben wollen, obschon die Erfahrung überall lehrt, dass das „noch mehr" das Leben nicht verschönert, sondern verelendet, die Jugend verdirbt, die Alten unempfindlich macht für die wirklichen und wertvollen Genüsse. Was bedeutet ein prachtvoller Palast, wenn er in einer Gegend steht, die kahl ist und voll schmutziger Fabriksabfälle und bedeckt mit einer unreinen, stinkenden Luft und bewohnt von unzufriedenen, feindseligen Menschen! Was ist dagegen ein schlichtes Haus in grüner, friedlicher Landschaft, mit ruhigem Erwerb, mit freundlicher Nachbarschaft! Die Freude an großen Unternehmungen in Ehren, aber nur dann, wenn diese Unternehmungen nicht bessere Werte verwüsten, nicht den Frieden, die Genügsamkeit, die Schönheit, die reine Lebensfrohheit zerstören. Es ist ja ganz unfassbar, wie dieses höllische immer noch mehr Geld-haben-Wollen die gescheitesten Leute zu Toren, die rücksichtsvollsten Menschen zu Straßenräubern machen kann. Zu Straßenräubern habe ich gesagt. Ein starkes Wort. Aber wird nicht dem Wanderer, der arglos das Land bereist, um seine Schönheit zu genießen – wird ihm nicht diese Schönheit weggenommen, der erquickende Wald, das klare Wasser, die gesunde Luft weggenommen? Und den Einheimischen, wird ihnen nicht die liebe traute Landschaft zerstört?

Der Fabriksherr *kann* sich weiters schöne Erdenwinkel aussuchen, solange es deren noch gibt, er baut sich Schlösser in noch unentweihten Gegenden, wodurch er freilich anhebt, sie zu entweihen, oder er geht in Kurorte, wo schöne Landschaft krampfhaft noch mehr verschönert wird, um ihm Vergnügen zu machen. Jene Einheimischen aber, denen er mit seinen Gründungen die Heimatsgegend verhässlicht hat, die müssen sitzen bleiben bei den qualmenden Schloten, verderbten Wässern und Lüften, bei den Abfallshaufen und bei den Hunderten von fremden Arbeitern, die jeden Augenblick wütend zu werden drohen, weil sie etwas tun müssen, was sie nicht tun wollen, nämlich reiche Leute noch reicher zu machen.

Ist das denn nicht verrückt zum Rasendwerden? – Doch gemach. Die altgesessenen Einheimischen sind ja froh, wenn in ihren Tälern Fabriken gebaut werden, sie geben die Naturschätze und Schönheit und Gesundheit ihrer Heimat mit Freuden hin – es kommt ja Geld ins Land! Und während sie Geld gewinnen, verlieren sie ihre Scholle, ihre Persönlichkeit, ihre vornehme Festständigkeit, springen ab und verlaufen sich in der Welt. Ob sie anderswo verlumpen oder reich werden, das Beste ist dahin – das friedliche Heim in naturfrischer Landschaft. – Und solche Erscheinungen nennt man Volkswohlstand.

Geld kann viel Gutes stiften, aber noch mehr Schlechtes. Hier ist nur davon die Rede, dass Geldgier in unserer Zeit so oft die Natur verdirbt, die Schönheit der Landschaft zerstört, die Welt verekelt.

Luxus, das moderne Ideal

Es erheben sich im deutschen Volke endlich Stimmen gegen den allzu üppigen Luxus, der seit dem siegreichen Kriege dieses Volk wieder unterkriegen will und der jetzt einen unheimlichen Höhegrad erreicht hat.

Aber diese Stimmen bleiben nicht unangefochten. Besonders solche Berufsleute verteidigen den Luxus, die von dem Luxus anderer leben müssen. Ich habe noch keinen Gastwirt gesehen, dem der viele Alkoholgenuss nicht wohlbekommen hätte – solange er ihm nicht selber gefrönt. Dann gibt es Philosophen des Luxus, die sich eine besondere Luxustheorie zusammengemacht haben, um ihre persönliche Genusssucht zu rechtfertigen, zumeist Großstädter, die nicht das Glück haben, Lebensgenugtuung in der produktiven Arbeit zu finden. Eine deutsche Eigenschaft ist es nicht, nach Luxus zu streben; der Deutsche strebt vor allem eine geordnete Wirtschaft an, persönliche Unabhängigkeit, und er weiß, dass gerade der Luxus ein tückischer Feind dieser Zustände ist. [...]

Wenn die Kulturentwicklung darauf ausginge, das, was den Vorfahren überflüssig oder gleichgültig erschien, für uns notwendig zu machen, so würde das nichts anderes sein, als dass die Kultur uns zu Sklaven machen will. Zu Sklaven äußerer Dinge und Genüsse, die man früher nicht vermisst hat. Man war frei von ihnen, man hat sich selbst gehört, man hat den Pofel des Prunkes, die Mittel raffinierten Sinnenkitzels nicht mit seiner Behaglichkeit, mit seinem Innenleben, mit seinem Gewissen erkaufen müssen. War das nicht würdiger, größer als das jetzige unsinnige Jagen nach Geld und materiellem Genuss? – Was wäre das für eine Kultur, die uns brennende Bedürfnisse erweckt, ohne die Mittel, sie befriedigen zu können! Dass der allergrößte Teil der Menschheit, der nach unseren künstlich geschaffenen Bedürfnissen strebt, dieses Verlangen *nicht* befriedigen kann, das ist eben die Ursache unserer Unzufriedenheit, unserer sittlichen Haltlosigkeit, unserer mit Galgenhumor durchsetzten Verdrossenheit. Nicht bloß bei denen, die es nicht haben können, sondern auch bei denen, die alles haben, was sie wünschen; das sind gerade die Fried- und Freudlosesten. Sie „genießen" Tag und Nacht und haben doch keinen rechten Genuss, kein Lebensideal, als das zu genießen – obschon sie schon lange übersättigt und stumpf geworden sind. Nein, wenn die Kultur kein höheres Ideal hätte, als die tierischen Sinne immer noch mehr zu überfüttern, dann müsste man alle Anarchisten zu einer großen Armee versammeln, um diese höllische Kultur zu zerstören.

Wahre Kultur ist das, was der Menschheit die Mittel schafft, auf dieser Erde möglichst gesund, arbeitsfroh und zufrieden zu leben. Ist der Luxus ein solches Mittel? Wohl ganz im Gegenteil.

Die Erfindung der Walze, des Fensterglases, die Entwicklung der Naturwissenschaften und Erkenntnis, die Einführung der Elektrizität usw., usw., *das* sind Kulturwerke. Aber selbst diese haben ihre Grenzen, wo sie aufhören, nützlich zu sein, anfangen, schädlich zu werden. *Ein* Fensterglas, vielleicht auch noch ein zweites, ist notwendig, zehn Fenstergläser aneinander wäre unsinniger Luxus. Anwendung der Naturkräfte kann den Menschen stärken, aber auch vernichten. Ich will damit sagen, dass die Entwicklung bis zum Äußersten nicht immer ein Gewinn ist. Da muss der Mensch selbst so klug sein, die richtige Grenze wahrzunehmen.

Wo fängt der Luxus an? Dort, wo das Überflüssige anfängt? Durchaus nicht. Wir haben viele Überflüssigkeiten, die harmlos sind. Der Luxus, den wir meinen, fängt dort an, wo die Schädlichkeit anfängt. Luxus ist der Aufwand, dessen Fülle unsere Kräfte schädigt.

Es waren einmal zwei Brüder, wovon jeder ein Landgut besaß. Die beiden Landgüter wurden anfangs gleich bewirtschaftet und waren gleich erträglich. Der eine dieser Brüder nährte sich gut, ließ die Wohnung neu gestalten, dass sie viel Sonne und gute Luft hatte, ließ sich was für zweckmäßige Bekleidung kosten, baute sich ein Bad. Seine Kinder schickte er in die öffentliche Volksschule, damit sie sich frühzeitig den Verkehr mit Leuten angewöhnten. Häufig fuhr er in die nahe Stadt, ins Schauspiel, in die Oper, kaufte sich bisweilen ein Kunstwerk, richtete sich eine wertvolle Büchersammlung ein, kurz, suchte sich das Leben schön und angenehm zu machen.

Sein Bruder tat ungefähr dasselbe, aber er tat noch mehr. Er hielt zum Beispiel gerne Festlichkeiten, wobei es Trüffelpasteten und Sekt gab, stattete seine Wohnung mit persischen Teppichen, venezianischen Spiegeln aus, kaufte kostspielige Gemälde, nicht weil sie ihm gefielen, sondern weil sie modern waren. Für seine Kinder hielt er Hofmeister und Gouvernanten. Ein Automobil schaffte er sich an, um weit in der Welt herumzufahren, nicht um etwas zu sehen und zu lernen, sondern um zu zeigen, wie schnell man fahren kann. Auch ein Luftschiff wollte er sich bestellen, wenn es die Verhältnisse erlaubten. Aber dazu kam es nicht mehr, es wurden die Gläubiger ungeduldig, und anstatt neuerdings Geld zu borgen, wollten sie das längst geborgte zurück haben. Seine wirtschaftliche Existenz hat mit Konkurs geendet, seine persönliche mit Blasiertheit, Verbitterung, Krankheit, frühem Tod. Der andere Bruder lebt in Wohlstand, Lebensgenuss und Zufriedenheit.

Dieses Beispiel aus dem Leben, das sich tausendfältig variiert, zeigt klar, wo der Luxus, den wir bekämpfen, beginnt. Genau dort, wo der Aufwand aufhört, nützlich zu sein, und anfängt, schädlich zu werden.

Die Luxusanbeter werden sagen, das sei eine Unterstellung, so meinten sie es nicht. Gegen den schädlichen Luxus wären auch sie und überhaupt sei Luxus nicht sittenlose Üppigkeit, sondern feinere und kostspieligere Lebensführung. Gut. Nun fragen *wir*. Wo ist die Grenze zwischen kostspieliger Lebensführung und sittenloser Üppigkeit? Denen, die den Luxus lieben, ist die Lebensführung *nie* zu üppig. Die allergrößte Genussmanie ist ihnen – das höchste Kulturideal. Und dem höchsten Ideale bringt man gelegentlich jedes Opfer, ohne Bedenken auch das Wohl der Arbeiter, die durch ihre Arbeit Genussmittel für andere ermöglichen. Wer da allen Ernstes sagen kann, Luxus sei der verkörperte Gewinn des Lebenskampfes geworden, Luxus sei das moderne Ideal, der allerdings ist mit jedem höheren Ideal fertig, der kommt wieder dort zurück, wo die Kultur ausgegangen ist – zu dem Tiere. Nur dass er so degeneriert ist, dass er den Pelz, der dem Biber von selbst auf dem Felle wächst, sich erst von irgendwem machen lassen muss. Wenn der Menschheit irdischer Genussluxus als das höchste Ideal erscheint, dann hätte sie der ganzen langen, beschwerlichen Stufenleiter der Kulturentwicklung nicht bedurft, denn dem Genussluxus frönt das Tier viel unbefangener und unmittelbarer als der Kulturmensch. Nicht einmal nach Mein und Dein braucht der starke Wolf zu fragen. Soweit werden es die Fachgenießer noch bringen wollen. Aber es steht zu fürchten, die „Kultur" wird das ihre getan haben, dass die in Üppigkeit Verweichlichten nicht die Starken sind.

Wir stehen ja nicht auf dem asketischen Standpunkte Tolstois, so schön es auch wäre, souverän auf dieses aufgeblasene, bunte Nichts herabschauen zu können, im sicheren Besitze höherer Lebenswerte. Dazu sind nur die Auserwählten fähig. Wenn wir gegen den Luxus, die Verschwendung eifern, so geschieht es hauptsächlich aus nationalen und aus wirtschaftlichen Gründen. Wir müssen ein starkes Volk bleiben. Eine einfachere und einheitlichere Lebensweise muss wieder unseren Körper stählen und unsere häusliche Grundlage befestigen. Wir wollen jene Völker zum Vorbild nehmen, die in derber, redlicher Einfachheit mächtig und gesittet geworden waren, aber es nicht jenen Völkern nachmachen, die durch Genuss, Überfluss und Überdruss vermorscht und zu Grunde gegangen sind.

Die glücklichsten Menschen sind die, so an ihrer Berufsarbeit Genuss haben. Solche Arbeit ist auch immer die solideste und beste. In unserer Zeit ist die Arbeit, das Kernigste, was wir auf Erden haben können, erniedrigt worden lediglich zum Geldverdienen. Nicht bloß bei den kleinen Leuten, die durch Arbeit sich den persönlichen Lebensunterhalt erwerben müssen, auch bei jenen, die schon Geld genug haben, oft mehr als ihnen gut tut. Auch die denken bei der Arbeit nicht an das Werk, nur an das Geld, und immer wieder nur an das Geld, das sie damit erlangen wollen. Und weil ihnen die Arbeit als solche kein Genuss mehr sein kann, deshalb nach getaner Arbeit der wahnsinnige Genusshunger.

Wir dächten, man könnte sich, wie unsere Vorfahren, auch wieder einmal den *Luxus* gönnen, die Arbeit des Werkes wegen zu verrichten und sich daran zu freuen.

Wir leben über unsere Kraft!

„Wir leben über unsere Kraft!" So liest man jetzt in den Zeitungen und den modernsten Leuten kommt dieser unmoderne Seufzer über die Lippen. Die Warnungen vor dem übergroßen Luxus, vor der krankhaften Vergnügungssucht unserer Zeit, dauern schon seit Jahrzehnten; sie wurden nur verlacht und verspottet, und ein Heer von Agenten zieht ununterbrochen durch die Länder, um die Leute zu neuen Luxusdingen zu verführen, ihnen immer neue Bedürfnisse anzuschwatzen. Wenn jener Geographieschüler fragte, weshalb man europäisches Festland sage, so war die Antwort leicht: Weil man in diesen Ländern fast nichts tut, als Feste feiern. Jedes größere Werk wird mit einem Feste begonnen und mit einem Feste beschlossen. Jeder Verein feiert seine Feste, jede Wohltätigkeit ihre Feste. Und es ist notwendig zur fortwährenden Aufweckung. Keine Vaterlandsliebe, kein Nationalbewusstsein, keine Kunstfreude, keine Religiosität könnte bei uns bestehen ohne Festlichkeiten. Und doch sind es lauter Feste, die nichts befestigen.

Sobald man irgendeiner Idee ein Weilchen kein Fest gibt, flaut sie ab; die Sache selbst ist den meisten gleichgültig. – Von dem Luxus des täglichen Lebens, von dem dummen Prunk unserer Häuser und Einrichtungen, von der Verschwendung im Sport, von der persönlichen Genusssucht usw. will ich gar nicht reden, man käme zu tief in die Kapuzinerpredigt hinein, und die wäre ganz überflüssig. Reden hilft nichts, dreingeschlagen muss werden, und die Prügel fangen auch schon an. Schon jammert man allerorten über das ungeheure Verschuldetsein und die Unerträglichkeit der Steuern – und dann noch immer neue Schulden machen. Kleinere Gemeinden puffen Tausende von Kronen, größere Hunderttausende, Städte borgen sich Millionen und Länder Milliarden. Ich wäre neugierig, wie es dann wird, wenn alles einmal oder gar auf einmal niederkracht. Vielleicht ganz lustig, allen Ernstes, besonders für die, so nichts zu verlieren haben. Aber lustig auch für die, die plötzlich erlöst werden von all den Lasten, Mühsalen, Torheiten und Sünden des Überflusses und dann in einfacheren Verhältnissen wieder echtere Menschen sein können. Leider ist ein solcher *allgemeiner* Zusammenbruch nicht denkbar. Umso schlimmer für die Bankrotteure, die sich nur dann arm und elend finden, wenn sie sehen, dass andere noch reich sind. Einstweilen wollen wir halt munter Schulden machen, unsere Enkel werden schon bezahlen. Es braucht ja nichts weiter als einen großen Glauben. Der Glaube hat von jeher selig gemacht, in allen Formen. So auch der Glaube an die Zahlungsfähigkeit. Der Kredit. Wenn in unserer glaubenslosen Zeit auch die Gläubiger einmal glaubenslos werden, dann kommt die Umkehr. Möge sie dem Zusammenbruch zuvorkommen.

Noch heute bestritt es mir einer, dass das Schuldenmachen so gefährlich sei. Gefährlich, meinte er, sei nur das Geldherleihen. Es mag schon sein. Sicherer wäre es jedenfalls, *dem* Geld zu leihen, der gut wirtschaften kann, als einem, der immer Schulden machen muss.

Luxus

Manches Volk verliert sich in der gemeinen Tiefe allzu üppiger Lebensführung. Der Pflicht und Würde der Fürsten würde es entsprechen, ihren Völkern Einfachheit und schlichte Häuslichkeit vorzuleben. Hohe

Vorbilder wirken durch alle Schichten hinab. Drei Jahre arbeitsamer mäßiger Lebensführung bringen einem Volke mehr Vorteil als ein siegreicher Krieg. Gearbeitet wird ja freilich auch *so* überall, aber das ist keine rechte Arbeit, deren Erzeugnis der Luxus des Tages verzehrt, oder – wie es auch vorkommt – das Volk entsittlicht und die Jugend entkräftet. Denke jeder einmal nach, inwiefern seine Arbeit bleibende Werte schafft oder erhält und zu welchem Aufwande in der Lebensführung sie berechtigt.

Der zeitlose Mann

Ich kenne einen Mann, der zeitlos ist. In seiner Jugend war er nicht jung, in seinem Alter ist er nicht alt. Ungefähr seit sechzig Jahren ist er sich gleich geblieben, so in seiner Arbeit, in seinem Lebensgenuss, in seiner Weltanschauung, in seiner Kleidung, in seiner Wohnung. Vor sechzig Jahren schon war er Privatgelehrter und ist es noch. Vor sechzig Jahren schon war er durch Erbschaft ein wohlhabender Mann, ohne reich zu sein, und heute ist er es noch immer so. Vor sechzig Jahren war er Junggeselle und jetzt ist er es auch noch. Vor sechzig Jahren trug er einen grauen Tuchrock, der bis zu den Knien hinabging, und einen weichen, breitkrempigen Filzhut, und heute das Gleiche. Und sonderbar, die Augengläser, die er schon vor sechzig Jahren getragen, passen seinen Augen auch jetzt noch. Das Haar hat heute noch die Aschenfarbe, wie vor sechzig Jahren. Ob der Bart grau ist, weiß man nicht, weil er sich täglich rasiert, damit das Gesicht glatt sei, wie vor sechzig Jahren. Manchmal schon ist an seiner Schwelle der Tod gestanden und hat mit Hohlaugen durch die halboffene Tür hineingelugt; allemal hat er bedächtig den kahlen Schädel geschüttelt und ist wieder umgekehrt. Er kennt sich nicht aus, ob der Mann schon reif ist oder nicht.

In seiner Wohnung sind immer die gleichen Einrichtungsstücke, die er nie ändern, nie auswechseln lässt, weil er findet, dass sie noch nicht alt sind. Die Schneider muss er mit Geld und guten Worten erziehen, dass sie ihm die Kleider machen, die er seit sechzig Jahren gewohnt ist. In der Mode waren sie eigentlich auch damals nicht; so konnten sie nicht aus der Mode kommen. Die Mode erklärt der Sonderling als den Erbfluch der Menschheit, die mit dem Feigenblatt in die Welt gekommen. Der Tierhautmantel dann war was anderes, war eine den Verhältnissen angemessene Entwicklung, eine Tracht. Wie kann man aber ein Gewand ändern, sobald man es gewohnt worden ist? Wie kann man eine Wohnung ändern, nachdem man sich hineingelebt hat? Wenn man in etwas Boden gefasst hat, wie kann man sich immer neuerdings entwurzeln? – Der Tod kam wieder einmal nachsehen, schüttelte den Schädel und schlich davon. Sich immer verändern wollen, ist eine Perversität. Ändert sich denn die Natur? Seit tausend und tausend Jahren gleicht ein Frühling dem anderen, und ist doch immer frisch und schön. Sich immer ändern wollen, ist Komödiantenart, der ernste Mann kleidet sich so, wohnt so, gibt sich so, wie es seiner Persönlichkeit entspricht. Die Modeveränderungen sind keine Entwicklung, sind Plebskabricen. Der wahre Aristokrat misst alles mit langer Elle. In seiner Wohnung leben noch die vergangenen Jahrhunderte und so beständig wie seine Wohnstätten, seine Lebensweise, ist sein persönlicher Charakter. „Einem, der das Althergebrachte nicht ehrt, bezweifle ich die Treue." – Als Forscher geht mein Sonderling stets mit der Zeit; man kann also nicht sagen, dass er eingerostet wäre. Nur die Mode war ihm widerlich. „Leute, die immer nach der Mode ausschauen und immer mit der Mode gehen, haben in sich keine Persönlichkeit und ihre kleinen Flatterseelen legen sich wie Motten ins *Gewand*."

So meint der zeitlose Mann. Ich gebe ihm mein Erspartes aufzuheben. So viel Vertrauen habe ich zu dem Feststeher, der den flüchtigen Erscheinungen nicht nachgibt, sondern Herr bleibt, an dessen Tür die Lebensschäume abprallen und bisher sogar der Tod immer noch umgekehrt ist – unverrichteter Sache.

Zum Teufel mit allem Prunk und Pflanz!

Wenn wieder einmal Frieden wird, Freunde, da müssen wir ein ganz anderes Leben anfangen. Zum Teufel mit allem Prunk und Pflanz! Einfachere Haushaltung, schlichtere Kleidung, würdigere Feste! Unsere Hochzeiten und Leichenbegängnisse: wie haben sie schon die Gemüter veräußerlicht, die Güter verschwendet. Zurück zur Vernunft, zur Wahrhaftigkeit, zum Kern! Nichts, um zu glänzen, alles um zu sein, um das zu scheinen, was ist. – Ein reicher Mann starb vor kurzem; für den waren schon Wägen voll von Grabkränzen und Körbe voll von Blumen und Schleifen hergerichtet. Eine Menge von Leuten, die auch wieder einmal ihre „Teilnahme" zeigen wollten, um am nächsten Tage in der Zeitung zu stehen, rüstete sich mit Flor und Windlichtern für den Kondukt. Aber als der Totenzettel ausgegeben wurde, fand man darauf weder Zeit noch Ort des Begräbnisses. Der Mann wurde nur von nahen Angehörigen und Freunden in stiller Trauer bestattet. Das stimmungsvollste, das würdigste Begängnis, das seit langem stattfand.

Wenn wir den Pflanz wegwerfen, werden ja einzelne Gewerbe niedergehen, sie waren eben nicht auf die rechte Grundlage gestellt. Die Leute müssen einen Erwerb ergreifen, der Notwendigeres schafft und dauerhaftere Erfolge hervorbringt. Kauft man sich denn Bücher, damit die Schriftsteller leben können? Nicht eins aus diesem Grunde. Wenn ein Schriftsteller Bücher schreibt, die keinen Kulturzwecken dienen, so darf er sich nicht kränken, wenn er davon nicht leben kann. Dann muss er eben ein nützlicheres Geschäft angehen. Ist diese Bemerkung auch auf mich anwendbar, so muss ich mir sie eben gefallen lassen. Möchte sich eine große Vereinigung von vernünftigen Menschen bilden, um all das windige Getue abzuschaffen und eine wirkliche, eine *wahre Kultur* aufzubringen!

Vom Gelde

Sprechen wir einmal vom Liebling, vom Gelde. Mir kam es zuerst als „bravem Bübel" in Gestalt eines Kupferkreuzers auf die Hand. Aber der war so groß wie jetzt eine Doppelkrone, und man bekam dafür bei der Obstlerin vier Äpfel. Als Schneiderlehrling besaß ich drei Jahre lang – wie es im Rechenbüchel zu sehen ist – ein Durchschnittsvermögen von 2 Gulden 50 Kreuzern. Manchmal mehr, manchmal weniger; bankrott war ich nie. Auch damals nicht, als ich mir zwei Volkskalender für 1859 kaufte, eine aufgelegte Verschwendung. Es blieb noch ein Saldo von drei Kreuzern. Unser Nachbar, der Zimmermeister Loregger, besaß ein Vermögen. Er hatte in der Bauernschaft drei Kühe und ein Kalb herumstehen. Das, hieß es, wäre ein Vermögen, und davon kam es, dass ich, sooft ich von einem Vermögen hörte, mir stets drei Kühe und ein Kalb vorstellte. Von tausend Gulden hörte man nur, wenn von einem Hauskauf die Rede war.

Darüber hinaus löste sich das Denken auf. Ei ja doch, die Million! Eine solche besaß unser Knecht Markus in seinem: Million Donnerwetter! Er gab sie aber nur aus, wenn ihn jemand zornig gemacht hatte. Es schätzte sie niemand. Von Milliarden hörte ich das erstemal im Jahre 1871; damals kamen sie auf zwölf langen Eisenbahnzügen aus Frankreich herüber, hielten sich aber etwas zu sehr links und landeten bei Berlin. In Amerika fängt der Mensch beim Milliardär an, die Millionäre laufen nur so neben mit.

Die amerikanischen Milliardäre verschenken zu Neujahr Königreiche für wohltätige Zwecke. Auch in Deutschland sollen schon einige Fälle von Milliardärismus vorgefallen sein, die aber durch Transversierung in den Militarismus sofort geheilt wurden. Seither gilt der Militarismus als verlässlichstes Mittel gegen den Milliardärismus.

Manche ziehen den Letzteren dem Ersteren vor. Ich nicht. Von allem Elend, das in der Welt herrscht, ist der Milliardärismus das schrecklichste. Was konnte sich das frische Herzlein mit 2 Gulden 50 Kreuzern für Freuden kaufen! Wohl gewiss mehr als der in Geschäftssorgen und Gier verlederte Besitzer der Milliarde. Und selbst wenn ihm das Verschenken eine herzliche Freude machen würde, was sehr zweifelhaft ist, was heißt das: die Leute zuerst auszuziehen, ihnen die beste Zeit und Kraft wegnehmen und dann ein wenig zur Not für ihr Alter sorgen. Das Wirtschaftsleben des Menschen ist auf volles Selbstverdienen einzurichten und nicht auf das Beschenktwerden. Mir ist es augenblicklich nicht klar, ob die Reichen ihre Trusts den Arbeitern abgeguckt haben oder die Arbeiter ihre Streiks den Reichen. Niederträchtig ist beides. Sollte der Milliardär nicht einmal einen Preis ausschreiben für Erfindung eines wirtschaftlichen Systems gegen die furchtbaren Menschheitsschädlinge Armut und Reichtum?

Die Anspruchslosigkeit und die Genussgier

Man kann sich wundern über die Anspruchslosigkeit der Leute. Da ist so einer schon zufrieden, wenn es ihm allein gut geht, wenn er persönlich genießen kann, wenn er seine eigenen Wünsche erfüllt sieht. Er wünscht gar nicht mehr. Eine bewundernswerte Bescheidenheit. Andere gibt es wieder, denen der Alleingenuss viel zu wenig ist, die auch wollen, dass mehrere, so viel Leute als nur immer möglich, mit ihnen genießen sollen. Die Undankbaren, die immer unzufrieden sind, auch wenn sie alles haben, die immer mit hundert Löffeln essen möchten, die nicht satt werden können, solange irgendjemand hungrig ist, nicht Behaglichkeit finden können, solange sie einen anderen leidend wissen. Diese unersättlich Genussgierigen, diese Massenschlemmer und Mitschmarotzer bei fremdem Wohlergehen, die bei allen Leidenden mitleiden, bei allen Glücklichen mitglücklich sein wollen, sie verdienen wirklich nichts anderes, als dass sie irgendwohin versetzt werden, wo es allen gut geht, wo sie mit allen alles haben – in den Himmel.

Einwand: „Wir auf dieser schönen Erde können sie nicht brauchen. Wohin kämen wir, wenn jeder für andere, mit anderen leben wollte, wo bliebe die Konkurrenz, die Triebfeder der Volkswirtschaft, des Fortschrittes? Die Nächstenliebe würde uns in kürzester Zeit zugrunde richten."

Trotzdem hielte ich einen Verein zur Ausrottung der Nächstenliebe für keine dringende Notwendigkeit.

Die größeren Sorgen des Reichtums

Ja, ja, es gibt immer noch Leute, die der Meinung sind, dass Reichtum größere Sorgen mache als Armut. Es ist sicher was Wahres dran. Nur darf die Armut nicht so groß sein, dass sie an Knechtschaft grenzt, an Hunger und Frost, dass sie nicht hilflos der Roheit und Bosheit der lieben Mitmenschen unterworfen ist. Dass ein Kleinleben, mit dem Notwendigen versehen, ohne viel Luxus und Überfluss gedeihlicher ist, als der Überschwung von Besitz und Gütern, sieht man jeden Tag und überall. Es macht gesünder, freier, heiterer, fördert das geistige Leben und erhält die Seele im Gleichgewicht. Der Reiche? Die Angst, Güter zu verlieren, beunruhigt ihn nicht weniger, als die Gier, noch mehr zu gewinnen. Und hätte er schon keine andere Sorge als die, um wieviel seine Verwalter ihn täglich bestehlen.

Ich bin einmal recht arm gewesen, aber ich wusste es nicht. Die sich allmählich einstellende bürgerliche Stellung hatte mich persönlich frei gemacht. Weiter wäre mir ein Wohlstand nicht förderlich gewesen, weder im Leben noch im Dichten, noch im Glücksempfinden. Die Sorgen um seine Erhaltung oder Befestigung habe ich abgelehnt. – Mein Vater, der in seiner Jugend den stattlichen Bauernhof der Vorfahren übernommen [hatte], sagte gern, es freue ihn weniger der Besitz als die Arbeit in demselben. So haben die Vorteile seiner Arbeit sich gerne andere zunutze gemacht, und mit Beihilfe von allerhand Missgeschicken verarmte er allmählich, ohne dass er es merkte. Das Notwendigste blieb ihm, so nahm er sich Zeit, sein Herz idealen Dingen zuzuwenden. Er war der Meinung, Armut mache weniger Sorgen als Reichtum.

Ich glaube so lange nicht recht an die Vernunft der Menschheit, als es ihr nicht gelingt, die Armut und den Reichtum Einzelner abzubringen und für alle den richtigen Mittelweg zu finden. Der ungleichmäßige Bestand schwächt das ganze Volk und macht alle Verhältnisse unsicher.

Wer heute Herr, ist morgen Knecht.

Wie Armut stärkt, so Reichtum schwächt.

Je mehr zu wünschen übrig bleibt, je gehaltvoller erscheint das Leben. Wie sagte jener Reiche? „Die schönen Einbildungen vom Glücke des Reichseins! Und dann die Enttäuschungen! – Der die Welt hat, ist ärmer, als der, der sie gerne hätte." Wenigstens um eine Illusion.

Abschnitt IV

GESUNDHEIT UND LEBENSSTIL

Ein Kurort-Feuilleton

Uns sind die Kurorte das, was unseren Vorfahren die Gnadenorte waren. Diesen Ausspruch unterschreibe ich nur dann, wenn die Gnadenorte nicht im Sinne unserer, sondern in dem ihrer Zeit gedacht werden.

Unseren idealeren Vorfahren ging es noch um den Frieden der Seele, und den fanden sie an ihren Wallfahrtszielen; uns geht es zuvörderst um das persönliche Behagen, um das Wohlbefinden des Körpers und zumeist finden wir das in unseren wohlorganisierten Kurorten. Die Frage unserer künftigen Seligkeit beunruhigt uns nicht so sehr als die unserer körperlichen Gesundheit, und in den Kurorten gibt es Priester Äskulaps, denen wir unsere Anliegen beichten, die durch die heilsame Buße, welche sie uns in den Medikamenten, Molken, Gesundheitsbrunnen, Bädern und allerlei Diät auferlegen, beruhigen und somit die erste und wichtigste Bedingung zu körperlichem Wohlsein spenden.

Was Kurorte! höre ich rufen, wo einen die Kranken und die Bademusiken und die Modegecken beiderlei Geschlechtes und die hohen Preise erst recht nervös machen! Bei guter Luft und vernünftiger Diät wird mir überall wohl sein, brauche dazu nicht erst einen Kurort aufsuchen. Sehr vernünftig! So ist es, bei guter Luft und rechter Diät schlägt's überall an. Jedoch, wie wenige vermögen sich an ihrem freigewählten Erholungsorte zu einer strengen, geregelten Kur zu entschließen, solange sie sich halbwegs wohl fühlen, und geht's ihnen schlecht, dann wissen sie erst nicht, was sie wollen und sollen, verstehen es nicht, ihre Natur einer strengen Prüfung zu unterziehen, versuchen das und das, und in der Absicht, Diät zu halten, werden sie in ihrer Lebensweise unsteter und regelloser als je.

Endlich entschließen sie sich auf Anraten ihres Arztes für einen Kurort. Kurorte liegen stets in einem gegen bestimmte Leiden gewählten, günstigen Klima. Das ist eins voraus. Dann ist das Wasser, sind die Spezialärzte für bestimmte Gebrechen, sind allerlei Anstalten und Einrichtungen zur Beseitigung der Übel, zu deren Bekämpfung Natur und Menschenkunst sich vereinigen. Und nun geht's an die systematische Ausbesserung der Gesundheit. Leichte Anregung, süßes Nichtstun und heitere Zerstreuung wirken das ihre. Da kommt nun das Bewusstsein, dass alle, dem Zustand ungünstigen Einflüsse beiseitigt sind, die Skrupel in Bezug auf die Diät hören auf, der Glaube an eine heilsame Wirkung tritt ein. An den Gnadenstätten macht der Glaube selig, an den Kurorten macht er gesund.

Das gilt im Allgemeinen, selbst auch für bloße Mode-Kurorte.

Wenn nun aber ein Erdenwinkel so gesegnet ist, dass er reine Luft, mildes Klima, Gesundheitsbrunnen mit landschaftlicher Schönheit vereinigt, und wenn die Menschen zu diesem Erdenwinkel vorzügliche Straßen angelegt, denselben mit Komfort, Kunst und Luxus und allem, was den ländlichen Aufenthalt angenehm macht, ausgestattet haben, so ist es kein Wunder, wenn er zu einem Gnadenorte wird, wo die Natur ihre Wunder wirkt. [...] Wenn man in der mittleren Steiermark sein Auge über das weite Hügelland schweifen lässt, so stößt es gegen Südosten an eine ätherblaue Pyramide mit zwei Spitzen. Das ist der Aufbau eines Vulkans, der in uralter Zeit das liebliche Tal der Raab und die unteren Gebiete der Mur mit seinen Aschenwolken bedeckt haben soll. Der Felskegel, auf dem heute die alte Riegersburg steht, hat einst im Widerscheine eines feuerspeienden Berges geleuchtet, und die Erdbrühe, die bei solchem Herde gekocht, ist heute noch nicht ganz ausgekühlt, sondern fließt in der 13 Grad warmen Constantinsquelle des Gleichenberger Brunnenhauses aus dem Felsen.

Die ätherblaue Pyramide mit den zwei Spitzen ist nämlich das weithin grüßende Wahrzeichen des im letzten Jahrzehent zu so großer Berühmtheit gelangten Kurortes Gleichenberg.

Dorthin zog's mich denn im Wonnemonat Mai, zu sehen, ob vielleicht der von Vulcanus geheizte Ofen noch warm sei.

Fast war es so. Oder vielmehr, die Lage des Ortes und die üppigen Waldungen schützen vor kalten Winden und Frösten und fangen die liebe Sonnenwärme auf und verteilen sie so, dass es in keiner Stunde des Tages zu heiß und auch in keiner zu kalt ist. Am Fuße des Gleichenberges in einem wahrhaftigen Naturpark liegt das freundliche Villenstädtchen und schaut gegen Mittag. – Hier lässt sich minnen mit dem Mai.

Gleichenberg lächelt. Man hat Vertrauen zu ihm, so bald man es nur sieht. Versteckt in den Büschen und zwischen herrlichem Baumschlag stehen die Häuser, Höfe und kleinen Paläste, und zu allen Fenstern schaut das frische, kühlende Grün herein. Und am Grunde der Hügel, unter einem großen Baldachin rinnen die vier Brunnen, die untereinander verschieden sind, wie die vier Lebensalter, und doch zusammenstimmen. Zur Constantinsquelle kommen die von Krankheiten der Atmungs- und Verdauungs-Organe Behafteten herangekeucht und trinken Wasser des Lebens. An der Emmaquelle laben sich hysterische Frauen. An der Klausen-Stahlquelle trinken Blutarme Eisen und Kraft in sich. Der Johannisbrunnen erfrischt Herzen und Nieren und bringt das Blut in einen fröhlicheren Lauf und entzündet mit seiner Kohlensäure die Phosphorlämplein des Gehirnes, dass es nur so glitzert und leuchtet in dieser schönen Welt. Wie manches verwelkende Weltkind hat an diesen vier Brüsten von Gleichenberg sich wieder rote Lippen, volle Backen und helle Augen angesogen!

[...] Vielleicht zur herbstlichen Zeit, wenn die Trauben reifen, die ich keimen sah, suche ich den lieblichen Landwinkel wieder auf. Nichts ist so schön, als wenn über den belebten Weinbergen und über den gilbenden Buchenwäldern die Herbstsonne ihre stillen Fäden spinnt. Jedenfalls aber, wenn mir Gott das Leben noch länger leiht, im Mai! Schön sind die taufrischen Haine in den jungen Lenztagen, aber noch schöner sind die vom Sange der Nachtigall durchklungenen Frühlingsnächte Gleichenbergs.

Steirische Sommerfrischen und Kurorte
EIN ÜBERFLUG

In neuer Zeit haben sich die steirischen Kurorte und Sommerfrischen einer rasch wachsenden Beliebtheit zu erfreuen, einer Beliebtheit und Frequenz, deren sie wahrlich auch wert sind.

Der „Heimgarten" ist gewohnt, manchmal eine kurze Umschau zu halten nach den auserlesensten Bildern des Landes, wie sie Gott vom Himmel fielen. Wenn aber die Frage laut werden sollte nach allen schönen Sommerfrischen des Landes Steier, so müsste ich mich wohl zurückhalten, um nicht etliche Dutzend Namen von herrlichen Punkten und reizenden Ortschaften hervorzusprudeln und zu rühmen. Wo käme ich da hin! – weit über dieses Heft hinaus. Nicht unerwähnt jedoch kann ich lassen von den einzelnen Frischen das stattliche *Mürzzuschlag*, das sangesfrohe *Spital*, das industrielle *Neuberg*, das wasserumspülte *Mürzsteg*, das heilige *Mariazell*, das touristische *Wildalpen*, das romantische *Eisenerz*, das herrliche *Admont*, das friedliche *Schladming*, das waldumgebene *Murau*, das uralte *Judenburg*, das idyllische *Obdach*, das komfortable *Rachau*, das tannenduftende *Steinerhof*, das mattenreiche *Aflenz*, das stille *Seewiesen*, das felsumfriedete *Tragöß* und das sagenreiche *Kindberg*. Im mittleren und unteren Lande laden besonders ein das malerische *Frohnleiten*, das wohlgelegene *Peggau*, das reizende *Tobelbad* mit seiner vielgesuchten Heilanstalt, das werktätige *Voitsberg*, das gartenumsäumte *Stainz*, das paradiesische *Deutschlandsberg*, das gastliche *Leibnitz*, das heitere *Wildon*, das obstreiche *Weiz*, das freundliche *St. Ruprecht* an der Raab – und so fort im grünen Kranze.

Ein Buch über die steirischen Sommerfrischen muss erst geschrieben werden. Einstweilen handelt es sich uns vorzüglich um die Kurorte; der „Heimgarten" hat bereits auf die ersten derselben, auf das herrliche Aussee (I. Jahrg.) und auf das reizende Gleichenberg (IV. Jahrg.), hingewiesen.

Aussee ist seither nachgerade zu einem Modebade geworden, dessen Fremden- und Kurliste im vorigen Jahre die Zahl von 6000 Personen fast erreicht hat. Und *Gleichenberg!* Es ist ja noch kaum sechzig Jahre her, seit zu Füßen der vulkanischen Gebilde noch Sumpf und Sumpf war. Ein Student reiste über Land, der hörte die Bauern sprechen von dem „sauren Wasser", das die Wiesen des Tales verderbe und nicht auszurotten sei. Als derselbe Student später Statthalter von Steiermark geworden war – Graf

Kurhaus der Kaltwasserheilanstalt Radegund bei Graz (um 1930)

Constantin Wickenburg – ließ er die Sache vom „sauren Wasser" einmal näher untersuchen und kam auf unseren köstlichen Säuerling. Heute ist das berühmte Großbad besucht von Italienern, Spaniern, Ägyptern, Türken, Russen, Norddeutschen, der östereichisch-ungarischen Gäste gar nicht zu gedenken.

Aber so, wie Aussee seinen Dachstein und Gleichenberg seinen Kogel in die Lüfte hebt, damit es sich bemerkbar mache weithin, so recken auch andere Kurorte ihre Wahrzeichen empor, zum Beispiel Radegund seinen Schöckel und Rohitsch-Sauerbrunn seinen Donatiberg.

Altausseer See

Wem für seine Sommerluft Aussee zu sehr Hochgebirge und Gleichenberg zu sehr Niederung ist, der mag sich *Radegund* wählen. Wohlgemerkt muss er aber krank sein, wirklich kurbedürftig, sonst wird er nicht aufgenommen. Wer sich jedoch nur krank stellen will, um ein fröhlich Badeleben zu führen, dem wird der Übermut in Radegund bald vergehen, denn er wird dort mit kaltem Wasser aus- und inwendig so erklecklich behandelt, dass er bald wie jener Stadtschreiber aus R. sagen wird: „Das geht schon über den Spaß, da gehe ich lieber nach Hause und bin gesund."

Wer aber mit der Gicht geschlagen ist oder ihrem Bruder, dem Rheumatismus, oder eines Rückenmark- oder Unterleibsleidens wegen die Welt verflucht oder aus Ärger über mancherlei Erbärmlichkeiten des Lebens krampfisch und nervös geworden ist, oder der, welchen menschliche Iltisse blutarm gesogen oder frühe Passionen schöpfungslahm gemacht haben, der gehört nach St. Radegund am Schöckel, wo ihm durch Wassertorturen die bösen Geister ausgetrieben werden. Nebenbei kann er immer noch wacker naturkneipen, von der Radegunder Hochebene ins südöstliche Hügelland hinausschauen und weit ins Ungarland hinein, wo aus unabsehbaren Ebenen nichts mehr emporragt als das Horn eines Pußtaochsen oder der Schnurbart eines Gulays. Oder er mag die sechzig Bergquellen besuchen und an jeder der Kreuzwegstationen den heiligen Trunk tun, den dazugehörenden Namen und oft recht witzigen Vers lesen; oder er mag in der frischen Kühle des Tannenwaldes ruhen oder zu den Almen des licht- und sagenreichen Hochschöckels emporsteigen und ins blaue Hochgebirge hinüberblicken oder hinab auf die Landeshauptstadt, die selbst wie der erste und vorzüglichste Erholungsort des Landes groß und freundlich daliegt. Er braucht sich beileibe auch nicht der Geselligkeitsfreuden zu entschlagen, denn er wird unter seinen Badegenossen stets lustige Herren und schöne Frauen finden. Er kann nach Belieben Witze machen über den spartanischen Abbruch und die mehr als klösterlichen Kasteiungen, denen er sich hier unter dem Despotismus des wackeren Doktor Novy unterwerfen muss – schließlich wird er den Kurort erfrischt und gestärkt verlassen. [...]

Wir sind in unserer Steiermark ja so reich – so reich an herrlichen Punkten; dieselben mögen im Hochgebirge des oberen oder in den Hügelgeländen des unteren Landes liegen. Und gerade in die schönsten Gegenden hat eine freundliche Natur uns die Heilquellen gelegt – wir danken ihr und preisen sie, indem wir unseres schönen, guten, freigebigen Heimatlandes würdige Kinder sein wollen.

Die vegetarische Lebensweise und die Vegetarier

Von *Meta Wellmer*. Dritte vermehrte und durchgesehene Auflage
(Berlin. Hugo und Hermann Zeidler. 1889)

Eines der lichtvollsten Schriftchen über den Gegenstand, der in unserer Gegenwart so viele Federn in Bewegung setzt. Es behandelt die Geschichte des Vegetarismus, die religiösen Momente dieser Lebensweise, die wissenschaftlichen und gesundheitlichen Gründe. Wie die Vegetarier leben, ihre ästhetischen, humanen und moralischen Grundsätze, endlich die wirtschaftlichen Vorteile des Vegetarismus und dieser als Heilmittel – all' das ist kurz und klar enthalten in dem Büchlein, welches auch dem Gegner der naturgemäßen Lebensweise nicht schaden kann. Kennen lernen muss man nicht bloß das, was man vertritt, sondern auch das, was man bekämpft. Es ist dem Büchlein eine große Verbreitung zu wünschen.

Was sagen Sie zur Kaltwasserkur?

Auf eine so allgemein gehaltene Frage lässt sich nur eine allgemein gehaltene Antwort geben. Es gibt im Großen und Ganzen zwei Gattungen von Heilmitteln: schädliche und unschädliche. Die in Krankheiten wahllos versuchten schädlichen stoßen sich bald ab. Die unschädlichen oder die indifferenten Mittel geben der Natur Zeit zur Selbstheilung, wirken dieser Heilung nicht entgegen, und wenn sie sich vollzogen hat, wird die Heilkraft dem angewandten Mittel zugeschrieben. Der Glaube und das Vertrauen an diese Heilkraft tut dann auch das ihre, und so kommt manches Mittel ganz unschuldig zu hohen Ehren. Die guten Mittel wirken negativ, die schlechten positiv. In der Medizin werden sehr oft schädliche Mittel, Gifte angewandt, um momentan eine günstige Wirkung zu erzielen: nervenbetäubende, nervenerregende, kleine örtliche Reizungen, Entzündungen erzeugende, Wärme fördernde, Wärme herabmindernde usw. Auch die Wassermittel können unter Umständen Gift sein.

Bilz, Naturheilverfahren (um 1900)

Vor dem unbedingten Gebrauche der Kaltwasserkur ist ebenso zu warnen, als vor Anwendung von Antipyrin, Morphin usw. Mit Wasser kann man zwar jeden zum Christen, aber nicht jeden gesund machen. Selbst Vater Kneipp sieht sich hoffentlich seine Patienten vorher gut an, ehe er eine scharfe Kaltwasserkur verfügt, an der mancher schon zu Grunde gegangen ist. Also Vorsicht! – Das Mittel, um gesund zu bleiben, kennen wir alle; eine einfache, tätige, sittliche, mäßig abhärtende Lebensweise. Zum gewöhnlichen, fortwährenden Gebrauch kann das kalte Wasser unbedingter angeraten werden als zur Kur. Eine vernünftige Lebensweise schützt am besten vor Krankheit. Und, wird man trotzdem einmal krank, so sind zumeist die besten Mittel Ruhe und Geduld, damit die ununterbrochen für die Gesundheit wirkende Natur ihre Heilung vollführen kann.

Was eine vernünftige Lebensweise ist, darin sind wir in der Theorie wenigstens alle einig. Doch ist die Natur der Individuen eine sehr verschiedene; seine Natur sollte jeder kennen, um die Lebensweise danach zweckmäßig einzurichten. Wenn man in Krankheit durch eine besonders zweckmäßige Lebensweise der Natur nicht entgegenwirkt, hingegen ihr ein wenig Handlangerdienste leistet, so nennt man das eine Kur. Doch eines schickt sich nicht für alle. Mit kaltem Wasser leistet man der heilbestrebten Natur nicht immer Vorschub! Ich wüsste viele Fälle zu nennen, bei welchen an schwächlichen, mageren, blutarmen, nervösen Personen das kalte Wasser wie pures Gift gewirkt hat. Aber freilich auch viele Fälle, bei denen es an wohlgenährten, vollblütigen, phlegmatischen Körpern der heilenden Natur so sehr alle Hemmnisse aus dem Wege geräumt, dass die Heilung wunderbar rasch vor sich ging. Wo eigentlich das Geheimnis der so verschieden wirkenden Natur liegt, weiß man nicht. Sicher bleibt das: So wenig wie eine und dieselbe Nahrung für jeden passt, ein und derselbe Kleidungsstoff jedem angemessen, ein und dasselbe Klima jedem zuträglich ist, so wenig wie ein und dieselbe Beschäftigung jedem zusagt, ein und derselbe Geist jeden beseelt, so wenig passt ein und dieselbe Kur für jeden Kranken. – Es ist in dieser Sache unglaublich viel Vorurteil vorhanden, sowohl in der wissenschaftlichen Medizin als [auch] in der Naturheilkunde. Wohl jedem, der von seiner Heilart durchdrungen und überzeugt ist; doch anderen diese seine Heilart und damit gleichsam seine Natur aufdrängen zu wollen, das möge er bleiben lassen. Solches Aufdrängen zeugt zwar von einem guten Herzen, aber auch von einer nur geringen Menschenkenntnis.

Eins vom Pfarrer Kneipp

Gute Leute! Wir leben nicht recht! *Seb. Kneipp*

Am 26. April 1892 war die Bevölkerung von Graz wieder einmal in einer außerordentlichen Bewegung. Gegen Abend rollten Hunderte von Wagen, vom Einspänner angefangen bis zur Herrschaftskutsche, bei strömendem Regen hinaus zur Industriehalle, die an dreitausend Personen fasst, und heute trotzdem zu eng zu werden drohte. Daneben eine Völkerwanderung von Fußgehern aus allen Ständen, auch Landleute, Nonnen und Mönche darunter, welche sonst nicht das Publikum der Industriehalle sind. Viele wanderten hinaus, um einen Heilsapostel zu sehen und womöglich sein Kleid zu berühren; viele, um einen „Scharlatan" sprechen zu hören und vielleicht gar zu entlarven; und wieder andere gingen hin, um den alten Pfarrer Sebastian Kneipp kennen zu lernen, der von der fernen Schwabengrenze hergekommen war, um den Grazern einen Vortrag zu halten über naturgemäße Lebensweise und über sein Wasserheilverfahren.

Durch die weiten prächtigen Räume wogte es. Die hohen Preise der besseren Plätze hatten nicht vermocht, zurückzuschrecken. Die Rednerbühne war mit Kränzen geschmückt, auf dem Pulte lag, wahrscheinlich von huldvoller Frauenhand gespendet, ein mailicher Blumenstrauß. Groß war die Erwartung des Publikums. Publikum! Nein, zum Propheten kommt nicht das Publikum, sondern das *Volk*.

Endlich erschien er. Eine gedrungene Gestalt im schwarzen Talare. Ein klobiger Bauernkopf mit weißem Haar. Die Züge eines strengen Landpfarrers, welche durch mächtige schwarze Augenbrauenbüschel fast finster erscheinen. Die ganze Erscheinung zeigt uns sogleich, dass wir es hier nicht mit einem Durchschnittsmenschen, sondern mit einer eigenartigen Persönlichkeit zu tun haben. Vielleicht sollte man sich die Erscheinung Martin Luthers so vorstellen, um seine Macht zu begreifen.

Als Pfarrer Kneipp zur Tribüne hinanstieg, brauste durch die Räume ein rauschender Willkommensgruß, der erst endete, als der Erschienene ihn mit der Hand energisch abgewinkt hatte.

Ohne dem schönen Blumensträuße auch nur die geringste Beachtung zu schenken, begann er stehend seinen Vortrag. Er sprach mit kräftiger Stimme im Predigertone; sein Hochdeutsch neigte sich der schwäbischen Mundart zu. Diese ward später, als er mehr in einen gemütlichen Vortrag kam, noch merklicher und wahrlich nur zum Vorteile des Ganzen.

Pfarrer Kneipp sprach vollkommen ungekünstelt, urwüchsig, manchmal mutete seine Rede an wie Chronikenstil. Fast kein Fremdwort kam vor, jeden gelehrten Ausdruck vermied er, auch jede wissenschaftliche Begründung; das Wirksame seiner Rede liegt in den Beispielen, die er erzählt, von den Erfolgen der von ihm gelehrten Lebensweise und Heilmethode. Die Beispiele sind aus dem Leben, die Sprache ist aus dem Leben, die Sache, die er lehrt, ist von der tiefsten Überzeugung des Redners getragen – das ist das Geheimnis seines Erfolges. Dazu kommt der echt volkstümliche Humor, welcher dem alten Herrn zu Gebote steht und der nicht allein bei gewöhnlicheren, sondern auch bei feingebildeten Leuten einer Wirkung sicher sein darf. Und endlich kommt noch das Wichtigste, die Liebe zum Menschen, das glühende Verlangen, ihm in seinen Leiden zu helfen, welches bei Kneipp wohl außer allem Zweifel steht.

Von Weltleuten, die selbst keine Überzeugung, keinen Glauben haben an ihre Persönlichkeit, an ihr Können, an ihren Beruf, kann man oft hören, dass sie auch anderen diese Zuversichtsfähigkeit absprechen. Weil sie schon aus Prinzip an nichts glauben, so glauben sie auch nicht daran, dass zum Beispiele der Priester das, was er predigt, selber glaubt. Es mag ja wohl einzelne Geistliche geben, die ihren Glauben heucheln müssen oder die wenigstens vom Zweifel angefressen sind. Im Ganzen bin ich überzeugt, dass der hohe wie der niedrige Priester an seinen Beruf, an seine Lehre glaubt. Wie wäre es bei ihrer Erziehung und Schulung auch leicht anders möglich! Hinreißen und überzeugen kann aber nur *der* Lehrer, welcher von der Wahrheit seiner Lehre selbst felsenfest überzeugt ist. Und das ist bei Pfarrer Kneipp gewiss der Fall. Und dass der Glaube nicht allein selig, son-

Sebastian Kneipp (1891)

dern auch gesund macht, ist eine Tatsache, die in gewissem Sinne nicht einmal der gröbste Naturalist zu bestreiten wagen darf.

Man hört, dass manche Ärzte gegen Kneipp lebhafte Stellung nehmen. Ich sehe dazu im Ganzen keine Ursache. Kneipps Gesundheitslehre ist wohl auch nichts Neues und sie ist seit jeher von den Ärzten anerkannt. Nahrhafte Kost, Mäßigkeit, Zweckmäßigkeit in Kleidung, Wohnung, entsprechende körperliche Tätigkeit und Abhärtung – das sind die Hauptgebote des Pfarrers Kneipp. Aus diesen geht zum Beispiel hervor: Du sollst keinen Kaffee, keinen Tee, keine alkoholischen Getränke trinken, du sollst die natürlichen Nahrungsmittel nicht verfeinern, verfälschen, du sollst selbst von guter Nahrung nicht so viel essen, bis du vollkommen satt bist. Du sollst keine einengenden naturwidrigen Kleider tragen, kein Mieder, keine hohen Stöckelschuhe, keine engen Halskrägen. Pfarrer Kneipps Colare ist so weit, „dass auch noch neben dem Hals ein Füchsle mitsamt dem Schweif hineinkunnt". (Eins mag wohl ohnehin schon drinnen sein, will ich schier vermuten, gereicht ihm auch zu keiner Schande.) Ferner Schlafen bei offenem Fenster, Holzschneiden, zeitweiliges Barfußgehen und Anwendung von kaltem Wasser. Schon die kleinen Kinder mehrmals die Woche in kaltes Wasser tauchen, aber nur zwei Sekunden lang, nicht länger. Reichtum und Behaglichkeit geben keine große Hoffnung auf langes Leben. Die ältesten Leute in Kneipps Pfarre Wörishofen sind nicht etwa die Wohlhabenderen, sondern gerade Arme: Dienstboten, Häusler, Einleger. Und von wem hat Kneipp das Rezept zu seiner berühmten Kraftsuppe bekommen? Von einem alten Bettelmanne. Getrocknetes Schwarzbrot zu kochen! Und wo wächst *unser* Kaffee? Nicht draußen in fremden Weltteilen, sondern auf unseren heimischen Roggen- und Weizenfeldern. Die Körner dörren, rösten, auf der Kaffeemühle mahlen; soll mit Milch und wohl auch Zucker das köstlichste Getränk geben. Von Kaffee und Tee sei Letzterer noch der größere Lump. Aus unseren Heublumen weiß Kneipp ein ähnliches, aber vielleicht weniger schädliches Getränk herzustellen, als der teuere nervösmachende russische Tee es ist. Den Nährstoff, welcher in einem Liter bayrischen Bieres enthalten, will Pfarrer Kneipp auf seinem Fingernagel anhäufen, „und wird gar kein groß Häuferle" sein. Es ist vieles gefehlt. Wir überladen den Magen, ohne ihn zu sättigen, wir strengen uns an, ohne uns abzuhärten – davon die große, furchtbar zunehmende Schwäche unter den Leuten, davon die Nervosität, der Lebensüberdruss, ja selbst die sozialen Nöte. – „Gute Leute!", rief er, „wir leben nicht recht!" Das Wort war so gesprochen, dass es mir durch Mark und Bein ging.

Wir leben nicht recht! Ja muss denn erst aus Schwaben einer kommen, der uns das sagt? Haben wir nicht auch im eigenen Lande Lehrkanzeln und berufene Männer, die uns immer und immer wieder vernünftige Lebensweise predigen sollen? Und haben wir nicht an uns selbst die größten Lehrmeister: Not, Elend, Krankheit? – Aber nein, wir glauben es erst, wenn aus der Ferne ein Mann im Gewande des Propheten zu uns kommt, der mit mächtiger, von Zorn und Menschenliebe durchzitterter Rede es uns zuruft: Gute Leute, wir leben nicht recht! [...]

Die Lehre dieses Priesters hat nicht allein himmlische, sondern auch irdische Glückseligkeit im Sinne. Und das vereint sich recht gut. So wie die Gesundheit des Leibes nur durch Tugenden der Seele erhalten werden kann, so gibt sie der Seele Frohsinn und Glück zurück. Wenn ein Priester Tugend predigt, so predigt er Gesundheit und umgekehrt. Es wäre daher völlig in Ordnung, wenn Pfarrer Kneipp auf der Kanzel und in der Schulstube Nachahmer fände.

Wie Kneipp dazugekommen, ein Wassermann zu werden? In seinen vierziger Jahren war er kränklich und körperlich so herabgekommen, dass er sich des Morgens nicht ankleiden konnte, ohne dabei ein paarmal ausruhen zu müssen. Damals kam ihm ein Büchlein über die Kaltwasserkur in die Hand; er versuchte es mit diesem Mittel, wurde gesund und stark, riet es anderen, und diese wurden auch gesund. Er machte allerlei Versuche, die Kuren mehrten sich und glückten, er kam in den Ruf eines Wasserheilkünstlers.

„Wer vor Jahren mir gesagt hätte, dass ich einmal vor einer solchen Versammlung über Gesundheit, Wasser und Wohlergehen reden würde! Hätte gedacht: eher in kurzer Zeit sterben." Nun es war doch so gekommen, und jetzt sieht er „in diesem Weingarten des Herrn" als Gesundheitsapostel seine hauptsächliche Lebensaufgabe. Seine Gesundheit ist heute eisenfest. Von Salzburg her reiste er die ganze Nacht bis Graz, hier machte er an demselben Tage Besuche, ließ sich zu Mahlzeiten laden, besichtigte die Stadt, Kirchen, versuchte in Letzteren die Akustik, bestieg den Schloßberg, sprach dann in der Industriehalle stehend zwei Stunden lang vor Tausenden von Menschen, fuhr in derselben Nacht nach Wien, wo er am nächsten Tage im Musikvereinssaale fast drei Stunden lang redete; gleich darauf vor geladenen Gästen noch einen zweiten Vortrag hielt, und reiste dann unverzüglich nach seinem Wörishofen, wo viele hundert Kranke seiner harrten. Für einen einundsiebzigjährigen Greis ist das eine hübsche Leistung! Und wenn er ein Fähnlein von nur hundert Mannen hat, die durch seine Kur so tapfer dastehen, so glaube ich schier selber, dass er damit die Welt erobern könnte. Denn offen gesagt: Unserer Heilkunde gegenüber, die leider stark mit Giften arbeitet, dürfte es wirklich nicht gar so schwer sein, durch Naturmittel Erfolge zu erzielen, durch welche sich jene – gedemütigt fühlen möchte.

Doch wie bemerkt, ich lege die Bedeutung Kneipps nur bedingt auf sein Wasserheilverfahren, unbedingt aber auf sein Volkstümlichmachen einer naturgemäßen Lebensweise. Wenn ich gesund *werden* will, ist guter Rat teuer; wenn ich gesund *bleiben* will, muss ich mich an die Vorschriften halten, die Pfarrer Kneipp aufstellt – die freilich uralt sind, jedoch von unserer verweichlichten und verliederlichten Zeit gar verachtet und vergessen werden.

Dass wir körperlich degenerieren, ist eine allgemeine Klage. Die Wissenschaften haben es bisher nicht vermocht, Leben und Sitten so zu gestalten, wie es für Gesundheit und langes Leben am besten wäre. Im Gegenteile: Auf *geistige* Ausbildung wird das Hauptgewicht gelegt.

Merkwürdig, solange die Menschen noch idealistischer angetan waren, hat die Körperkraft sich viel mehr entwickelt als jetzt, wo man vor lauter Naturalismus für die Natur keine Zeit mehr hat. Unmittelbar darf nichts vor sich gehen: Die Naturwerte sollen sich erst in geistige Werte umsetzen, bis sie das Recht haben, mühsam wieder auf natürlichem Wege zu dienen.

Pfarrer Kneipp sagt den Büchern nach, dass das durchschnittliche Menschenalter von vierunddreißig auf achtundzwanzig Jahre herabgesunken sei, dass es aber durch eine vernünftige Lebensweise auf vierundfünfzig Jahre hinaufgebracht werden könne. Ich glaube, dass man derlei leicht sagen, aber schwer beweisen kann. Wenn in diesem Jahrhunderte das menschliche Leben auch vielleicht nicht kürzer geworden sein mag, so trieben wir doch schon lange genug Kulturarbeit, um erwarten zu dürfen, dass die Durchschnittszahl des Lebens sich endlich ein wenig erhöhe. Die Zahl der Lebensjahre ist mir der sicherste Gradmesser dafür, ob unsere Kultur die richtige ist oder nicht. Stutzig geworden ist man jedenfalls, denn eine sehr lebhafte Bewegung für eine gesundheitsgemäße Lebensweise, für ein naturgemäßes Heilverfahren geht heute durch die Lande. Wohl zumeist von Laien geht sie aus, aber auch mancher Mann der Wissenschaft hat sich ihr angeschlossen. Und einer der einflussreichsten, vielleicht gegenwärtig der bedeutendste Apostel der naturgemäßen Lebensweise ist der Pfarrer Sebastian Kneipp zu Wörishofen. Man braucht ja nicht in allem mit ihm einverstanden zu sein. *Das* Verdienst – und es ist ein großes – muss man ihm doch zugestehen, dass er seine Sache eindringlich und glaubhaft vorzubringen weiß, und zwar durch die Macht der Persönlichkeit. Ist diese Persönlichkeit vergangen, dann wird dieselbe Sache, wenn sie die Wahrheit ist, unter anderem Namen bestehen, und da werden Kurzsichtige sagen: Kneipp hat sich auch überlebt. Und doch wird es nicht so sein. Das Verdienst, alte Wahrheiten wieder zu Ehren zu bringen, wäre ja jedem zugänglich – und oft fällt mir jener Arzt ein, der mir einmal gesagt hat: „Meine Aufgabe sehe ich darin, die Gesunden gesund zu *erhalten*, die Kranken gesund werden zu *lassen*, aber sie gesund zu *machen*, das kann ich nicht." Größtenteils steht auch Pfarrer Kneipp auf diesem Standpunkte, aber barfuß, und daran sehen manche – seine Achillesferse.

Bin ich gesund oder krank?

Ein Prüfstein und Ratgeber für jedermann von *Louis Kuhne*.
(Leipzig. Th. Grieben. 1892)

Ein Reklameschriftchen zur Anpreisung von Kuhnes großer Reklameschrift „Die neue Heilwissenschaft". Diese wieder gipfelt in der Anpreisung von Kuhnes Heilanstalt in Leipzig. Nebenbei sind diese Schriften Polemiken gegen die „Schulwissenschaft". Der Hauptgedanke des Kuhne'schen Heilsystems besteht darin, dass jede Krankheit durch Fremdstoffe verursacht wird, die im Körper sind, und dass diese Fremdstoffe ausgetrieben werden müssen, was hauptsächlich durch Wasserkuren geschieht. Das ist ganz nach dem alten Volksglauben, der sich die Krankheiten im Körper als feindliche Wesen denkt, die so oder so ausgetrieben werden können. Die „Schulwissenschaft" ist bekanntlich ganz anderer Meinung. Leider schlägt sie ihre oft scharlatanartigen Gegner weniger mit ihren praktischen Erfolgen als mit ihren Theorien.

Merk's, Trinker!

Der Spiritus, mein du,
Macht frisch und stark,
Doch braucht der Lump dazu
Dein eig'nes Mark.

Ein deutsches Laster

Der Mann, der jetzt ein offenes Wörtlein zu euch sprechen will, trinkt auch gerne manchmal ein Glas Wein und nicht abhold ist er der glücklichen Seelenlabe, die daraus hervorgeht. Wenn er aber befragt würde um seine Meinung darüber, was eine Hauptursache unseres sozialen, wirtschaftlichen und moralischen Elendes sei, so müsste er antworten: das Trinken.

Trinken ist nicht das richtige Wort für das, was ich sagen will; denn trinken wird man, um den Durst zu stillen, was darüber ist, das hat einen ganz anderen Namen. Das Glas Wein, oder die paar Glas Bier, die nötig sind, um den Durst zu stillen oder uns zu erquicken, genügen auch, um jene fröhliche und bewegliche Stimmung zu schaffen, die sich der Deutsche denn einmal vom Alkohol entlehnen zu müssen glaubt. Was darüber ist, schadet dem Körper und dem Geist und wird die Ursache so vielen

Elendes und Unheils, das wir gerne anderen Gründen zuschreiben möchten. Die Zeit- und Geldvergeudung, die Arbeitsunlust, der Leichtsinn, die Geilheit, die Verrohung, die Verarmung, der Blödsinn – kurz: Die Entartung nimmt am liebsten ihren Ausgangspunkt vom Trinken. Einsichtsvollere und praktischere Völker, wie die Engländer, die Amerikaner, haben seit langem schon den Kampf aufgenommen gegen Trunksucht und Völlerei. Die sogenannten Temperenzler sind keine Sekte, die etwa aus rein religiösen oder rein moralischen Absichten dieses Laster bekämpfen, vielmehr ist ihre Aufgabe eine praktische, staats- und kulturerhaltende, den gesellschaftlichen Wohlstand fördernde. Und ihre Tätigkeit erzielt besonders in England die erfreulichsten, ganz ungeahnte Erfolge. Wenn auch der Staat, die Schule, das Kirchentum mit der bedeutsamen Bewegung hübsch zu allen Zeiten Hand in Hand gehen mögen, dann wird der Dämon besiegt werden, der uns zum Tiere zu machen droht.

Auf deutschem Boden sieht's allerdings anders aus. Hier wird das Trinken zu einem förmlichen Kultus erhoben. [...]

Ich glaube fast, dass der von Natur schwerfällige Deutsche die ihm nötige Begeisterung künstlich schaffen muss, um mit den leichtblütigen Romanen es aufnehmen zu können. Darum sei ihm zur rechten Stunde ein gutes, frisches Glas von Herzen gegönnt. Aber so viel sollte er wissen, wann er genug hat. Allerlei anderes Wissen wollte ich ihm erlassen, nur die eine Fähigkeit soll er haben: zu erkennen, wann er genug hat. Und noch so viel Rest von moralischer Kraft, um aufzuhören, wenn er erkannt, dass er genug hat! Denn sich Frohsinn, Begeisterung antrinken zu wollen und sich bis zur Dummheit durchzusaufen, das passiert so vielen. Und nichts Verächtlicheres auf Erden als ein sich blöde gesoffener Mensch.

Man braucht nicht gerade im Straßengraben zu verenden oder am Säuferwahnsinn zu sterben; die meisten Trinker gehen anders zugrunde, und doch durch das Trinken. Jeder, der diese Zeilen liest, soll nur einmal Umschau halten in seinem Bekanntenkreise, und er wird Personen finden, die durch das lange Sitzen im Wirtshause von ihrem häuslichen Glücke, von ihrer Wirtschaft, von ihrer Tüchtigkeit, von ihrer Vertrauenswürdigkeit, von ihrer sittlichen Kraft, von ihrer Gesundheit verlieren. – An allen Orten ist das zu finden.

Und diese Erscheinung sollte nichts bedeuten oder nur wenig? Sie bedeutet nicht mehr und nicht weniger als ein Verlottern und Verkommen des Volkes. Ein strebsamer, zielbewusster, lebensmutiger Mensch wird sich nie dem Trunk ergeben, außer er ist kindisch eitel und vermeint, durch Trinken seine Tüchtigkeit einmal manifestieren zu müssen. Ein solcher Jüngling setzt seinen Stolz darein, viel zu trinken; es kommt ihm oft sauer genug an, allein der Ehre muss man Opfer bringen. Als Mann schon ist er ein gefesselter Knecht des Lasters, dem er in Anwandlungen von Vernunft gerne entkommen möchte und nicht kann. Der Greis – ? „Mutige Trinker werden niemals Greise!", singen sie. Etwas Wahres mag daran sein – aber anders, als sie meinen.

Das deutsche Volk hat herrliche Tugenden. Wenn es ihnen nachlebt, dann darf uns nicht bange sein. Wenn es aber in seinen nationalen Lastern mit trägem Behagen untertaucht oder aus denselben gar nationale Tugenden machen will, dann – ?

Stammesgenossen! Einige von euch Bierbegeisterten werden mich wahrscheinlich wieder anfallen, weil ich den Deutschen ihr „frisches fröhliches Trinken" lästere und also ein Renegat am Volkstume bin. Und doch sage ich es euch in aller Ruhe: Wenn ihr das Laster des Suffes, das ohnehin im deutschen Blute liegt, auch noch in jeder Generation systematisch großzieht, wo inmitten starker und schlau lauernder Nachbarn ein klarer Kopf, ein nüchterner Sinn noch notwendiger ist als ein scharfes Schwert – wenn ihr eure nationale Begeisterung erst mit Bier auffrischen, euere Zeit und euere Sorgen und euer Geld in Bier und Schnaps versenken müsset, dann werdet ihr immer mehr versimpeln und versumpfen und bald ein Spott der Nachbarvölker sein.

Ein verhängnisvolles Laster unseres Volkes

[...] Wo gäbe es etwas Widerlicheres als einen vollgesoffenen Menschen, auf der Erde sich in Krämpfen windend, wenn seine eigene Natur sich wider ihn empört und ihn platzen machen möchte aus Wut darüber, dass er sie entehrt hat! Das sind die Gestalten auf der Straße und neben derselben, wenn du am Sonntag durch das schöne Land gehst. Der Halbkretin ist ein Weiser; im Vergleiche zu dem im Rausche lallenden Schwätzer, der mit seiner Kraft prahlt, während er in den Straßengraben taumelt, der rülpsend immer das eine zynische Wort wiederholt, weil ihm das zweite nicht mehr einfällt. Grunzend wie ein Schwein überlässt er sich unzüchtigen Vorstellungen, nur noch einen Willen bekundend, aber zu ohnmächtig, um ihn auszuführen.

Ein vergifteter Mensch! Ein unter Obhut des Staates systematisch zum Tiere vergifteter Mensch!

Der Staat lässt kein öffentliches Ärgernis gelten, er bestraft den Verführer, den Majestätsbeleidiger, den Gotteslästerer, er bestraft den Selbstschänder und Selbstverstümmeler, aber den Besoffenen, in dem sich alle diese Laster vereint zeigen, bestraft er nicht. Was muss doch die Besoffenheit für eine heilige Sache sein, dass sie alles heiligt, alles erlaubt, wenigstens alles entschuldigt, was unter ihrer Fahne geschieht! Wahrlich, es gibt gewisse Satzungen, die selber im Rausche entstanden zu sein scheinen.

Ich würde in Hinblick auf obige Erscheinungen den Alkohol unter die Gifte der Apotheke stellen, die wohl als Medizin oder Erfrischung angewendet werden dürfen, als Genussmittel aber verboten sind. Willst du das nicht, Staat? Hast du auch sonst kein Mittel, dem abscheulichen Laster zu steuern? Dann werden dir die Geschlechter der Nüchternen, die übrigbleiben, einst einen ungeheuerlichen Vorwurf zu machen haben. Sie werden sagen: Der Hausherr hat seine Schützlinge verkommen lassen. – Bin nicht sicher, ob du mir wegen dieser kecken Worte nicht die Schrift wegnimmst. Aber schau, es ist unerhört, und wer noch ein bisschen Liebe für Staat und Volk hat und sehen muss, wie abscheulich gewisse Krebsschäden, voraus der der Trunksucht, walten, ohne dass dagegen radikal vorgegangen wird, dem ist es unmöglich, zu schweigen. Freilich: Auch in anderen Ländern herrscht die Völlerei, und der Staat sagt gerne, er könne nicht der Zuchtmeister sein. Ja, warum denn nicht? Ist er doch in so vielen anderen Dingen, die weniger wichtig sind, die persönliche Freiheit oft nur zu sehr einschränkend, der Zuchtmeister, warum gerade hier die unbegrenzte Nachsicht, wo durch den Alkohol unzählige Individuen, Familien, Völkerschaften degenerieren und zugrunde gehen müssen. Obendrein musst du dir, mein so einseitig toleranter Staat, von Bosnickeln nachsagen lassen, dass es dir lediglich nur um die Steuern zu tun sei, die die Alkohol-Getränke dir einbringen. Dass du diese niederträchtige Verleumdung schweigend über dich ergehen lassest, ist wohl der beste Beweis deines guten Gewissens. Welcher Staat würde sein Volk schädigen lassen, eines Geldgewinnes wegen, den er dann doch wieder auf Krankenhäuser, Irrenhäuser, Zuchthäuser ausgeben müsste! Es wäre zu dumm.

Mein lieber Staat, du scheinst es bloß nicht zu wissen, wie sehr das Laster des Trunkes in unserem Volke überhandnimmt oder wie schädlich es wirkt. Du wunderst dich nur über den wirtschaftlichen Ruin der Geschäftsleute, über die Degeneration der Rekruten, über die ungeheuer zunehmende Nervosität und Übervölkerung der Anstalten für Geisteskranke. Du wunderst dich darüber und begünstigst die Bier-, Wein- und Schnapsfabrikation, erteilst jeder Hütte, die am Berg steht, Lizenz für ein „Wirtshaus", und es fällt dir als liberaler, moderner Staat nicht im Traume ein, den Wirten vorzuschreiben, dem Zecher über ein gewisses Maß hinaus nichts mehr einzuschenken. Letzteres würde auch nicht viel nützen, denn erstens fehlt die Überwachung, und zweitens geht der Lump bekanntlich von einem Wirtshaus zum andern.

Also, da ist nichts zu machen, der Staat zuckt die Achseln und sagt schließlich, derlei Angelegenheiten gehörten in das Fach der Schule und der Kirche. Diese Anstalten hätte er für solche Zwecke geschaffen. Nun, die Schule tut, was sie kann; unter den obwaltenden Umständen kann sie leider nur sehr wenig, sie ist überbürdet und obendrein gebunden. Soweit es in ihrer Macht liegt, arbeitet sie ja ohnehin dem Finanzminister auf das Feindseligste entgegen, um ihm die Spirituosensteuer möglichst zu verderben. Mich möchte es gar nicht wundern, wenn so ihrer etliche polnische Schnapsbrenner gegen den Kultusminister klagbar würden, weil der in seinen Schulen die Leute vor dem Branntweintrinken warnen lässt. Der eine Minister verlangt von so einem armen Schnapsgrafen die hohe Steuer, der andere predigt gegen sein Geschäft den Boykott, das ist ja doch zu toll! – Nicht?

Nun, und die Kirche? Scheinbar ist auch die vom Kultusminister abhängig, tatsächlich ist sie ziemlich ungebunden und könnte daher ganz gut eigenmächtig einen viel gewaltigeren Feldzug als die Schule gegen den Alkohol unternehmen, ohne jede Rücksicht auf Minister, Steuerämter und Schnapsgrafen. Freilich wohl sonst legt sie ein Hauptgewicht auf die Sittenlehre, und es wird ihren hohen Einfluss auf die Gesittung der Völker ja niemand leugnen. In den gegenwärtigen Tagen jedoch hat sie etwas Wichtigeres zu tun. Sie muss wieder einmal den Glauben, die Dogmen verteidigen, sie muss andere Bekenntnisse bekämpfen, verdammen, sie muss gegen die „Freimaurer" wettern, gegen den interkonfessionellen Staat und seine Schule streiten usw. – Sie hat durchaus nicht Zeit, sich um die Menschlichkeit und das Wohl des Einzelnen in der Gemeinde genügend zu kümmern, Körperschaften zu stiften, Anstalten zu gründen, tatkräftig zu unterstützen, die erziehlich und führend in den Massen des Volkes wirken, die den Schwachen ein Hort, den Gefallenen ein Aufrichter seien, die endlich auf den Staat einwirken sollen, dass er je nach Umständen und Bedarf sich seiner Mitglieder annehme, dass sie nicht zugrunde gehen. Einigermaßen machen das die Protestanten besser, sie organisieren fortwährend Vereinigungen gegen sittliche und soziale Schäden, sie gehen stets Hand in Hand mit ihrem Staate, sie wissen großmögende Menschen für die Übel und das Wohl des Volkes zu interessieren, kurz, sie arbeiten opferfroh und lebendig mit zur Besserung der sittlichen Zustände, zur Hebung des Volkswohles.

Es ist kein Wunder, wenn manchmal Stimmen laut werden, als seien alle katholischen Staaten im Niedergehen und alle evangelischen Reiche im Aufblühen begriffen; wer sich in der Welt ein wenig umgesehen hat, der weiß, wie unterschiedlich im Allgemeinen von einem evangelischen und einem katholischen Pfarrhof aus gewirkt wird. Ich habe für den katholischen Pfarrhof Verehrung, in sehr vielen derselben herrscht christliche Liebe, Opferfreudigkeit, Entsagung, Heroismus. Aber es fehlt der Impuls von oben für jenes *praktische Christentum*, das sich den Bedürfnissen des Volkes, den Verhältnissen der Zeit anschließt. Es wird ja gewiss auch in unseren Gemeinden das Gute gelehrt bei jeder Predigt, Christenlehre und Beichte; aber dabei bleibt es, und zum wirklichen, persönlichen, tatkräftigen Eingreifen zur Hebung der Sittlichkeit im Volke kommt es selten. – Das sind harte Worte, aber ich sehe es nicht anders!

Und derweil in unseren Tagen einer seltsamen Religionsbewegung da oben auf den Lehrstühlen gestritten wird, ob katholisch, ob evangelisch, gehen die armen schwachen, lichtlosen Menschen moralisch zugrunde. Diese bleiben katholisch, glauben damit genug zu tun, sündigen und sinken; oder sie werden evangelisch, glauben damit alles gewonnen zu haben, sündigen und sinken. Während die Hirten um ihre Schafe ringen, verlaufen sich diese Schafe, springen ungeheuerlichen Leidenschaften in den Rachen, trinken aus giftigen Pfützen, stürzen in Abgründe.

Seelsorger! Ihr heißet ja so, ihr wollt es gewiss auch sein. Machet besonders an Sonn- und Feiertagen einmal die Augen auf und sehet zu, was in euren Hürden vorgeht. Vieles, was ich beobachte, ist durchaus nicht christlich, nicht einmal menschlich. Es ist das verfluchte Laster des Suffes, das so viele andere Laster und Übel in sich birgt. Es ist das verfluchte Laster des Suffes, in dem ich den *Hauptkrebsschaden* unseres armen Volkes erblicke. Saget, ihr Priester und ihr Pastoren, nicht bloß, dass eure Kirche die segensreichste ist, zeiget auch in der Tat, welchen Segen sie spendet, was sie vermag. Lasset das unsinnige Polemisieren gegen andere Bekenntnisse, überbietet mit sittlichen Erfolgen eure Gegner. Saget nicht, wir können nichts dafür, dass die Leute nicht in unsere Kirchen kommen, sondern ihren Lüsten nachlaufen – zeiget bloß, dass eine starke, göttliche Kirche auch die Sünder zu retten vermag.

Nicht etwa, als ob man die Kirchen so leichthin verantwortlich machen wolle für die Laster des Volkes; doch diesen Lastern mit aller Tatkraft entgegenzuwirken, durch Wort und Werk im Volk die Sittlichkeit zu beleben und zu heben, das ist ihre wichtigste christliche Aufgabe.

Gegen die künstliche Kinderernährung

Die Menschheit will sich verjüngen, ihr verlangt's nach – der *Mutterbrust*. In Wien und Berlin hat sich eine Bewegung erhoben mit dem Bestreben, alle Mütter zu bewegen beziehungsweise es ihnen möglich zu machen, ihre Kinder an eigener Brust zu stillen. Mütter aus ärmeren Klassen zahlen vorher geringe Beträge ein, die dann erhöht zurückkommen, wenn die Mutter entsprechende Nahrung braucht und das Kind zu stillen ist. Auch Hebammen werden prämiert, die Selbststillungen veranlassen und fördern. Die Ärzte mit ihrer künstlichen Kinderernährung haben viel gesündigt. Sie müssen endlich doch zugeben, dass in den meisten Fällen Selbststillung das beste Mittel ist, um Mutter und Kind gesund zu erhalten oder gesund zu machen, um die Hysterie zu bekämpfen und ein starkes Geschlecht zu erziehen. In moralischer Beziehung sind wir moderne Leute zwar so schamhaft geworden, dass wir nicht einmal Bilder, wie eine Mutter das Kind an enthüllter Brust säugt, mehr vertragen können, ohne sittlich verletzt, das heißt geil zu werden. Umso notwendiger ist die Mutterbrust, damit ein künftiges Geschlecht natürliche Kräfte gewinne und gesündere Empfindungen erziele. Ich habe dem betreffenden Vereine in Wien – er sucht Autographen, um sie für den Zweck zu Gelde zu machen – auch mein Sprüchlein geschrieben:

> Aus Mutterbrust und Heimatscholle
> Quillt das Leben dir, das volle.
> Der erste und der letzte Frieden
> Sei in *diesen* Ruhestätten,
> Erdenpilger, dir beschieden.

Homunkelfraß

Immer häufiger, immer lauter wird's gesagt, das könne nicht ewig so fortgehen, dass die Landwirtschaft verkommt und die Industrie zunimmt. Nachdem sie bald in allen Ländern anfangen werden, Industrie zu treiben, die Industrie als solche und aus sich heraus aber nicht Nahrungsmittel erzeugen könne.

Und nun hört man auf einmal auch andere Botschaften. Ja, die Industrie *könne* Nahrungsmittel erzeugen, und zwar aus anorganischen Stoffen, aus Elementen, wie sie überall vorkommen. Aus Erde, aus Wasser, aus Luft werde die Industrie einmal gerade so gut Zucker, Stärke, Eiweiß erzeugen können, wie es jetzt der Kornhalm kann oder der Obstbaum, und um diese Nahrung zu konzentrieren, brauche man nicht erst das Rind, das Schwein usw. dazu, das besorge die Retorte des Chemikers auf viel kürzere und einfachere Weise. Vorläufig will man die natürlichen botanischen Organe noch benützen, den Halm, den Obstbaum, das Kartoffelkraut. Da der Boden durch vielhundertjährigen Raubbau aber ausgesogen ist, wir jedoch zu wenig natürliche Dungmittel besitzen, um ihn wieder ertragsfähig zu machen, so fabriziert man jetzt Kunstdünger, indem man durch Elektrizität aus der gewöhnlichen Luft den Stickstoff zieht und den Stickstoff an Kalkstoff bindet. Stickstoffkalk befruchtet den Boden. So könne man hier schon sagen, die Industrie schaffe indirekt Nahrungsmittel. Aber die Industrie schafft bereits auch direkt Nahrungsmittel. Man hört von künstlicher Eiweißerzeugung, und die Chemiker sind leidenschaftlich beschäftigt mit Versuchen, durch Elektrizität und Wärme in der Retorte Kohle, Schwefel, Wasser, Eisen zu einem schmackhaften Saftbraten zu verbinden.

Die Botschaft hör' ich wohl – halte sie aber vorläufig für ein Kunstprodukt aus der Fabrik. Vielleicht will man mit solchen Promessen auf die Zukunft der Landwirtschaftspartei Sand in die Augen streuen. Was plagt ihr euch denn mit dem armseligen Feldbau, mit der Obstkultur, die von jeder Wetterlaune abhängig ist, mit der längst nicht mehr rationellen Viehzucht! Ist es nicht viel einfacher und billiger, den Kuchen, das Gemüse, das Beefsteak, den Wein aus der Fabrik zu holen? – Manchen Wein müssen wir zwar schon lange aus der Fabrik holen, aber der schmeckt uns nicht recht und macht Kopfweh. Wir besorgen, dass es mit den anderen Nahrungsprodukten aus der Retorte auch so sein könnte. Mehl aus Gips und Milch aus Wasser hat man auch bisher schon verstanden zu produzieren, aber wir halten nichts davon. Der natürliche Mensch wird für künstliche Nahrung kaum zu haben sein. Es ist ja möglich, dass man unter Umständen einmal nahrungsähnliche Produkte chemisch herstellt und dass – wenn die Landwirtschaft ganz hin ist – die Menschen versuchen, aus Steinen Brot zu machen und von der Luft zu leben, aber dann ist Matthäi am letzten. Wie man bisher Kolonien, Gebiete in fremden

Weltteilen zu gewinnen trachtet, um die überschüssigen Industriewaren abzusetzen, so wird man nachher für die fabriksmäßig hergestellte Nahrung auch die entsprechenden Mägen und die dazugehörigen Menschen in der Retorte erzeugen müssen. Haben wir einmal den Homunkelfraß, dann wird bald auch der Homunkel da sein. Wohl zu speisen!

Von der Heilanstalt in Hörgas

Ein Freund aus dem Tirolerlande war bei mir, der war voll des Entzückens über unsere Steiermark; besonders verwunderte er sich über den „sozialaltruistischen Sinn" der Steirer – über die vielen Wohltätigkeitsanstalten des Landes. Er nannte ihrer so viele, dass ich selbst überrascht war, und zum Schlusse sprach er von unseren Anstalten zur Bekämpfung der Tuberkulose. Sie erstreckten sich, meinte er, übers ganze Land. Es werde – das habe er auf seiner steirischen Reise wahrgenommen – viel gewitzelt, aber wenig gedacht über das an den öffentlichen Orten angeschlagenen Verbot, „auf den Boden zu spucken". Wohin soll man denn?, hätte ein rabiater Mitreisender gefragt. Auf solche, die so fragen!, habe er geantwortet. Das war tirolisch grob, dafür saß es auch.

Forschung und Erfahrung haben gezeigt, dass es möglich ist, die schreckliche Geißel Tuberkulose zu überwinden. So rüstet man sich jetzt mit aller Energie. Unser Zentrum der Streitmacht gegen die Tuberkulose liegt im Mittelpunkte des Landes, dort, wo die Steiermark nahezu am lieblichsten ist. Dort haben hochherzige Menschen mit Mühe und Sorge und frohem Mut ein Haus gebaut, in dem die Leidenden Trost und Heilung finden sollen. An der Südbahnstation Gratwein steigt man aus, geht rechts gegen den Hügelzug, durch den Wald hinan und steht, nach etwa zwanzig Minuten auf die Höhe gekommen, überrascht still. Ein wunderliebliches Tal liegt vor uns. Es ist Frühjahr, die Wiesen und Felder grünen taufrisch, die Obstbäume grünen weiß und rosig wie das junge Leben. Dort, wo höhere Waldberge ansteigen, schmiegt sich zu deren Fuß ein geistliches Stift. In des Tales Mitte ruht anheimelnd ein stattlicher Meierhof und ganz nahe an uns, die wir aus dem Walde getreten, ragt ein neues, weitläufiges Gebäude, malerisch, im deutschen Stile. Einem Vergnügungsetablissement sieht es ähnlich, so freundlich einladend. Aber der Gesunde eilt vorüber und schaut sich das Haus von außen an. Es ist die neuerrichtete Tuberkulosenheilstätte. Die Heilanstalt Hörgas, wie sie nach der Gegend benannt wurde. Ein Stündlein von der Landeshauptstadt entfernt liegt sie da im Frieden und ländlich stiller Ruhe, von Sonnenschein überflutet, von Wald, Obstgärten und Matten umkränzt.

Wer hat dieses Asyl für Leidende in wenigen Jahren aus der Erde gezaubert? Niemand und jeder. Niemand hat es aus Eigenem erbaut, jeder der Spender hat dazu beigetragen. Energische, zielbewusste Männer haben sie mit Hilfe des Staates, des Landes, der Sparkassen, besonders aber durch öffentliche Privatsammlung gegründet. Keiner, der etwas dafür gab, hat deshalb weniger, jeder hat mehr. Jeder hat für seine, wenn oft auch nur kleine Spende ein großes Haus bekommen. Er hat ein großartiges Institut vor sich stehen, zu dem vielleicht er oder ein anderer ihm lieber Mensch einmal seine Zuflucht nehmen muss, und er hat das wohltuende Wissen, dazu seinen Baustein geleistet zu haben. Es ist etwas Göttliches um solche Werke, die niemand ärmer, wohl aber jeden reicher machen. So gesegnet ist ein Geschäft, das der Mensch mit dem Himmel schließt.

Draußen im Reich haben sie Gesetze, womit die Leute zur Errichtung oder zu Beiträgen solch gemeinnütziger Anstalten gezwungen werden können. Daher gibt es draußen sehr viel dergleichen Sanatorien, und die Tuberkulose wird in die Enge getrieben, dass es ein Vergnügen ist. Wir in Österreich müssen uns einstweilen für derlei mit freiwilligen Spenden behelfen. Das geht freilich kümmerlicher her, aber endlich richtet das warme Menschenherz so viel, manchmal sogar mehr aus als das kalte Gesetz.

Nebst Alland im Wienerwalde ist Hörgas bisher die einzige Heilanstalt für Tuberkulose in Österreich. Sie kostete nahezu eine Million Kronen, die durch freiwillige Spenden und Begünstigungen zusammenkamen. Sie hat einen Bestand von 108 Krankenbetten und nimmt nur heilbare Kranke auf, wovon sonst wohl viele unter altherkömmlicher und mangelhafter Privatpflege dem Untergange verfallen müssten. – Man wird nach der Höhe der Verpflegungskosten fragen. Die Anstalt hat drei Klassen. Erste Klasse, ein eigenes Zimmer, 9 Kronen für die Person. Zweite Klasse, mit einem Zimmergenossen, 6 Kronen. Dritte Klasse, gemeinsamer Wohn- und Schlafsaal, 3 Kronen. Für ganz Unbemittelte gibt es auch Rat. Die obersten hygienischen Hausgötter heißen Licht und Luft. Die Kur besteht außer einer nahrhaften Kost und sonstiger hygienischer Lebensweise in viel Spazierengehen und in viel Ausruhen; vor allem in strengster Reinlichkeit und Absonderung aller schädlichen Keimstoffe, für die tuberkulose Personen besonders empfänglich sind. Die Kurzeit für die Person ist in der Regel auf vier Monate bemessen.

Welch ein Bedürfnis und Segen die Anstalt Hörgas für Steiermark und Kärnten ist, beweist der Zuspruch, der schon im ersten Jahre groß war.

Lungenheilstätte Hörgas bei Gratwein

Zeitweilig haben aus Raummangel Aufnahme heischende Kranke abgewiesen werden müssen. Die Heilerfolge, besonders Zunahme an Körpergewicht, waren bei 66 Prozent der Kranken sehr gut, bei 31 Prozent mäßig, bei einigen blieb der Zustand gleich. Gestorben ist keiner. Im ganzen sind durchs Jahr 137 Personen behandelt worden. Die größte Anzahl von Tuberkulosen lieferten der Beamtenstand und die Fabriksarbeiter. Auch Studierende und Kaufleute waren viele darunter. Landwirte gab es nur vier. So predigen es nun auch schon die Tuberkeln in der Menschenbrust: Zurück zur Scholle! Das Lehrgeld ist so groß, dass es angezeigt erscheint, diesem Lehrmeister ehestens Gehör zu schenken.

Aber nun kommt der große Mangel unserer neuen Lungenheilanstalt. Sie hat keinen Platz für die Frau. Nur für Männer. Als ob es unter den Weibern weniger Tuberkulose gäbe. Und ist doch ihr Lebenszweck, ihr Beruf, besonders im Volke, ein aufreibenderer als jener der Männer. Gesunde Kinder soll die Frau gebären und säugen und ist doch ihr Körper allen Fährlichkeiten, besonders auch der Tuberkulose, in hohem Grade ausgesetzt. Nein, das wäre nicht für die Zukunft bedacht, wenn wir der Frau an dem modernen Lungenheilverfahren keinen Anteil lassen wollten. So ist es auch nicht gemeint, man kann nur nicht alles auf einmal. Wenn schon Gott Vater zuerst den Mann erschaffen hat, so ist halt auch zuerst an die Heilanstalt für Männer gedacht worden. Nun aber gilt es, unsere versäumte Ritterlichkeit zu betätigen, und ich glaube, die zweite Million zur Gründung eines Frauenabteils in Hörgas oder anderswo wird noch freudiger gespendet werden als die erste. Und das umso sicherer, als wir sehen, wie segensreich sich die erste bewährt. In diesem Sinne ist unsere Generation ja groß, dass sie weitschauender und opferwilliger für die Zukunft denkt und arbeitet, als es frühere Geschlechter getan haben. Unser soziales und politisches Haupttrachten besteht in der Vorbereitung einer besseren Zukunft. Wir persönlich können nur wenig von dem genießen, was wir jetzt so vielfach im großen Stile schaffen. Was wir unseren Mitlebenden an Liebe manchmal vorenthalten, das speichern wir mit vollen Händen für unsere Enkel auf. So wollen wir auch ans Wichtigste denken: *Unseren Nachkommen gesunde Mütter!*

Es wird bald ein herzliches Bitten ergehen um liebreiche Spenden zur Errichtung eines Abteils für brustkranke Frauen unbemittelter Stände. Unsere treuen, aufopferungsvollen Pflegerinnen: Wenn wir krank sind – sollten *sie* in ihrem Leiden verlassen sein? Nein, man fällt mir schon ins Wort: Alles das zu sagen, ist ja nicht nötig. Wir bauen die Frauenanstalt. Wir haben hierin an unserer Seite sogar unseren hohen Ritter. Nach dem Worte des Herrn: Was ihr diesen Armen tut, das habt ihr mir getan, wünscht unser geliebter Kaiser zu seinem sechzigjährigen Regierungsjubiläum nicht Fest und Prunk, sondern Werke der Barmherzigkeit und des Gemeinwohles. Was ihr den Armen tut, das tut ihr mir! – Wohlan! Dem Kaiser zur Ehre, dem Lande zum Wohle, den Frauen zu Lieb' wollen wir das Werk in Hörgas vollenden.

Über Erkältung

In den ersten Jännertagen starke Kälte. Das Zimmer war kaum auf 13 Grad zu bringen. Mir war immer kühl. Aber ich fand mich sehr wohl und frisch, aß gern, schlief gut, war viel im Freien. War aber den Damen dankbar, die mich etwa mit Goethes Wort: „Grüßet mit Neigen, grüßet mit Beugen des bedeckten männlichen Haupts; glaubt es nur, jede Dame erlaubt's" rechtfertigten, wenn ich nicht die Hand aus der Tasche zog, um das Haupt zu entblößen in der klingkalten Luft.

Wenn jemand erkrankt, so weiß man gleich die Ursache: *Er hat sich erkältet.* Könnte man vielleicht nicht manchmal eben so gut sagen: Er hat sich erhitzt? Kälte hat mir noch selten geschadet, Erhitzung oft, auch wenn darauf nicht rasche Abkühlung folgte. Natürlich wird man zugeben, dass Wärmeentziehung ungesund ist. Das aber weiß ich auch aus Erfahrung, dass ich selten zu leicht gekleidet bin, meist zu warm, und dann beginnt es während der Hitzung in der Luftröhre zu pfeifen, in der Brust zu röcheln. – Man kann erkranken vor Erkältung, besonders wenn Erhitzung vorausging. Und ich glaube schier, man kann krank werden vor Erhitzung allein.

Ich hatte einen Onkel, der war immer erhitzt und trug dreifaches Gewand, weil er sich vor Erkältung fürchtete. Es starb in seinen Vierzigerjahren. Mein Vater, ein hagerer Mann, trug stets leichtes Gewand; es war ihm immer kühl, im Winter oft empfindlich kalt, wenn er stundenlang in der frostigen Kirche kniete. Er hat seine Achtzigerjahre erlebt.

Weniger Fleisch!

Gegen die ganz brutale *Fleischteuerung* ist schon vielerlei versucht worden, nur nicht das Richtige. Vegetarier werden! Freilich bekommt man auch die Pflanzenkost nicht umsonst, ja mit der Nachfrage steigert sich auch ihr Preis. Doch mindestens um ein Drittel billiger als wir uns jetzt mit dem schlechten Fleisch, dazu köstlich und bekömmlich, nährt sich der Vegetarier. Wenigstens auf ein halbes Jahr könnten es gemeinsam die Hausfrauen versuchen, derweil werden die Ochsen billiger. Und dann, denke ich, werden viele sein, die nicht mehr zu den Ochsen zurückwollen, weil sie es nun wissen, dass man auch ohne sein Stück Fleisch und ohne seine Rindsuppe leben kann und noch dazu recht gut. Die teuerste Kost ist nicht immer die nahrhafteste. Die soziale Frage wäre zum Teil geschlichtet, wenn wir nicht so viel überflüssiges und überschüssiges Zeug durch die Gurgel in den Magen jagten.

Nie so sehr wurde ich von den Leuten mit schlecht verhehlter Verblüffung angeschaut als zur Zeit, da ich täglich zweimal reichlich Fleisch aß. Nichts als Haut und Knochen. Jetzt, sagen sie, sähe ich trotz mancherlei aus wie ein „Blasengel". Meine Nahrung ist folgende: Des Morgens ein Teller Rahmsuppe mit geröstetem Roggenbrot. Am Vormittag ein Glas saure Milch mit einem Stückchen Roggenbrot. Mittags eine Schale

Erbsensuppe, dann, aber nicht täglich, ein ganz kleines Stück gebratenes Fleisch mit viel Gemüse und dann noch eine leichte Mehlspeise. Zur Jause eine Schale Kneippkaffee mit einem Kipfel und des Abends einen kleinen Teller Grießsterz mit gekochten Zwetschken. Dazu ein Kelchgläschen Tiroler Rotwein. Schamrot werde ich im Aufzählen dieser Menge, es ist ja fast schwelgerisch, vielleicht würde die Hälfte davon genügen. Der Magen hat sich nie so brav geführt als nun, da ich größtenteils vegetarisch lebe. – Nein, ich bin an der Fleischteuerung gewiss nicht schuld. Doch am Billigerwerden möchte es schon beitragen, wenn man meinen Rat befolgen wollte.

Gegen die Trunksucht

Dass man auch ohne Wein oder Bier feurige und geistreiche Reden halten kann, hat der vor kurzem in Graz stattgefundene *Alkoholgegnertag* wieder gezeigt. Besonders von einer dieser Reden verspreche ich mir was. Es ist die Rede, die der Theologie-Professor Dr. Ude an die Geistlichkeit, an die Seelsorger gehalten hat. Dass diese in der Schule, auf der Kanzel und im Beichtstuhl aufklärend und warnend gegen den Alkoholgenuss wirken sollten. Ein rechtes Wort an die richtige Adresse. Bisher haben es die geistlichen Herren, die nebst den Ärzten Berufensten, in dieser Sache fehlen lassen. Mit gelegentlichen Phrasen über die Sünde der Unmäßigkeit gehen sie flüchtig hinweg über einen furchtbaren Schaden unseres Volkes, über den gründliche Belehrung von solcher Seite so nottäte. Und die Belehrung würde sich tun lassen, wenn – ja, wenn nicht gleichzeitig verlangt würde, dass die Priester sich selbst gänzlich des Alkoholgenusses enthalten sollten. Hieran scheitert die Sache.

Es ist bei dieser Versammlung nicht von Bekämpfung der Trunksucht geredet worden, sondern davon, dass die Menschheit ganz und gar auf alle alkoholischen Genüsse verzichten solle! – Ich meine, es wäre fast ein wenig schade um die Wegwerfung einer Gottesgabe, die bei richtigem Gebrauch edle Genüsse in unser Leben bringen kann; doch man müsste trotzdem darauf gänzlich verzichten, wenn nur mit *diesem* Opfer die Trunksucht aus der Welt geschafft werden könnte. – Ist aber das gänzliche allgemeine freiwillige oder erzwungene Verzichten – *möglich?* Es ist nicht möglich. Der Alkohol ist entdeckt, und nimmer lassen die Bewohner dieser traurigen Erde sich ihn entwinden. Es kann gelingen, zeitweilig größere Abstinentenkreise zu züchten, aber aus solchen (ich weiß einige Beispiele) fallen gelegentlich manche zurück von der extremen Tugend gänzlicher Enthaltsamkeit in das extreme Laster abscheulicher Trunksucht. Damit will ich nicht sagen, dass der Kampf gegen den Alkohol aufgegeben werden solle, beim Himmel, nein! Er möge mit den wirksamsten Mitteln auch die strenge Abstinenz predigen; bei vielen gelingt sie ja doch, solche sind ermutigende Leuchttürme für andere. Aber bei Kreisen, die für Abstinenz absolut nicht zu haben sind, sollte man sich mit der Mäßigkeit begnügen. Man wirbt leichter zehn Leute für die Mäßigkeit als einen für das völlige Verzichten – auf immer.

Immerhin würde ich gerne für das schärfste Mittel, auch für die gänzliche Enthaltsamkeit, eintreten, wenn mir beim Weintrinken das Wasserpredigen sympathisch wäre. Seit etwa 35 Jahren trinke ich Wein, leichter Tiroler, täglich zwei Achtel. Ein Arzt hat mir einst gegen ein Magenleiden diesen Wein verordnet, und er bekommt mir wohl. Freilich ist auch schon die Gewohnheit da. Bei besonderen Anlässen trank ich sogar mehr als ein Viertel; das kam früher alle „heiligen Zeiten" vor, seit langem fast gar nicht mehr. Bier hat mir, außer bei großem Durst, der bei mir kaum vorkommt, nie geschmeckt, Branntwein war von jeher ausgeschlossen. Also handelt es sich bei mir nur um das Viertele Tiroler. Und solange ich dieses nicht entbehren kann, habe ich kein Recht, Abstinenz zu predigen. Man hat mir zwar geraten, sie doch zu predigen, und mein Viertele zu verleugnen. Nur weiß ich nicht, was hier der größere Schaden wäre, das bisschen Wein oder die Unredlichkeit.

Aber gegen die *Trunksucht* stehe ich, gegen diese tückische Vernichterin der Gesundheit und Kraft, der Sittlichkeit, des Familienglückes, des wirtschaftlichen Lebens. Gegen diesen ekelhaften Schandfleck, der uns Deutsche so sehr in Verruf bringt. Ich glaube, die jetzt so allgemeine Trunksucht kann ausgerottet werden auch ohne die gänzliche Enthaltsamkeit. In diesen wie in allen anderen Dingen muss der Mensch eben zum vernünftigen Mittelweg erzogen werden. Aber zur Ausrottung der Trunksucht brauchen wir die mächtigsten Helfer. Händeringend beschwören möchte ich die Schule, die Kanzel, die Presse, den Arzt, den Gesetzgeber, ja selbst die Kunst, uns beizustehen in diesem Kampfe gegen die verhängnisvolle Todsünde.

Das alkoholfreie Speisehaus

Ich besuchte das neue alkoholfreie Speisehaus in Graz, trotzdem es – erschrick nicht, Leser! – katholisch ist. Ich habe mich so oft gefreut an der sozialen, sittigen Mitarbeit der Evangelischen, warum soll man sich nicht freuen, wenn auch die katholische Kirche nicht allein bei ihrer dogmatischen Tätigkeit bleibt, sondern ihren Einfluss gerne hergibt für weltliche, sittigende Gemeinzwecke. Außer den sieben Sakramenten, die geheiligt werden, gibt es auch sieben Todsünden, die bekämpft werden, bezwungen werden müssen, nicht bloß in Wort, sondern auch in Tat. – Ich fand ein lichtes, reinliches, tabakrauchfreies Lokal (wie ein Hotelspeisesaal, so vornehm gehalten), wo man um 70 Heller ein Mittagessen kriegt, das Getränk dazu umsonst. Und das Trinkgeldgeben ist ausgeschlossen. Was bedeutet das für den ärmeren Mann? Ein Jahresersparnis von wenigstens 200 Kronen! – Welcher Gastwirt könnte das leisten? Er muss ja mit seiner Familie vom Geschäfte leben. Das alkoholfreie Speisehaus verzichtet auf den Gewinn, aus freudiger Dankbarkeit dafür, dass seine Gäste auf Bier und Wein verzichten. Wie kann es aber drauskommen? Nun, ein Verein ist es, der das bestreitet, der Landesverband des Katholischen Kreuzbündnisses. Da wittert man freilich gleich konfessionelle Proselytenmacherei, wie es ja in dieser parteizerklüfteten Welt überall so hergeht. Doch nimmt man in diesem Speisehause nichts wahr, dass die Kellnerinnen (Aufwärterinnen wird man hier sagen müssen) an den Gästen Bekehrungsversuche machen oder dass vor Tisch ein Rosenkranz gebetet wird. Hier sitzt allerdings ein Klerikaler, gleich daneben aber ein Liberaler, ein Nationaler, da ein Protestant, dort vielleicht ein Jude usw. Jeden, der sich hinsetzt, frägt die Aufwärterin freundlich, was gefällig sei zu speisen. Keinen nach dem Glaubensbekenntnis. Einig sind die Gäste in *dem* Glauben, dass der Alkohol, wie er jetzt herrscht, unser Todfeind ist, der niedergerungen werden muss, ehe er uns zu Boden bringt. Wie not wäre es, dass wir viele solche alkoholfreie Speisehäuser hätten oder, um den abgestandenen Witz zu wiederholen, „geistlose Wirtshäuser". Sie brauchten ja nicht gerade konfessionellen Beigeschmack zu haben. Wirtshauskonkurrenz, gewiss! Aber man kann bei der Wichtigkeit dieser Sache unseren braven Gastwirten nicht helfen; sie können sich selber helfen, wenn sie in ihren Speisehäusern die Trinksitte, die schon dem Trinkzwang gleichkommt, abschaffen, wenn sie auch alkoholfreie Getränke anbieten und den Gästen die Vermeidung des Alkohols erleichtern anstatt zu erschweren. – Die Gottesgabe ist zu sehr missbraucht worden. Das kommt nun davon. Mit wenigem nicht zufrieden, also gar nichts mehr! Ja, es wird doch wohl sein müssen, dass unsere Gasthäuser sich darnach einrichten, und ich wäre überzeugt, dass selbst bei gänzlicher Verbannung des Alkoholgeistes unsere Gastgeber und Gäste noch lange nicht geistlos werden würden.

Die Frau, schon als Mutter die natürlichste Menschenernährerin, die Frau, die unter der Trunkgier des Mannes am meisten zu leiden hat, die Frau, die jetzt schon so gerne in öffentliche Wirkungskreise hinaustritt, sie wäre vielleicht berufen, das Wirtshaus zu reformieren. Am alkoholfreien Speisehause zu Graz fände sie ein gutes Vorbild.

Nahrungsmittel

Bei dem Umstande, wie wir jetzt mit den Nahrungsmitteln dran sind, und bei dem Studium der Stoffe, die uns als Nährstoffe dargereicht werden, wundert es mich manchmal, dass jetzt nicht auch unsere Volksnahrung, wie sie draußen auf dem Lande ist, der wissenschaftlichen Untersuchung unterzogen wird, wie es mit ihrem Nährwerte steht. Die Volksnahrung pflegt sich in ihrer Art zu vererben von Geschlecht zu Geschlecht, ohne dass sich jemand darum kümmert. Und es ist gewiss nicht immer alles in Ordnung mit ihr; es wird manches gegessen, was besser ungegessen bliebe; anderseits fällt vieles ab, was Nahrungswert hätte.

Von meiner Waldheimat her weiß ich, dass Milch und Mehl die Hauptnahrung der dortigen Bauernschaft war. Dann das Gemüse: Erdäpfel, Rüben, Kohl, Salat. Obst gab es außer etwas Wildobst nicht. Beeren und Pilze wurden nicht geachtet. Fleisch kochte man in wohlhabenderen Wirtschaften wöchentlich mehrmals, hauptsächlich der Rindsuppe wegen, und es wurde bei Tisch in kleinen Stückchen verteilt. Eier gab es kaum. Von den paar Hühnern, die die Hausmutter fütterte, wurden die Eier wöchentlich in der nächsten größeren Ortschaft verkauft; das war der Hausmutter Nadelgeld. Zu Hause wurde fast nie ein Ei verwendet, außer, wenn seltener Besuch kam, wo es Eierkuchen gab oder „Eier in Schmalz". Der Rahm, die Butter wurden nicht als solche genossen, sondern als „ausgelassenes Schmalz" zu Mehlspeisen verwendet. Und wie unterschiedlich gekocht wurde, das hat einst mein kleiner Schneidermagen erfahren. Die köstlichsten Naturstoffe und keine gelernte Köchin dazu. Man kann sich's denken. Zu Fälschungen dieser einfachen Nahrungsmittel war kaum Gelegenheit. Jeder Bauer hatte seine Milchwirtschaft, seine Getreidemühle, seinen Backofen, seine Fleischbank, seine Scheunen und Keller; aber ob da immer richtig und zweckmäßig gearbeitet wurde, ist eine andere Frage. Ich vermute, dass da vieles zu verbessern wäre, um aus den Landfrüchten die entsprechende und gesunde Nahrung zu gewinnen. Als ich nun einmal den Vorschlag machte, die Bauernschaft an der Hand der Chemie möglichst zu belehren über die Auswahl und Behandlung der

Nahrungsstoffe, rief jemand drein: „Tun Sie's nicht! Wenn Sie die chemische Retorte ins Bauernhaus tragen, dann ade mit den Naturprodukten!"

Es ist wahr. Mir scheint, wir erfahren es heute, dass es besser bekommt, wenn echte Naturprodukte schlecht gekocht werden, als wenn gefälschte Nahrungsmittel mit raffinierter Kunst bereitet auf den Tisch kommen.

Abschnitt V

BEWEGUNGSKULTUR UND SPORT

Alpensport

In den bürgerlichen Kreisen hat das, was man „Sport" nennt, im Ganzen nicht viel Sympathie. Man ist gewohnt, darunter die nutzlosen, prahlerischen Fexereien reicher Tagediebe zu verstehen. So schlimm steht's nun eigentlich mit dem Sport nicht. Sport ist keine Sache für sich, also kann's weder eine gute noch eine schlechte sein; Sport ist, wenn einer besondere körperliche Übungen pflegt, die nicht in seinem Berufe liegen.

Und so, wie es einen Reitsport, Schwimmsport, Schützensport usw. gibt, so gibt es auch einen alpinen Sport. Alpinen Sport und nicht alpine Wissenschaft! Denn zur Wissenschaft gehört unser Alpinismus noch lange nicht, was für beide auch gar kein Schande ist. Es wird durch die Entwicklung des Alpinismus mancher Zweig der Wissenschaft gefördert, aber wäre auf unseren Hochschulen eine Lehrkanzel des Alpinismus denkbar?

Die Geschichte des alpinen Sportes ist noch nicht alt; dieselbe nahm ihren Anfang eigentlich erst in den fünfziger Jahren, da die englischen Reisenden zum ersten Male in größerer Anzahl in die Schweiz kamen. Den Engländern folgten die Deutschen, die Franzosen; in Österreich begann sich das alpine Touristenwesen erst in den sechziger Jahren zu entwickeln. Heute sind hier wie dort die früher gemiedenen und gefürchteten Alpen das Lieblingsziel und der Lieblingsaufenthalt der Sommerfrische bedürftigen Städter.

Der Alpensport zerfällt in drei Klassen. Der zahme Sport: Man sucht freundliche Gebirgsgegenden auf, in deren grünen Tälern man wandert von Dorf zu Dorf, auf deren waldige Höhen man steigt. Man genießt die Natur, wo sie sanft und lieblich ist.

Der gemäßigte Sport: Man nähert sich dem Hochgebirge, man macht Touren, zu welchen schon der Bergstock nötig ist, man übernachtet in Almhütten.

Der Hochsport: Man steigt in die höchsten, verlassensten, wildesten Regionen empor, je schroffer, höher, schwieriger und unzugänglicher der Gipfel, desto gesuchter. Das Feld des alpinen Hochsportes ist das Eisfeld.

Die wohltätigen Einwirkungen und Folgen des alpinen Sportes für unsere und künftige Generationen bestehen in der Ablenkung vom übermäßigen städtischen Komfort, in der Abhärtung des Körpers, in der Erweckung des Sinnes für Natur und Einfachheit, in der Stählung der Nerven, in der Erfrischung des Herzens, in der Kräftigung des Mutes. Es war eine Naturnotwendigkeit, dass sich aus dem Wesen unserer Kultur eine ähnliche Bewegung entwickelte.

Die überaus günstige Einwirkung der hohen Gebirgsluft auf den in der städtischen Lebensweise geschwächten Körper ist erkannt; sie wird wohl ausgenützt, wenn auch nicht immer praktisch. Es ist für den erschöpften, oft schon kränkelnden Städter nicht genug, dass er aufs Land, ins Gebirge gehe; er muss dort auch die rechte Lebensweise einschlagen. Wie sich der Sommerfrischler, der Tourist, der Hochsportsmann im Gebirge zu verhalten habe, dass ihm seine Sache gedeihlich werde, das findet sich genau beschrieben in einem neuen Werke: *Handbuch des alpinen Sport* von Julius Meurer, dem Präsidenten des *Alpenclub Österreich*. Das Buch ist bei A. Hartleben in Wien erschienen, und zwar – was nebenbei bemerkt sei – in einer äußerst originellen, geschmackvollen Ausstattung. Es enthält auch mehrere Abbildungen der zweckmäßigen Bekleidung und Ausrüstung für Hochtouren und eine Karte der Alpen.

Das Werk behandelt die Sommerfrischler, den Wanderer in den Bergen, den Touristen im Hochgebirge; praktische, reicher Erfahrung entkeimende Ratschläge sind es, die dem Touristen erteilt werden und die wahrlich nichts weniger als überflüssig sind. – Ferner bespricht das Buch die großen Gebirgsgruppen der Ost- und Westalpen, die touristischen Standquartiere (wobei einige Prachtpunkte der Steiermark allerdings freundliche, aber etwas oberflächliche Erwähnung finden) und die Höhenluftkurorte; ferner bietet es einen Kalender der großen alpinen Korporationen und alpinen Reisebücher. – Alles in allem hat der Alpensport hier ein Handbuch, wie es praktischer und zeitgemäßer kaum gedacht werden kann.

Obwohl es nicht unsere Sache ist, dem Sport im Allgemeinen – und selbst wenn er in früher angedeuteter Weise ausgelegt wird – besonders das Wort zu reden: Diesen, den alpinen Sport, unterstützen wir, weil er mehr ist als Liebhaberei und Sucht nach Bravour, weil er einem wahren Bedürfnis der Zeit und der Gesellschaft entspringt und weil sein Gegenstand im Menschenherzen ungeahntes Glück aufweckt. Nur muss ihn der Verständige und Gebildete üben; denn der Geck macht das an und für sich Beste und Ersprießlichste überall und immer zur sinnlosen und lächerlichen Fratze.

Ein Gruß
den Gästen vom Deutschen und Österreichischen Alpenvereine
(Gelegentlich der Jahresversammlung in Graz im August 1891)

Ihr Herren, ach wäre ich gut bei Fuß,
Ich wollt' mit Euch steigen und schreiten,
Anstatt auf hinkendem Pegasus
Euch sacht' entgegenzureiten.

Ihr habt im lieben Deutschen Reich
Mich oft so fröhlich empfangen,
Ich bin, statt bergwärts, gern mit Euch
Zu tiefem Grunde gegangen.

Den schönsten Blick in das Weltenrund
Hat man – ich ward es inne –
Vom tiefen, kühlen Kellersgrund
Und von der Alpenzinne.

Das Leben kann nur *vertieft, erhöht*
Den Erdenpilger beseelen,
Gott schütze uns gnädig vor *flacher* Öd,
Und *flachen* Alltagsgesellen!

Des Menschen Geist gleich der Blume sprießt
Aus dunkler Tiefe nach oben,
Und unsere Jakobsleiter ist
Aus Fels und Gletschern gewoben.

Die Bergesspitze sie sei jedoch
Als Endziel nicht unser Eigen,
Wohl ungeahnte Höhen noch
Die Menschheit hat zu ersteigen.

Einstweilen übe sich jedermann
Im Ringen und im Klettern,
Wer hohen Bergen trotzen kann,
Der trotzt auch bösen Wettern.

Seid schön gegrüßt Ihr, im grünen Land
Der Hirten und der Musen,
Dem Edelweiß auf der Felsenwand
Und Eisen wächst im Busen.

Des Bergsohns Lorbeer, der Tannenwald,
Bekränz' Eure Stäbe und Stirnen,
Auf blumiger Alm, wo der Jodler erschallt,
Steigt an zu den leuchtenden Firnen.

Und bringet mit aus des Kellers Grund
Das Vollblut der steirischen Reben,
Und lasst mir dort oben mit Herz und Mund
Die vielliebe Steiermark leben.

Und lasst mir auch leben die Heimat fern,
Die Lieben an Eurem Herde.
Vom Fels bis zum Meere sei Gott dem Herrn
Empfohlen die deutsche Erde.

Frisch, froh, fromm, frei
ES LEBE DIE TURNEREI!

Vater Jahn hat bekanntlich das Turnen aufgebracht. Weil Jahn nun aber ein Preuße war, weil er im deutschen Studentenwesen eine wichtige patriotische Rolle gespielt hat, weil er ein Feind des Frackes und der Fremdwörter und aller Fremdelei gewesen, weil er das deutsche Volkstum auf das Wesentlichste gefördert und in Lützows wilder verwegener Jagd gegen die Franzosen gekämpft hat – so ist sein Turnen der Inbegriff des freien männlichen Deutschtums geworden. Er wird es wohl so gemeint haben. Und so ist die an und für sich harmlose, nur der Erziehung und körperlichen Ausbildung dienende Turnerei bei den Gegnern des Deutschtums und der Freiheit missliebig geworden. Missliebig nicht allein in nichtdeutschen Staaten, bei Tyrannen und Ultramontanen, missliebig auch in Deutschland, in Preußen, denn auch dort war einmal, und es ist noch nicht so lange her, eine Zeit, da man vor Deutschtum und Freiheit gezittert hat wie Espenlaub. Freiwillig ist auch dort das Deutschtum nicht gestattet worden, und was gestattet wurde, das hatte man gelegentlich wieder zurückgenommen und den Turnvater Jahn in den Arrest gesteckt! Das Wichtigste ist einer Dynastie ihr Königtum, und diesem sind zu allen Zeiten alle Opfer gebracht worden.

Was die Turnerei anbelangt, so hat es sich gezeigt, dass sie nicht notwendig der Ausdruck des deutschen Gedankens sein muss, obschon sie es bei uns war und ist, dass man auch in Frankreich und England und in Russland turnt, dass die Turnerei, besonders in den Städten, ein unumgängliches Mittel zur Erziehung und körperlichen Ausbildung sowie zur Erhaltung männlicher Kraft geworden ist, die mit dem Nationalismus nichts zu schaffen haben muss. Wenn der Städter reitet und turnt und Touristik treibt, so ist das nach meiner Meinung nicht Sport; Sport ist Luxus, die körperliche Übung aber ist dem verweichlichten Stadtmenschen so nötig wie das tägliche Brot. Sonst müsste er körperlich ganz degenerieren und sich so sehr vergeistigen, dass er vor lauter Geist schier dumm würde. Es gibt auch gelehrte Kretins. Der Turnvater Jahn hat nie ein Hehl daraus gemacht, dass ihm die Turnerei Verkörperung des freien deutschen Gedankens sei. Welchen Wert er aber auch auf ihre praktische Wesenheit legte, das deutet er selbst an in seiner *Deutschen Turnkunst*. Dort heißt es unter anderem:

„Die Turnkunst soll die verloren gegangene Gleichmäßigkeit der menschlichen Bildung wiederherstellen, der bloß einseitigen Vergeistigung die wahre Leibhaftigkeit zuordnen, der Überfeinerung in der wiedergewonnenen Männlichkeit das notwendige Gegengewicht geben und im jugendlichen Zusammenleben den ganzen Menschen umfassen und ergreifen. Solange der Mensch noch hienieden einen Leib hat und zu seinem irdischen Dasein auch ein leibliches Leben bedarf, was ohne Kraft und Stärke, ohne Dauerbarkeit und Nachhaltigkeit, ohne Gewandtheit und Anstelligkeit zum nichtigen Schatten versiegt, wird die Turnkunst einen Hauptteil der menschlichen Ausbildung einnehmen müssen."

Ihm schwebt also das Ideal harmonischer Menschlichkeit vor, dem die hellenische Gymnastik gedient hatte. Eine menschliche Angelegenheit ist für Jahn die Turnkunst; sie gehört überall hin, für alle selbständigen Völker, für freie Leute. Aber bei all diesen klassischen Reminiszenzen trachtete er ganz und gar nicht nach einer Rekonstruktion der alten Gymnastik; wie seine eigene Bildung fast ausschließlich in vaterländischen Elementen wurzelte, Gymnasium und Universität nur geringen Einfluss darauf geübt hatten, so blieb ihm auch das Einzelne der alten Gymnastik ganz fremd. Die Turnkunst, sagt er, ist immer zeit- und volkgemäß zu treiben, nach den Bedürfnissen von Himmel, Boden, Land und Volk; in ihrer besonderen Gestalt und Ausübung ist sie recht eigentlich ein vaterländisches Werk und volkstümliches Wesen.

Aus Jahns Anschauungen und Forderungen ergaben sich Turnplätze, die den Schulen in großer Selbständigkeit zur Seite traten. Mit vollem Rechte verwahrte sich Jahn später gegen die Auffassung und Behandlung des Turnens ausschließlich als Erziehungsmittel für die schulbesuchende Jugend und betonte seinen selbständigen Wert als Erziehungsmittel für Erwachsene.

Die Einordnung also in den Schulunterricht, wie sie die Unterrichtsbehörden eine Zeit lang im Auge hatten, die Trennung nach den einzelnen Schulen musste ihm als Zerstörung des echten Turnens erscheinen. Wie er sich schon im *Volkstum* gegen die kastenmäßige Absonderung der Jugend durch die verschiedenen Schulen ausgesprochen hatte, so sollte gerade das Turnen dem entgegenwirken. Auch die gleichmäßige Turntracht sollte den Unterschied der Stände zurücktreten lassen; würde Zeug aus ausländischen Stoffen geduldet, sagt er in der *Turnkunst*, so müssten sich die Übungen gar bald in Übungen für Reiche, Vermögende, Bemittelte, Wohlhabende, Unbemittelte, Dürftige und Arme teilen. Eine grauleinene Jacke und ebensolche Beinkleider könne sich jeder anschaffen.

Jahn bezeichnete als die Seele des Turnens das Volksleben; und dieses gedeihe nur in Öffentlichkeit, Luft und Licht. In einem an-

Abzeichen zum 2. Alpen-Gauturnfest in Marburg (1904)

deren Schriftstück betonte er auch die Gesichtspunkte, die noch heute die Wissenschaft der Hygiene, der rationellen Gesundheitspflege, als die unerlässlichen Bedingungen festhalten muss, denen gegenüber alle speziellen Vorschriften für das Turnen in den Schulen als leerer Formalismus erscheinen. „Zum Turnplatz gehört vor allen Dingen freie und frische *Landluft*. Ein Turnfleck innerhalb der Stadt wird nimmermehr ein wahrer Turnplatz, wie ihn die Jugend braucht." So spricht Jahn dann auch in der *Turnkunst* von dem Fall, dass für eine einzelne Schule ein naheliegender Platz zum Turnen nötig sein würde. Aber er zieht vor und fordert, dass der Platz ohne ängstliche Rücksicht auf Entfernung nach der Brauchbarkeit gewählt werde; ein Gang bis zu einer Stunde sei unter Umständen schon eine wichtige Übung; der Platz soll, wo nur möglich, in oder am Walde liegen, um vor Wind geschützt zu sein; er soll auch hoch liegen, der reineren und freieren Luft wegen, und soll auch selbst mit Bäumen besetzt sein; zum Schutze gegen Sonne und Wind und auch zur Anbringung von Kletterzeug. Das Turnen sollte eben mit einem Wort der städtischen Jugend die Vorzüge des Landlebens einigermaßen ersetzen.

Auch hier beweist Jahn den scharfen Blick für das Wichtige und Praktische; auf ihn zurückgehen wäre heute noch in der Hauptsache geradezu ein Fortschreiten, wenn schon die Späteren die Methodik des Turnens vielfach besser ausgebildet haben mögen.

Als Ausbildung und Übung der Kraft beim Einzelnen ist die Turnerei nichts als ein Erziehungs- und Gesundheitsmittel. Als Ausbildung der Kameradschaftlichkeit, der systematischen gemeinsamen nationalen Kraftleistung, kommt sie zur politischen Bedeutung, die gefürchtet ist. Diese politische Bedeutung ist nicht hoch genug zu schätzen und ohne Grund wird sie gefürchtet, solange des Turners Wahlspruch „Frisch, froh, fromm, frei!" heißt. Wer sie trotzdem fürchtet, der wird wissen, warum.

Im Volke liegt zwar die Mehrheit, nicht aber die Kraft, solange es nicht seine Einheit kennt, solange es nicht weiß, was es im Zusammenhalten und gemeinsamer, zweckmäßiger Kraftentfaltung vermag. Die Tyrannen haben es verstanden, aus dem Volke diese ungeheure Kraft zu ziehen und zu schulen und im Militarismus sie ihnen botmäßig zu machen. Warum soll das Volk sich nicht auch selbst ausnützen zum Schutze seiner Freiheit und seiner Rechte? Gibt es nun nationale Güter zu erringen, zu verteidigen, oder soziale, oder ethische; immer wird es gut sein, wenn das Volk im Bewusstsein seiner selbständigen Kraft ist und wenn auch – andere daran glauben müssen.

Das Gespenst auf der Straße

Das ist ein Kreuz zwischen den Fußgehern und den Radfahrern. Für zwei Parteien wird sonst die Welt zu enge, und hier soll für sie die Straße weit genug sein! Die Fußgeher und die Radfahrer sind nicht bloß verschiedene Parteien, sie sind verschiedene Wesen. Die einen kriechen, die anderen fliegen. Der Käfer und die Libelle. Nur schade, dass diese Libelle für ihren pfeilschnellen Flug doch noch eines handbreiten Streifens Scholle bedarf von der Straße, die der Fußgeher gerodet und gebaut hat, die der Fußge-

Radfahrerinnen (um 1895)

her erhält und bewacht. Der Fußgeher ist der älteste Bürger der Straße, dann kam der Reiter, dann kam der Fuhrmann; ohne einige Befehdung ging es nicht ab, der Fußgeher wurde etwas an den Rand gedrängt, aber auf diesem Bürgersteige fühlte er sich sicher, und die reitenden und fahrenden Herren zollten ihre Mauten.

Da kam der Radfahrer angesaust, plötzlich und unvermittelt. Weder Straße noch Gesetz waren auf ihn vorbereitet, er zahlte keine Maut und keine Steuer, aber kühnlich eignete er sich die Fahrbahn an und den Reitweg und den Steig des Fußgehers. Der Letztere war ihm am liebsten; er brauchte mit seiner Schelle nur zu klingeln, so sprang der Fußgeher zur Seite und blickte mit Bewunderung der Libelle nach. Ein einziges Bäuerlein war, das den ersten Radfahrer, den es sah, für einen verrückt gewordenen Scherenschleifer hielt – der Frevler wurde niedergerannt. Auch mancherlei anderes wurde niedergerannt, Ziegen, Kinder, alte Weiblein, Enten, Hunde; die Schuld war an ihnen, sie waren nicht ausgewichen oder zu langsam und ungeschickt. Manche dieser Geschöpfe verloren vor Schreck den Kopf, rannten mitten in die Gefahr hinein, und das eherne Rad des Geschickes rollte über sie dahin. Man hat die Radfahrer verpflichtet, rechtzeitig das Signal zu geben, aber das Gesetz hat die Tauben nicht streng genug verhalten, zu hören. Diese Eigensinnigen lassen sich lieber über den Haufen rennen, als dass sie das Signal beachten! Was kann der arme Radfahrer dafür, wenn Passanten schwerhörig sind! Und was kann er dafür, wenn im Straßenlärm sein bescheidenes Klingeln nicht aufkommt! Da soll man doch lieber den lästigen Straßenlärm abschaffen oder den Fußgehern andere Wege bauen, wenn ihnen der moderne öffentliche Radverkehr zu gefährlich dünkt! – Bei Spital am Semmering geschah es vor kurzem, dass ein Radfahrer einen Pintscher niederschoss, der ihm unters Rad laufen wollte. Zwei Frauen mit einigen Kindern, die in Begleitung ihres Hündleins arglos des Weges gegangen, begehrten lebhaft auf, da feuerte der heldenhafte Radritter auch nach ihnen einen Schuss ab und sauste mit wilden Schimpfworten davon. Man hat bemerkt, dass die Radfahrer so manchmal von Landbewohnern und auch anderen „attackiert" wurden. Ich entschuldige das nicht, aber ich begreife es. Da mag auch ein psychisches Moment dabei sein, das bisher nicht beachtet wurde. Ich gehe gewiss gern ruhig meiner Wege und weiche bereitwillig jedem Fußgeher aus, geschweige jedem Wagen und Radfahrer. Und doch ist es mir bei solchen manchmal schon ums Zuschlagen gewesen. Der Schreck! Da macht man harmlos seinen Erholungsspaziergang, und ganz plötzlich huscht in nächster Nähe lautlos so ein Gespenst vorüber, den Rock streifend. Der Schreck zuckt einem durch die Nerven, unwillkürlich hebt sich der Arm wie zu einer Gegenwehr und wahrlich nicht milde ist das Wort, das man dem vorbeifliegenden Fremdling zuruft: „Warum kein Signal! Fort aus dem Fußweg!" Und wenn der Herr im Gefühle seiner fliegenden Sicherheit noch rohe oder höhnische Bemerkungen zurückschleudert, anstatt sich zu entschuldigen, so sind im Augenblick alle Anlässe zu einer Schlägerei gegeben, bis auf den einen, allerdings wichtigsten, dass man den Kerl nicht erwischt. Eines Tages sah ich, wie so ein aufs Rad geflochtener Bursche einen alten Mann niederstieß, dass dieser sein weißes Haupt an einen Stein schlug und liegen blieb. Der Radler spannte alle Kräfte an, um rasch aus dem Schauplatz zu entkommen, aber indem er zurückschaute, ob er nicht verfolgt würde, benützte das tückische Rad den freien Moment, um ihn in den Straßengraben zu werfen. Solange er oben gesessen, hatte er noch höhnisch gegrinst, als er sich nun aber von mehreren Bauern umgeben in der Wasserlache liegen sah, wurde er überaus demütig und fand es nun ganz selbstverständlich, dass er sich um den alten Mann kümmere und den Unfall nach Möglichkeit entschädige. Eine so prompte Nemesis kommt aber selten vor. Beim Fußgeher ist es der plötzliche Schreck, der aufregt, beim Radfahrer das

Gefühl der Fluchtsicherheit, das ihn keck und grob macht, und so sind die Konflikte erklärlich genug.

Das Radfahren, sei es nun zu praktischen Zwecken oder zur Erholung, ist eine schöne Sache, und der „Heimgarten" hat mehrmals seine Freude darüber geäußert. Aber das Radfahren steht heute in Gefahr, vom Sport zu Tode gesündigt zu werden. Der Sport hat die edelsten Dinge in Misskredit gebracht, das Reiten, das Jagen wilder Tiere, das Bergsteigen usw., er wird's auch mit dem Radfahren zuwege bringen. Es ist der Fernhunger schon lächerlich genug; die Gier, die möglichst größten Entfernungen in möglichst kurzer Zeit zu durchschneiden ohne weiteren Zweck. Und die Sucht jedes Einzelnen, in dieser windigen Leistung es dem anderen zuvorzutun, ohne dass dabei das geringste brauchbare Resultat herauskommt, ist geradezu komisch. Ich will hier nicht jenen Wettstreit angreifen, der eine Sache ausbildet, eine Erfindung vervollkommnet und der gerade auch das Zweirad rasch zur großen Vollendung gebracht hat. Doch gar so viele unserer fernhungrigen Luftschnapper führen ihre, wenn auch nicht gerade halsbrecherischen, so doch lungenlähmenden Touren nur darum aus, um dann prahlen zu können. Und auf diesem Triumphzug sind sie imstande, alles zu zermalmen, was ihnen zufällig in den Weg läuft oder ruhig auf dem Wege dahinschreitet.

Soviel manche versuchte Radfahrer-Rechtfertigung erraten lässt, bilden sich diese Reiter ein, mindestens so viel oder sogar ein wenig mehr Anrecht an der Straße zu haben als andere. Dem entgegen besteht eine ganz schüchterne Meinung, als wäre es doch vielleicht gerade ein bisschen umgekehrt der Fall, als wären die Radfahrer auf unseren Straßen bislang fast noch mehr Gast als Hausherr. Sie werden sich allerdings das Heimatsrecht auf den öffentlichen Wegen sehr bald vollends erworben haben, und ich gönne es ihnen von Herzen. Indes, wenn heute tatsächlich noch das Sichbequemen als Gast am Platze ist, die Rücksicht auf andere wird zu allen Zeiten auch vom Radfahrer verlangt werden dürfen. Der Radfahrer als Mitbürger der Straße wird sich anpassen müssen. Er wird seinen Anteil an der Straße nicht missbrauchen. Er wird unter allen Umständen das rechtzeitige Signal geben, aber das wird noch nicht genug sein. Wer taub ist, hat nicht die Pflicht, das Signal zu hören, und wer es hört, hat auf seinem Bürgersteige erst noch immer nicht die Pflicht, auszuweichen. Wem darum zu tun ist, rasch weiterzukommen, andere zu überflügeln, der muss sich schon aufs Lavieren verlegen; mit dem Anrempeln und Niederstoßen kann man wohl auch an sein Ziel kommen, aber nicht gerade ans gewünschte.

Die Erscheinung des Radfahrers ist unserer Generation ohnehin noch unheimlich, ich hörte sie öfter als einmal das Gespenst der Straße nennen. Wenn auch noch die Unzukömmlichkeiten und Rücksichtslosigkeiten dazukommen, wenn mancher ungezogene Junge auf dem Rad seiner brutalen Laune nach Herzenslust freien Lauf lassen zu dürfen glaubt – dann wird er sich sehr schwer die Sympathie der Bevölkerung erwerben, auf die er doch schließlich mehr oder weniger angewiesen ist. – Nun, das wird besser werden. Gegenwärtig ist die Radfahrerei noch in ihren Flegeljahren. Die Radfahrervereine werden ihre Mitglieder erziehen, ihre Bestrebungen adeln, den Mitmenschen anpassen, und die nächsten Geschlechter werden überzeugt sein, dass das Radfahren kein windiger Sport ist, sondern eine herrliche Erfindung voll des Nützlichen und Angenehmen.

Aber nicht durch Sportdummheiten oder Flegelhaftigkeiten verderben! Es wäre zu schade!

Der oststeirische Rigi-Kulm
EIN SPAZIERGANG IN DER HEIMAT

Nach den starren, zackigen Wüsten des Hochgebirges sucht man gerne wieder einmal die zarten Wellen des Hügellandes auf. Dort die Natur in ihrem Kampf, hier in ihrem Frieden. Hier ist alles im Gleichgewicht, still und freundlich bietet unter lauem Himmel das Erdreich seine Gaben. Wenn man dort oben einen harten Tag lang steigen muss, um von einer dreitausend Meter hohen Felsenspitze eine Fernsicht zu gewinnen, so macht man hier einen Morgenspaziergang auf den kaum ein Drittteil so hohen Kulm, um eine noch viel weitere und mannigfaltigere Aussicht zu genießen.

Den alleinstehenden blauen Berg siehst du in ganz Mittelsteier, wie er aus dem Hügelgelände pyramidenförmig aufragt und auf seiner Höhe weiße Streifen und Punkte trägt, als wäre es Alpenschnee. Das sind Gebäude – eine Kirche fürs Morgengebet und ein Wirtshaus fürs Frühstück. Doch, wie frei und sanft er auch dasteht, dieser Kulm, weit drinnen im grünen welligen Hügelmeer – es ist nicht allzu leicht, an ihn heranzukommen. Wer von Graz aus eine Stunde auf der Eisenbahn fahren will, bis zur Station Fladnitz-Neudorf, wer von dort aus in einem zweistündigen Fußmarsch gen Osten hin drei Hügelzüge und drei Täler übersetzen will, auf einer Straße, die durch Buchen- und Fichtenwald und Auen geht, durch Ortschaften und Gärten, der kommt in das Dorf Puch, hinter welchem der Berg, der so weit und großartig in die Ferne winkt, sich ganz sachte und bescheiden anhebt. Von Puch aus ein gemächliches eineinhalbstündiges Steigen, um dort zu sein, wo man sein will, wenn fünf Stunden früher, etwa beim Anblick des Kulm vom Grazer Schloßberg aus der Wunsch sich regte: Auf jenem blauen Berge will ich stehen.

Die Landleute der Umgebung steigen schon seit Jahrhunderten auf den Kulm, der Aussicht in – die Ewigkeit wegen. Die Spitze des Berges haben fromme Stifter zu einem Kalvarienberge mit den Kreuzwegstationen hergerichtet. Ganz auf der Höhe, nahe der Mauernische, mit den lebensgroßen Christuskreuze, ist ein Turm, in welchem des Morgens und des Abends und bei drohenden Gewittern Glocken geläutet werden. Die hellen Klänge tragen Andacht hinaus in die Hunderte von Ortschaften, Schlössern und Gehöften, die im Riesengarten nach Osten, Süden und Westen viele Meilen weit hinaus gestreut sind.

Ja, ein Garten, anders kann man's nicht sagen. Im Mai habe ich hinabgeblickt vom Kulm auf die Landschaft. Sie lag im duftigen Blau ihrer Waldschachen, im frischen Grün ihrer Matten, im hellen Weiß ihrer blühenden Obstbäume. Die weite Gegend ist ein einziger Obstgarten, das haben wir schon auf der Talwanderung gesehen. Die Höfe und Hütten stehen im Schleier der Obstbäume, die Dörfer sind durchsetzt und umgeben von Obstbäumen, an den Wegen und Straßen Obstbäume, an den Bächen und Teichen und Steinhaufen Obstbäume. Die Wiesenränder und Waldraine sind bestanden von Obstbäumen, mitten auf Feldern und Weiden Obstbäume, in weiß und rosa üppig blühende Obstbäume. Am Gemäuer des Dorfkirchhofes anstatt Zypressen lachende Obstbäume, die ihre Blüten hinstreuen über die stillen Hügel. Nichts fehlt zum Paradiese, auch nicht Adam und Eva. Aber da mischen wir uns nicht drein.

Unsere Lust liegt im Schauen. „Ein Genuss, der deshalb so edel ist, weil man ihn durch persönliche Mühe verdienen muss!", sagte jener Philosoph, der auf einem Esel zur Bergeshöhe ritt. Der schwitzende Esel soll nur seine Ohren gespitzt haben, als jener so großartig von seiner „persönlichen Mühe" sprach. Nun, *unser* Schauen ist wirklich persönlicher Erwerb, darum ist uns, als müssten wir schreien vor Freude. Oder schweigen vor Seligkeit. – Die Schweizer nennen den höchsten Punkt ihres Rigi: Kulm, so wollen wir unseren Kulm Rigi nennen – den mittelsteirischen Rigi. Er ist danach. Im nördlichen Halbrund stehen die näheren Berge, vom Grazer Schöckel an, der uns eine schoberförmige Gestalt zeigt, über die Lantschgruppe, das Teufelsteiner Gebirge, den Rabenwald, den Masenberg bis zu seinem Ausläufer, dem Ringkogel bei Hartberg – welch ein prächtiger Kranz! Über Sättel, durch ferne Engtäler herab winken einige Schneehäupter der Murtaler Alpen, der Trofaiacherberge, des Stuhlecks und des Wechsels. Von alpiner Schönheit ist das nördlich zu unseren Füßen liegende Tal von Anger, mit seinem weißen Straßenbande, mit seiner schlängelnden Feistritz, mit seinen dunklen Waldhängen, mit seinem traulich sich an den Berg schmiegenden Markte Anger. Der Ausblick nach Osten und Süden – unbegrenztes Hügelgelände bis tief ins Ungarland hinab. In näherer Umgebung erkennen wir – ich nenne nur einige – die Ortschaften Stubenberg, St. Johann, Kaindorf, Hartberg, Pischelsdorf, Fürstenfeld, Kirchberg und gegen Westen Gleisdorf, Kumberg und das weißtürmige Weiz, das überaus freundlich daliegt am Fuße der sachte ansteigenden Alpen. Der Grazer schaut mit besonderem Verlangen nach Westen aus, denn er kann seinen Schloßberg nicht einen Tag lang entbehren. Dort, weit hinten, wo mäßig hohe langgestreckte Bergrücken stehen, ragt dazwischen aus silberweißem Dunste das dunkle Hügelchen. Da setzt der Grazer sein Fernrohr an und findet den Glockenturm, den Uhrturm – und ist's zufrieden. In duftigen Fernen des Hintergrundes baut sich das Gebirge an der Kärntnergrenze auf und weiter südlich über dem Bacherrücken das Gezacke der Sulzbacheralpen. Im Süden weit hinter den scharfen Erhebungen der Riegersburg, des Gleichenbergerkogels: die kroatischen Berge. Selbst die südlichen Ausläufer des Kulm, die, von unten gesehen, auch noch ganz stattlich aufragen, von unserer Höhe aus sind sie Hügel unter Hügeln – recht niedergeschlagen vom kulminierenden Kulm. Nun – Berge sieht man beinahe von jedem Berge aus. Das Eigenartige am Kulm ist dieses tief untenliegende Hügelland, aus dem er aufsteigt wie eine Insel aus dem Meere, dessen bunte Wogen im Sturme erstarrt sind. Nein, dieses Bild stimmt nicht, es hat nichts von dem weichen Frieden, der da unten liegt über dieser wundersam lieblichen Landschaft.

Die Leute nennen den Berg auch Maria-Kulm, ist aber nicht derselbe, von dem die berühmten Räuber stammen. Nicht einmal im neuen Berghotel geht's hier säckelräumerisch her. Es ist ein stattliches Touristenhaus mit anständiger Verpflegung und guten Betten. Der wackere Wirt hat die Rechnung ohne die Eisenbahn gemacht. Er war einst redlicher Geschäftsmann gewesen zu Graz. Da hatte er eines Tages eine Partie auf den Kulm gemacht und eine so unbeschreibliche herrliche Fernsicht getroffen, dass er sagte: Dieser Berg hat eine touristische Zukunft, und sich sofort entschloss, sein Erspartes dranzusetzen und auf dem Kulm ein Hospitium zu erbauen. Zudem zur Zeit auch von dem Bau der Eisenbahn durchs nahe Feistritztal die Rede war. Wenn Puch Bahnstation geworden wäre, so hätte dieser Berg ganz unfehlbar einer der beliebtesten Ausflugspunkte besonders der Grazer werden müssen. Das Kulmhotel wartet auf den Eisenbahnzug. Der hat Verspätung, vielleicht noch zwanzig Jahre lang, und der Herbergsvater hat auf dem Kulm nicht mehr so gute Aussicht als an jenem ersten Tage. Und doch, Vater Zideck, hast du den besseren Teil erwählt, dass du den staubigen, nicht immer sehr wohlriechenden Stadtdunst vertauschtest um diese reine, friedsame Bergnatur. Es mag ja öde sein manchmal im Berghause, wenn es Abend wird, zu den Fenstern schimmert das trübe Grau der verschwommenen Gegend herein, die frostige Stube ist leer – nicht ein einziger Gast sitzt drin. Noch das Abendläuten und deine Milchsuppe, dann nichts mehr als weltferne, genusslose Abgeschiedenheit und Nacht. Und wenn man sich vorstellt, dass in der Stadt zu dieser Stunde die bunten Vergnügungen erst angehen – Konzerte, Theater, Wirtshäuser, Kaffeehäuser usw.! Der Gegensatz mag recht verstimmen; ich rate dir, suche bald das Bett auf. Dann hingegen am Morgen! Unendliche, blendende Sonnenflut erfüllt das weite Land, in kühler Taufrische grünen die Wiesen, auf allen Bäumen jubeln die Vögel und ein freudiges Blühen und Prangen überall, dass du hell jauchzest vor Lust! Zur selben Stunde erwachen die Städter mit schwerem Kopfe, reiben sich missmutig die Augen und blicken in den Nebel der lärmenden Gassen hinaus, und es hebt zwischen ewigen Mauern wieder das einförmige Tagewerk an.

Glücklich jeder Stadtwurm, der für ein paar Stunden ins freie Land hinaus kann zu jener Natur, die so groß und göttlich du als dein eigen hast. Halte dich an deine kleine Landwirtschaft; es wird eine Zeit kommen, da viele es dir nachmachen, aber keinen so schönen Platz mehr finden werden. Das heutige Hinausströmen der Touristen aufs Land ist nur ein Vorspiel zur großen Stadtflucht. Einst wird man nicht nur den Richtungen der Eisenbahnen folgen, sondern vielmehr nach allen Seiten ins Land hindringen, um nicht bloß ein Sonntagslandmann, sondern auch ein Werktagsbauer zu sein. Diese Zeit wird kommen. Und erlebst du sie nicht, Alter vom Berge, so hast du trotzdem durch deinen mutigen Tausch nicht verloren, nur gewonnen. Mache es stets wie viele andere, die nie einsam werden können, weil sie bei sich selbst sind, und wenn schon nicht jeden Tag fremde Gäste in deinem Hospize einkehren, so kehre du in dich selber ein und stelle dir vor das Glück, in freier Natur ein froher Mensch zu sein. – So, Kulmvater Zideck, das habe ich dir zum Abschiede sagen wollen. Denn es ward bald Zeit zum Abstieg.

Nach einer Stunde Aufenthaltes auf der Höhe begann der Gesichtskreis bedenklich grau zu werden und die Berge im Hintergrunde hüllten sich in Schneegestöber, denn es war der Wonnemonat Mai. Unten in Puch hatte ich noch einen Besuch zu machen bei meinem alten Schullehrer Eustach Weberhofer, der – seit ich ihn vor dreißig Jahren das letzte Mal gesehen – sich auch im Grünen ein stilles Plätzchen auserlesen hat. Über dem Kulm ging ein zarter Schleier nieder und es begann, zu meinem Ärger, Wasser zu regnen. An demselben Tage ging drüben auf der anderen Seite der Erdkugel ein anderer Regen nieder über ein unglückliches Land und seine Bewohner. Der Feuerregen vom Berge Pelee auf Martinique – wir denken zu selten daran, in welch gesegnetem Land wir leben!

Was bedeutet der Sport?

[…] Der Sport an sich ist durchaus verwerflich, er ist eine Kraftvergeudung ohne Arbeit zu sein, er züchtet eine der verächtlichen Mannesschwächen, die Eitelkeit, er entfremdet den Sportsmann gewöhnlich dem praktischen und noch mehr dem geistigen Leben.

Aber siehe, die Natur benützt den Sport auch für etwas Besseres. Sie lockt damit den Stadtmenschen aufs Land hinaus. Ja, freilich, in die Wälder, in die Einsamkeit der Berge, in die Rauheit des Winters soll der Städter. Wer ist denn der Führer, dem er folgt? Den Predigern der Vernunft, den Lehrern der körperlichen Abhärtung, der gesundheitlichen Lebensweise folgt er gewiss nicht. Aber dem Triebe der Eitelkeit folgt er. Seinen Zeitgenossen will er zeigen, dass er am besten schießt, reitet, steigt, schwimmt, springt, lauft, haut und sticht. So kommt er zur Körperübung, kommt in die frische Luft hinaus, stählt in der Übung seine Kraft, wenn auch nur einseitig; stählt in Gefahren seinen Mut, wenn auch nicht zum Wohle der Mitmenschen, sondern der Selbstgefälligkeit wegen; aber die Natur, die den verkommenen Städter retten will, hat die erste Stufe ihres Zweckes erreicht.

Wer hat den Städter zurück in den Wald geführt? Die Jagd. Wer hat ihn in die Wunder und unermesslichen Schätze der Alpen eingeführt? Der Bergsport. Wer hat ihm die Frische und die Freuden des ländlichen Winters gegeben? Der Schnee- und Eissport.

Der Landbewohner kann freilich solchen Sportes nicht bedürfen, um mit der Natur in Gemeinschaft zu sein, er hätte den Sport zumeist auch zur Körperübung nicht nötig. Die Jagd aus Vergnügen am Töten, die Wettspiele, um einander zu übervorteilen, sind zumeist nur eine Schule

Wintersport am Semmering (1907)

der Verrohung und des Eigennutzes. Seitdem es keine gefährlichen Raubtiere mehr gibt, seitdem die Hasen kümmerlich gezüchtet werden müssen, um von mutigen Jägern niedergebrannt zu werden, kann die Jagd sich auch kein ritterliches Handwerk mehr nennen. Um nichts Schlimmeres zu sagen, hat solcher Sport der Landbewohner den zweifelhaften Wert des Zeitvertreibes, des Spieles und körperlicher Regsamkeit, die ja sehr angenehm, unter Umständen gesund, aber auch schädlich sein können und einfach zu den persönlichen Gewohnheiten zu zählen sind.

Welch andere Bedeutung hat es, wenn der Sport den Städter aufs Land hinausführt. Dieser bleibt dann selten am Sport kleben. Er vergisst den Hasen und freut sich des Waldes. Des kindischen Wettlaufens nach den Gipfeln ist er bald satt; sein Herz wendet sich sachte den Eigenschaften, den Herrlichkeiten des Gebirges zu. Und die winterlichen Ausflüge zu

Skifesten, zu „nordischen Spielen" aller Art machen ihn mit den Schönheiten und Annehmlichkeiten des ländlichen Winters bekannt, von denen die meisten der Großstadtleute keine Ahnung hatten. Wenn nun unseren Städtern auch der alpine Winter erschlossen wird, wie ihnen der ländliche Sommer erschlossen worden ist; wenn zu den Sommerfrischen nun auch die Winterfrischen entstehen und wir fragen, wer diesen neuen Jungborn des Lebens aufgetan hat, so wird die Antwort sein müssen: der Sport. Freilich spielt auch die Mode mit, doch das instinktiv gefühlte Bedürfnis nach Regenerierung hat die Mode zu Hilfe gerufen und vor allem den Sport, um die Städter aus ihrer physischen Versumpfung emporzureißen und zurückzuführen zur Natur. Ist das erreicht, dann mag der Sport vom weiten Schauplatz des Lebens sich zurückziehen und in engem Bereiche die Großtaten kleiner Seelen stiften. Der Mensch hat heimgefunden zur Natur, und das ist die Hauptsache.

Nichts
EINE BERGWANDERUNG DES HEIMGÄRTNERS

Hinauf und immer höher hinauf. Die Schlucht war wie ein tiefer, mit Strauch und Strupp bewachsener Abgrund unter mir, und noch lang wollte der steile Hang nicht zu Ende gehen. Immer das grüne, weiche und auch spießige Buschwerk von Erlen, Disteln, Himbeersträuchern, hochstengeligem Thymian, hochstieligem Enzian – Auge, Nase und Gaumen mit Genüssen versehend. Die Walderde, wenn sie nach hundert Jahren endlich einmal frei wird von dem finsteren Gestämme, kann sich ja gar nicht genug tun im Prangen, Blühen und Früchtespenden. Auch die Einbeere, die Hundsbeere will hervor, aber sie wird in das Gebüsch zurückgedrängt von der Himbeere, von Haselnusssträuchern und Erdbeerlaub. Unter solch unendlichem Gewächse, das mit Mücken und Hummeln eben so unendlich übersummt ist, fast verdeckt, zieht sich die tiefe Furche des Fußsteiges hinan, auf dem Baumstöcke und Wurzeln fort und fort Stufen bilden; manche so hoch, dass sie anstatt erstiegen, erklettert werden müssen. An dieser verdeckten Treppe müssen die Füße sich hinantasten von Ruck zu Ruck. Man kommt rasch in die Höhe. Der Steig ist ganz gefahrlos, aber beschwerlich und langweilig, denn es will nicht enden und will nicht enden. Das Auge gönnt sich manchmal einen Labetrunk, wenn es rückwärts schauend ins weite sonnige Tal hinausblickt; doch es ist kaum ein behagliches Genießen möglich, solange man noch unbekannte Mühen vor sich hat. Unten in der Schlucht waren die Him-

Peter Rosegger, Wanderer im Mondlicht. Bleistiftzeichnung

beeren noch wachsfarbig, unreif, hoch am Hang sind sie schon rot und üppig, denn nicht die Höhe entscheidet hier, nur die Sonne. Die Erdbeere daneben, sie begeht Frühling und Sommer zugleich, denn neben der roten Frucht prangt die weiße Blüte. Die blauen Glocken der Enziane aber läuten schon vom Herbste und die Spinnen weben von Strauch zu Strauch ihren Schleier für den „Altweibersommer". Denn jede Jahreszeit wird ausgestattet und geschmückt von der Natur mit liebevollster Sorgfalt, und nach wenigen Monaten wird der niedersinkende Schneeschleier hier ebenso wunderbar werden als jetzt das Laub- und Blumenleuchten, das wie ein grober bunter Teppich den ganzen Berg einhüllt. Und auf, nein, in diesem Teppich kriecht, wie eine Milbe, so langsam und schwerfällig, ein Mensch hinan. Das winzige Wesen mit dem gewaltigen länderumspannenden Auge. Und dieses Auge trägt es hinauf. Selbst die höchsten Berge wachsen nicht in den Himmel. Nach stundenlangem Aufstiege wie auf einen Turm ist man erst eine so kleine Strecke hoch über dem Meer, dass sie, flach hingelegt, in einer halben Fußstunde leicht zurückgelegt werden könnte. Das Gestrüpp hatte endlich ein Ende; eine ebene Hochwiese, von mehreren Wetterfichten bestanden, breitete sich hin bis zu dem kahlen ruppigen Steinbühel, der als die Spitze des Berges noch zu besteigen war. Durch die Entfernung wird das Auge immer getäuscht, es sieht die Linien zu groß oder zu klein, richtig nie. Vom Tale aus gesehen ragte dieser Felsbühel wie ein hohes scharfes Dreieck in den Himmel, für dessen Besteigung vom Plateau aus man mindestens eine Stunde rechnen zu müssen glaubt. In Wirklichkeit brauchte ich zu seiner Erklimmung kaum zwanzig Minuten.

Das zerklüftete Gestein war in der Sonne so heiß, dass es fast den Händen wehe tat, die sich daran hielten. Auf der höchsten Platte setzte ich mich hin, regungslos war die Luft, ein wonniges Rasten. Und nun, Auge, fliege hin übers weite Land. – Es flog hin, aber es sah nichts. In der Tiefe lag das blauende Tal, von niedrigen Vorbergen, Almkuppen und bewaldeten Spitzen halb gedeckt. Die jenseitigen Berge des Tales standen blassgrau in schwachen Umrissen, und weiter hinten, wo sonst die hohe Zackenwildnis des Hochgebirges anhebt, war nichts als das Sonnenmeer des Äthers – so viel Licht, dass man nichts sah. Sonst nichts als Licht. Und war's, als rage allein mein Bergkegel aus der silberigen Tiefe herauf und alles andere ringsum sei körperloses Luftgebilde, in das die funkelnde Sonne tief und immer tiefer hineinsank. So viel Nichts sieht man nirgends als auf einem hohen Berg, wenn trockener Lichtäther alles erfüllt. Und dieses unendliche Nichts hebt einen gleichsam über die Erde empor und in die Ewigkeit hinein. Es war keine Aussicht, sagt nachher der Philister, wenn die Täler und Dörfer und Berge der Umgebung im Lichte verschleiert sind. Er steigt ja nur auf die Berge, um von oben genau wieder das zu sehen, was er unten hat und was ihn umgrenzt. Und wenn er statt der Felder und Häuser und Straßen und Bäche und Hügel und Bergspitzen plötzlich das ewige Licht um sich hat, so weiß er damit nichts anzufangen. „Er sieht nichts." Er kommt gar nicht zum Bewusstsein dessen, was er sieht. „Nichts" nennt er's und ist es doch das ungeheure Sinnbild des Ewigen. Was der Mensch nicht kann sagen, nicht kann denken, hier liegt es vor ihm – ungesagt, ungedacht und doch seelengegenwärtig.

Auch mir natürlich war diese Unendlichkeit zu – wenig. Ich schärfte meine Augen, um den Lichtäther zu durchbohren und durch das Loch ein paar Fleckchen Erde zu sehen. Meinen Wohnort suchte ich, aus dem ich heraufgestiegen. Dort – weit, weit von draußen – schimmerte durch die weiße Luft ein Silberblättchen herauf und ein zweites und ein drittes. Das war das Sonnenblinken des Flusses im Tale. Daneben stand, wenn es nicht trog, ein winziges, dunkles Pfählchen auf. Der Kirchturm des Ortes. Weiter hin ein paar Punkte, so groß wie Nadelspitzen – darunter mein Wohnhaus. Sah man's? Nein, es ist nichts zu unterscheiden. – Kindlicher Knabe! Bist du denn diesen beschwerlichen Berg heraufgekommen, um dein Wohnhaus zu sehen? Das hättest du unten ja viel bequemer anschauen können. – Nein, gerade so steht es nicht. Du wolltest dein Haus einmal durch ein wunderbares Medium sehen – durch den Raum. Das Geheimnis des Raumes drängt sich dem modernen Menschen auf. Er erfindet die schnellsten Mobile, um es eilends an sich zu reißen, den elektrischen Telegraph, um es im Momente aufzulösen, er steigt auf die Berge, um dieses Geheimnis der Ferne so weit wie möglich mit dem Auge zu durchdringen. Aber die Ferne bleibt, und der Mensch geht in ihr auf. Sie verschlingt ihn. Er ist eine Beute von Raum und Zeit und das Innewerden dieses seines Verhältnisses zu den beiden unendlichen Geheimnissen ist auch mit ein Reiz, der uns auf hohe Berge hebt. Nachdem ich eine Stunde lang alles und nichts gesehen hatte, nötigte mich der Abstieg auf die andere Seite. Hier glitt es über Federgras rasch talwärts in dunklen Wald, immer pfadlos hinab. Im und über dem Walde wurde es immer dunkler, und als der glatte Weg mit dem daneben rauschenden Bache erreicht war, leuchtete zwischen den tintenschwarzen Berghängen der Mond herab. Dann eine Stunde durch nächtige Abendschlucht und noch eine Stunde über mondbeschienene Matten und Felder. Tauweiches Gras umschmiegte die derben Bergschuhe, die vom scharfen Gestein zerrissen waren. Überall und nirgends wisperten die Heimchen, und der Schatten ging gelassen neben mir her in der süßen, feierlichen Herbstnacht.

Um Mitternacht saß ich in meiner Stube. Neben mir auf dem Tisch brannte das Kerzenlicht, um zu sagen, wie dunkel und wie eng dieser Raum ist. Wie viele Milliarden und Milliarden solcher Gevierträumchen mochte oben das Auge auf einmal überschaut haben – man nennt es eine

Welt. Und hier das Zimmer, zehn Schritte lang und sieben Schritte breit; [das] nennt man auch eine Welt. Eine so groß wie die andere, denn in beiden ist nichts – als die Menschenseele.

Die sportlichen Schnellfahrten, besonders die Automobilerei, werden Kilometerfresserei genannt. Sollte es nicht noch was anderes sein? Etwa *Heißhunger* des überkultivierten Städters nach freier Natur und Landschaft? Ein so infernalischer Heißhunger, der in wenigen Augenblicken die größten Brocken Landschaft verschlingt, um in den nächsten wieder neue Brocken hinabzuwürgen. Natürlich ohne sie zu verdauen. Der Städter hat weit mehr Gier nach Reisen und Szenenwechsel, als der, auf dem Lande lebt. Ich halte dieses Durch-die-Landschaft-Rasen für ein natürliches, heißes, aber höchst ungeschickt bewerkstelligtes Verlangen nach unmittelbarer Natur.

Höhenrausch

Am 10. August war ich wieder einmal gründlich betrunken. Soweit man den lichten Rausch eines edlen Weines kennt, ist die Empfindung eine ganz ähnliche. Höhenrausch! Trunken vor Freude, wieder einmal auf einem hohen Berge zu sein, mitten in der gewaltigen Alpenwelt. „Hier stehe ich vor dir, Allerheiligster! Rings um mich ist alles Pracht und Herrlichkeit!" So ähnlich hat schon Erzherzog Johann gesungen auf der Spitze jenes Berges dort unten, des Erzberges, über den ich jetzt hoch und frei hinaussah. Ich stand an jenem glücklichen Tage mit meiner Ehegeliebten auf der Höhe des „Polsters". Welch ein weicher Name für einen so steilen, steinigen Berg! Von ferne allerdings sieht er sich sanft und lind an mit seinen grünen Almen. Eine günstigere Lage hat kein Aussichtsberg im ganzen Lande. Die Bahnstation Präbichl ist 1200 Meter hoch gelegen, so hoch wie mancher berühmte Aussichtspunkt im Unterlande. Präbichl selbst hat keine Aussicht als die, noch einmal eine große Alpenfrische zu werden, zu der das Alpenhotel „Zum Reichenstein" mit seinen Sommerwohnungen schon den guten Anfang gemacht hat. Da ist der Pass zwischen der Reichensteingruppe und dem Polster. Dieser steigt östlich von der Station und dem Wirtshause auf. Ein Fußsteig führt anfangs im Zickzack durch Wald, höher oben über blumenreiche Almen, dann über verwittertes rotes Erzgestein empor, dann quer an einer steilen, grünen Lehne hinan. Vor Jahren hatte ich an dieser Lehne ein Mirakel erlebt, dessen Bildnis ganz gut in der Mariazeller Kirche hängen könnte. Bei meinem Abstiege damals hatte höher oben jemand einen erklecklichen Stein losgetreten, der über diese steile Lehne in großen Sprüngen herabkam, schnurgerade auf mich zu, der ich ahnungslos gerade lustig den Steig querab lief, über eine Scholle stolperte und zu Boden fiel in dem Augenblicke, als der Stein knapp über mich wegsauste in den Abgrund. Ich würde befürchten müssen, zu großer dichterischer Freiheit beschuldigt zu werden, wenn nicht noch heute Zeugen aufzutreiben wären, die das Wunder gesehen haben. Wie ein neu Erschaffener bin ich damals zu Tal gestiegen. Und wie ein neu Erschaffener stand ich nun nach vielen Jahren wieder auf der Spitze des schönen Berges. Aber was man dort sieht, das sage ich nicht. Aussichten zu beschreiben, das muss man sich abgewöhnen; Namen, Linien kann man sagen, von Farben kann man reden, allerhand interessante Dinge kann man vorbringen; aber die Beleuchtung, die jeden Augenblick anders vom Himmel kommt, kann man schon schwerer wiedergeben, und ganz unmöglich ist, das Wichtigste zu schildern, das einzig Bestimmende für die Bergfreude: die Stimmung. Die ist eine Gnade, die dem einen gegeben ist, dem andern versagt. Sie ist der himmlische Rausch, den man sich an dieser Hochluft von nahezu 2000 Metern so leicht antrinkt.

Der Polster ist übrigens ein unwirtlicher Berg ohne Hütte, ohne schützenden Unterstand. Kein Mensch war uns begegnet, kein Tier. Einsam standen wir auf kahler Felsenspitze, ringsum eine starre, drohende Welt voll unermesslicher Gewalt und stiller Herrlichkeit. Ach, es sind die alten, abgenützten Worte. Wenn man keine neuen erfinden kann und darf, ist's nichts mit der Sprache.

Nachdem wir in zweieinhalb Stunden mühsam hinaufgekommen waren, um auf sonniger Höhe auszuruhen und uns auf der Ostseite des Kammes hingesetzt hatten, um ein Alpenbild zu betrachten, wie es an stimmungsvollerem Lichte nicht sobald wieder in eines Menschen Auge treten wird, verloren wir das, was man Zeit nennt, und waren in der Ewigkeit. – Aber nicht gar lange. Ein leises Rollen im Hintergrunde; wir erhoben uns und gewahrten, dass sich über Wildfeld und Reichenstein ein Gewitterbau aufgerichtet hatte, der bereits den ganzen Westen mitsamt der Sonne verdeckte. Wir waren ohne allen Schutz, nicht einmal an einen Regenschirm hatte uns der gleißende Morgen erinnert. Flucht allein konnte retten. Knapp in einer Stunde waren wir auf dem Präbichl, und kaum im Eisenbahnzuge, prasselte vom nächtlich gewordenen Himmel wüstes Gewitter herab. Einen Blick noch auf den Polster – der war in wirbelnden Regen und Nebelsturm gehüllt. Die Phantasie zeigte mir hoch oben zwei erschöpfte, hilflose Menschlein.

Sport

Solange ich noch auf dem Lande lebte, wo die tägliche Arbeit Gesundhaltung und Kräftigung des Körpers besorgt, dämmerte mir noch wenig Verständnis für den Sport. Erst die Entfernung von der Natur, die von unserem Großstadtwahne kommt, lässt mich den Segen des Sportes erkennen. Fast instinktiv ist aus unserer verweichlichenden Lebensführung der Sport hervorgegangen, der noch heilen und retten kann. Aber welcher Sport ist da gemeint? Etwa der Rennsport? Nein, er hat zu egoistische, zu ungesunde, ehrgeizige Beweggründe. Ungesunde und ungerechte. Das sage ich nicht wegen der Gefahr, beim Wettrennen den Hals zu brechen, sondern weil die Ehre des Siegers doch mehr dem Pferde gehört als dem Reiter.

Rodlergruppe auf Leobener Schlitten

Die Jagd? Ist mir zuwider wegen ihrer Freude am Töten. Die Luftschifffahrt? Das Automobil? Ich betrachte sie nur als sportliche Mittel zu einem praktischen Zweck. Sie sollen ja in den Rang der Seeschifffahrt, des Eisenbahnwesens eintreten. Anders die trefflichen Sporte Kugelschieben, Scheibenschießen, Lawn-Tennis usw. Das sind Übungen der wichtigen Fähigkeit, gut zu treffen, sich ein klares Ziel zu setzen und zu erreichen. Das Turnen? Es ist eine engbegrenzte Schulübung, ein unerlässlicher Notbehelf für alle, denen die freie Natur mit ihren unbegrenzten Möglichkeiten versagt ist. Heute denke ich besonders an den Segen der Touristik und des Schnee- und Eissportes. Sie bringen den Städter zur Natur zurück, zu ihren Schönheiten, zu ihren Kräften, zu ihrer sittigenden Wirkung. Diese Sporte entvölkern die Wirts- und Kaffeehäuser, entvölkern die Spielhöllen und Bordelle. Keine „Errungenschaft" der Heilmethoden kann den Menschen so gesund machen und erhalten wie die Sporte des Wanderns, des Schlittschuhlaufens, des Eisschießens, des Skilaufens, des Rodelns, wenn sie naturgemäß geübt werden. Nicht die Kunst, die hochgepriesene, kann dem Menschen so das körperliche und seelische Heil verleihen als [vielmehr] die Sporte, die uns hinausführen zum luftigen Anbinden und Ringen mit der Natur. Auch sie sind also ein Mittel zum Zweck, aber ein fröhliches, angenehmes Mittel, das sich aus sich selbst lohnt, auch wenn der große Zweck nicht zu erwarten wäre. Nun – er ist zu erwarten. Diese körperlichen Sonntagsübungen in der freien Natur müssen unsere Geschlechter zur Not hinüberretten in eine Zeit, da sie ihre Städtetorheit gebüßt, eingesehen haben werden und wieder zu ihrer natürlichen, Gesundheit und Frieden bringenden Arbeit zurückkehren wollen.

Leopoldsteinersee

Endlich fand ich wieder einmal einen Erdwinkel, wo es heute noch so ist, wie es vor tausend Jahren gewesen sein wird. Und doch ist er mitten im Lande, in nächster Nähe der größten Arbeitsstätte, an einer Hauptverkehrsstraße der großen Welt, Jagdtummelplatz hoher Herren, die gerne nach den Gemsen jagen, welche leichtfüßig am steilen Gewände dahinhüpfen; oder nach Saibling und Forelle, die in der kalten, glasgrünen Tiefe hausen. Und dann die Touristen seehin, seeher, bergauf, talab. Wer auf dem Söller der alten Wirtshütte sitzt und hinausschaut auf den Leopoldsteinersee und seine Felsenberge, der sieht nichts, aber auch nichts als ewige Natur. Kein Landhaus, kein Hotel, keinen Steinbruch, keinen Holzschlag, sieht nur die Wände aufragen, wie an denselben die einzelnen Baumbestände kümmerlich sich klammern, bis sie, von Schutt und Steinschlag getötet, in die Tiefe stürzen.

Das ist wohl vor tausend Jahren auch so gewesen. Es müsste nur sein, dass damals der See noch nicht dalag, dass sich der Hochgebirgsbach erst gestaut, als etwa von der Seemauer die Wand losgebrochen und in die Schlucht gefallen war. Seit einem solchen Ereignisse in unvordenklicher Zeit, dessen Spuren an der Seemauer noch sichtbar sind, ist es gleichgeblieben hier an dem steirischen Königsee, der seinen ähnlichen Bruder bei Berchtsgaden zwar nicht an Ausdehnung, wohl aber an harmonischer

Schönheit des Landschaftsbildes noch überragt. Ein schönerer Hintergrund als die aus Wald und Steinwüsten aufragende Pyramide des Pfaffensteines ist kaum denkbar. Und über den tiefen, grünen, hinzitternden See gleitet ein einziger Kahn mit einer weltabgeschiedenen Seele dahin. Und während man eine Stunde weit von hier einen ganzen Eisenberg zerschossen und aus ihm weitum in den Ländern die neue Zeit gebaut hat, ruht der See in unentweihter Beständigkeit. Doch ich sollte nicht plaudern, ohne den Daumen einzuziehen, sonst haben wir auch in diesem Naturpark morgen alle denkbaren Unarten der Leute.

Wandervogel

Wenn sich die Leute einmal an all dem Fahren und Reiten und Gleiten und Schweben und Fliegen satt getummelt haben, dann werden sie wieder anfangen, zu Fuß zu gehen. Man setzt ein Bein vor das andere, einmal das rechte, dann das linke, und immer so fort, bis man an Ort und Stelle ist – das ist das einfachste, verlässlichste und vornehmste Vehikel. Und auch das angenehmste. Aber noch weit mehr: es ist das gesündeste, das ergötzlichste und das lehrreichste. Ich habe mein Lebtag viele Reisen gemacht, und die schönsten Erinnerungen habe ich von den Fußwanderungen her. Alle Landschaften und anderen Dinge, an denen ich vorübergefahren bin, sind fast vergessen, nur die Gegenden und Menschen, zu denen mich die Füße hingeführt, habe ich noch als Eigentum in meinem Kopf.

In Deutschland hat sich ein großer Verband gebildet: der *Wandervogel,* der fliegt zwar nicht auch da oben herum; er führt die jungen Leute wieder zu Fuß durchs Land. Er unternimmt Schülerausflüge, Studentenwanderungen, oft sogar nach dem Vorbilde wandernder Handwerksburschen; dann auch veranstaltet er gelegentlich wohl Touren von Stadtmarodeuren über Flachland und Gebirge. Das macht frisch, das macht stark und das macht klug. Man lernt eine Menge dabei, besonders auch, wie man einfach lebt und fröhlich wird.

Bei uns in Österreich fängt man wohl auch schon damit an; besonders Schülerausflüge gibt es, aber das ist viel zu wenig. Wir müssen einmal ordentlich wieder unsere gesunden Gliedmaßen hervorsuchen und untertauchen in der Natur, in uns selber, neuerdings die verlorengegangenen Kräfte entdeckend, die in *uns* sind. Fußreisen! Fußreisen wie einst. Ach, welch ein Gut ist da in Vergessenheit geraten! Es muss wieder hervor. Der Wanderstecken! Hundert Bücher, mit denen wir unsere Zeit vertun, wiegen den Wanderstecken nicht auf.

Pfadfinder

Auf plattgetretenen Straßen ist nichts Frisches mehr zu finden. Was der Mensch mühelos findet, das weiß er nicht zu schätzen, oft nicht einmal zu nützen. Darum schlägt unser junges Geschlecht neue Richtungen ein, sucht sich seine eigenen Pfade. Wohl ihm, wenn es Pfade in die Natur sind, aus Städten und Schulstuben hinaus ins freie ländliche Leben. Was es auf diesen Pfaden findet, das wird zu seinem Gedeihen.

Unsere jungen Pfadfinder, die mit Rucksack, Werkzeug und Kochschale des Morgens hinausziehen, leicht und unmerklich von erfahrenen Personen geleitet, an sich frei, nach eigener Absicht ins Unbekannte hinein – sie sind Pioniere der Wiedergeburt.

Dass man den Menschen nicht mit Unterricht und Büchern allein bilden kann, das hat sich gezeigt. Die Erfahrung, das persönliche Anpacken mit dem Leben, baut Männer und Charaktere. Einst, als man sich von der Natur noch nicht so weit entfernt hatte, genügte zur Auffrischung noch Vater Jahns Körperübung. Wer heute dem Verfall entfliehen will, der muss sich mit allen Vieren in die Wildnis stürzen. Die verhängnisvolle Landflucht hätte uns in kürzester Zeit den Rest gegeben, nun beginnt die Stadtflucht. Aber die jungen Pfadfinder kehren abends wieder zurück aufs Stadtpflaster. Die kleinen Mühen, das Versuchen und Sich-zu-helfen-wissen, die Abenteuerchen der Pfadfinder auf ihren Märschen machen schon frischer, findiger, klüger und mutiger; das wahre Pfadfinden ist es freilich noch nicht.

Der rechte, menschheitsrettende Pfad ist der von der Stadt aufs Land, vom Pflaster auf die Scholle. Vielleicht kommt unsere Jugend darauf, dass die mit Hausverstand geleitete, körperliche Tätigkeit eine gediegenere Bildung verschafft als manche akademische Scholastik, an der man sich welk und dumm studiert. Vielleicht sehen es auch die nationalen Pfadfinder endlich ein, was den Deutschen in seinem Heimatlande noch retten kann: die Scholle. Wer die Scholle hat, der hat das Land.

Abschnitt VI

LANDSCHAFT UND UMWELT

Zur Waldfrage in den österreichischen Alpengebieten

Anlässlich der Überschwemmungen in Tirol und Kärnten hat die Sektion Prag des *Deutschen und Österreichischen Alpenvereins* eine Denkschrift herausgegeben: Zur Waldfrage in den österreichischen Alpengebieten von *Karl Toldt* (Prag, H. Dominicus). Diese Schrift sagt zwar nichts Neues, aber umso Beherzigenswerteres; sie beleuchtet lebhaft die in unserer Zeit so sehr eingerissene Waldverwüstung, betont die Gefahren und furchtbaren Folgen derselben und rügt die Saumseligkeit und Unzulänglichkeit der betreffenden Faktoren, die das treffliche Waldgesetz, das wir besitzen, nicht handhaben. Die Schrift erklärt die Erhaltung der Waldungen in den Alpengebieten als ein allgemeines österreichisches Reichsinteresse. Aber wie, da nicht einmal das Brausen der wilden Fluten, der Hilfeschrei der Tausenden von Verunglückten imstande war, die Köpfe nachdenklich zu machen – wie erst soll das ein schlichtes, wenn auch noch so wohlgemeintes Wort zu wirken vermögen! Nach Geld, nach Geld ringt alles; des Weiteren halten wir die Augen zu, um nicht zu sehen, wohin wir treiben.

Da Baur ohni Bam

Mein liabn Bergbauern in Obasteir zan Ondenkn

Däs Glachta, wans ghert hets, vorestern am Obn,
A Gschichtl ha ih auspockt, ees wissts von sen Schwobn,
Der hoch af n Bam hot ohgschnidn an Ost,
Af den er is gsessn, bis er nochgibt und loßt
In Schwobn owapirzln von Bam, ja do hobn
S n ausglocht, die Baurn, in sen Schwobn.
Wos gibts dan do zlochn, meini Leit, fohr ih drein,
Ees schneidts ja doh selba johraus und johrein
Am Ost, af den s sitzts, hoch obn afn Bam.
Jo, sogsts ma, hilft Enk dan ka Mensch aus n Tram?
Da Bam is da Bodn, af den s ongsessn seids,
Der Ost is da Wold, va den s Schutz und Schirm heits.
Wir al Lampel sei Wul, wir a Birnbam seini Bladl,
Wir a Kindl seini Windl, wir an Aehern seini Gradl,
Wia d Nussn ihr Scholn, wir a Keiberl sei Hold,
Sa nöti braucht da Baur in grean Wold.
Es seits wir a Kindl, das d Windl weckschmeißt,
Wir a Lampel, däs d Wul va sein oagnen Leib beißt,

Rosegger Peter, Hohenwang von der Illach aus. Bleistiftzeichnung

Wir a Scholn ohni Kern, wir a Lab ohni Birn,
Wir a Bam ohni Wipfel, wir a Kopf ohni Hirn,
Wir a Bier ohni Foam, wir a Milch ohni Rahm,
Wir a Vogl ohni Federn is da Baur ohni Bam.
Jo, s Woldvaderbn liegt Enk in Bluat sid da Zeit,
Wo da Baur noh sein Ackerl aus da Wildnuss hot greit't.
Aus da Wildnuss heraus, in die Wildnuss hinein,
Des muaß, dumi Baurn, Enka Reitwirtschoft sein,
s is scha wohr, dass wegn Steirzohln in Wold miaßts ongehn,
Ober Ees liassads n ah ohni Steirzohln mit stehn,
s Woedvaderbn, s Woedvaderbn liegt Enk in Bluat,
Sa long, dass s an Bam sechts stehn, tuats Enk ka guat,
Der Dani hockt s Pech wek, der Ondri in Schopf,
Da Dritti gor d Aest und da Vierti in Kopf,
Und wan eppa der Ormi hiaz noh nit mecht sterbn,
Sa deckn s n d Wurzn oh za sein Vaderbn.
Ha, d Sun, de mog senga, da Sturm, der mog tobn,
Und d Erdlahn kon rutschn und s Wildwossa grobn,
Und wan scha gleih gor da schworz Höllteufel kam,
Schon Olls is n liaber, in Baurn, wir a Bam.

A Baur, der sein Wald vatuat, kimt ma grod fir,
Ih muaß s aufrichti sogn, scha nit onderst, as wir
A Bua, der sein Buschn von Huat owareißt,
Wir a Dirndl, däs gor ihr greans Kranzerl weckschmeißt,
Wir a Mensch, der sei Joppn, sei Hosn vakafft,
Und hell muadanokad afn Berg umalafft.
A Berg ohni Wold und a Strauß ohni Blia,
Und a Baur ohni Bam, däs taugt amol nia.
Is er ohghulzt, da Grund, aft vakaffad ern gern,
Von Berg will er fuat und a Herr will er wern.
Däs taugt amol nia, Baur, vasteh mih doh recht:
In *Wold* bist da Herr, afn Schlog bist da Knecht,
Und schleppn s da Dein letztn Bam heint davon,
Brich an Steckn von Zaun – bist a Bedlmon.
Geh her do, ih schenk das wos – schenk dar an Nom,
Da *Bamtodt*, is er recht der? Und hiaz pock Dih zsom,
Host ka Baur nit welln sei, bist a Bedlmon,
Herr Bamtodt, helf Gott! Host Da s selba ton.

Erklärung, *obn:* Abend; *owapirzln:* herabpurzeln; *heits:* habet; *Gradl:* Geräte; *Keiberl:* Kälbchen; *Foam:* Schaum; *Erdlahn:* Lawine; *Blia:* Blüte; *Schlog:* abgestockter, kahler Boden.

Zuflucht im Walde

Die Welt, sie ist mir viel zu weit
Und viel zu hart sind mir die Leut',
So sterbenstraurig komm ich her
Zu Dir, Du heilige Einsamkeit.

Ich komme aus dem argen Land,
Wo jede Lust ein Leid gebiert,
Wo – trotz des kochend heißen Bluts
Im Auge selbst die Träne friert.

Das Weinen ist dort arg verpönt,
Das Fluchen, Lästern nur ist Brauch;
Hier taut das Moos, die Rose taut,

Der Tannenbaum, der Weißdornstrauch.
Auch mein Gemüt will tauen hier,
Bis müde sinkt das Auge zu.
O senke Frieden in mein Herz,
Du süße, heilige Waldesruh!

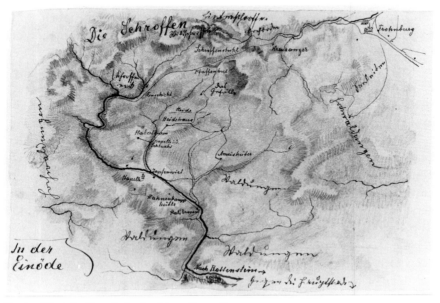

In der Einöde. Landschaftsskizze Peter Roseggers

Der Schutz der landschaftlichen Natur
und der geschichtlichen Denkmäler Deutschlands
Von *Ernst Rudorff* (Berlin. Allgemeiner deutscher Verein. 1892)

Im *Allgemeinen Deutschen Verein* (Berlin) hat sich ein Schutzausschuss gebildet, welcher die Vertiefung des Verständnisses und die Liebe für das deutsche Land bezweckt. Derselbe hat zur Aufgabe den Schutz der landschaftlichen Natur und der geschichtlichen Denkmäler Deutschlands, auch der einheimischen Tier- und Pflanzenarten, die Erhaltung und Weiterbildung des Überkommenen in Gebräuchen, Sitten, Trachten und Bauweise. – Dieses löbliche Unternehmen sei dem Interesse unserer Leser auf das Wärmste empfohlen.

Die „Gartenstadt" an der Mur
EIN KAPITEL FÜR DIE GRAZER

Nach einer alten, anmutigen Sage war Graz einst eine Gartenstadt. Nicht, als ob sie von Gärten begrenzt und umgeben gewesen wäre, das ist bei sehr vielen Städten der Fall; vielmehr mitten in der Stadt soll Graz seine zahlreichen und ausgedehnten öffentlichen Gärten gehabt haben. Man spricht heute noch von einem Joanneumgarten, der dem Studium und der Erholung geweiht gewesen wäre. Man erzählt sich von dem Berg mitten in der Stadt, der einen ganz ländlich idyllischen Charakter gehabt hätte. Es war ein Unikum, dieses Graz. Es kamen Fremde, um die große Stadt zu sehen, die auf dem Lande stand und alle Vorzüge von Stadt und Land in sich vereinigte; das gefiel ihnen, sie blieben da und heimten sich ein.

Obschon die steirische Hauptstadt weder eigentlich eine große Industrie noch einen hervorragenden Handel hat und auch kein Touristenverkehrszentrum ist, so ist sie doch in einem merkwürdig lebhaften Wachstum begriffen, so dass seit etwa dreißig Jahren ihre Einwohnerzahl sich nahezu verdoppelt hat und gegenwärtig an [die] 125.000 Köpfe zählt.

Aber – viel Köpfe, viel Sinn, sagt das Sprichwort. Während die einen der vielen Köpfe noch von der alten Idylle träumen, wegen welcher sie sich hier niedergelassen hatten, von der schönen staub- und rauchlosen Gartenstadt Graz, sind die anderen sich ihrer modernen Aufgabe bewusst, den grünen Rasen in staubige Straßen und Plätze zu verwandeln, mit dem Kohlenrauch der Fabrikschlote die Gegend einzuhüllen, den Stadtboden überhaupt aufs Äußerste zu fruktifizieren. Wo in der modernen Stadt irgendein grüner Baum steht oder ein frisches Gärtlein liegt, da wird erwogen, ob der Platz sich nicht besser verwerten ließe. Der Baum wird gefällt, das Zinshaus wird gebaut, da wie dort und so nach der Reihe hin. Und wenn so ein neuer Stadtteil entstand, dann zeigt sich wieder das Bedürfnis nach einem Garten. Es werden vielleicht Häuser zusammengekauft, abgetragen, an der Stelle Bäume gepflanzt, die aber ein Menschenalter warten lassen, bis sie so sind, wie diejenigen gewesen, die leichtfertig niedergeschlagen worden waren. So treiben sie's, die neuerungssüchtigen Städter, und dem raschen Gewinn folgt ein langwieriges Elend. – Wir haben, heißt es, heutzutage ja Verkehrsmittel, die uns rasch aufs Land hinausbringen. Allein, wenn's auch billig ist, wenn's auch rasch geht, so kostet es doch immerhin mehr Zeit und Geld, als früher der Garten vor der eigenen Wohnung gekostet hat. Ich denke eher, dass gerade unsere raschen Verkehrsmittel uns veranlassen sollten, die Häuser nicht in Haufen eng zusammen und übereinander zu stellen, sondern uns vielmehr zu verbreiten über das Land, in schöner Abwechslung von Gebäuden und Gärten. Und ebenso könnten die Ämter, Schulen, Krankenhäuser, Kasernen und Industriestätten verteilt sein über das weite grüne Land, für sich allein Ansiedlungen und doch innig verbunden durch die unzähligen Verkehrsmittel. Man sollte meinen, das würden die Städte der Zukunft sein und weitschauende Köpfe müssten schon heute darauf hinwirken, dass die Städte sich dezentralisieren, anstatt in ihren Weichbildern alle Spur natürlichen Lebens auszurotten.

Es gibt ja allerdings Städte, die sich derart vergrößern und vervollkommnen, dass man Bäume in die Stadt und Häuser aufs Land setzt und so einen praktischen und wohltuenden Ausgleich erzielt. Unser Graz jedoch – ?

Unser Graz setzt noch einen Stolz darein, ein möglichst „großstädtisches" Zentrum zu haben, die Gärten mit stattlichen Häusern zu besetzen und die Bäume für Steine umzuwechseln. Wer was Grünes und Freies haben will, der soll auf den Schloßberg! Damit sie lieber hinaufkommen, gründet man oben Wirtshäuser, und damit die Wirtshäuser bestehen können, baut man Drahtseilbahnen. So gütig wird für alle gesorgt. – Weil sich auf den ausgedehnten Schloßbergwegen nie ein Gedränge entwickelt, im Gegenteil eine wohltuende, gegendenweise geradezu einsame Ruhe zeigt, so ist man der Meinung, die Leute wollten nicht hinaufgehen und der Schloßberg müsse ihnen erst erschlossen werden. Das ist ganz unrichtig. Die Grazer haben ihren Schloßberg seit jeher sehr fleißig besucht. Selbst im Winter gibt es kaum eine Stunde des Tages, an welcher nicht ihrer hundert Spaziergänger umherstreichen, da oben auf den zahlreichen Wegen und Steigen. Und wenn im Sommer oft gleichzeitig tausend Menschen dort sich ergehen, so kann man immer noch einsame Stellen finden, wo etwa das lokalpatriotische Herz einen Seufzer tut: Ach, dass der schöne Schloßberg gar so wenig besucht wird! Trotz der Seilbahn, die seit fünf Jahren besteht, hat der Besuch des Schloßberges sich weder mehr gesteigert noch verringert. Leute, die der Bahn oder des Wirtshauses wegen den Schloßberg besuchen, sind keine rechten Naturfreunde, sie fänden auch in der Niederung das, was sie suchen. Den wirklichen Naturfreunden, die heute zahlreich und mit Genuss den Schloßberg besteigen, würde dieser einzig schöne Spaziergang verleidet sein, sobald er zum Tummelplatz der verständnislosen Menge geworden wäre. Also alles nur auf den Schloßberg jagen wollen, was in Graz Bäume und Luft haben will, das ist nicht gut berechnet. Man muss auch in der Niederung noch ein bisschen für Licht und Lebensodem sorgen.

Wir haben doch aber den schönen Stadtpark!, heißt es. Ja, den haben wir, aber der verkleinert sich in dem Maße, als die Stadt sich vergrößert. Vor etwa vierzehn Jahren hat man die Stiftung des Erzherzogs Johann, den schönen Joanneumgarten, abgeschlachtet. Derselbe lag mit seinen kostbaren alten Bäume fast im Herzen der Stadt. Man hatte es damals sehr eilig, alle Bäume zu fällen, während viele davon heute noch stehen könnten auf noch unverbauten Flächen, die seit Jahren kahl und nahezu als Kehrichtstätten daliegen. An solchen vorübergehend, suchte man den richtigen Platz für ein neues Theater und fand ihn nicht. Man wählte also den unrichtigen. Auch hier gab es wieder „einige" Bäume zu fällen. Wir wissen, wie weit dieses „einige" ausgedehnt werden musste, wir haben mehr als hundert gesunder, herrlicher Laubbäume stürzen sehen. Es war ein wahrer Baumkrach. Sie stürzten schmetternd stets früh morgens, solange die Leute noch schliefen. Eine Tat, die das Tageslicht scheute! An solcher Stelle steht nun das zopfige Monstrum des Theaters, ein undeutscher Bau mit überladener, kostspieliger Außenseite. Dazu steht der Bau verkehrt, wendet seine Vorderfront einer ganz unpassenden Seite zu. Das soll nun möglichst korrigiert werden, und weil außen am Bau allerlei hübsche Sächelchen zu sehen sind, will man ringsum einen freien Platz schaffen, von wo aus sie gesehen werden können. Zu diesem Zwecke müssen wieder Bäume fallen und allerlei Änderungen geschehen. Die guten Grazer dürften in nächster Zeit viel Herzleid erleben, von dem sie heute noch keine Ahnung haben. Denn die löbliche Verwaltung hütete sich sei jeher, der Öffentlichkeit genaue Pläne darüber vorzulegen, was zu geschehen hat und wie es dann aussehen wird. Und die Bevölkerung muss sich zufriedengeben mit dem völlig eigenmächtigen Vorgehen, denn sie hat ja die Verwaltung selbst bestellt. In nächster Zeit dürfte sich aber Folgendes ereignen: Dort, wo die Burggasse in den Park ausmündet, werden links und rechts die Bäume fallen, wird der grüne Rasen in einen sandigen Platz verwandelt werden. Die Allee vom Theater bis zum Schillerdenkmal wird niedergemacht, der Damm abgetragen, das Schillerdenkmal von seinem jetzigen Platz entfernt werden; gleichzeitig sollen die umliegenden Anlagen wegkommen oder ganz anders gestaltet werden. Die Rechbauerstraße wird in den Park hereinstoßen, die Allee, welche vom Schiller bis zum Burgtor führt, durchbrechen und in den Ring einmünden. Damit ist der südliche Teil des Stadtparkes glücklich vernichtet. Und das alles, weil das neue Theater auf dem unrichtigen Platze steht. Es hatten sich zur Zeit hundert Stimmen gegen diesen Platz erhoben, jetzt erst zeigt sich mit grauenhafter Deutlichkeit, wie recht sie gehabt haben. Das alte Stadttheater, das jetzt noch neben dem neuen steht, wird niedergerissen werden, aber einstweilen wahrscheinlich nur teilweise, damit auch aus diesem Platze noch nichts gemacht werden kann.

Ich glaube nicht, dass unsere Stadtväter persönliche Feinde des Grünen und der Bäume sind, aber ich vermute, dass sie für materiellen Gewinn der Stadt imstande sein würden, den letzten Baum zu opfern. Und diese Spekulation ist schief, denn was heute noch als Gewinn erscheinen mag, ist morgen Verlust. War es bisher eine *blühende* Stadt, so wird es dann eine blühende *Stadt* sein, aber gewiss nur für ein kurzes Weilchen. Die Vorzüge einer mittelgroßen Landstadt schwinden in dem bereits von zahlreichen Fabriken besetzten Graz immer mehr, die Wohnungs- und die Lebensmittelpreise nahen sich denen der Großstadt – wenn in dieser Stadt die Gärten und in der Umgebung die Wälder nicht mehr sind, dann ist wohl kein Grund vorhanden, sich Graz zu seinem Wohnsitz zu erkiesen [wählen]. Dem Baumkrach wird der Häuserkrach folgen. Hernach wird es allerdings Straßen und Plätze geben, wo wieder Grünes wächst – aber so wird es die Stadtverwaltung nicht gemeint haben wollen. Weil eine „aufstrebende" Stadt auf halbem Wege nicht stehen bleiben will, so fürchte ich, wird in dieser Richtung so weit fortgewirtschaftet werden, bis die öffentlichen Gartenidyllen von Graz wirklich nur mehr in den Ammenmärchen vorkommen werden. Aber schon die Säuglinge werden überlegen sagen: Papperlapapp, in die Stadt gehören Häuser, aber nicht Bäume! Denn die Kinder der Zukunft werden sehr früh altklug sein, weil sie in den widernatürlichen Wüsten der Großstadt die Jugend nicht haben und das Alter nicht erleben werden. [Kommentar Rosegger: In Bezug auf Graz wohl etwas stark aufgetragen.]

Wir schimpfen ja gern, wenn etwas Neues gemacht wird, und nicht allemal mit Recht. Diesmal dürften wir wohl leider recht behalten, auch dann noch, wenn die Bevölkerung mit den neuen Zuständen sich resigniert abgefunden haben wird und nichts mehr sagt.

Ich weiß recht gut, dass sich in Wirklichkeit nicht alles so machen lässt, wie es im Kopf sich träumt. Aber ein bisschen arg leichtsinnig springt man in Graz doch um mit der lieben Natur, die, wenn sie einmal verscheucht ist, in ihrer frischen Lieblichkeit nimmermehr kommen wird. *Graz*, im Frühjahre 1899.

Veränderung der Landschaft

Die Erdoberfläche und die Menschen auf ihr verändern sich rascher, als man denkt. Man braucht nicht mit Jahrhunderten oder Jahrtausenden zu messen. In gewissen Zeitepochen genügt ein Menschenleben, um den Wandel und Wechsel zu schauen.

Ich bin seit fünfzig Jahren erstaunter Zuschauer, wie die Weltgeschichte vor sich geht – schnell und schneller. Sie fährt mit Dampf. Ich glaube, dass der ausgiebigste Ruck vom Mittelalter in die Neuzeit erst im letzten Jahrhundert geschehen ist. Im innersten Kerne geht die Veränderung der Erde wie des Menschen langsam vor sich, im Äußeren jedoch mit unheimlicher Raschheit. Die Veränderung der Leute in ihrem Leben und Wirken bringt natürlich eine Veränderung der Landschaft hervor. Vom Hochschwab aus gesehen dürfte heute die Steiermark noch ziemlich genau so daliegen wie vor hundert Jahren. Vom Schöckel aus geschaut hat sich die Gegend wesentlich verändert und noch näher betrachtet, ist manches Tal für den, der es vor fünfzig Jahren gesehen, nicht wieder zu erkennen.

Oft ist die Rede von den merkwürdigen Veränderungen, die sich in den Hintergegenden unserer Alpenländer vollzogen haben und die den Veränderungen im breiten, reichbevölkerten Tale gerade entgegengesetzt sind. Wo vor fünfzig Jahren noch stattliche Bauerngehöfte gestanden, dort ragt heute in menschenleerer Ödnis mitten aus Hollerbüschen und Brennesseln die Ruine eines steinernen Herdes oder es steht der Rest einer Bretterhütte, in welcher das Winterheu für Rehe und Hirsche geborgen wird. Wo einst an Berghängen die weiten Felder gelegen, die im Frühsommer so sonnig gegrünt und im Spätsommer so goldig gereift haben, ist jetzt dunkler Wald. Wo einst die blumigen Wiesen gelegen und der Sensenschlag heiterer Mäher geklungen, ist jetzt Moor und Sumpf. Die klaren Quellen, die sonst durch Holzrinnen munter in den Trog gesprudelt, sickern jetzt träge aus der Erde und anstatt in gebahnten Bächlein hinzufließen, verlaufen sie in Sumpf und Morast. Wo einst die Holzzäune der Höfe-Grenzlinien sich gezogen, wuchert an zerfahrenen Steinhaufen wildes Gestrüpp und aus den räderfurchigen Fahrwegen und den glatten Fußsteigen sind zerrissene Bergrunsen geworden, aus denen das Wildwasser tiefe Gräben wühlt. Wildnis überall, wo vor wenigen Jahrzehnten eine wohlgepflegte Scholle noch ganze Menschengemeinden genährt hat. An Berglehnen hingegen, wo einst Wald gestanden, sind die weiten Schläger mit den langen Holzriesen, mit den Holzknechthütten und rauchenden

Kohlenmeilern. Oder es wachsen auf solchen Schlaglehnen schon wieder die Erlen- und Brombeergesträucher, die jungen Buchen und Ahorne; denn die Natur treibt Wechselwirtschaft und wo Nadelholz gestanden, sprießt Laubholz auf. Wenn der Förster wieder jungen Fichtenwald haben will, so muss er ihn pflanzen, aber ein Holz, das nicht aus Selbstwahl der Natur gewachsen, das ihr gleichsam aufgezwungen worden ist, wird nicht so fest und haltbar, als das Urwaldgestämme gewesen. Wir haben keinen Ur- und Naturwald mehr, nur noch Kunstwald; unsere Holzbauten morschen in wenigen Jahrzehnten, während die Blockhäuser unserer Vorfahren jahrhundertelang gestanden und dabei so hart geworden sind, dass die Wände bei einem Axtschlag geklungen haben.

Die einst zwischen Wiesen und Matten mit Wasserbauten gut regulierten Bäche sind wüst geworden, haben Brücken und Stege fortgerissen, versanden in zahlreichen Bächlein das Tal, und wo die malerischen Getreidemühlen gestanden, hat das Wasser an die Berglehne gefressen, so dass die fahlen Scharten niedergegangener Lawinen gähnen.

Oder auch, durch solche Berggräben: Wo früher neben dem Bach ein schmales Bauernweglein gegangen, zieht jetzt eine breite Straße, auf der Kohlen, Brennholz und Bauholz herabgeschafft werden aus den hinteren Gegenden. Und wo der Graben ins breite Tal mündet, steht das Gebäude einer großen Holzsäge, die durch Wasser oder Dampf oder beides getrieben, Tag und Nacht Bretter schneidet.

Nun aber das breite Tal im Vorlande. Es ist kaum wiederzuerkennen. Wie die Hinterlandschaft durch Entvölkerung anders geworden war, so änderte sich das Tal durch Übervölkerung. Statt der zahlreichen Bauerndörfer mit ihrer Mischung von alten Holz- und Steinhäusern, [findet man] jetzt weit sich dehnende Ortschaften mit städtisch gebauten Häusern und zierlichen Villen. Über den Kirchen ragen statt den alten Zwiebeltürmen schlanke Spitzen gegen Himmel und nächtlicherweile funkeln die Sterne des elektrischen Lichtes, wo sonst nur Mond und Sterne niedergeleuchtet hatten. Die Ritterburgruinen auf den Felshügeln sind fast verschwunden, von Gestrüpp überwuchert; hingegen prangen im Tale vielfensterige Bauten, aus deren hohen Essen immerwährend schwarzer Rauch qualmt, der das ganze Tal mit einer rußigen Luftschichte überzieht. Kleine Arbeiterhäuser, eins wie's andere, stehen in Reih' und Glied auf der baumlosen Fläche. Daneben hin, wo einst die weiten Felder und Gärten gewesen, jetzt Ziegeleien, Steinbrüche oder Bergwerke. Über allem hin spinnen sich auf Stangen hängend die Drähte des Telegraphen, des Telephons, der elektrischen Wägen. Was früher im ganzen Tale das Bewegteste, Lauteste gewesen, die Landstraße, liegt still da, nur der Radfahrer gleitet lautlos dahin. Oder der wahnsinnige Motorwagen, den der Teufel holen müsste, wenn noch einer im Lande wäre. Hingegen auf der doppelgleisigen Eisenbahn rollen Tag und Nacht die Züge und der Bahnhof, wo einst die stille Schafweide gewesen, ist ein großer Stapelplatz aller möglichen Dinge geworden, und wenn die Schnellzüge einlangen, herrscht dort internationales Leben wie auf den Plätzen großer Städte.

Einst sind die steilen Berghänge, die das Tal begrenzen, bewaldet gewesen bis herab, und große Waldzungen haben sich über das Tal selbst erstreckt, so dass manche Ortschaften durch schöne breite Schachen voneinander abgegrenzt waren. Heute sind die Täler kahl geworden, selbst die einzelnen Nadelbaumgruppen fallen, nur Obstbäume werden noch geduldet, obschon selten nachgepflanzt. Wo sonst Feldkreuze und Marterln mit frommen Sprüchen gestanden, sind dort jetzt Warnungstafeln, die Fluren nicht zu betreten. Die Fluren werden zu Baugründen und Bauwerkstätten. Das Tal gehört der Industrie, und nur wo diese sich nicht festgesetzt hat, bleiben einzelne Bestände stehen, bis auch sie, von der Menschenhand oder vom Sturme benagt, verschwinden. Mit jedem Jahre vermisst der Sommerfrischler im Tale eine liebe Baumgruppe, einen Waldstreifen, der die sonnige Fläche freundlich unterbrochen; mit jedem Jahre lichten sich die Feldraine und die Berglehnen, und die dunklen Wälder ziehen sich immer mehr hinauf ins Gebirge. Wie die taubengrauen Bretterdächer der Häuser den roten Ziegeldächern weichen, der malerische Lattenzaun dem gespannten Stacheldraht, die hölzernen Jochbrücken den eisernen Spannbrücken, so weicht das Holz dem Stein, dem Eisen überall, aber die Stein- und Eisenbauten machen trotz des dauernden Stoffes nicht den Eindruck langer Beständigkeit, wie vorher die Holzgebäude. Ein weiteres Merkmal der neuen Menschenkultur ist das Absterben vieler Brunnen. Tief muss ihnen nachgegraben werden, die einst leicht und von selbst hervorgesprudelt. Die Bäche sind hübsch geregelt, aber sie sind nicht mehr so wasserreich wie einst; die Wild- und Hochwässer bei Gewittern und langem Regen sind reißender und gewaltiger geworden. Die Wassertümpel in der Landschaft verschwinden, die Seen treten sachte zurück, denn der Mensch, dem die Erde zu eng wird, ist überall daran, durch Spaten und Haue die Scholle zu erobern.

Und diese Art von Kultur greift weiter und immer weiter aus, und über der Landschaft liegt ein fremdes, staubiges Licht.

Wie das breite Alpental kahl und trocken geworden ist, so wird es auch das Hintergebirge werden. Wenn wir in Ägypten, in Palästina, in Griechenland mit Grauen heute die kahle karstige Landschaft betrachten: es ist daran nicht das Klima allein schuld; die tausendjährige Menschenkultur hat die Berge vielmehr rasiert und die Täler ausgesogen. Das wird auch die Zukunft unseres Vaterlandes sein. In Sumpf und Nebel setzt der Mensch ein mit nimmermüder Arbeit, macht urbar, macht fruchtbar, saugt und erntet so lange, bis die Gegend eine Mondlandschaft geworden ist.

Dort oben auf den Almen, bei den Felsen und Schneefeldern, wo das kalte stürmische Wetter den Menschen die längste Zeit des Jahres zurückscheucht, behält die Landschaft noch am längsten ihren ursprünglichen Charakter. Doch selbst der Senne baut seine Hütte anders und stattlicher als einst. In den wüstesten Karen, am Rande der Gletscher stehen Touristenhäuser; an den Wänden klettern anstatt flinker Gemsen bedächtige Bergsteiger und anstatt des Adlers hat man schon den Luftballon über die höchsten Riffe dahinschweben gesehen.

Dass im Steingebirge auch eine Veränderung der Felsformen vor sich geht, ist klar. Sehen wir doch jeden Tag, wie Wetter und Wasser daran meißeln. Ja, was die Bodenformen anbelangt, sind steile Gebirge den Veränderungen viel mehr ausgesetzt als die flacheren Hügel- und Tallandschaften, weil ja im Gebirge Wasser, Eis, Luft, Hitze und Kälte usw. viel mehr Angriffspunkte finden, um zerstörend auf die dem Schwergewichte nachgebenden steilen Massen einzuwirken als in flacheren Gegenden. Nicht so sehr die großen Berg- und Lawinenstürze sind es als die ewig grabenden Tropfen und ewig rieselnden Sandkörnlein, die langsam, aber sicher die Berge umgestalten. Dem Menschenauge fällt das im Laufe des kurzen Lebens kaum auf, aber die Photographie wird es zeigen, wie sehr die Form unserer Felsenberge sich in wenigen Jahrhunderten verändert.

Das Wandelbarste von allem ist der Mensch. Und zugleich auch das Beständigste. Tiere, die auf den Menschen angewiesen sind, Pflanzen, die der Mensch hegt, sind abhängig vom Gange der Kultur; während jene Wesen, die dem Menschen nicht erreichbar sind, in großer Gleichmäßigkeit fortwuchern. Ihr Schicksal steht in den Sternen, denn diese bestimmen das Klima. Der Mensch jedoch, trotz seiner Unbeständigkeit, er überdauert und überspannt alles – sei es schon nicht mit seiner Leiblichkeit, so doch mit seinem Gedanken, der mit heißer Ewigkeitssehnsucht die Jahrtausende misst.

Wald und Wasser

Häufiger wird in Zeitungen die Klage, dass auf unserer Erde das Wasser weniger werde. Man denkt dabei nicht an das stellenweise Zurücktreten der Meere, die ja wieder an anderen Stellen weiter vorgreifen, man denkt ans Landwasser. Die Flüsse werden kleiner, die Niederschläge werden unregelmäßiger, der Tau wird seltener, Quellen versiegen. In den Städten gehört die Wassernot lange schon zu den brennenden Fragen, die nicht gelöscht werden können. Nun melden sich auch die Landbewohner. Die Gebirgsflüsse weisen immer schmalere Rinnen und immer breitere Schutthalden auf. Die Wasserkräfte für Mühlen und andere Gewerke werden immer umstrittener, nicht allein wegen größeren Bedarfes, wohl auch wegen geringer Menge. Die Wiesen vertrocknen. An manchem Hofe, wo früher der Hausbrunnen kräftig gesprudelt, rinnt er nur in einem dünnen Faden oder tröpfelt bloß. Was ist die Ursache?

Ursache wie an so vielem Elende ist auch hier die Industrie, die übergroße, gefräßige Industrie. Sie frisst nicht bloß die Bauersleute auf, sondern auch ihre Wälder und sauft ihre Wässer aus. Was sie übrig lässt, das verdirbt sie, dass sogar des Wassers urangestammter Bewohner, der Fisch, darin verenden muss. Die Industrie verbraucht Bauholz, Kohlenholz, Papierholz in Unmengen, und was unfern der Essen und Schlote an Wald noch stehen bleibt, das verdirbt, erstickt unter Kohlenrauch. Die Industrie, die unsere politischen und sozialen Verhältnisse von Grund auf ändert, wird auch unser grünes Heimatland ändern, wird eine Mondlandschaft aus ihm machen.

Von gewissen alten Völkern, die heute ruhige und zufriedene Landwirtschaft treiben, träumte mir, dass sie auch einmal eine große Industrie mit allen Vorteilen der Technik gehabt hätten, dass sie aber, die Gefahr derselben erkennend, diese Industrie abgeschafft haben und die Technik absichtlich wieder in Verfall kommen ließen. Sie würden sonst nicht mehr vorhanden sein.

Die Industrie macht reich, arm und – unzufrieden. Reich zumeist den Unternehmer, arm den Arbeiter, unzufrieden beide. Der Arbeiter, der keine Scholle hat, der im unsteten Einerlei des Rades sein Dasein zubringen muss; er geht zugrunde vor Unruhe, vor Hass gegen andere, die es besser haben, vor Gier nach äußeren Gütern, nachdem die inneren verloren gegangen. Menschen, rettet die Arbeiter, rettet das Land, rettet die Kultur! Die Industriearbeiter, sie wissen, dass sie heute das einflussreiche, bewegende Element sind, sie wollen deshalb die Herrschaft; und können sie doch nicht haben, nicht behaupten, weil ihre Richtung, die ausschließliche Industrie, eine verderbliche ist. Die Herrschenden sind stets auf der breiten, festen Scholle gestanden, nicht auf dem kreisenden Rade. Von der Scholle aus haben sie ihre Eroberungszüge gemacht, und auf die Scholle haben sie ihre Beute vereinigt. Das Rad macht nur immer die Runde in staubiger Niederung, da erhöht sich nichts, steigt nichts aufwärts, wie der Kornhalm und der Baum. Was können wir tun? Die Arbeiter können wir nicht schelten, sie sind ein Produkt der Verhältnisse, die *wir* geschaffen haben. Aber das Übermaß der Industrie können wir vernichten. Die Arbeiter streiken, teuer und bitter haben sie jeden Streik zu erkaufen, aber sie *müssen* streiken. Erlösen wir sie von dieser Notwendigkeit. Streiken auch wir!

Wenn wir, die besser Situierten, die „Bourgeois", die Aristokraten der Kulturländer und Staaten, uns einmal zehn Jahre lang enthalten von all dem überflüssigen Zeug, von den Luxusdingen, in denen jetzt viele nachgerade ersticken, wenn wir uns nur das Nötige, das wahrhaft Nützliche anschaffen, eine einfache Lebensweise annehmen – in zehn Jahren ist die Industrie reduziert und ins richtige Verhältnis zum Staatsorganismus gebracht.

Gespräch mit einem Forstmann über Waldkultur

Gespräch mit einem praktischen Forstmann über Waldkultur: Er teilte nicht meine Befürchtung, dass Übervölkerung, Industrie und Eisenbahnen endlich auch die grüne Steiermark zu einem Karste machen werden. Er gab auch nicht zu, dass der Waldbaum degeneriere. Der Baum könne wie einst Hunderte von Jahren alt werden und so hart und unverwüstlich, dass er hernach als Holzbau wieder Hunderte von Jahren dauere. Nur müsste er in weiten Abständen gepflanzt werden, so dass er genügend Raum, Luft und Licht hat. Und so, dass jeder Stamm möglichst den Winden und Stürmen ausgesetzt ist; das stärke den Baum schon von Jugend auf. Die Waldkultur sei in Steiermark sehr rege, und es sei geplant, dass Wanderlehrer das Volk über Waldzucht und Pflege unterrichten und auch dass der Staat mithelfe, wo arme Kleinbauern die Kosten der Aufforstung nicht zu tragen vermögen. Der gegenwärtige Waldstand des Landes sei weit besser als etwa der vor einem Menschenalter. Aber die furchtbarsten Feinde des Waldes seien das Insekt und die Wildzucht. Gegen Borkenkäfer, Nonnen usw. sei man fast ohnmächtig; eine Waldtodsünde, die der Mensch auf dem Gewissen habe, sei die Jagdliebhaberei. – Nicht einen Baum möchte ich diesem niedrigen Sport geopfert wissen. Früher, als es galt, die wilden Tiere auszurotten, ja, da gehörte zur Tierhatz Mut. Heute ist die Jagd für den Jäger ohne alle Gefahr, außer der, von einem ungeschickten Jagdgenossen für einen Hirschen oder Hasen gehalten zu werden.

Die Enns aus dem Gesäuse leiten

Da oben bei Admont will man die Enns aus dem Gesäuse leiten! Vom Gesäuseeingang durch den großen Buchstein und die St. Gallener Gegend, auch hier zumeist unterirdisch, in gerader Linie bis Weißenbach. Dort soll sie dann einen ungefähr 200 Meter hohen Wasserfall bilden und die Kraft geben für den elektrischen Betrieb der Eisenbahn. – Kam ein Herr zu mir, ich sollte als Naturfreund doch verhindern, dass an unseren Alpen ein solcher Frevel geschieht! – Meine Meinung: Weil wir schon einmal so weit sind, dass die Eisenbahn durchs Gesäuse geht, werden wir Weiteres auch noch ertragen. Die Alpenschönheit *kann* der Mensch gar nicht vernichten, und der Alpenfriede ist längst vernichtet. Was helfen mir die schönen Berge, wenn sie der Kohlenrauch der Lokomotive verhüllt? Was hilft mir das Gesäuse, wenn ich es vor lauter Rollen und Pustern der Maschine nicht sausen höre? Gerne gebe ich den fünften Teil der Enns, wenn ich damit auch den stinkenden Rauch und das Gepolter der Maschine loswerde. Aber nur um diesen Preis. Ich liebe das Wasser, aber viel davon wollte ich hergeben, könnte man damit die Fabriksschlote aus der Welt schwemmen. Und eine kräftigere Zerstörerin der Fabrikschlote weiß ich nicht als – die Elektrizität.

Doch ehe da oben die Enns durch den Buchstein rinnt, wird noch viel Wasser durchs Gesäuse hinabrinnen.

Natur erster und Natur zweiter Güte

Es gibt eine Natur erster Güte und eine Natur zweiter Güte. Natur erster Güte ist alles, was ewig gleich und wahr ist und was unbedingt *muss*. Natur zweiter Güte ist die durch Menschenkraft veränderte Natur, die sogenannte Kultur. Auch diese, selbst in ihren Entartungen, ist Natur, weil es außerhalb der Natur überhaupt nichts gibt. Lassen die Menschen aus, so fällt die Kultur wieder in die Natur erster Güte zurück, dann sinkt alles zurück in die „Wildnis", in das ewig Wahre, in das unmittelbare Muss.

Vergleich unseres Planeten mit einem Tiere

Ein nachdenklicher Landmann verglich unseren Planeten mit einem Tiere. Das Gestein sei seine Knochen, die Erdschichte sein Fleisch, das Wasser sein Blut. – Und die Menschen, die darauf herumregieren?, fragte ich. Die sind sein Ungeziefer, antwortete er prompt.

Wir müssen uns ein wenig verbauern
ZUR GRÜNDUNG DES VEREINES „HEIMATSCHUTZ"

Irgendwo in Steiermark, auf steilem bewaldetem Hügel, ragten die braunen, zerfressenen Mauern einer mittelalterlichen Ritterburg. In lautloser Ruhe starrend oder vom Winde umsäuselt, redete das Gemäuer schweigend zu uns von dunkler Vergangenheit. Da kamen fleißige Erhalter des Alten und bauten auf der alten Ruine eine neue auf. Es wurde eine sehr malerische Burg mit Türmen und Zinnen, die natürlich nicht zu bewohnen war, aber für die Gegend eine gar hübsche Zierde abgab. Sie war anders als die alte Burg, wie man sie noch auf Bildern sehen konnte. Sie war viel schöner, aber sie war eine Phrase. – In demselben Tale war auch ein altes Bauernhaus gestanden, fest und zierlich aus Holz gezimmert und traulich zu bewohnen. Der Besitzer war ein aufgeklärter Mann, der in der Welt schon herumgekommen war. Dem wollte das alte Haus seiner Väter nicht mehr gefallen. Es war so gar nicht modern. Er ließ es abreißen und an dessen Stelle ein neues bauen. Dieses neue Haus war gemauert, getüncht, hatte ein rotes Ziegeldach und wäre gewesen wie ein großes Arbeiterhaus, wenn es nicht ein Türmchen gehabt hätte, in dem weder ein Glöcklein hing noch in das man aufsteigen konnte. Fremdartig stand dieser Bau in der Gegend da, und die Büsche und die Bäume und die Berge ringsum wollten nimmermehr so wachsen und dastehen, dass das Haus zu ihnen gepasst hätte. Das sind zwei Geschehnisse, die ein *Verein für Heimatschutz* hätte verhindern müssen.

Ruinen kann man nicht bauen, höchstens erhalten für eine gemessene Zeit. Wenn die Ruine ausgebessert wird, darf sie natürlich nur ihrer alten Form entsprechen. Und wenn ein neues Haus gebaut werden muss, so muss es natürlich den neuen Bedürfnissen angepasst werden, soll aber, soweit es diese zulassen, der alten Form treu bleiben. Die Form muss sich nach dem Hause, das Haus sich nach dem Zwecke richten. In unserer verrückten Zeit wird tatsächlich von außen nach innen gebaut, dem äußeren Bilde zuliebe werden die Wohnräume verkümmert, unpraktisch, unwohnlich gemacht; das merkt man dem Hause schon von außen an, und das gesunde Gefühl empfindet die schönste Außenseite als hässlich, weil sie dem Zwecke nicht entspricht, also etwas Falsches ist. Und was das Schlimmste ist, man schließt nach dieser Verkehrtheit des Hauses auf die persönliche Verkehrtheit des Bauherrn.

Die Städter bauen jetzt viele Häuser auf dem Lande. Am liebsten möchten sie die ganze Stadt hinausbauen. Mancher stellt ein komplettes Stadthaus mitten ins Dorf hinein. Andere wollen volkstümlich bauen, aber der Stil wird schweizerisch, norddeutsch oder norwegisch. Auch das ist nicht das Wahre. Wir wollen uns nicht von einer Person und nicht von einem Hause anlügen lassen.

Der echte Bauer baute sich sein Haus selber mit Hilfe des Dorfzimmermanns und der freiwillig mittuenden Nachbarn. Doch wie soll das möglich sein heutzutage, da der Bauer keine Gewerbsleute mehr hat, da der Dorfzimmermann zu kostspielig oder gar zu dem streikenden Sozialdemokraten gegangen ist. In meiner Kindheit baute einer unserer Nachbarn ein Haus. Das alte, ein stattlicher Holzbau, in altsteirischer Form, war ungefähr dreihundert Jahre gestanden, ehe es vermorschte. Das neue wurde ganz nach dem alten gebaut an Größe und Form, der Bauer hatte sein Holz, seinen Zimmermann, seinen Maurer, seinen Schmied, seine Nachbarn, die ihm die Arbeiter lieferten und teilweise auch die Kost dazu. Das ganze Haus soll ihm auf 1000 Gulden bar zu stehen gekommen sein. Heute, wenn er, vorausgesetzt das passende Holz wäre vorhanden, ein solches Haus bauen wollte, würde er dafür 20.000 Gulden auf den Tisch legen müssen. Die gelernten Baumeister sind unerhört kostspielig geworden. Wenn ein Bauer jetzt ein Haus baut, so wird's nicht viel größer wie ein Arbeiterhäuschen, ohne jegliche Schönheit und Zier, ohne alle Charakteristik. Er kann nicht anders, er hat's Geld nicht. Und vor allem die Künstler nicht, die ohne viel Plänemacherei und Messerei gefühlsmäßig das Richtige treffen. Das Bauernhaus wird nicht streng berechnend gemacht, es entsteht, es wächst wie das Volkslied. Ähnlich ist es auch mit der Tracht. Der altständige Alpenbauer hat sich fast sein ganzes Gewand selber gemacht unter Mithilfe des Dorfhandwerkers. Bei der jetzigen Wirtschaft ist das nicht mehr möglich. Der Bauer kauft zumeist den Kleiderstoff, wenn nicht gar das ganze Gewand beim Kaufmann. Die echte Tracht gibt's also nicht mehr oder höchstens nur in ganz wenigen, entlegenen Gegenden. Aber selbst die unechte ist noch schön, wenn sie nicht ins Kostümhafte überschlägt. Doch ist das in der Stadt erzeugte Bauerngewand für den Bauern viel zu teuer, das kann sich nur der wohlhabende

Erste Flugschrift des Vereins für Heimatschutz, Frontispiz (1909)

Bürger anschaffen. Deshalb sieht man jetzt mehr Stadtleute in Bauerntracht als Landleute. Diese fahren billiger mit ausländischen Stoffen. Der wohlhabendere oder der kreditfähige Bauer kauft sich freilich auch Steirergewand. Man begnügt sich also mit der Form allein. Und schon das hat sein Gutes und Schönes. Mehr, d. h. eine *bodenständige* Tracht, wird auch der Heimatverein nicht durchsetzen können und wollen.

Mit den ländlichen Sitten und Gebräuchen ist's nicht anders. Sie haben ihren Grund in den Zuständen der alten Zeit. Diese sind gefallen, und damit fielen auch die alten Einrichtungen und Gebräuche, die alten Anschauungen und Gläubigkeiten. Was heute noch an alten Sitten fortwuchert, das ist fast seelenlos geworden. Einiges mag mit neuem Geiste sich wiederfüllen lassen, das meiste bleibt tot und könnte sich nur mit Fälschungen wieder scheinbar beleben lassen. Es lässt sich das Echte aus der alten Zeit so wenig festhalten als diese selbst. Was wir aber tun können: die guten Reste der alten Zeit, *soweit sie in der unsern fruchtbar sein können,* wiederbeleben. Wenn wir nicht verschmachten sollen, so bedürfen wir der Wiederkehr des einfacheren, behäbigeren Lebens, tieferer Gediegenheit und Verlässlichkeit, aber auch des Sinnes für optimistische Weltanschauung und nervenberuhigende Beschaulichkeit. *Wir bedürfen einer Verbauerung.* Dann werden jene heimlichen Sitten, die wir heute mit solchem Heimweh suchen, teils ganz von selbst wiederkommen. Welch eine Welt von Aufgaben entfaltet sich da für den Heimatverein!

Dann die heimische Landschaft! Steiermark ist ein Waldland; das ist so natürlich, dass wir gar nicht daran denken. Erst wenn wir im Auslande sind, werden wir's gewahr. Erst wenn wir wieder zurückkehren, werden wir's köstlich gewahr! Aber mit jedem Jahr verliert das wundersame Waldland ein Stück Recht an diesem Titel.

Der über Berg und Tal weithin blauende Wald, über den nur die Almen und die Felsberge aufsteigen, er ist nicht mehr der ganze unversehrte Mantel, wie wir ihn von unseren Vorfahren geerbt haben, und kann's auch nicht sein; er hat große Scharten, Löcher und Flecken, an den niedrigeren Hängen und in den Tälern dämmert er nur noch in einzelnen Streifen und Schachen. Über das Hügelland liegt er hineingesprenkelt in die Obstgärten, Rebengelände und Schluchten. Und mancher dunkle, weite Wald breitet sich noch über Ebenen aus, wo sonst das unmessbare goldene Meer des Kornfeldes herrscht. Aber er schwindet von Jahr zu Jahr in sich zusammen, jedoch *ohne* dem Kornfeld Platz zu machen.

Und die klaren, lebendigen Bäche aus dem Gebirge! Durch alle Gräben und Schluchten kommen sie herab, um im breiten, stilleren Flusse die Täler zu durchziehen. Bäche, die dem Landmann die Wiesen bewässerten, die Mühlen trieben und den Gewerken das Hammerrad – sie sind freilich noch da, werden aber schon hundertfach zu anderen Diensten geleitet. Das gemeinsame Gut des Wassers will der Staat an sich ziehen und vor allem der Industrie zuteilen, ohne viel zu fragen, ob das dem Lande, seinem Bedarfe und seiner Schönheit zum Vorteil ist oder nicht; denn die Industrie ist da, die einst so klar grünenden, stillen Täler mit Lärm erfüllend und mit Rauch bedeckend. Die Industrie ist da, die uns den Wald frisst und das Wasser trinkt oder wenigstens verekelt. Die Industrie ist da, die Tausende und Tausende von fremdvölkischen Arbeitern ins Land gezogen hat und so unser Volk verändert in der Arbeit, der Sitte, in der ganzen Lebensführung. Die Industrie ist da, die das ganze Bild unserer Heimat umgestaltet hat und noch mehr umgestalten wird. Umgestalten bis zum Verhängnis. Was soll der Heimatverein beginnen, um diesem größten Schädling des alten trauten Landes wirksam zu begegnen? Denn die Industrie ist es ja einzig, die uns reich macht, reich machen soll. Gegen den Drang, reich zu werden oder, mit beliebteren Worten, gegen das wirtschaftliche Interesse kommt der Heimatschutz nicht auf. Vom Wichtigsten muss er seine Hand lassen.

Einer freundlicheren Kleinarbeit muss er sich zuwenden. Alte Kirchen, Denkmäler, historische Wegsäulen und dergleichen sind zu renovieren. Felsgebilde, seltsame Bäume, schöne Wasserfälle, Seen, allerlei merkwürdige Stätten sind zu schützen; die gefährdeten Alpenpflanzen sind zu retten, manche Tiere sind vor dem Aussterben zu bewahren. Aber auch Archive sind zu durchsuchen nach vaterländischen Urkunden, damit das Papier uns zeige, wie es einst war und was wir verloren haben. Oder gewonnen! Denn alles war durchaus nicht gut und schön, was wir heute als Väterwerk und Sitte verehren; mancher Rückblick lässt uns inne werden, wie dankbar wir sein müssen für so vieles, dass es anders wurde. – Der *Verein für Heimatschutz*, der in Steiermark vor einiger Zeit gegründet wurde, kann's noch gar nicht wissen, wohin und wie weit ihn seine Tätigkeit tragen wird. Vom Schiffe der Zeit dahingetragen, wird er an den zurückbleibenden Ufern manches mit dem Auge festhalten, manches Stück erhaschen, um es künftigen Geschlechtern zu überbringen. Und aus den pietätvollen Bestrebungen des Vereines wird ein unschätzbarer Erfolg entspringen: die neuerfrischte *Liebe* zu unserem Heimatlande!

Die Liebe zur heimatlichen Scholle, wie problematisch ist sie doch geworden in unserer Zeit! Diese Scholle, die den Altbauern jetzt abstößt und den Städter anzieht. Der Kulturmensch wird sich freilich der Heimatliebe bewusst, die den Naturmenschen unbewusst festgehalten hat auf seinem Boden. Ich wünsche es keinem, dass es ihm so ergehe wie mir, der nicht vierzehn Tage leben kann außerhalb der Steiermark, obschon er anderswo oft besseres Verstehen gefunden hat als daheim. Aber ich wünsche jedem das Empfinden, das mich daheim so ruhig, so ausgeglichen, so gefestigt sein lässt und so geborgen, trotzdem das Alter der gegenwärtig herrschenden Generation bereits entfremdet. Das ist ja so sonderbar, dass unser Heimatgefühl mehr an dem Lande hängt als an den Einwohnern. Aber gerade dieses süße, uneigennützige Hängen, dieses dankbare Innern ist die Triebkraft der Bestrebungen des Heimatvereins.

Es kommt aber darauf an: Wenn wir den Wert des Heimatlandes recht erkennen wollen, wenn uns seine Vergangenheit, seine Zukunft zu Herzen gehen soll, wenn wir altheimisch Leben und Gesittung wieder mehr pflegen möchten, so müssen wir uns ein wenig verbauern. Anders geht es nicht. Aber auch unsere schönen heimischen Städte dürfen nicht so übertrieben der großstädtischen Gleichmacherei zutrachten. Auch *sie* sind aus dem Lande hervorgewachsen, aus der produktiven Dorfschaft, aus dem gewerblichen Märktewesen, und wenn sie wieder mehr Beziehungen zum heimatlichen Leben finden wollen, so müssen auch unsere Städte sich ein wenig verbauern.

Aber nicht in jedem Sinne verbauern, nein, das gewiss nicht. Es soll damit nur gesagt sein, dass wir mehr zur Natur zurückkehren müssen, wenn wir natürlichere Lebensweise, Sitten, Anschauungen und das richtige Verhältnis zur Vergangenheit des Heimatlandes wieder erlangen wollen.

Naturschutzparks

„Herrlich, wie am ersten Tag!" Davon träumen die Dichter und auch eine neue Bewegung, in unseren Alpen einen Naturschutzpark zu gründen, ist auf denselben Hochklang gestimmt. Man will irgendwo eine Landschaft haben zur Wiederzüchtung und Erhaltung altständiger Pflanzen und Tiere, die das moderne Wirtschaftsleben ausgerottet hat oder auszurotten droht. Sogar die Formen der Berge, die alten Eigentümlichkeiten der Wasserfälle, Flüsse, Seen usw. sollen wieder hergestellt beziehungsweise beschützt werden. Hamerling sagte mir einmal, die Dichter wären die größten Praktiker, weil sie Dinge anreißen, an die früher noch niemand gedacht hat, weil sie es sind, die den ersten Anstoß geben von Größen und Werten, die früher nicht gewesen. Aber wenn sie gar zu schön singen, wie in diesem Naturschutzpark-Projekt, dann muss man ihnen doch den Puls fühlen. Es wäre ja zu schön! In unseren, vom Rauche der Schlote umschleierten Ländern will man die Herrlichkeit der Weltjugend haben.

Ich habe in unzähligen Schriften die Erhaltung des alten Natur- und Volkstums verlangt, solange das noch vorhanden war. Aber mir fehlt der Mut, die ganz neue Wiederkehr dieser Dinge zu erhoffen. Unsere brutale Zeit lässt nichts neben sich bestehen, was nicht ihren Zwecken dient – der rücksichtslosen Ausbeutung aller Werte für die künstlich ins Ungeheure gesteigerten Bedürfnisse ihres Tages. Und was etwa der übersättigte Luxus noch übrig lässt, das nagt die Armut kahl.

Aber wir wollen in unserer Heimat eine Gegend, wo es herrlich ist wie am ersten Tage. Eine beschützte Landschaft mit den ursprünglichen Wesen der Natur! – Wie nun einen solchen Naturschutzpark ausführen? Darüber möchte ich lieber den Praktikus als den Dichter sprechen hören.

Wie groß soll der „Park" sein? Doch wohl wenigstens ein paar Geviertmeilen, damit die Tierwelt sich entsprechend entwickeln kann. Man will ja auch einige Wölfe- und Bärenfamilien drin haben, auf die an den Grenzen freilich die grimmigsten Feinde lauern würden. Wie viel und woher [das] Geld, um solch eine Landschaft zu kaufen? Oder zu pachten? Soll sie auf einen Ertrag ihrer Forst-, Weide- und Wasserwirtschaft verwaltet werden? Nein. Es sollen die Bäume unbenützt wie im Urwald zusammenbrechen und vermodern, es sollen sich die Tiere gegenseitig verzehren, die Weiden verwuchern und vermuren, die Wässer nach wildem Müssen die Berge gestalten, die Landschaft formen. Herrlich wie am ersten Tage?! Wird dieser göttliche Anachronismus möglich sein?

Ich sehe andere Wege dazu, aber sie führen nicht bis ans äußerste Ziel. Wir haben Heimatsvereine zur Erhaltung guter und schöner alter Zustände. Es könnten die Gutsbesitzer besonders geeigneter Landschaften unter Bedingungen gesetzlich oder ehrenwörtlich verpflichtet werden, die landständigen Tiere, Pflanzen und Mineralien systematisch zu schützen und zu pflegen, ohne die endliche Nutznießung auszuschließen. Und dann die kommunalen Landstriche: die Gemeindewaldungen, die Landesforste, die Staatsdomänen: Wären nicht das die berufenen Pflanzstätten zur Erhaltung gefährdeter, heimischer Naturarten? Es muss ja nicht gerade eine Wildnis mit Raubtieren und Überschwemmungswüsten sein; ich würde mein Heimatland am liebsten sehen im friedlichen Lichte einer ländlich kultivierten Natur, in der es für den arbeitenden Menschen gedeihlich zu leben ist. Ein botanischer Park, ein Tiergarten, gleichsam als lebendiges Archiv der Vergangenheit, wäre besonders zu Lehrzwecken wohl auch wünschenswert, wenn die Mittel dafür aufgebracht werden könnten, ohne dass es auf Kosten notwendiger Dinge geschieht.

Der Landwirt schützt die Natur!

Wie oft soll man es denn noch sagen, wer der eigentliche *Zerstörer der Natur,* der heimatlichen Landschaft ist! Der Fabriksschlot ist es mit seinem Anhang. Setzt nur den Landwirt wieder ein mit seiner Kultur, den Landwirt, der naturgemäß wünschen muss, dass sein Geschlecht jahrhundertelang in derselben Gegend bleibe; der wird schon sparsamer sein mit der Ausbeutung aller Art, wird nicht den Raubbau betreiben, wie ihn die Industrie für ihre augenblickliche Gefräßigkeit braucht. Die Industrie kümmert sich nicht um die Zukunft; sobald eine Landschaft ausgebeutet ist, bricht sie ab und zieht weiter. Und lässt eine Wüste zurück, aber nicht eine solche, wie sie die Naturpark-Schutzleute meinen. Interesse an der Erhaltung einer den Menschen angemessenen schönen und fruchtbaren Natur hat nur der Landmann. Freilich müsste er die notwendige Stütze, [eine] vernünftige landwirtschaftliche Bildung haben, um die man sich noch viel zu wenig kümmert. Bauernschutz – Naturschutz!

Ein steirischer Naturschutzpark

Für den steirischen Naturschutzpark ist die Gegend östlich vom Dachstein, das Wald- und Felsengebirge beziehungsweise auch Elendgebirge geheißen, zwischen Schladming und Aussee, Mitterndorf und Dachstein vorgemerkt. Es hat eine Ausdehnung von ungefähr 150 Geviertkilometer, es hat urstarke Laub- und Nadelwälder, vielgestaltige Felspartien, schöne Wasserfälle, Bäche und kleine Seen, eigens für eine „Wildniskultur" wie geschaffen. Wildniskultur, das Wort wird uns geläufig werden müssen für die Sache. Es ist hocherfreulich, wenn sich vermögende Persönlichkeiten finden, die den Naturschutzpark stiften und für ungemessene Zeiten erhalten.

Wir dürfen aber nicht glauben, dass wir uns mit einem solchen Naturschutzpark loskaufen von der Pflicht, auch sonst überall, wo es nur irgend möglich ist, die Natur zu schützen, sei es im Tier- oder Pflanzenreiche, sei es im Erdreiche oder im Menschenvolke! Es müssten die Gutsbesitzer in besonders geeigneten Landschaften verpflichtet werden, die landständigen Tiere, Pflanzen und Mineralien zu schützen und zu pflegen; die Gemeindewaldungen, die Landesforste, die Staatsdomänen vor allem sind die berufenen Pflanzstätten zur Erhaltung gefährdeter, heimischer Naturarten. Das möchte ich hoch vom Dachstein an bis ans Bett der Sann ins weite Land rufen. Wenn vom neuen Naturschutzpark ein Vorbild, eine Mahnung ausgeht, überall, wo es volkswirtschaftlich möglich und nützlich ist, die Natur zu hegen, dann kann er ein Segen für die Zukunft werden. Wenn aber außerhalb dieses kleinen Gebietes die gewinntollen und fortschrittswütigen Menschen fortfahren in ihrem Raubbau auf allen Gebieten der Natur, dann wird das kleine „Paradies" in Elendgebirge nur ein Hohn sein – oder hübscher gesagt, das Museum der Reste einer untergehenden Welt.

Möchte der Naturschutzpark der neue Beginn werden für das Naturschutzland!

Ein Naturschutzpark beim Waldschulhaus

Auf den Naturschutzpark im Ennstal mag die Waldschule in Krieglach-Alpl nicht warten. Sie hat Gönner gefunden, die ihr ein angrenzendes Grundstück kaufen: Wiese, Waldboden und kleine Felspartien. Da will der Waldschulmeister nun einen Naturschutzpark anlegen – zu Lehrzwecken – Mineralien hegen und möglichst viele Gattungen von Pflanzen züchten: Gräser, Kräuter, Sträucher, Nadel- und Laubbäume, Pilze, Giftgewächse – damit die Kinder durch solchen Anschauungsunterricht die Dinge kennen, unterscheiden und praktisch gebrauchen lernen. Die Schülerwerkstätte ist bereits in flottem Betrieb, die Kinder tischlern, schlossern, drechseln, flechten schon mancherlei nützliche Hausgeräte, an denen ihre Eltern den Wert der Schule erst recht einsehen. Der Waldschulmeister hat in Alpl eine Art von Bienenzuchtverein gegründet, wozu er am Schulhause mehrere Musterstöcke hält, so dass diese kleine Waldschule auch staatenbildend ist. Solchen Anstalten nun schließt sich der Naturschutzpark zweckmäßig an. Bären, Wölfe, Gemsen und Adler haben wir in unserem Naturschutzpark freilich nicht, aber das Leben der Käfer, Ameisen, Nattern, Schmetterlinge, Singvögel usw. wird aus dieser kleinen Wildwelt den Schulkindern recht vielfältig und deutlich vor Augen sein, und dem Lehrer, der für derlei Dinge das regste Interesse hat, wird es nicht schwer werden, aus diesem lebendigen Bilderbuche der Bauernjugend die ihr so sehr nötigen Kenntnisse beizubringen und fest einzuprägen. Was man nur so aus dem Buche liest, das verfliegt allzu schnell wieder, was man aber schaut, betastet, versucht, bearbeitet, das geht ins Blut und bleibt lebendig.

Das Theoretisieren und das Zuwarten auf etwaige künftige Einführungen ist dem Waldschulmeister nicht gegeben, er fasst lieber gleich frisch an, probiert und arbeitet munter drauflos, um das – was gelingt – dann der Welt zur Begutachtung vorzulegen. Der vorgeschriebene Lehrplan kommt dabei nicht zu kurz, ja es muss sich zeigen, dass er durch den freiwillig geleisteten Anschauungs- und Übungsunterricht sehr gewinnt. Der Ruf dieser zur Lehre bestimmten Werkstätigkeit verbreitet sich schon in der Gegend; mancher Lehrer beneidet die Waldschule darum, mancher hingegen befürchtet das Umsichgreifen dieses praktischen Unterrichtes, der höhere Anforderungen stellt.

Die Waldschule besteht nun im neunten Jahre. Die Schülerzahl ist von 23 auf 38 gestiegen. Das junge Geschlecht, das aus dieser Schule bereits hervorgegangen ist, beginnt das arme, bisher halbverrottete und verlorene Gebirgstal neu zu beleben.

Ihr müsst mir's nicht verübeln, dass ich von dieser Waldschule so gerne spreche, sie ist meine Freude und mein Stolz. Und alle, die sie mit mir begründen halfen, werden ja manchmal gerne von ihr hören.

Naturschutzpark

Man bedauert, dass in Steiermark der Naturschutzpark nicht zustande kommt. Mir war er soweit auch sympathisch, ein solcher vollkommener botanischer und zoologischer Wildgarten, obschon wir schon *einen* Bauernschreck nicht recht vertragen können. Es wird in unserem Oberlande ja manche Gegend zur Wildnis, in welcher früher landwirtschaftliche Kultur geherrscht hat, aber der richtige Naturschutzpark ist das nicht. Einmal war es das ganze Land. Heute wollten wir uns von den Sünden gegen die Natur mit einem Fleckchen „Naturschutzpark" loskaufen, um unseren Nachkommen zu zeigen, wie die Natur eigentlich aussieht. Aber die rechte Liebe ist das nicht. Der Naturschutzpark muss größer sein.

Des Geldes wegen wird Raubbau, um nicht zu sagen perverse Naturkraftverschwendung getrieben. Das gibt eine Zukunftswüste, für die einige Geviertkilometer Naturschutzpark kein Ersatz sein können. Wenn das ganze Land ein ausgedörrter Karst sein wird, dann kann uns auch das Wildgärtlein im Ennstal nicht mehr freuen.

Wir dürfen es nicht drauf ankommen lassen, dass in unseren Ländern ein starker Baum, ein ursprüngliches Tier, ein wilder Bach zur Kuriosität wird.

Abschnitt VII

MENSCH UND TIER

Federzeichnungen aus der Tierwelt

Aglaia von Enderes. (Erster Band, Franklin-Verein in Pest; zweite Folge: „Neue Federzeichnungen aus der Tierwelt", Hartleben, Wien, Pest, Leipzig)

Die bekannten Schlagworte, als „ursprünglich", „waldfrisch", „reizend", „ein nicht gewöhnliches Talent", „hoch über dem Niveau der literarischen Dutzendware" usw. können bei diesem Buche getrost angewendet werden, ohne dass der Rezensent deshalb mehr als *ein* Kapitel daraus zu lesen braucht. Wer sich aber die Mühe nimmt, nein, das Vergnügen macht, die zwei Bände durchzulesen, der wird finden, dass sich darüber etwas mehr noch sagen lässt.

Wenn der Verlagsbuchhändler oder der Autor sein Buch einer Zeitung einschickt, so meint der Zeitungsschreiber häufig, das wäre die hohle Hand, in welche er das Almosen einer „schönen" Notiz zu werfen hätte; während dem honneten Buchhändler und Verfasser mehr an einer kritischen Beurteilung seines Werkes gelegen sein muss als an einer stereotypen Reklame, nach welcher, wenn's hochkommt, zehn Exemplare an Mann gehen. Das vom „nicht gewöhnlichen Talent" ist der „nicht mehr ungewöhnliche Weg", einem Buche Käufer zu erzielen; aber das Publikum möchte schließlich lieber wieder einmal ein Werk haben von einem gewöhnlichen Talente; das heißt von einem, wie man es unter der Bezeichnung „Talent" gewöhnlich versteht. Ein solch gewöhnliches Talent ist die Frau, welche uns die „Federzeichnungen aus der Tierwelt" gab.

Es ist ganz in der Ordnung, dass in demselben Verhältnisse, als mit der vorschreitenden Kultur der Verstand der Menschheit größer wird, sich auch das Herz derselben erweitert. Da sich's nicht mehr leugnen lässt, dass wir selbst zu den lieben Tieren gehören (wodurch der Mensch ja nicht erniedrigt, sondern das Tier erhöht wird), so machen wir auch etwas Gemeinschaft mit denselben; und gleichwohl wir es uns noch immer nicht recht gefallen lassen, mit dem Gimpel, mit dem Esel, mit dem Affen analogisiert zu werden, so zeigen wir dich schon viel mehr Verständnis, Interesse und Herz für die Tiere, als das sonst der Fall war. So ist auch einmal die Poesie – welche vor ihrem materiellsten Standpunkte der Dorfgeschichte keinen großen Sprung zur Tierwelt mehr hatte – auf diese übergegangen. Zwar ist die Tierfabeldichtung, wie Äsop bezeugen kann, sehr alten Datums; aber der Fabeldichter legte den Menschen in das Tier, während man heute das Tier in den Menschen steckt. Und bei diesem Bockshorn und Pferdefuß, bei dem Tiere im Menschen, bei unserem sinnlichen Leben muss uns der Erzähler aus der Tierwelt packen, will er uns für diese gewinnen.

Aglaia von Enderes erzählt uns von dem Leben vieler Vögel, Käfer, Nagetiere, Raubtiere und Reptilien, erzählt Biographien einzelner Charaktere, erzählt kleine Romane aus der zoologischen Welt. Dort wo die Wissenschaft nur graue Theorien hat, muss die Poesie immer mit Beispielen von des Lebens goldnem Baume aushelfen. Wenn Darwin, Haeckel, Vogt und Büchner sagen, dass sich das Geistesleben der Tiere ganz nach denselben Gesetzen entwickle als das des Menschen, so ist das ein Wort; wenn aber der Poet auf Grundlage von Erfahrungen zeigt, dass zum Beispiel die Lerche und die Schwalbe und die Meise gerade so und mit denselben Konflikten lieben wie der Mensch, dass die Kröte und die Ameise nach denselben Prinzipien arbeiten wie der Mensch, dass die Maus und die Krähe und der Marder mit einem ähnlichen Raffinement stehlen und rauben als wie – wer anderer: so ist das ein Bild, von dessen Wahrheit wir überzeugt sind, weil wir es selbst oft genug in der Natur gesehen haben.

Gleichwohl die Verfasserin sagt, ihr Buch mache keinen Anspruch auf Gelehrsamkeit, so wird sie doch nicht bestreiten wollen, dass ihre „Federzeichnungen" von wissenschaftlicher Bedeutung sind. Dass sie anderseits einen poetischen Wert haben, ist ebenso leicht bewiesen, weil eine schöne Darstellungsweise des Naturunmittelbaren selbst schon Poesie ist, und Aglaia von Enderes es versteht, in anscheinend anspruchsloser Form die reichen Lebenserscheinungen und die zarteren Seelenregungen der Tiere gestaltenvoll darzustellen.

Wenn wir durch Auen und Wälder wandeln, so sehen und hören wir da eine lebendige Welt, die wohl an unsere Sinne schlägt, die wir aber nicht begreifen, noch weniger als uns selbst, und die wir auch mit ganz anderem Maße zu messen gewohnt sind als uns selbst, weil wir es schon von Großmüttern her wissen: Der Mensch habe eine Seele, aber das Tier habe einen Instinkt. Und nun kommt der Poet, und ganz mit demselben Stabe, mit welchem er an das Menschenwesen schlug, dass es sich offenbare, schlägt er auch an das *Tier,* und die Schleier fallen, und wir sehen ein Wesen, das wir kennen, weil es, wie wir, lebt und strebt, liebt und hasst, streitet, siegt oder fällt.

Man lese nur die Schilderungen von der Lerche, der Schwalbe, der Maus, dem Frosch, dem Finken, der Elster, der Ameise, man lese irgendeine der so poetisch dargestellten Tierskizzen von Aglaia von Enderes, und man wird mir beistimmen.

Wehe dem, der zum Wissen geht durch Schuld!

[…] Welchem Menschen, der ein Herz für seine Mitwesen hat, wäre es möglich, den Bestrebungen des Vereines gegen die Tierfolter seine Sympathie zu versagen! Wenn wir schon zugeben, dass der Mensch als der Stärkere auf der Welt sich die übrigen Geschöpfe zu Nutzen macht, so geben wir *nicht* zu, dass er das Recht hat, unschuldige Tiere den entsetzlichsten Todesqualen auszusetzen, bloß um sein Wissen zu erweitern. Der praktische Nutzen solcher Untaten, wenn er überhaupt nachweisbar wäre, ist zu gering, als dass wir um solchen Judaslohn unserem Zeitalter die Schmach niedrigster Verrohung aufbürden wollten.

Wer Tiere quälen kann, hat auch kein Herz für die Menschen.

Erbarmen!
EIN ENTRÜSTUNGSRUF UND EINE FÜRBITTE

[…] Die Tierschutzvereine entwickeln zwar eine geradezu rührende Tätigkeit zur Einführung von zweckmäßigen, rasch tötenden oder wenigstens momentan betäubenden Schlachtwerkzeugen, wie sie in den Städten meist schon angewendet werden; diese Vereine tun alles Mögliche zur Abschaffung von haarsträubenden Grausamkeiten, die auf dem Lande etwas Alltägliches sind. Allein die Leute wollen nicht darauf eingehen, sie bleiben bei ihrem alten Brauch. Und die Behörden verhalten sich gleichgültig, zumeist ablehnend gegen die Bestrebungen zum Schutze der Tiere.

Die Volksschule lässt es sich zwar angelegen sein, der Roheit entgegenzuarbeiten und humanen Sinn in den Kinderherzen zu pflegen, aber der Weg aus der Schule reißt oft alles nieder, was die Schule aufgebaut hat. Und der Lehrer selbst, der tagsüber zu seinen Schülern von dem Kannibalischen der Schlächterei spricht, begehrt vielleicht abends beim Fleischhauer einen Rostbraten – wenn die Gehaltsklasse einen solchen erlaubt. Wer Fleisch verzehrt, ist Mitschlächter, sagen die Vegetarianer. Eine schlechte Gehaltsklasse ist manchmal ein mächtigerer Sittenfaktor als die beste Überzeugung. Sehr tüchtig hat mich in vorbedachter Sache ein junger Erzieher abgekanzelt. Der erklärte meinem Protest gegen die Grausamkeit in den Schlachthäusern für Sentimentalitätsduselei, und meinen Wunsch, dass vor allem die Kinder von solchen Abscheulichkeiten ferngehalten werden sollten, für Unsinn. „Wollen Sie aus unseren Knaben rührselige Jammerbasen machen?", rief er entrüstet aus „Unsere deutschen Knaben, die Enkel Hermanns, welche einst Russland lahmlegen und Frankreich vernichten müssen, die Knaben sollen verweichlicht werden, sollen kein Schwein und kein Kalb töten sehen dürfen?!"

Wahrlich, er hatte recht, in einer Zeit, da aller Witz der Staaten und Nationen darauf hinausgeht, aus Menschen Soldaten, aus Staatsbürgern Kanonenfutter zu machen; in einer solchen Zeit ist der Tierschutz eine Ironie.

Doch, Idealisten wie unsereiner bleiben unverbesserlich.

Ich kann nicht einsehen, dass wir alle miteinander nur darum auf der Welt sein sollen, um einander zu quälen und zu töten. Ideal und Religion, die das Leben noch erträglich gemacht, hat man verworfen, um jetzt in heller Verzweiflung schreien zu müssen: Die Welt ist unselig, die Liebe ein Phantom, das Dasein ein Kampf, das Leben eine Qual, der Tod ein Schrecken! – Nun, die Menschen sollen zusehen, wie sie sich aus solch von ihnen selbst geschaffenen erbärmlichen Zuständen wieder herausarbeiten. Meine heutige Fürsprache gilt dem Tiere, das selber nicht sprechen kann. Ich freilich verstehe seine Sprache, seine Klage, seinen oft grässlichen Schmerz, den der leichtsinnige, unüberlegsame Mensch ihm verursacht.

[...] Meine Freunde! So würde das Tier sprechen, wenn es eine menschliche Sprache hätte. Indes führt es eine Sprache, die Gott versteht, und dieser Mittler wird einmal darauf antworten.

Darf ich auch noch sagen, dass unsere Sittenlehre nicht streng genug ist gegen Tierquälereien. Wo ist das Gesetz, welches Tierquälereien klar und entschieden verbietet und bestraft? Wer Menschenliebe verlangt, der muss auch Liebe und Mitleid zu den Tieren predigen. Ein Herz, das gegen die Tiere verroht ist, wird gegen die Menschen nicht zart sein. Die Religion sagt, alles in der Welt sei nur zum Nutzen des Menschen erschaffen. Es ist das eine etwas hochmütige Meinung, die der Wolf oder der Tiger gelegentlich umkehren könnte, sobald er der Stärkere ist, und das Insekt und die Bakterie tatsächlich umgekehrt hat, eben weil diese Wesen, durch ihre Winzigkeit geschützt, stärker sind als der Mensch. Zugegeben: Die Tiere sind zum Nutzen des Menschen erschaffen; ist das ein Grund für diesen, undankbar zu sein?

Im Angesichte der Qualen, die den hilflosen Tieren von – wenn auch nicht immer bösartigen, so doch unbedacht handelnden – Menschen überall zugefügt werden, möchte ich niederknien vor euch, Mitmenschen, und mit gefalteten Händen euch bitten, anflehen: Erbarmen! Erbarmen für die Tiere! Sie sind wie wir von Gott erschaffen, um sich des Lebens zu freuen! Sie haben mit uns den einen Vater im Himmel. – Wir dürfen uns vor ihnen schützen, wir dürfen sie nützen, so wie ja auch wir untereinander uns schützen und nützen. Aber die Tiere haben von Natur und Gottes wegen und endlich auch unseretwegen ihre heiligen Rechte, die zu verletzen eine Todsünde ist. – Und denket noch ein bisschen weiter oder näher, denket an euch selbst. Gar so sicher und klar steht's nicht um uns. Wir haben unseren Weg durch die Schöpfung noch lange nicht zurückgelegt, keiner von uns weiß, in welchen Balg er noch geraten kann! Wäre ich der liebe Gott, ich würde der Abwechslung halber den Gesellen, der heute Fleischer ist, morgen Kalb sein lassen. Und übermorgen ihn höflich fragen, was er über die Sache denke? Vielleicht käme doch eine gute Verständigung und ein billiger Ausgleich zustande zwischen Menschen und Tier – die schöne Welt würde dadurch sehr viel gewinnen und das Menschenherz noch mehr. Und zur Stunde, wenn der Mensch in seiner höchsten Not weinend vor mich – seinen Gott – hinsinkt und um Erbarmen fleht für sich, für sein Kind – wie könnte ich ihn unerhört lassen, wenn er barmherzig war gegen meine Kreatur!

Vogelmörder

Es ist eine bedenkliche Tatsache, dass die Menschen auf dieser Welt mit allem aufräumen, was nicht ihren unmittelbaren Nutzen fördert. Unerbittlich und immerwährend ist besonders der Krieg gegen die Tierwelt. Dass man die Raubtiere und Gifttiere ausrottet, ist selbstverständlich; dass man jene Tiere vertilgt, die an unserem Tische mitessen, ohne mitzuarbeiten, ist auch natürlich. Dass man aber Tiere, die uns nicht schaden, sondern vielmehr nützen und Vergnügen bereiten, ausrotten will, das ist eine Torheit und ein Verbrechen.

In der Gefahr, also ausgerottet zu werden, ist die Vogelwelt, die liebe, fröhliche Vogelwelt. Vor kurzem erst ist eine Klage durch die Länder gegangen, dass man den Kolibri zu Millionen tötet, bloß um Damenhüten einen eitlen, abgeschmackten Schmuck zu liefern. Ferner wird bemerkt, dass man im Wienerwalde in den letzten Jahren das holde Völklein der Nachtigallen bedenklich lichtet. Es ist bekannt, dass an der deutschen Ostseeküste ein förmlicher Vogelmassenmord betrieben wird – hauptsächlich gegen Schwalben und Enten. Die Tierschutzvereine machen zwar alles Mögliche, um der Vogelvernichtungsmanie Einhalt zu tun.

Ein besonders eindringlicher Protest kommt von dem tirolisch-vorarlbergischen Tierschutzverein in Innsbruck. Derselbe richtet sich gegen den

„Der kleine Verfolger". Zeichnung Peter Roseggers

Vogelmassenfang in Südtirol. (Eine darauf sich beziehende Schrift des Vereines ist bei Wagner in Innsbruck 1892 erschienen.)

In Südtirol, im Trentino, im Ledrotal, Etschtal usw. wird der Vogelmassenfang allherbstlich auf das Lebhafteste betrieben. Man schätzt die jährlich vernichteten Vögel mindestens auf 500.000 Stück, vielleicht ist die tatsächliche Ziffer doppelt so hoch.

Ein einziges Bildchen: Die Sommertage gehen zu Ende, es naht der Herbst, und damit regt sich der geheimnisvolle Wandertrieb in dem gefiederten Völkchen; allmählich zieht es hin gegen Süden, wo die Sonne wärmer scheint, der Himmel freundlicher über der Erde lacht, wo Eis und Schnee dem fröhlichen Treiben in Wald und Wiese kein raues Ende setzen. Was erwartet aber dort in Wahrheit unsere Sänger, deren muntere Töne zur Sommerszeit unsere Wälder beleben und uns zur Freude gereicht haben? Der Süden, welchem sie in ihrer Lust an Licht und Wärme und Sonnenschein zuwandern, wird ihnen zum Massengrab. Mit Netzen und Fallen bedeckt sich der Boden, den sie gastlich wähnen, der Willkommensgruß tönt ihnen aus dem Gewehr entgegen, es trifft sie der kalte Blick des Jägers, welcher berechnet, wie viele von ihnen an den Leimruten und Schlingen haften bleiben und kläglich verenden werden. Tausend Hände regen sich schon geschäftig, ihnen Freiheit und Leben zu rauben, die Vogelherde richten sich auf, und selbst ihresgleichen – die mit glühendem Draht grausam geblendeten Lockvögel – dienen dazu, die Wanderer in den tod- und verderbenbringenden Hinterhalt zu locken.

Wie aber werden die meisten Vögel gefangen? Wir haben da vor allem die sogenannte Roccoli, die Vogelherde. Wenn die Strich- und Zugvögel vom Norden aufbrechen, um in ein wärmeres Land zu ziehen, so halten sie einen bestimmten Kurs ein, in welchem sie ihre Rast- und Futterstationen haben; es sind dies gewöhnlich in der Waldregion gelegene, mit Gebüsch und Bäumen reichlich bestandene Matten oder sanft geneigte Hänge. An diesen Stationen nun baut der Vogelsteller seine Roccoli. Es wird nämlich ein größeres oder kleineres Gebüsch mit mehreren Meter hohen, feinmaschigen und nach außen hin mit zahlreichen Säckchen versehene Seidennetzen umfangen; die Netze werden entweder an den Bäumen oder an eigenen Ständern befestigt. (Eigentlicher Roccolo.) In der Nähe des Roccolo steht eine Vogelhütte, und im Innern des Roccolo, in dem Laubwerk versteckt, zwitschern und singen die Lockvögel. Die heranziehenden, hoch in den Lüften fliegenden Vögel fallen nun scharenweise in das Gebüsch, woraus ihnen verlockender Vogelsang entgegenschallt. Plötzlich ertönt von der Vogelhütte her ein Geierspfiff, oder es wird auch ein Prügel in das Boskett geworfen, die Vöglein erschrecken, entfliehen, aber nicht aufwärts, woher sie gekommen, sondern seitwärts gegen die Netze, woselbst sie sich in den feinmaschigen Säckchen verstricken und hängenbleiben; dann kommt der Mann aus der Vogelhütte, dreht den Vögeln den Hals um und wirft sie in den Sack. Das wiederholt sich des Tages fünfzehn- bis zwanzigmal und abends wird die Beute den bereits vor Begierde lechzenden Personen zugeführt.

Zu Hunderten stehen solche Roccoli im Ledrotale oder im Etschtale und vermehren sich noch immer.

Es kommen aber noch größere Grausamkeiten vor, die zu schildern sich die Feder sträubt. Das Land hat ein Tier(Vogel)-Schutzgesetz, aber dies steht nur auf dem Papier, vielleicht auch dort noch unvollkommen. Viele Landgemeinden in Südtirol nützen den Vogel-Massenmord praktisch aus, indem sie die Vogelwelt an die Fänger verpachten.

Es mag wohl auch mancher schädliche Vogel mitgefangen werden; im Allgemeinen steht die Nützlichkeit der Vögel für den Landwirt, für die Forstkultur so ganz außer Zweifel, dass die Vogelmörder ihr Verbrechen nicht damit beschönigen können, wenn sie sagen, sie vernichten schädliche Tiere. Der Vogelreichtum nimmt in Südtirol und in Italien sehr merklich ab, man vermisst in Wald und Matten den lieblichen Gesang. Das ginge gerade noch ab auf dieser traurigen Welt, dass wir auch noch den Vogelgesang verlieren sollten!

Wie sehr der Massenvogelfang der Herzensverrohung Vorschub leistet, besonders bei der Jugend, das deute ich nur an; bildlich ausführen mag sich's der Leser selber. Wenn aus grünem Baum ein lustig singendes Vöglein sitzt, was tut der Knabe? Er hebt einen Stein auf und schleudert ihn gegen das liebe harmlose Tier. Ist es glaublich?

Moses, Moses, warum hast du nicht ein elftes Gebot noch aufgestellt: Du sollst kein Geschöpf Gottes quälen, keines aus Mutwillen töten!

Reiter, wo hast du dein Pferd?

Selten über etwas haben wir so viele Äußerungen des Unmutes und der Entrüstung gehört als über die letzte große Rosshetze. Diese war auch zu auffallend; durch einen ungeheuren Reklameapparat ist dem Volke verkündet worden, wie ehrenvoll und verdienstvoll es ist, nichtiger Gründe wegen edle und treue Tiere totzuhetzen. Sonst war es deutscher Rittersbrauch, dass der Reiter sein Ross wie einen guten Kameraden hielt, sein Pferd wie einen Teil seines eigenen Wesens liebte, ja, wie sein „erstes Ich", ohne das er nichts war; dass er sich nach Not und Gefahr nicht eher Ruhe und Vergnügen gönnte, als bis dem Pferde das Seine geworden.

Ganz anders, wenn eine edle und nützliche, eine stolze und heldenhafte Sache zum Sport ausartet. Da schweigen alle Regungen der Gerechtigkeit, des Mitleides, der Treue; da wird der sonst oft wohlgeartete Mensch ein unheimliches Wesen, welches seine Freude, Ehre und Würde nur darein setzt, andere zu übervorteilen. Sei die Leistung groß oder klein, löblich oder verwerflich, nützlich oder schädlich, das bleibt sich gleich; Die Hauptsache ist, hierin den Sieg über einen Mitstrebenden zu erringen. Geld, Sitte und Leben opfert man, aber nicht um etwas zu vollführen, zu schaffen, sich einen Genuss zu bereiten, sondern lediglich, um sagen zu können: Ich habe den [Gegner] überwunden. Ob Kraft, Geschicklichkeit, Glück, List oder anderes den Ausschlag gibt, es ist gleich: „Ich habe den besiegt!" Darin liegt die Ehre. Da gibt es einen Wettsport: Wer mehr Zwetschkenknödel essen kann. Ich habe einen gekannt, der auf einem Sitze deren achtzig Stück verschlang. Das gefällt uns schon besser, wenigstens leidet darunter niemand als der Fresser selber, und dem geschieht es recht. Wie aber kommt ein edles, treues Pferd dazu, sein Leben zu lassen, weil sein Reiter schneller nach Buxtehude kommen will als ein anderer, oder weil er ungeschickt ist und den kürzesten Weg verfehlt, oder weil er in allen Zeitungen als der Sieger gepriesen sein will, oder weil er zeigen will, was er für ein gutes Pferd hat. „Sehen Sie, meine Herrschaften, die feine Rasse, das edle Tier! Hier ist's mir gerade krepiert, es lässt sich zu Tode hetzen!"

Wir bestreiten es ja auch nicht, es wird unter Umständen auch sein Gutes haben zu wissen, welche Rasse am schnellsten laufen kann. Wie oft aber ereignet sich die Notwendigkeit, mehrere Tage und Nächte lang ununterbrochen reiten zu müssen! Früher, in der eisenbahnlosen Zeit, mag eine solche Fähigkeit schätzbarer gewesen sein, heute sieht die Übung derselben etwas zu sportsartig aus, als dass man das grausame Quälen und Hinopfern braver Tiere damit entschuldigen könnte.

Die Reiter haben sich von ihrem scharfen Ritte sehr bald erholt, sind mit glänzenden Trophäen heimgekommen auf dem Kurierzuge. Reiter, wo hast du dein Pferd?

Ein Anti-Dianaist bittet ums Wort

Es gibt Leute, in deren Lebenskatechismus der erste Satz so lautet: „Gott hat den Menschen erschaffen, damit er Hasen, Rehe und Hirsche töte, nicht um sich damit zu ernähren, sondern um seiner Freude zu frönen." Diese Leute sind nicht gut zu sprechen auf die Ketzer, die obigen Glaubensartikel verwerfen. Sie sagen, jemand, der zum Beispiel das Wohl des Bauerntums höher stellt als den Jagdsport, sei nicht ernst zu nehmen, und wer zu sehen glaubt, wie im Gebirge Wild- und Jagdsport sehr wesentlich beiträgt, die Bauernwirtschaften dem Untergange zuzutreiben, der leide an krankhafter Phantasie.

Ein Jäger hat doch sonst gute Augen, doch er muss sie rein nur für den Auerhahn und für den Hirschen haben, er muss bauernblind sein, wie andere farbenblind sind, sonst müsste er sehen, was tatsächlich jeder andere sieht, der offenen Auges durchs Land wandert und sich die Zustände anschaut. Wo noch ein größerer Komplex von Bauerngütern beisammen ist, das geht's zur Not. Der zwischen herrschaftlichen Jagdwäldern eingesprengte oder übriggebliebene Bauer aber ist verloren. Viele solcher Bauern machen dann aus Wildschaden ein Geschäft, indem sie nur darum Feld und Garten bebauen, damit die Frucht von Hasen, Rehen, Hirschen usw. gefressen werden könne und sie dafür die Wildschadenvergütung bekommen. Und *solche* Zustände hat die Jagd geschaffen, und zu *so* etwas hat die Jagd den Bauern gemacht.

Seit es Bauern und Jäger gibt, ist zwischen beiden der Krieg. Das ist der beste Beweis, dass sie sich mit einander nicht vertragen, dass einer dem andern gefährlich wird. Wenn uns nun die Sache nicht gleichgültig ist, wenn wir Partei nehmen müssen, für welchen Teil sollen wir uns entscheiden? Für die Jagd? Vom praktischen Standpunkte aus gerne, wenn sie eine Säule des Staates ist, wenn sie zur Volkswirtschaft beiträgt, wenn sie macht, dass eine möglichst zahlreiche Bevölkerung im Lande durch ehrliche Arbeit ihr Brot verdienen kann. Dann ja. Ein Freund des „Meuchelmordsportes", wie jener boshafte Major die Jagd nennt, könnte man zwar noch immer nicht sein, aber wirtschaftlich müsste man ihn gelten lassen.

Weil aber die Jagd nicht eine Säule des Staates ist, im Gegenteile, [die Jagd] dem Staate Menschen und Steuerkraft entzieht: weil sie trotz etwaiger Ausfuhr von Wildbret und Ernährung weniger Armer mit demselben für die Volkswirtschaft bei Weitem nicht das leistet, was der Bauer mit seinem Feldbau, mit seiner Viehzucht; weil sie die Gegenden entvölkert und stets die Tendenz hat, Häuser und Menschen wegzuräumen, darum müssen wir uns *gegen* sie entscheiden und dem Bauerntume das Wort reden.

Die Bauern, die sich über Wild- und Jagdnot beklagen, sind aber nicht bloß zu bedauern, sie sind *einesteils auch zu tadeln*. Sie tun sich's ja selbst an. Gemeinden, die sich über Wildschäden oder zu geringes Erträgnis von Jagdpacht beschweren, müssen wir fragen: „Ja, warum behaltet ihr euere Jagd denn nicht selber? Ihr habt ja das Vorrecht darauf. Warum vergebt ihr denn das Recht, auf eurem Grund und Boden Wild zu hegen

313

und zu jagen, an fremde Leute, wenn ihr kein Wild und keine Jäger leiden möget? Der Jagdpacht ist in der Regel ohnehin so niedrig, dass für den einzelnen Bauern oft nicht einmal so viel abfällt, dass er zu seiner sich selbst eingebrockten Suppe – das Salz könnte kaufen.

So sollte man den Gemeinden ohne Unterlass zurufen: Verpachtet euere Jagd nicht, behaltet sie selber. Aber auch selber pflegen und ausüben dürft ihr sie nicht, sonst erzieht ihr arbeitsscheue Jägersleute und Wilddiebe, und das letzte Ärgernis würde größer als das erste sein. *Ausrotten* soll die Gemeinde das Wild in ihrem Bereiche, statt Hasen fleißig Schafe, statt Hirsche Rinder züchten. Dann werden die Bauern keine Feinde ihrer Kulturen haben, die durch das Gesetz geschützt sind, dann werden sie keine fremden Miteigentümer ihres Grund und Bodens haben, sondern darauf ihre eigenen Herren sein. Es werden noch unfruchtbare Gegenden genug übrig bleiben, wo man den schnellen Hasen, das behendige Reh, den stolzen Hirsch, die kühne Gemse hegen kann für jene Leute, die Gott erschaffen hat, damit sie Hirsche, Hasen und Hähne schießen sollen und anderes Getier. Wir sind kein Feind, sondern ein Freund des Wildes. Darum wollen wir es womöglich nicht niederbrennen lassen zum Vergnügen anderer Wesen, darum wollen wir es leben lassen, denn das Tier ist so wenig wie der Mensch dazu vorhanden, dass es in seiner besten Lebenszeit getötet werde, und ein lebendiger Hirsch ist unendlichmal schöner als ein toter. Wenn aber das Wild in die menschliche Kultur schon einmal nicht passen will, wenn es doch frühzeitig totgeschossen werden soll, dann hege und züchte man es vorwegs nicht und am wenigsten dort, wo es den Wohlstand des Volkes gefährdet und die Moralität untergräbt.

Dass die Jagd die alleinige Ursache an dem Niedergange unseres Gebirgsbauers wäre, das glauben wir nun freilich nicht. Im Allgemeinen sind andere und größere Ursachen vorhanden, die in diesen Blättern schon oft angedeutet wurden. In einzelnen Gegenden und für einzelne Bauernhöfe ist aber wohl das Wild und die demselben zuliebe von Jagdfreunden enthauste und entvölkerte Umgebung die wichtigste und letzte Ursache des Unterganges. Ein solcher Fall ist auch in dem Roman „Jakob der Letzte" erzählt. Nicht eigentlich das Wild frisst die isolierten Bauerngüter auf, als vielmehr die sie umgebende Wildnis, die damit bedingte Vereinsamung.

Die Jagd ist eine volkstümliche, besonders mit dem Alpenvolke innigst *verwachsene Leidenschaft*, der *Gemsbart* und die *Hahnenfeder* sind das charakteristischste Attribut des Älplers. Bedeutungsvoller jedoch ist der *Eberzahn*, die Wolfspfote. *Denn unsere Vorfahren waren die Roder der Wildnis, die Ausrotter wilder und schädlicher Tiere.* Da freilich auch der

Hase und der Hirsch zu den *schädlichen Tieren* gehören und die Ausrottungslust solcher der Älpler von seinen Vorfahren geerbt hat und da diese Ausrottungslust noch immer Nahrung findet, wenn der Hirsch diese an den Saaten findet, so zuckt dem Manne allerdings schon der Finger gleichsam zum Losdrücken des Hahnes, so oft er „was" sieht. Wäre das Totschießen von Tieren niemals eine Notwendigkeit gewesen, so hätte sich die Jagdlust gewiss nie entwickeln können, wenigstens nicht zu einem Sporte der Gebildeten. Denn wir sind doch sonst keine blutgierigen Geschöpfe; am wenigsten tun wir einem wehrlosen Wesen etwas zuleide, das wäre zu unritterlich. *Als es galt, unser Vaterland von wilden, kaum ausrottbaren Raubtieren zu befreien, war der Jäger heldenhaft und die Jagd ein wichtiger Faktor für die menschliche Kultur. Allein arme scheue, hilflose Tiere zu züchten, bloß um dann auf sie Hetze halten zu können, das ist nach unserer Meinung ein Missverstehen der Jagd.* In solchem wie auch noch anderem Sinne sind wir prinzipielle Gegner dieses Sportes und werden wohl nicht leicht eines Besseren überzeugt werden können.

Postkarten des „Heimgarten"

E. W. Riga. Wie sehr haben Sie recht! Der „Heimgarten" ist oft gegen die Vivisektion aufgetreten; er hat gefleht, er hat gezürnt, alles menschliche Rechtsgefühl hat er aufgerufen für die hilflosen Tiere. Dass den verstockten, vorurteilsvollen menschlichen Missetätern ihre Verbrechen gegen die Tiere einst schrecklich heimgezahlt werden, ist ein schlechter Trost. Mir tun die Tiere leid, dass sie so unbeschreibliche Qualen ausstehen müssen, und mir tun die Menschen leid, dass sie so niederträchtig sind. Und schweigen werde ich nicht.

Missratene Kinder

[...] Ich habe als achtjähriger Knabe einmal mit großem Vergnügen eine Katze erwürgt. Ich arbeitete stundenlang daran, sie wollte nicht recht tot werden. Mir war ein bisschen unheimlich beim Geschäft, ich ahnte so etwas, als wäre meine Tat nicht ganz in Ordnung, aber dass ich an die Pein des Tieres gedacht hätte – ich erinnere mich nicht daran. Erst als dann die Mutter über mich kam und gütig die Worte sprach: „Aber Kind, Kind! Was hast du da angestellt? Hat dich das arme unschuldige Tier denn nicht erbarmt? Wenn man erst dich einmal so zu Tode martern wird!" – Das war genug. Ich habe von diesem Tage an absichtlich kein Tier mehr gequält, und wenn ich's an anderen sah, so empfand ich die Qualen gleichsam an meinem eigenen Körper. Ich war bloß daran erinnert worden! Es kommt nur darauf an, wer uns erinnert, und wie es geschieht. Kindern ist alles ein Spielzeug. Ich habe kleine Mädchen gesehen, die aus lauter Liebe ihren Puppen die Sägespäne aus den Gliedern pressten. Das Tier ist ihnen auch Puppe, unseren Kleinen, der Mensch wäre es ihnen ebenfalls, wenn er mit sich spielen ließe. Eltern, die mit sich spielen *lassen,* empfinden es gar sehr, wie grausam Kinder sein können. Und solche Kinder werden endlich doch leidlich anständige Menschen, die auch mit den Tieren Mitleid haben. Aber sie müssen mit Geduld und Sanftmut dazu geführt werden.

Unsere Mitwesen

Schon darum Mitleid mit dem Tiere, weil wir in demselben einen Teil unserer eigenen Wesenheit finden. Und darum Ehrfurcht selbst vor dem „hässlichsten" und „schädlichsten" Tiere, weil wir in demselben einen sichtbaren Teil der Gottheit ahnen, die Himmel und Erde erfüllt.

Süßwasserkrebs

Warum ih koan Krebsn mog
A STÜCKL IN DAS STEIRISCHEN GMOANSPROCH

A Forelln? Jo, Schneggn! A Krebs is s gwen. Afn Finger is er ma ghenkt und zwickt hot er mih. Af d Stoanplottn hon ihs hin gloachn, däs sechsschinkad Vieh, dass s na gleih gmägazt hot und gschwanzlt und kroblt mitn Schinkner und hin- und hergschlogn mitn Zwickscharn, dass na grod kragazt hot. „Ah, dos is guat!", sog ih, „zorni ah nouh sei, daweil s du mih so groub zwickt host, dass ma da Finga blüat't!"

„Daweil ih dih zwickt hon!", sogg da Krebs. – Woaßt, weil ih a siebnbladlads Stiafmüaderl afn Huat hon ghobb, und do vasteht ma die Tier, wan's wos redn in eahna Sproch – woaßt eh.

„Daweil ih dih zwickt hon, dass da dei Finger a wenk blüat't!", sogg da Krebs und mocht an Heschaza. „Auweh, däs muaß freili weh thoan, wan dih a Krebsei in Finga zwickt. Bist wul an orma Lopp!"

„Ztodt tret' ih dih, wanst mih spödeln ah noh willst!", sog ih, weil ihs leicht kennt hon, er will mih fean (höhnen).

„Ztodt tretn!", moant da Krebs. „Mit dein schwarn Fuaßtrompper af mih drauf, dass's af jo und na vabei war! Oh, wan d Leut ja bormherzi warn af uns. Wan s sa bormherzi warn! – dei Schwesta ..."

„Wos host mit meina Schwesta!", fohr ih in Krebsn on, „mei Schwesta geht dih nix on, de loß ma mit Ruah! Däs is a guats Dirndl."

„Wuhl, wuhl", sogg da Krebs. „Sa guat und sa frum, dass's nit amol a Käferl mog zsomtretn afn Weg! Ober in Kednhund vagissts, dass s n tat fuadan, wans ins Bett geht af d Nocht und afn Buabn wordt, der fensterin kimbb. A guats Leutl, dei Schwesta, wuhl, wuhl, däs wissn mar Olli! Mei Muada, mei Voda, mei Ahndl, die gonz Krebsnfreunschoft woaß, oda hots gwisst. Sie hot jo die Krebsn frei so viel gern, dei Schwester, und wan s kimpp am Obnd mitn Liacht zan Bachei, und uns füralouckt und aussafongg mit da Hond, gleih sogg s mit buderlwoacha Stimm: O du liabs Krebserl du! Do hon ih a woachs Betterl für dih! – und legg in gfonggn Sechsschink in ihr Körberl af Brennessel!"

„Brennessel!", loch ih laut auf. „Na hörst, du bist schön wehleidi! Wann ih a so a fessti Scholnhaut hät as wia du, do wult ih hell muadanockad af Brennesseln umwolgn."

„Moanst du, dass uns Krebsn die Brennessln wos mochn in Körberl?", frogg da Sechsschinkad. „O mei Liaba! – Denkst nouh dron, du schreckbors Menschnkind, denkst nouh dron, wias gestern am Obnd lusti is gwen ban enk? Wias gscherzt und glocht hobts vorn Nochtmohl,

317

wias umaghupft seids übamüati mittn in jungen Lebn, wias oanonder ohgfongg hobbs und Bussel gebn und ollahond Kurzweil triebn! Woaßt, wias meina Muada daweil gongen is? Däs liabi Krebsl, wia dei frummi Schwesta gsogg hot! Die Brennesseln in Körberl warn freilih schön küahl gwen. Wos mei Muada für an Durst hot ausgstondn noch ihrn Bachl, däs hot neambb gfrogg. Stad is s umanonda krobbelt afn Kessln und hot gmoant, sie müassad an Ausweg findn in ihr nossi Hoamat und zar ihrn Kinnern zrugg, dass s nouh amal glücklih kunnt sein af da Welt ... Do greift dei Schwesta, die guati, die frummi, eine in Korb, pockt mei Muader um d Mitt, reiß s außer und schmeißts eini ins Häfn, ins siadand Wossa ...! Ins siadand Wossa, mei du! olßa lebendiga! ... "

Ohzuckt hot er mit da Stim, da Krebs af da Stoanplottn, und fürkeman is s mar, als wia wan er still ban eahn woan tat.

„Geh, sei nit kinasch, Tierl", red ich n zua, weil er ma gach awenk dabormbb hot. „Is jo nur an Augnblick – in kouchandn Wosser, a kurzer Augnblick" –

„An Ewigkeit!", schreit da Krebs. „An Ewigkeit, mei Mensch! Bis s durchkocht durch die zach Scholn, eini ins Morch! A grausumi Pein! A schreckbora Tod!

– Und aft, wias vabei is, endla vabei is, einigworfn in d Schüssel mit kleschhiaschta Scholn und afn Tisch trogn. Wia schön röserlrot is da Krebs, wiar apatitla! Guat hod er gschmeckt, da Krebs, koan oanzign is s eingfolln, wos die bluatrot Forb bedeut't. Koan oanziger hot denkt af die Quol, wia s ormi Tier in hoassn Wossa sei Lebn hod müassn lossn. – Und du host auweh gschrian, weil ih dih a wenk in Finga hon zwickt!"

Und wia da Krebs a so hot gredt, do is mar eiskolt übern Bugl gonga, do hon ih s sechsfüaßlad Tierl mit da Hond schön zort ongriffn, hons auf- ghebb va da Stoanplottn, hons ins Bachl eini ton. – Gmirkt hon ih mas und sid der Zeit mog ih koan rotn Krebsn sechn in da Schüssel. Und viel Geld deaffad mar oana gebn, dass ih so a Stückl Krebsnmorch owibracht durchn Schlunk. Wan ma denkt, wia viel Quol und Pein und grausums Sterbn a so a Bröckl kost't!

Das „edle Weidwerk" und der Lustmord

Von *Magnus Schwantje*. (München. August Schupp. 1897)

Wer ohne Rücksicht auf die heutigen Sitten und Vorurteile darüber nachdenkt, worin die Freude am Jagen bestehen mag, der muss erkennen, dass es nur die Lust zum Töten, also die Grausamkeit ist, welche die Jagd zum Vergnügen macht. Der Einwand, dass der Aufenthalt in der schönen freien Natur, die Körperübung, die Gefahren usw. die Ursache der Freude wären, ist windig, all diese Vergnügungen sind auf andere Art besser und reiner zu erreichen, und die Notwendigkeit zum Jagen hört auf, sobald die Hegung der Tiere aufhört. Das Jagdvergnügen, wie alle Grausamkeit, ist mit dem Geschlechtstrieb in engem Zusammenhang. Den Auerhahn gerade in seiner geschlechtlichen Obliegenheit zu schießen, ist für den Jäger die höchste Lust. In ähnlichen Gedanken bewegt sich das ausgezeichnete Schriftchen Schwantjes, dann schildert es die Abscheulichkeiten der Parforcejagden, z. B. wie das Wildschwein vorher eingefangen wird, um ihm den Stoßzahn auszubrechen, und wie man das Tier dann wieder frei lässt, um es von Hunden bis zur Ohnmacht hetzen zu lassen; nachher wird es von einem Jäger noch am Hinterlauf gehalten, damit sich die Hunde dran sattbeißen können. Aber Hubertus war ein Heiliger und doch auch ein Jäger. Jawohl, Hubertus war ein grausamer Jäger, bis er durch die Erscheinung eines Kruzifixes zwischen den Hirschgeweihen sich bekehrte und den abscheulichen Sport aufgab. Sehen die Herren Jäger nicht den Widersinn, dass sie sich einen Gegner der Jagd, einen Bekehrten, zum Schutzpatron ihrer schmählichen Lust gemacht haben? – Dieses Büchlein „Das ‚edle Weidwerk' und der Lustmord" sollte sehr verbreitet werden, damit es endlich dem Volke klar werde, welch einen schändlichen, wenn auch wohl zumeist unbewussten Urgrund das Jagdvergnügen hat! Und dass es Zeit wäre, die Ausübung dieser rohen und wilden Leidenschaft gebührend zu bestrafen.

Einem Vivisektor

Bevor du das Messer an ein hilfloses, in Todesangst erbebendes Tier legst, halte einen Augenblick still und denke an dein Kind. Es kann die Stunde kommen, wo du ebenso hilflos und angsterfüllt für dein Kind um Erbarmen flehst!

Warum dieses Geschlecht verworfen ist
EIN GESICHT

Der Herr der Welten, der ewig alte, der ewig junge Herr, saß im Gewölke und stützte seinen Ellbogen auf den Mond. Vor seinen gleichmäßigen Atemzügen – wir nennen jeden ein Jahr – tanzten im Raum die Sterne wie Staubfünklein im Sonnenstrahl. Da kam der Menschen Schicksalsengel hinaufgestiegen. Lange stand er vor dem Herrn und getraute sich nicht zu sprechen. Er war sehr betrübt. Endlich blickte der ewige Vater ihn gütig an und fragte: „Engel, du kommst aus der Tiefe. Wie geht es unten?"

„O Herr!", antwortete der Schicksalsengel leise und legte die blassen Hände ineinander. „Ich weiß nicht mehr was zu tun ist. Mit diesen Menschen weiß ich mir nicht mehr zu helfen."

„Ich kenne das", sagte der Herr gelassen, „sie wenden sich wieder von mir ab."

„Nicht allein das", berichtete der Engel, „sie wenden sich auch von der Natur ab."

„Von der Natur? Die nur sinnlich genießen wollen, die immer nur der Natur ihren Lauf lassen wollen, die alles auf Natur setzen, alles mit Natur entschuldigen wollen – sie wenden sich von der Natur ab? Wie können sie denn das? Außerhalb der Natur können sie ja gar nicht bestehen."

„Eben darum sehe ich sie zugrunde gehen und kann nichts machen. – Jetzt haben sie sich von den feuchten Wäldern, von den grünen Matten, von den fruchtbaren Feldern abgewendet und sich zu Hunderttausenden, ja zu Millionen in Städten versammelt, die so groß sind, dass alle Natur darin erstickt wird."

„So ist es ihnen jetzt einmal lieber ohne Licht und Luft und Wald."

„Nein, Herr, das wollen sie nicht entbehren. Sie machen sich künstliches Licht, künstliche Luft und einen künstlichen Wald. Die freie Sonne verschmähen sie, machen sich mit riesigen Anstrengungen Lichter, die nicht viel besser sind als das Leuchten der Glühwürmer. Die Blumen des Feldes waren ihnen zu gemein und wollen sie doch nicht missen. Solche züchten sie kümmerlich zwischen ihren Mauern, solche tragen sie von ihren Spaziergängen buschenweise mit sich, um sie in ihren dunklen Wohnräumen einzufrischen, wo sie doch in wenigen Stunden welken."

„Nun", sagte der alte Herr, „da haben sie ja recht, wenn sie ihre Wohnungen schmücken. Ich an ihrer Stelle würde zwar lieber die Natur aus erster Hand haben, anstatt stückweise in armseligen Surrogaten. Aber wahre Vernunft darf man bei diesen da unten nicht voraussetzen, das weißt du doch." „Der Torheit wegen will ich sie auch gar nicht anklagen", sagte der Schicksalsengel, „aber unsagbarer Roheit und Herzlosigkeit klage ich sie an und weiß nicht, welche Strafe du über sie verhängen willst. – Lasse dir sagen. Sie wollen sich in ihrer Stadt auch einen Frühling herrichten, nachdem sie den natürlichen großen Gottesfrühling auf dem Lande verlassen haben. Wie sie sich Blumen in ihre Höhlen tragen, so tragen sie auch die Vögel der Lüfte hinein, damit diese sie mit Gesang erfreuen sollen. Sie reißen die Tiere von ihren Genossen fort, sperren sie – die für den freien Äther im Sommerlichte geboren sind, in enge Käfige, hängen sie in dunklen Kammern auf, geben ihnen schlechte Nahrung, behandeln sie mit einer dummen Liebe, die den Vöglein nur Widerwärtigkeit und Qual bereitet, und da sollen die Tierchen nun lustig singen."

„Das werden sie hoffentlich bleiben lassen", sagte der Herr.

„Natürlich lassen sie's bleiben", rief der Engel erregt. „Aber was geschieht ihnen, wenn sie's bleiben lassen, was geschieht ihnen, damit sie doch noch singen?"

„Nun?"

„Ich vermag's nicht auszusprechen, ich fürchte deinen Zorn, Herr."

„Hast du dich denn je zu beklagen g'habt über mich?"

„Ich habe dir dergleichen auch nie mitgeteilt, bisher. – Du, o Herr, hast in deiner Güte deinen Geschöpfen das Licht gegeben, als den größten Schatz des Lebens, auch den ärmsten Wesen. Der Vogel, der im engen Raum gefangen gehalten wird, *eine* Lust hat er noch, das Fenster, durch das seiner freien Heimat Himmelslicht, wenn auch spärlich, zu ihm hereingrüßt. Dürstend nach Sonnenstrahlen macht das Tierchen seine runden, hellen Äuglein auf, dass von diesem Himmelsquell ihm doch etliche Tropfen ins bange Herz rieseln sollen. Und siehe, diese zwei runden hellen Äuglein werden ihm ausgestochen mit glühender Nadel, geblendet wird der Vogel …"

Der alte Herr sprang auf. „Geblendet? Von wem? Warum?"

„Vom Menschen wird er geblendet. Damit er schöner singen soll in seiner Gefangenschaft."

„Das hat ein Wahnsinniger getan. Das kann nur ein Wahnsinniger getan haben", entgegnete herbe der Herr.

„Das tun viele, das tun Tausende", sagte der Schicksalsengel, „ganze Volksschichten fristen ihren Unterhalt mit dem Fangen der Vögel; der Vogelhandel ist in manchen Ländern ein großes Geschäft, das Vogelblenden ein einträgliches Gewerbe geworden. Den gefangenen, den geblendeten Vogel haben die Menschen sich zum Vergnügen erkoren."

Hoch aufgerichtet stand der Herr und der Blick seines Auges war wie ein erstarrter Blitz, der sich nicht lösen kann.

Dann sprach er in gedämpften Ton: „Ich werde dich kaum verstanden haben, sage es noch einmal."

„Diese Menschen, denen du wie keinem ändern deiner Geschöpfe Vernunft und Liebe gegeben hast, haben dieses Himmelsgeschenk verworfen. In ihrem Hochmut, dass sie die Größten und Gottähnlichsten seien unter allen Wesen der Welt, wollen sie sich alles erlauben, um ihre Sinne und Begehren zu ergötzen. Alles was schwächer ist als sie, opfern sie ihren Lüsten und täglich unzählige Geschöpfe quälen, töten sie ihren Launen zulieb. Du hast in deiner Liebe ihnen gestattet, die Tiere nutzen zu dürfen ohne Grausamkeit. Aber dass sie deine kleinen Lieblinge ..."

„Dass sie meine Lieblinge gefangen halten, blenden – *blenden!* Damit sie in ihren lasterhaften Kammern den Frühling vorfinden sollen, das ist so über alle Grenzen schlecht und dumm – und *dumm!*" Des Herrn Worte erstickten in Zorn und Leid. „Nein", sagte er dann gelassener zum Engel, „das ist ein Irrtum, da ist ein Betrug dahinter. Das sind nicht meine Menschen, meine nicht. Das sind solche, die der höllische Widersacher ins Nest geschmuggelt hat."

„Nein, Herr, es sind deine Menschen, sie nennen sich so, sie nennen sich human. Aus allen giftigen Wesen haben sie die Bosheit und Grausamkeit in sich gesogen und ins Maßlose gesteigert, so dass ihnen darin keines gleichkommt. Aber täglich führen sie im Munde, wie sie dem Höchsten zustreben, nennen die Liebe, nennen dich ..."

„Alle Feuer des Himmels sollen sie treffen, wenn sie mich noch einmal nennen, diese Entarteten!"

„Befiehl, o Herr!", sagte der Schicksalsengel. „Wie soll ich sie strafen? Soll ich sie schlagen mit Krieg und Hunger, soll ich sie töten mit Wetter und Seuchen, begraben durch Überschwemmungen und Erdbeben?"

„Nein", antwortete der Herr mit eherner Ruhe. „So gut soll's ihnen nicht werden. Ich lasse sie sein, was sie sind – schwerer können sie nicht gestraft werden. Aber ich nehme ihnen, was sie den Vöglein nehmen – die Freiheit, den Frühling und das Licht. Die Freiheit ihres Willens soll erlahmen, sie sollen gerade stets das Gegenteil tun von dem, was sie wollen, sie sollen die erbärmlichen Knechte ihrer Vorurteile, die niedrigsten Sklaven ihrer Leidenschaften sein. Den Frühling des Jahres blase ich ihnen aus, den schönen, lieblichen Rosenmai; hart und wetterwendisch soll der Übergang sein vom kalten Winter zum heißen Sommer. Veröden sollen die Sträucher und die Wipfel des Waldes, statt heiteren Vogellebens soll Geziefer die Büsche und Bäume bedecken, und was an Wald dergestalt nicht selbst hinstirbt, das soll die Gewinngier dieser Menschen vernichten. Und wie die Natur ihnen den Frühling des Jahres versagt, so sollen sie ihn auch in ihrem Leben verlieren. Die liebliche Kindheit nehme ich ihnen weg und die reinen Freuden der Jugend. Altklug und wühlerisch sollen die Knaben sein, gierig und früh abgestumpft; an dem Schönen und Guten sollen sie keine Freude mehr haben, so dass sie in ihren Jugendjahren verbrannt und vergiftet den Tod suchen. Und die welken Gestalten, die noch leben bleiben, wandeln unsicher, Kinder wie Greise, mit beglastem Auge ihren Pfad; aber noch blinder sollen ihre Seelen sein. Sie tappen und tasten, unsicher, zweifelnd in allem. Sie sehen nicht die wahre Schönheit, betäuben sich an der falschen. Sie sehen nicht die schöne Wahrheit, wühlen sich nur in die hässliche hinein. Das Wissen soll ihnen ein Irrlicht werden, soll ihnen alles Herzblut aussaugen, soll ihnen nicht Erkenntnis bringen, sondern Wahnsinn; ihre Ichsucht soll zum Selbsthass werden. Lichtlos und freudlos flattern sie im engen Kreise, angstvoll und verzweifelnd flattern sie, zerschlagen ihre Flügeln an den Spangen, bis sie zu Tode erschöpft hinfallen und verenden, wie der arme geblendete Vogel im Käfig. Alles, was dieses Geschlecht den hilflosen Tieren aus Roheit, aus Torheit, aus Übermut, aus Bosheit angetan hat – es komme ihm zurück. Aller Vorteil, den der Mensch grausam aus schwächeren Geschöpfen ziehen wollte, verwandelt sich in Unheil, und die furchtbaren Sünden, die, seit der Mensch Erkenntnis hat, an Tieren begangen wurden, die unendlichen schreienden und stummen Klagen der gepeinigten Kreatur, sie haben sich verdichtet zu einem Fluch, und das Verhängnis wird sich erfüllen. – Jetzt geh. Walte deines Amtes, kalter Schicksalsengel. Ins Feuer, das verzehrt, ohne zu leuchten und zu wärmen, lege dieses Geschlecht und sage ihm, warum es verworfen ist."

So hatte der ewige Herr gesprochen. Da flog der blasse Jüngling auf schwarzen Riesenflügeln zwischen Sonnen und Wolken dahin, niederwärts, der dunklen Erde zu und streute den Fluch aus über die Menschheit.

Nach tausend Jahren stiegen auf dunklen Wolkenstufen drei graue Büßergestalten hinan und riefen: „Herr, sei ihnen gnädig!"

Der Ruf erstickte in den Nebeln, die in zerrissenen Floren flogen.

Den blassen Mond umsausten Meteore, sonst alles wirr und öde.

„Herr, wo bist Du?", riefen die Büßer. „Das schreckliche Feuer! Sie rufen nach dir. Sei ihnen gnädig!"

Aber schwarzes Gewölk wölbte sie ein.

„Sie rufen nach dir, sie weinen nach dir!"

Da durchzuckten Blitze das Gewölke und zerrissen es. Ungeahnte Strahlen fielen in trübe Augen, zwischen den Rissen schimmerte im bläulichen Äther sieben Sternlein.

Da hoben die Büßer ihre Arme und riefen wieder: „Das Feuer, das schreckliche Feuer! Herr, sei ihnen gnädig!"

Nun begann es in den Höhen zu leuchten und zu klingen und von unsichtbarem Chor kam leiser Gesang:

Das Kalte und Harte
Muss zur Tiefe neigen,
Das Warme und Lichte
Kann gen Himmel steigen.
Liebesflammen heben
Zum ewigen Leben.
Wer im Feuer sich feget
Nach Erkenntnis sich reget,
Und im Lichte badet,
Der sei begnadet.

Zur Frage der Vivisektion

Unter allen Umständen gegen die Vivisektion zu kämpfen, wäre eine Torheit. Wer überzeugt davon ist, dass die Versuche an Tieren den Menschen wirkliche Heilvorteile bringen, der kann und darf nicht dagegen sein, weil der Mensch uns näherstehen muss als das Tier. Dass der Mensch das Wohl des Tieres mit seinem Weh bezahle, verlangt die Menschlichkeit nicht. Wenn aber die Vivisektion ausartet, gleichsam zu einem grausamen Sport von Ärzten und Studenten wird, wie es wohl leider auch geschieht, dann muss mit der Gewalt der Menschlichkeit und des Gesetzes dagegen gekämpft werden. Allerdings, wo die humanitäre Forschung aufhört und der vorwitzige Sport anfängt, das ist nicht immer leicht zu unterscheiden. Wer ist berufen, das zu kontrollieren? Hier liegt die Schwierigkeit der Frage. – Dass das Volk sich endlich auch der Tiere annimmt, ist kein schlechtes Zeichen und längst durch die Tierschutzvereine vorbereitet worden. Man soll doch nicht überall gleich politische Parteiumtriebe wittern. Es gibt auch außer solchen noch Regungen im Menschenherzen, und selbst wenn die Güte für alle Kreatur sich einmal irren sollte, würde sie nicht von ihrem Adel verlieren.

Merkwürdiges aus dem Tierleben

Schade, dass unsere Literatur, unser Zeitschriften- und Zeitungswesen, sich so wenig mit dem Naturreiche befasst, außer der Landschaft, die von der Touristenwelt wohl berücksichtigt wird. Freilich stehen dem Men-

schen die menschlichen Angelegenheiten am nächsten, aber die Natur, in der er lebt, ist auch eine menschliche Angelegenheit und vielen Tausenden näher als Politik, Theater, Kunst, Gerichtssaal und Tratsch. Die Zeitungen machen so gerne Jagd auf Merkwürdiges und Kurioses. Ja, daran hätten sie in der Natur den unerschöpflichsten Vorrat; es gibt in derselben auch absonderliche Neuigkeiten, manchmal sogar sensationeller Art. Denn die Natur ist durchaus nicht erforscht, wie manche glauben; wir wissen von ihr nur das uns Nächstliegende, das Äußerliche; wir haben keine Ahnung davon, wie oberflächlich, lückenhaft und irrtümlich unser Naturwissen noch bestellt ist. Am meisten wundert es mich, dass bei der großen Mehrzahl der Menschen das Interesse an der Tierwelt so gering ist. Der Bauer lebt für seine Haustiere, der Jäger für sein Wild, der Kavalier für seine Pferde und Hunde, und so haben verschiedene Menschenklassen ihre Tierkreise. Ins Allgemeine und durch dieses ins Besondere des Tierreiches tauchen die wenigsten. Die Leute können nicht beobachten, es fehlt ihnen dazu an Zeit und Geduld. Und auch an Methode. Wer aber kann, wem die Zeitungen, Spielkarten, Sporte usw. so viel Zeit übrig lassen, um sich in die Wunderwelt zu versenken, die ihn umgibt und deren üppigster Reichtum ihn fast zu ersticken droht, dem eröffnet sich ein Genussbereich, ein für seinen Geist hochersprießliches, unerschöpfliches Feld – von dem alle anderen keine Ahnung haben.

Lerne beobachten! Diese Worte sollten nicht bloß an jedem Schulhause geschrieben stehen, sondern auch an jeder Menschenwohnung. Die Natur in ihrem Wesen, ihren Gestalten und Zuständen spricht ununterbrochen zu uns und erzählt uns die wunderbarsten Dinge, die tiefsten Geheimnisse; sie hat für unsere wissensdurstige Seele die weittragendsten Berichte und Aufklärungen, wir müssen ihre Sprache nur verstehen lernen.

Zur Naturbeobachtung führen und anregen kann besonders ein neues Buch, das den Titel führt: *Der Darwinismus und die Probleme des Lebens. Zugleich eine Einführung in das heimatliche Tierleben* von Dr. Konrad Guenther (Freiburg i. Br. Fr. E. Fehsenfeld, 1905). Das Buch bespricht die Probleme des Lebens, löst sie aber nicht; es geht die Straßen Darwins und kommt geradewegs zu Nietzsches Herrenmenschen. Die immerwährende Auslese der Natur schafft im Laufe der Zeiten die denkbar vollkommensten Wesen. Und bis die so ungefähr fertig sind, ist auch die Erstarrung der Erde da, wo alles Leben aufhört. Eine trostlose, eine zur Verzweiflung trostlose Theorie, wenn man daran – glauben müsste. Das verlangt aber der Verfasser gar nicht, er stellt aufgrund menschlicher Wahrnehmungen und Spekulationen ein Gedankengebäude auf, nebst dem der Naturforscher auch alle anderen Theorien als ebenso dem menschlichen Gehirne, also der Natur entsprossen gelten lässt. Er lässt außerhalb seines wissenschaftlichen Gedankengebäudes das Bewusstsein gelten und erkennt ihm das Recht *individueller Vorstellung* zu. Das heißt, jeder kann sich die Welt vorstellen nach seiner Weise, die Rätsel des Lebens lösen nach seiner Weise. Tut's doch jeder aus Natur, wohl unbewusst auf jenem Wege der natürlichen Auslese und Entwicklung, die der Naturforscher von vornherein anerkennt. Der gelehrte Verfasser gesteht, dass die naturwissenschaftliche Weltanschauung nicht die Wirklichkeit selbst bietet, sondern nur eine Auffassung derselben, wie sie dem menschlichen Fassungsvermögen entspricht. So kann er denn auch jedes individuelle Auffassungsvermögen als berechtigt zugeben – und schaffe es auch eine Weltanschauung, die der seinen gerade entgegengesetzt wäre. Damit scheiden wir im Frieden von der Theorie, die als einzig wahr und richtig hingestellt – uns zur Verzweiflung gebracht haben müsste.

Du sollst dein Herz nicht an das Tier verschwenden!

„Seit der Hund im Hause ist, schaut mich mein Alter gar nicht mehr an", klagte mir ein Arbeiterweib. Und seitdem jene alte Jungfrau zwei Katzen hat, ist sie noch giftiger gegen ihre Hausgenossen. Ich habe oft beobachtet, dass Leute, die ihr Herz an ein Tier hängen, lieblos gegen die Menschen sind. Es hat mancher Mensch ja nur ein gewisses Quantum an Liebeswärme in sich, sobald das verpufft ist, wird er kühl und gleichgültig, wenn nicht gar misswollend gegen seine Umgebung. Gäbe es kein Lieblingstier, so würde mancher und manche die Güte, die Fürsorge, die Zärtlichkeit für irgendeinen Menschen aufwenden. Auch mir geht es so: Ich verlange mir kein Tier im Hause, aber ist eins da, so muss ich es gern haben, und es ist mir ein Bedürfnis, das Tier zu herzen, zu zärteln und um seine Anhänglichkeit zu buhlen. Sein Wohlsein tut auch mir wohl, wie das eines lieben Menschen; sein Leiden empfinde ich mit; aber um das kommen dann vielleicht meine menschlichen Hausgenossen zu kurz. Es dürfte nicht so unsinnig sein, wenn der Mensch auf das Tier eifersüchtig ist, und vielleicht steht einmal ein Moses auf mit dem Gebote: Du sollst dein Herz nicht an das Tier verschwenden, solange es der Mensch bedarf. Was natürlich nicht ausschließen darf, die Tiere, mit denen man zu tun hat, möglichst vor Qual und Unrecht zu bewahren und sie als Mitgeschöpfe mit Wohlwollen zu achten. Aber sie an Liebe und Fürsorge den Menschen vorzuziehen, das sollte nicht sein. Freilich kann man mit Recht sagen: Ein unschuldiges Tier ist liebenswürdiger als ein boshafter Mensch. Warum ist mancher so boshaft? Weil er zu wenig an Liebe erfährt von seinen Mitmenschen.

Liebe ist ein kostbar Ding, es ist an Wert dem Radium noch vorzuziehen, und man frage, ob die rechte Liebe viel häufiger vorkommt als Radium? Und der Mensch ist so grenzenlos liebesbedürftig, auch der[jenige, der] es nicht eingesteht, auch der nicht darum wirbt, auch der Liebe nicht erwidert, auch der sie nicht verdient. Der Liebe bedarf jeder, und jeden macht sie ein wenig besser. Dem Tiere gut sein, aber so recht mit Herzensinnigkeit liebhaben nur den Menschen.

Jägerei

Wenn ich mit Jägern über Jägerei spreche, so ist das allemal gestritten. Natürlich unterliegt dabei der Waffenlose. Das Beste, was ich für meinen Standpunkt aufbringen kann, ist das bisschen Erbarmen oder – wenn es ihnen lieber ist – die Sentimentalität. Gegen das „Jagern" hätte ich ja nichts, nur gegen das Totschießen und noch mehr gegen das Nicht-ganz-Totschießen. Ich bin zu viel Tier, um das nicht ein wenig mitzufühlen, und so oft sie einen Rehbock schießen, fühle ich mich getroffen.

Güte für die Tiere

Wie man sich zu den Tieren verhalten soll? Ob man sie lieben soll, quälen darf? Immerfort solche Fragen. Die Antwort ist doch selbstverständlich: Beschütze jedes Tier, vor dem *du* dich nicht beschützen musst. Oder in anderer Form:

Schutz dir vor dem Tier,
Und dem Tier vor dir!

Wie viel man doch gemein hat mit den Ochsen!

Wir waren unser sieben *auf einer Hochmatte*. Ich saß auf dem Rasen und las in einem neuen Buch. Die übrigen sechs standen, ein wenig auseinander, langsam herum, neigten ihre Häupter zu Boden und fraßen Gras. Anfangs lebhaft, so dass man es hörte, wie sie das kurze Federgras abbissen; dann wurde es gelassener, bis sie genug hatten. Einer und der andere ließen sich nieder; zuerst mit den Vorderbeinen, dann setzten sie sich gemächlich hin und schauten gehobenen Kopfes mit den runden pechschwarzen Augen in die Luft hinaus. Ob so ein Ochse auch Berge sieht und Himmel oder nur Gras? Ich vergaß mein Buch und schaute den Rindern zu, vielleicht lernt man so mehr.

Der Braun wendete den klobigen Kopf und leckte sich an der Schulter. Aber es schien, als gelänge seine Zunge dort nicht hin, wo es juckte. Da trottete der Falbel herbei und begann den Braun zu lecken, am Hals, hinter den Ohren, und wo dieser eben selber nicht hinkonnte. Der Braun hielt sich mit aller Aufmerksamkeit so, dass der Kamerad recht bequem lecken konnte. Man merkte ihm das Behagen an. Dann drehte er den Kopf einmal ganz um; ein Zeichen, dass er auch an der andern Seite geleckt sein wollte. Der Falbel tat's fast zärtlich, bis der Braun anhub, mit den Hörnern zu gaukeln: Jetzt ist es genug. Dann stand er auf, zuerst mit den Vorderfüßen, dann schwerfällig mit den Hinterbeinen, und begann den Gegendienst; er leckte den Falbel, und zwar ebenso am Halse, hinter den Ohren, an den Kopfseiten. Dann huben sie an, einander mit den Gehörn zu begaukeln, aber so, dass es keinem wehtat. Besonders, deuchte mich, gaben sie auf die Augen acht. – Die zärtlichen Schäkereien treiben mittlerweile auch die anderen Rinder miteinander. Da war es bei einem Paare, dass ein Horn etwas derb die Haut des Gegners streifte, was sich dieser nicht gefallen ließ; es wurde ernst, sie rannten mit den Schädeln aneinander, schoben sich heftig hin und her, dass die Klauen den Rasen aufscharrten, und trachteten, einander mit den Hörnern ins Fleisch zu fahren, was aber sehr geschickt wieder mit den Hörnern pariert wurde. Als sie müde waren, ließen sie voneinander ab, schauten sich an und begannen sich sachte wieder zu lecken. Ich kannte dieses Spiel der Rinder schon von Kindheit auf, aber jetzt kamen Stimmungen. Ich fühlte mich ordentlich hinein in das Behagen des Gelecktwerdens und auch in den Ärger, wenn der Kamerad mit dem Horn einmal ungeschickt an die Haut geriet. Und endlich kam die Menschenweisheit: Wie viel man doch gemein hat mit den Ochsen!

ANHANG

Anmerkungen

1 Wilhelm Kienzl, Brief an Friedrich Hofmann (3. August 1903).
2 Friedrich von Hausegger, Brief an Friedrich Hofmann (29. April 1894).
3 Decsey, Musik war sein Leben, 89.
4 Zum Charakter der Rezensionen im *Heimgarten* siehe Eckl, Rosegger als Herausgeber der Zeitschrift „Heimgarten", 34 f.
5 Geschildert bei Marketz, Biographie Peter Roseggers, 14. Zur Deutung des Familiennamens siehe den Beitrag von Walter, Herkunft des Familiennamens Rosegger.
6 Rossbacher, Peter Rosegger, 121.
7 Siehe Marketz, Biographie Peter Roseggers, 20 ff.
8 Dargestellt bei Fuchs, Der Stadtschulmeister, 296.
9 Gemeinsamkeiten dieses Trios betont etwa Hahl, Roseggers ‚Der Gottsucher', 57.
10 Siehe Anderle (Hg.), Briefe von Peter Rosegger an einen Jugendfreund. Fuchs (Der Stadtschulmeister, 296), behauptet, dass Brunlechner „als Freund, aber auch als Eltern- und Geliebtenersatz viele projektive Rollenerwartungen erfüllen musste".
11 Siehe zu diesen Prägungen Fröhlich, Peter Rosegger, 106 ff.
12 Dazu etwa Fuchs, Der Stadtschulmeister, 301.
13 Siehe Marketz, Biographie Peter Roseggers, 25.
14 Siehe Heimgarten. Eine Monatsschrift. Graz 1876 ff.
15 Siehe Fröhlich, Peter Rosegger, 83; Wagner, Peter Rosegger, 115 ff.
16 Siehe Fuchs, Der Stadtschulmeister, 301 f. Materialien dazu bietet Karl Wagner (Hg.), Peter Rosegger – Gustav Heckenast. Briefwechsel 1869–1878. Wien 2003.
17 Peter Rosegger, Brief an Karl Lueger (24. Juni 1904). In: Otto Janda (Hg.), Peter Rosegger. Das Leben in seinen Briefen, Graz 1948. 2. Auflage, 239 f., hier 239.
18 Siehe Kirchner, Das deutsche Zeitschriftenwesen, Bd. 2, 354; Philipoff, Peter Rosegger, 99; Wagner, Peter Rosegger, 120.
19 Den Aspekt der Unterhaltung betont etwa Kirchner, Das deutsche Zeitschriftenwesen, Bd. 2, 354. Dass Rosegger „auch in der Unterhaltung belehrt", vermerkt Eckl: Rosegger als Herausgeber der Zeitschrift „Heimgarten", 17.
20 Latzke, Studien zur Geschichte des Heimgarten, 26. Siehe ferner Himmel, Die Literatur in der Steiermark.
21 Latzke, Peter Rosegger, Bd. 2, 174. Die ambivalente Beurteilung technologischer Prozesse zeigt sich etwa bei Peter Rosegger, Schönheit in der Technik. In: HG 33 (1908/09), 206–211.
22 Am Beispiel der Abstinenzpropaganda erläutert bei Latzke, Peter Rosegger, Bd. 2, 323.
23 Siehe auch Fröhlich, Peter Rosegger, 14; Schober, Roseggerforschung und Roseggerkult, 163. Vollkommen anders sieht es freilich Pail, wenn er behauptet:

"Rosegger verabsäumte es, seine eigenen Gedanken zum Gegenstand eigener Reflexion zu machen ..." (Romane Peter Roseggers, 333).
24   Peter Rosegger, Heimgärtners Tagebuch. In: HG 31 (1906/07), 452–464, hier 452. Siehe Latzke, Peter Rosegger, Bd. 2, 492.
25   Heimgärtners Tagebuch. In: HG 38 (1913/14), 536–545, hier 540.
26   Siehe Stieber, Künstlerkreis um Peter Rosegger, 7.
27   Siehe Naschenweng, Grazer Gast- und Kaffeehäuser, 70.
28   Siehe Stieber, Künstlerkreis um Peter Rosegger, 85 ff.
29   Siehe Decsey, Peter Rosegger, 30; Latzke, Peter Rosegger, Bd. 2, 9.
30   Brief an Hans von Reininghaus vom 29. Februar 1896. In: Kurt Hildebrand Matzak (Hg.), Peter Rosegger. Hans von Reininghaus. Briefe von 1888 bis 1917. Graz 1974, 38 f., zit. 37.
31   Peter Rosegger, Ein Tagebuch. In: HG 31 (1906/07), 206–221, hier 221.
32   Die Kassabücher des Vereins sind nur aus den Jahren 1885 bis 1891 und 1899 bis 1909 im Archiv der Österr. Richard-Wagner-Gesellschaft erhalten. Siehe Habersack, Wagnerismus. Musik und Regeneration, 128.
33   Zu den komplexen Verbindungen und Differenzen zwischen Antisemitismus und Wagnerismus siehe Veltzke, Wagnervereinigungen im Kaiserreich, 241 ff.
34   Siehe [Friedrich von Hausegger?,] Grundsätze der Vegetarianer. In: HG 3 (1878/9), 843–849; G. O. [Friedrich von Hausegger], Ein abschreckendes Beispiel. Zur Warnung der Menschheit aufgestellt. In: HG 8 (1883/84), 536 f., Friedrich von Hausegger, Etwas für den Bauernstand. Eine Anregung über Raiffeisen'sche Genossenschaften. In: HG 13 (1888/89), 364–370; ders., Der Automat im Menschen. In: HG 13 (1888/89), 742–748; ders., Die Cigarre in ihrer erziehlichen Bedeutung. In: HG 15 (1890/91), 600–603; ders., Sprüche. In: HG 17 (1892/93), 464; ders., Das Ende der Wagnerei? In: HG 17 (1892/93), 710–711; ders., Gedanken eines Schauenden. In: HG 18 (1893/94), 227–228; ders., Tiefblicke. In: HG 18 (1893/94), 386–387.
35   Siehe Peter Rosegger, Das Jenseits des Künstlers. In: HG 17 (1892/93), 716. Rezensiert wurde: Friedrich von Hausegger, Das Jenseits des Künstlers. Wien 1893.
36   Siehe M. [Peter Rosegger], Die künstlerische Persönlichkeit. In: HG 21 (1896/97), 638 f. Rezensiert wurde Friedrich von Hausegger, Die künstlerische Persönlichkeit. Wien 1897.
37   Siehe Friedrich Hofmann, Die Kleidung der Zukunft. In: HG 8 (1883/84), 437–439; ders., Der Obstgenuß in Sage, Dichtung und in der Meinung der Gegenwart. In: HG 10 (1885/86), 833–838; ders., Eine Thierversammlung. In: HG 13 (1888/89), 440–445; ders., Die Cigarre. In: HG 15 (1890/91), 525–528; ders., Zum vierzigsten Geburtstage des neuen Deutschen Reiches. In: HG 35 (1910/11), 280–286; ders., Unterernährung und Überernährung. In: HG 35 (1910/11), 527–534.
38   Siehe Friedrich Hausegger, Brief an Friedrich Hofmann (1. Februar 1894). Zur Person Josef Peter ("Sepp") Roseggers siehe etwa Held, Sepp Rosegger.
39   Peter Rosegger, Erinnerungen an Richard Wagner. In: HG 8 (1883/84), 77 f. Rezensiert wurde: Hans von Wolzogen, Erinnerungen an Richard Wagner. Ein

Vortrag, gehalten am 13. April 1883 im Wissenschaftlichen Club zu Wien. Wien 1883.
40 Peter Rosegger, Ein Lob der Kunst. In: HG 28 (1903/04), 429–433, hier 433. Rezensiert wurde: Wilhelm Kienzl, Richard Wagner. München 1904.
41 Peter Rosegger, Heimgärtners Tagebuch. In: HG 31 (1906/07), 540–551, hier 542.
42 Peter Rosegger, Mein Weltleben oder wie es dem Waldbauernbuben bei den Stadtleuten erging. Schriften. Volksausgabe, 3. Serie, Bd. 5. Leipzig [1905], 419.
43 Siehe M. [Peter Rosegger], Wagnerianer-Spiegel. In: HG 15 (1890/91), 796 f. Rezensiert wurde: Hans von Wolzogen (Hg.), Wagnerianer-Spiegel. Eine Charakteristik der wirklichen Wagnerianer. Geistesarbeit und Weltanschauung, dargestellt durch 100 Aussprüche aus den Schriften der namhaftesten Wagnerianer. Hannover 1891.
44 Siehe exemplarisch Friedrich von Hausegger, Brief an Friedrich Hofmann (1. Februar 1894). Archiv der Österr. Richard-Wagner-Gesellschaft, Graz.
45 Siehe etwa hiezu [Peter Rosegger], Das Ende der Wagnerei. In: HG 17 (1892/93), 633 f. Siehe ferner Latzke, Peter Rosegger, Bd. 2, 74–80; Schubert, Verhältnis Roseggers zur Musik, 348.
46 Siehe hiezu Peter Rosegger, Richard Wagner gefunden? In: HG 22 (1897/98), 471; Moriz Wirth, Wie Peter Rosegger Wagnerianer wurde. In: HG 22 (1897/98), 712.
47 Siegmund von Hausegger (Hg.), Briefwechsel zwischen Peter Rosegger und Friedrich von Hausegger. Leipzig 1924, 32 f.
48 Siehe Peter Rosegger, Bekenntnisse aus meinem Weltleben. Mein Antisemitismus. In: HG 10 (1885/86), 58–61; reflektiert etwa bei Hölzl, Rosegger-Rezeption, 210 f. Pail rückt in diesem Zusammenhang den Dichter in ein „ideologisches Feld" mit dem „Antisemitismus" (Peter Rosegger, 69).
49 Siehe Bunte, Peter Rosegger und das Judentum, 421 ff.
50 Siehe Pauley, Geschichte des österreichischen Antisemitismus, 80 ff.
51 Kernmayer, Spörk, Höfler, Peter Rosegger und die sogenannte Judenfrage, 337.
52 Ebenda, 334.
53 Ebenda, 343.
54 Dargestellt etwa bei Fröhlich, Peter Rosegger, 185.
55 Siehe etwa Baltzarek u. a., Wiener Stadterweiterung, 300.
56 Pauley, Geschichte des österreichischen Antisemitismus, 61.
57 Peter Rosegger, Mein Weltleben oder wie es dem Waldbauernbuben bei den Stadtleuten erging. Schriften. Volksausgabe, 3. Serie, Bd. 5. Leipzig [1905], 193; nicht vollständig zitiert bei Kernmayer, Spörk, Höfler, Peter Rosegger und die sogenannte Judenfrage, 339.
58 Diese Sichtweise ist als „älplerischer Alltagspragmatismus" angesprochen worden. Ebenda, 343.
59 Siehe zu dieser Frage die Darstellungen von Hölzl, Rosegger-Rezeption, 210 f.; Pauley, Geschichte des österreichischen Antisemitismus, 71; Wagner, Peter Rosegger, 242 ff.

60 Ableitinger, Politik in der Rosegger-Zeit, 114.
61 Siehe Fröhlich, Rosegger, 182.
62 Andere Erklärungsansätze und sehr viel Material zu dieser Fragen etwa bei Ableitinger, Politik in der Rosegger-Zeit, 113 ff.
63 Siehe Peter Rosegger, Mein social-politisches Glaubensbekenntnis. In: HG 15 (1890/91), 547 f., zit. 548.
64 Peter Rosegger, Heimgärtners Tagebuch. In: HG 33 (1908/09), 375–387, 376 f.
65 Siehe etwa Peter Rosegger, Die Waffen nieder! In: HG 16 (1891/92), 144–146. Besprochen wird: Bertha von Suttner, Die Waffen nieder! 2. Bde. Dresden 1889.
66 Peter Rosegger, Er ist wiedergekommen. Eine Zeitbetrachtung. In: HG 27 (1902/03), 684–690, hier 687 f.
67 Peter Rosegger, Der Flößer-Hans. Eine Geschichte aus den Waldbergen. In: HG 2 (1878/79), 580–589, hier 587.
68 Siehe Gerstenberger, Konservativismus, ausgeführt auf 15 ff.; Wagner, Sinn-Soldaten, 121–126.
69 Gerstenberger, Konservativismus, 18.
70 Siehe Bahr, Kriegssegen; ders., Das österreichische Wunder; Schwarzgelb. Im Kontext werden diese Tendenzen beschrieben und analysiert von Farkas, Ausprägungen antiliberaler Ideologeme.
71 Siehe zuletzt Gruber, Wortemacher des Krieges.
72 Der Roseggerkult wird angesprochen etwa von Jontes, Peter Rosegger, 14; Schöpfer, Peter Rosegger.
73 Zu den Auffassungen Roseggers siehe insbesondere Latzke, Peter Rosegger, Bd. 2, 297 ff. und 505; Wagner, Peter Rosegger, 6; ders., Sinn-Soldaten, 121–126.
74 Heimgärtners Tagebuch. In: HG 39 (1914/15), 529–541, hier 537.
75 Siehe Peter Rosegger, Steirischer Waffensegen. Graz 1916 (mit Ottokar Kernstock).
76 Diese Beziehung wird dargestellt etwa bei Hutz, Rosegger und Kernstock.
77 Siehe Stroud, Peter Rosegger, 344 f.
78 Marketz, Biographie Peter Roseggers, 34.
79 Siehe Marketz, Biographie Peter Roseggers, 33 ff.
80 Peter Rosegger, Waldstimmung. In: HG 9 (1884/85), 841.
81 Siehe Zimmermann, Der Weg zum Paradies; ferner Farkas, Hermann Bahr, 65 ff.
82 Peter Rosegger, Heimgärtners Tagebuch. In: HG 38 (1913/14), 613–621, hier 613.
83 Peter Rosegger, Zur Waldfrage in den österreichischen Alpengebieten. In: HG 7 (1882/83), 878. Rezensiert wurde: Karl Toldt, Zur Waldfrage in den österreichischen Alpengebieten. Eine Denkschrift des deutschen und österreichischen Alpenvereins. Prag 1883.
84 Peter Rosegger, Heimgärtners Tagebuch. In: HG 38 (1913/14), 794–798, hier 796.

85 Peter Rosegger, Die neue Weltstadt Hartberg. Ein Spaziergang in der Heimat. In: HG 16 (1891/92), 219–223, hier 221.
86 Ebenda, 223.
87 Peter Rosegger, Die neue Weltstadt Hartberg. Ein Spaziergang in der Heimat. In: HG 16 (1891/92), 219–223, hier 223.
88 Moser, Peter Rosegger und das ökologische Weltbild, 290.
89 Peter Rosegger, Idyllen aus einer untergehenden Welt. Leipzig 1898, 4.
90 Peter Rosegger, Brief an Ludwig Anzengruber (16. Juli 1874). In: Otto Janda (Hg.), Peter Rosegger. Das Leben in seinen Briefen. Graz 1948. Zweite Auflage, 123 f., hier 123.
91 Peter Rosegger, Rückkehr zur ländlichen Natur (Antwort auf eine Zuschrift). In: HG 22 (1897/98), 835–838, hier 838.
92 Peter Rosegger, Heimgärtners Tagebuch. In: HG 35 (1910/11), 534–548, hier 543. Siehe zudem ders., Rückkehr zur Natur. Ein Zweigespräch. In: HG 16 (1891/92), 677–681.
93 Peter Rosegger, Mein Weltleben oder wie es dem Waldbauernbuben bei den Stadtleuten erging. Schriften. Volksausgabe, 3. Serie, Bd. 5. Leipzig [1905], 175.
94 Siehe auch zum folgenden Text Peter Rosegger, Die Schriften des Waldschulmeisters. In: ders., Gesammelte Werke, hg. Jost Perfahl, 2. Auflage, Bd. 1, 55–307.
95 Ebenda, 284 f.
96 Peter Rosegger, Brief an Hans Brandstetter (9. Februar 1906). In: Peter Rosegger. Das Leben in seinen Briefen, hg. Otto Janda, Graz 1948. 2. Auflage, 253 f., hier 254. Zu diesem Projekt siehe Wilding, Hans Brandstetter, 167 f.
97 Peter Rosegger, Ein Tagebuch. In: HG 30 (1905/06), 777–791, hier 788.
98 Siehe [Peter Rosegger,] Was der Fortschritt versprochen hat. In. HG 17 (1892/93), 130 f.
99 Zum Bildungsbegriff Roseggers siehe Ehrenreich, Peter Rosegger, 280 ff. Dagegen konstatiert Pail eine „Bildungsfeindlichkeit" Roseggers (Peter Rosegger, 70), die ich so nicht nachvollziehen kann.
100 Rosegger, Mein Weltleben oder wie es dem Waldbauernbuben bei den Stadtleuten erging. Schriften. Volksausgabe, 3. Serie, Bd. 5. Leipzig o. J., 127. Siehe hiezu ferner Stock, Sehnsuchtslandschaft" Waldheimat, 190 f.
101 Heimgärtners Tagebuch. In: HG 41 (1916/17), 531–541, hier 534.
102 Siehe zur Leserstruktur etwa Fröhlich, Peter Rosegger; Latzke, Studien zur Geschichte des Heimgarten, 29.
103 Mein Heim. In: ders., Mein Weltleben. Erinnerungen eines Siebzigjährigen. Bd. 2. Leipzig 1916 (= Gesammelte Werke 40), 25–53, hier 40. Zit. u. komm. bei Fuchs, Der Stadtschulmeister, 302 f.
104 Peter Rosegger, Brief an Hermann Bahr (17. Februar 1899). ThS 22.804. Theatersammlung ÖNB Wien.
105 Peter Rosegger, Die Blumenmutter. Eine Erzählung. In: HG 6 (1881/82), 241–253. Zur Bewertung siehe etwa Latzke, Peter Rosegger, Bd. 2, 447.
106 Siehe hiezu Himmel, Die Literatur in der Steiermark, 225; Ramos, Peter Rosegger, 84.

107 Kommentiert und diskutiert bei Stroud, The sacred journey, 91 ff. Ferner Peter Rosegger, Die Schriften des Waldschulmeisters. In: ders., Gesammelte Werke, hg. Jost Perfahl, 2. Auflage, Bd. 1, 55–307, hier 285.
108 Peter Rosegger, Heimgärtners Tagebuch. In: HG 36 (1911/12), 215.
109 Siehe Peter Rosegger, Die Försterbuben. Roman aus den steirischen Alpen. Leipzig 1908.
110 Hans Malser [Peter Rosegger], „Auf den Hund gekommen!". Eine bedenkliche Erzählung. In: HG 20 (1895/96), 495–501, hier 495.
111 Peter Rosegger, Wer ist mein Feind? In: HG 9 (1884/85), 256 f., hier 256.
112 Siehe Peter Rosegger, Die Moral der Jesuiten. In: HG 12 (1887/88), 204–206, ferner ders., Eine Stichprobe auf jesuitische Wahrheitsliebe. In: HG 26 (1901/02), 72 f.
113 27 Textstellen wurden gestrichen; der Titel wurde ebenfalls gestrichen; aufgeführt wurde schließlich im Theater in der Josefstadt „Ein Volksstück in vier Akten". Siehe Peter Rosegger, „Das vierte Gebot" und seine Gegner. In: HG 15 (1890/91), 202–208.
114 Peter Rosegger, Eine Bitte an den Clerus. In: HG 15 (1890/91), 282–285, hier 285.
115 Peter Rosegger, Betbrüada. In: HG 17 (1892/93), 463.
116 Peter Rosegger, Religionsunterricht in den Oberrealschulen? In: HG 20 (1895/96), 940 f., hier 941.
117 Siehe zur Zensurfrage insbesondere Fröhlich, Peter Rosegger, 97 f.; Hafner, Peter Roseggers historisch-politische Bildung, 44; Wagner, Peter Rosegger, 135 ff.
118 M. [Peter Rosegger], Der Materialismus. In: HG 23 (1898/99), 637 f. Rezensiert wurde: Theodor Menzi, Der Materialismus vor dem Richterstuhl der Wissenschaft. Den Gebildeten aller Stände dargeboten. Zürich 1898. Die unterschiedlichen Stellungnahmen zum Alten Testament werden erörtert etwa bei Bunte, Peter Rosegger und das Judentum, 131.
119 Siehe Peter Rosegger, Ein katholischer Priester über die kirchlichen Zustände in Österreich. In: HG 25 (1900/01), 762–769; ders., Zum Kirchenstreite. In: HG 25 (1900/01), 874.
120 Siehe Peter Rosegger, Wie ich mir die katholische Kirche der Zukunft denke. In: HG 26 (1901/02), 187–191.
121 Ich stütze mich besonders auf die Interpretation des Textes durch Hahl (Roseggers ‚Der Gottsucher', 68 ff.
122 Zur Roseggers Kritik am Manichäismus siehe ebenda, 76.
123 Siehe Peter Rosegger, Der Gottsucher. Ein Roman aus dunkler Zeit. In: ders., Gesammelte Werke, hg. Jost Perfahl, Bd. 2, 5–385, zit. 385.
124 Bahr, Ein steirischer Faust, 1.
125 So wendet sich Rosegger gegen die Verhöhnung eines Kirchenbaus der Altkatholiken bei Preding: Ein bißchen Glaubensverfolgung. In: HG 28 (1903/04), 846 f.
126 Siehe etwa Peter Rosegger, „Unsere größte Schuld!". Bekenntnisse und Reformvorschläge eines katholischen Landpfarrers. In: HG 28 (1903/04), 591–596. Rosegger bezieht sich dabei auf das durch den Vatikan indizierte Werk

des Kärntner Reformpriesters Anton Vogrinec, *Nostra maxima culpa* (Wien 1904). Siehe hiezu Latzke, Peter Rosegger, Bd. 2, 268.
127 Siehe Peter Rosegger, Ein katholischer Priester über die kirchlichen Zustände in Österreich. In: HG 25 (1900/01), 762–769.
128 Brief an Adolf Kappus (28. Januar 1900). In: Peter Rosegger. Das Leben in seinen Briefen, hg. Otto Janda, Graz 1948. 2. Auflage, 227 f., hier 228. Zur Stellung Roseggers zur Katholischen Kirche siehe etwa Liebmann, Religion, Glaube, Kirche.
129 Zitiert nach der Ausgabe letzter Hand. Peter Rosegger, Gesammelte Werke, 40 Bde. Leipzig 1913–1916, Bd. 14: Volksleben in der Steiermark. In Charakter- und Sittenbildern dargestellt, 53. Siehe hiezu auch die (eher abwertende) Bemerkung bei Viktor von Geramb, Peter Roseggers Bedeutung für die Volkskunde (= 4. Flugschrift des Vereines für Heimatschutz in Steiermark). Graz 1914, 21.
130 Siehe Peter Rosegger. Mein Himmelreich. Bekenntnisse, Geständnisse und Erfahrungen aus dem religiösen Leben. Leipzig 1901
131 Siehe Peter Rosegger, I. N. R. I. Frohe Botschaft eines armen Sünders. Leipzig 1905.
132 Peter Rosegger, Ich glaube. Bekenntnisse und Geständnisse. 2. Fortsetzung. Und an Jesum Christum, seinen eingebornen Sohn unsern Herrn. In: HG 20 (1895/6), 214–224, hier 220.
133 Ebenda, 221.
134 Ebenda, 224.
135 Peter Rosegger, Er ist wiedergekommen. Eine Zeitbetrachtung. In: HG 27 (1902/03), 684–690, hier 688.
136 Ebenda, 687 f.
137 Peter Rosegger, Brief an Wilhelm Kienzl. In: Hans Sittner (Hg.), Wilhelm Kienzls „Lebenswanderung". Briefwechsel mit Peter Rosegger, Zürich 1953, 255.
138 Brief an Hans von Reininghaus (14. Juli 1901). In: Kurt Hildebrand Matzak (Hg.), Peter Rosegger. Hans von Reininghaus. Briefe von 1888 bis 1917. Graz 1974, 81–84, hier 81 f.
139 Siehe etwa Larcher, Christusromane, 72 ff.
140 Siehe M. [Peter Rosegger], Die religiösen Strömungen der Gegenwart. In: HG 30 (1905/06), 952 f. Rezensiert wurde: August Heinrich Braasch, Die religiösen Strömungen der Gegenwart. Leipzig 1905.
141 Lehmann, Peter Rosegger, 136. Siehe zur Rezeption Tolstois ferner Hanke, Leo N. Tolstoi als Kulturkritiker, 101 ff.
142 Peter Rosegger, Auferstehung. Roman von Graf Leo Tolstoi. In: HG 24 (1899/1900), 556 f., hier 557. Rezensiert wurde: Leo Tolstoi, Auferstehung. Roman, übers. Wadim Tronin u. a. Berlin 1900.
143 Peter Rosegger, Heimgärtners Tagebuch. In: HG 35 (1910/11), 293–304, hier 293. Der Text sei eine „Verbindung von Bescheidenheitsgestik und Distanzierung", schreibt Lehmann (Peter Rosegger, 137).
144 Ebenda.

145 Peter Rosegger, Jörn Uhl. In: HG 27 (1902/03), 152 f., hier 153. Siehe ferner M. [Peter Rosegger], Peter Moors Fahrt nach Südwest. In: HG 31 (1906/07), 478. Rezensiert wurde: Gustav Frenssen, Peter Moors Fahrt nach Südwest. Berlin 1906.
146 Peter Rosegger, Heimgärtners Tagebuch. In: HG 32 (1907/08), 141.
147 M. [Peter Rosegger], Das zwanzigste Jahrhundert. In: HG 32 (1907/08), 559.
148 Siehe M. [Peter Rosegger], Giordano Bruno. In: HG 13 (1888/89), 949. Rosegger bezieht sich dabei auf: Alfred Riehl, Giordano Bruno. Ein populärwissenschaftlicher Vortrag. Leipzig 1889.
149 Hahl, Roseggers ‚Der Gottsucher', 58.
150 Svoboda, Geschichte der Ideale, 514, zitiert u. besprochen bei Hahl, ebenda, 58 f.
151 Siehe Peter Rosegger, Ein Tagebuch. In: HG 30 (1905/06), 777–791, hier 788 f.
152 Siehe Peter Rosegger, Heimgärtners Tagebuch. In: HG 32 (1907/08), 215–224, hier 215.
153 Peter Rosegger, Heimgärtners Tagebuch. In: HG 35 (1910/11), 935–949, hier 946.
154 Siehe Heimgärtners Tagebuch. In: HG 36 (1911/1912), 374–385, hier 380.
155 Siehe Wilhelm Ostwald, Brief an Peter Rosegger (10. Februar 1912), ders., Brief an Peter Rosegger (17. Februar 1912). Typoskripte: Stmk. Landesbibliothek, Graz.
156 Siehe Weinhandl, Roseggers religiöse Gedankenwelt, 112 ff.
157 Siehe Farkas, Theosophie in Österreich.
158 Peter Rosegger, Neuer Durst nach religiösem Idealismus. In: HG 17 (1892/93), 947 f. Genannt sind folgende Quellen: Die Bhagavad Gita. Das Lied von der Gottheit oder die Lehre vom göttlichen Sein, hg. Franz Hartmann. Braunschweig 1892; Sphinx. Monatszeitschrift für die geschichtliche und experimentelle Begründung der übersinnlichen Welten auf monistischer Grundlage. Leipzig 1886 ff.
159 Siehe Peter Rosegger, Wiederkehr dieses Lebens! HG 17 (1892/93), 311; ferner etwa Heimgärtners Tagebuch. In: HG 37 (1912/13), 537–546, hier 539.
160 [Peter Rosegger], Postkarten des „Heimgarten". In: HG 20 (1895/96), 80.
161 Peter Rosegger, Ich glaube. Bekenntnisse und Geständnisse. (Fortsetzung). Auferstehung des Fleisches. In: HG 20 (1895/6), 866–868, hier 868.
162 Peter Rosegger, Erbarmen! Ein Entrüstungsruf und eine Fürbitte. In: HG 16 (1891/92), 209–213, hier 213..
163 Peter Rosegger, Brief an Ludwig Anzengruber (16. Juli 1874). In: Otto Janda (Hg.), Peter Rosegger. Das Leben in seinen Briefen. Graz 1948. Zweite Auflage, 123 f., hier 123.
164 H. M. [= Peter Rosegger], Zuflucht im Walde. In: HG 11 (1886/87), 150.
165 Siehe Peter Rosegger, Ruhendes Sein. In: HG 28 (1903/04), 500.
166 Siehe Peter Rosegger, Heimgärtners Tagebuch. In: HG 36 (1911/12), 617–627, hier 625 f.
167 Peter Rosegger, Heimgärtners Tagebuch. In: HG 37 (1912/13), 537–546, hier 545.

168 Peter Rosegger, Seelenlabe zu Abazzia. In: HG 14 (1889/90), 150–153.
169 Peter Rosegger, Heimgärtners Tagebuch. In: HG 39 (1914/15), 615–623, hier 616. Insgesamt zu dieser Thematik siehe Weinhandl, Roseggers religiöse Gedankenwelt, 115.
170 Peter Rosegger, Ein Tagebuch. In: HG 30 (1905/06), 929–943, hier 936.
171 Siehe Peter Rosegger, Heimgärtners Tagebuch. In: HG 36 (1911/12), 617–627, hier 619 f., hier 619.
172 Peter Rosegger, Sophia von Khuenberg. In: Der illustrierte Thier- und Vogelfreund 1 (1900), 41 f., hier 41.
173 Heimgärtners Tagebuch. In: HG 38 (1913/14), 452–461, hier 461.
174 Siehe Heimgärtners Tagebuch. In: HG 38 (1913/14), 536–545, hier 545.
175 Heimgärtners Tagebuch. In: HG 38 (1913/14), 452–461, hier 456.
176 Siehe Michael Hainisch, Rosegger als Agrarphilosoph. In: HG. 60. Jahrgang von Peter Rosegger. 1. Geburtstagsheft. 31. Juli 1903. Als Handschrift für Freunde gedruckt. Graz 1903, 19–24.
177 Siehe: Peter Rosegger, Heimgärtners Tagebuch. In: HG 36 (1911/12), 859–867, hier 859.
178 Siehe Posch, Geschichte des Kluppeneggerhofes; Schöpfer, Peter Rosegger. Ein glaubwürdiger Zeuge.
179 Siehe Farkas, Perspektiven Peter Roseggers, 146.
180 Bauer, Kampf um Wald und Weide, 139.
181 Siehe Bodzenta, Änderungen der österreichischen Sozialstruktur, 164.
182 Siehe Wikipedia: Gesellschaftsstruktur der österreichischen Bevölkerung.
183 Die hier zitierte Fassung: Peter Rosegger, Jakob der Letzte. Eine Waldbauerngeschichte aus unseren Tagen. In: Peter Rosegger. Gesammelte Werke, 4 Bde., hg. Jost Perfahl. München 1989. 2. Auflage, Bd. 2, 387–567. Zur Interpretation siehe exemplarisch: Rosegger, Unterhaltung über die Erzählung „Jakob der Letzte"; Davis, Die Idee „Heimat", 176; Schober, Roseggerforschung, 163; Wagner, Roseggers „Jakob" der Letzte, 119 f.
184 Ebenda, 486. Zu biographischen Hintergründen dieser Kunstfigur siehe Latzke, Peter Rosegger, Bd. 2, 179.
185 Siehe zuletzt (den eine Propagandaschrift aus 1938 paraphrasierenden) Hölzl, „Der Großdeutsche Bekenner".
186 Diese vorsichtige Formulierung ist eine wohl zensurbedingte Unbestimmtheit. Peter Rosegger, Jakob der Letzte. Eine Waldbauerngeschichte aus unseren Tagen. In: Peter Rosegger. Gesammelte Werke, 4 Bde., hg. Jost Perfahl. München 1989. 2. Auflage, Bd. 2, 387–567, hier 551.
187 Ebenda, 656.
188 Ebenda, 456.
189 Ebenda, 649.
190 Ebenda, 650 f.
191 Peter Rosegger, Das ewige Licht. Erzählungen aus den Schriften eines Waldpfarrers. Leipzig 1896, 217 f.
192 Siehe hiezu Latzke, Peter Rosegger, Bd. 2, 208; Pail, Peter Rosegger, 73.
193 Sohnrey unterstützte ab 1933 die NSDAP. Parallelen hebt auch Pail hervor (Peter Rosegger, 71).

194 Siehe etwa M. [Peter Rosegger], [Heinrich Sohnrey]. In: HG 20 (1895/96), 317; M. [Peter Rosegger], Die Leute von der Lindenhütte. Von Heinrich Sohnrey. 3. Auflage. In: HG 23 (1898/99), 478; H. M. [Peter Rosegger], Grete Lenz. Leben und Erlebnisse eines Großstadtkindes. Von Heinrich Sohnrey. In: HG 34 (1909/10), 233 f.
195 H. M. [Peter Rosegger], Dichter und Sozialpolitiker. Zu Heinrich Sohnreys 50. Geburtstage. In: HG 33 (1908/09), 689–694, hier 689 und 691. Parallelen zwischen Sohnrey und Rosegger bestätigt Pail (Peter Rosegger, 71).
196 M. [Peter Rosegger], Landjugend. Jahrbuch von Heinrich Sohnrey. In: HG 21 (1896/97), 399. Besprochen wird der erste Jahrgang von Sohnreys Zeitschrift Landjugend. Ein Jahrbuch zur Unterhaltung und Belehrung.
197 Peter Rosegger, Das Land. In: HG 17 (1892/93), 638. Rezensiert wird: Das Land. Zeitschrift für die sozialen und volkstümlichen Angelegenheiten auf dem Lande. Berlin 1893 ff.
198 M. [Peter Rosegger], Kunst auf dem Lande. In: HG 29 (1904/05), 639. Besprochen wird: Heinrich Sohnrey (Hg.), Kunst auf dem Lande. Ein Wegweiser für die Pflege des Schönen und des Heimatsinns im deutschen Dorfe. Bielefeld 1905.
199 M. [Peter Rosegger], O. T. In: HG 30 (1905/06), 477 f. Rezensiert wird: Heinrich Sohnrey/Ernst Löber, Das Glück auf dem Lande. Ein Wegweiser, wie der kleine Mann auf einen grünen Zweig kommt. Berlin 1906. Siehe ferner Peter Rosegger, Sohnreys Dorfkalender 1907. In: HG 31 (1906/07), 237; ferner [Peter Rosegger], Heinrich Sohnrey. In: HG 33 (1908/09), 874.
200 Siehe etwa Hofmeister, Staatshilfe und Selbsthilfe, 102.
201 Siehe Pacher, Raiffeisenkassen im Kronland Steiermark.
202 M. [Peter Rosegger] [Heinrich Sohnrey]. In: HG 30 (1905/06), 477 f.
203 Siehe Peter Rosegger, Brief an Friedrich von Hausegger (2. Juli 1888). Stmk. Landesbibliothek; ferner Friedrich von Hausegger, Etwas für den Bauernstand. Eine Anregung über Raiffeisen'sche Genossenschaften. In: HG 13 (1888/89), 364–370.
204 Siehe Peter Rosegger, Michael Felder, der Bauerndichter. In: HG 29 (1904/05), 22–27. Rezensiert wurde: Franz Michael Felder, Aus meinem Leben, hg. Anton E. Schönbach. Wien 1904.
205 Siehe Peter Rosegger, Heimgärtners Tagebuch. In: HG 39 (1914/15), 694–704, hier 695 f.
206 Trefflich skizziert bei Bach, Landbau und Umwelt, 44 ff.
207 Peter Rosegger, Ein Anwalt des Bauernstandes. In: HG 15 (1890/91), 286–293, hier 287.
208 Siehe Peter Rosegger, Anklage in Bezug auf die Kinderpflege der Älpler. In: HG 2 (1877/78), 773–776; ders., Über den Reinlichkeitssinn in unserer Bevölkerung. In: HG 24 (1899/1900), 295–299.
209 Roseggers Sozialreportagen hat besonders Schöpfer hervorgehoben (siehe etwa ders., Zeuge der Sozialgeschichte, 47).
210 Peter Rosegger, Der Einleger, oder was „s'Nullerl" bedeutet. Eine Schilderung aus dem steirischen Volksleben. In: HG 9 (1884/85), 292–298. Siehe ferner

ders., Ein Anwalt des Bauernstandes. Besprochen wird: Carl Morre, Die Arbeiterpartei und der Bauernstand. Ein ernstes Wort in ernster Zeit. Graz 1890.
211 Peter Rosegger, Heimgärtners Tagebuch. In: HG 42 (1917/18), 459–468, hier 462.
212 Siehe etwa [Peter Rosegger], Touristik und Bergfexerei. In: HG 17 (1892/93), 624–627.
213 Peter Rosegger, Sommerfrische. Ein Wink für Städter und Bauersleute. In: HG 8 (1883/84), 622–627, hier 627. Siehe ferner ders., Zur Einladung der Fremden nach Steiermark. In: HG 3 (1878/79), 784–787.
214 Siehe etwa Karl Reiterer, s'Heimgarteln im steirischen Ennsthale. In: HG 16 (1891/92), 214–218.
215 Peter Rosegger, Wie ein steirisches Bauerndirndl Schriftstellerin wurde. In: HG 23 (1898/99), 132–143.
216 Peter Rosegger, Oststeirisches Bauernleben. In: HG 31 (1906/07), 315. Rezensiert wurde: Rosa Fischer, Oststeirisches Bauernleben. Zweite Auflage. Mit einem Bildnisse der Verfasserin. Graz 1906.
217 Peter Rosegger, Rückkehr zur Natur. Ein Zwiegespräch. In : HG 16 (1891/92), 677–681, hier 679.
218 Ebenda, 680.
219 Ebenda, 679.
220 Ausgeführt etwa durch Peter Rosegger, Rückkehr zur ländlichen Natur (Antwort auf eine Zuschrift). In: HG 22 (1897/98), 835–838, hier 837.
221 Peter Rosegger, Brief an Leopold Stocker (17. Mai 1917). Archiv Leopold Stocker Verlag, Graz.
222 Siehe etwa Latzke, Peter Rosegger, Bd. 2, 30 f.; zur Baugestaltung der Waldschule siehe Achleitner, Österreichische Architektur, 140.
223 Eine Rede Roseggers. In: Tägliche Rundschau, Unterhaltungsbeilage (3. Oktober 1902), 927.
224 Siehe zur Differenzierung dieser beiden Vereine auch Hölzl, Rosegger-Rezeption, 97.
225 Peter Rosegger, Heimgärtners Tagebuch. In: HG 33 (1908/09), 618–630, hier 618.
226 Latzke, Peter Rosegger, Bd. 2, 296. Siehe Fröhlich, Peter Rosegger, 155 ff.
227 Siehe Anderle, Peter Rosegger, 61 ff.
228 Peter Rosegger, Heimgärtners Tagebuch. In: HG 36 (1911/12), 617–627, hier 620.
229 Siehe Hoffmann, Kleinhaus und Eigenheim, 80.
230 Peter Rosegger, Erdsegen! Eine Plauderei. In: HG 27 (1902/03), 460–463, zit. 463.
231 Siehe Peter Rosegger, Erdsegen. Vertrauliche Sonntagsbriefe eines Bauernknechts. Ein Kulturroman. Leipzig 1900.
232 Siehe Peter Rosegger, Erdsegen. Roman in Briefen. München [o. J.], zit. 253. Kommentare dazu finden sich etwa bei Latzke, Peter Rosegger, Bd. 2, 213; Philippoff, Peter Rosegger, 193.
233 Siehe Peter Rosegger, Weltgift. Roman. Leipzig 1903; besprochen etwa bei Fuchs, Der Stadtschulmeister, 313 f.

234 Angesprochen etwa bei Linse (Hg.), Landkommunen in Deutschland; Meyer-Renschhausen, Berger, Bodenreform.
235 Siehe Haas, Der Salzburger landwirtschaftliche Wanderlehrer Anton Losert.
236 So wurden bis 1914 insgesamt 73 Bauernfamilien im untersteirischen Bereich zwischen St. Egidi und Marburg angesiedelt, zu denen 14 durch den *Verein Heimstatt* unterstützte Familien kamen. Siehe Staudinger, Die Südmark, 145 ff.
237 Siehe Peter Rosegger, Die Zukunft unseres Bauernstandes. Eine Erwägung. In: HG 16 (1891/92), 529–535.
238 Siehe zu einem Projekt des Vereins *Gesunde Menschen*: Mader, Ursachen, Behandlung und Heilung der Tuberkulose (Lungenschwindsucht).
239 Peter Rosegger, Heimgärtners Tagebuch. In: HG 31 (1906/07), 857–868, hier 861 f.
240 1924 bestanden in Graz 20 Heimgartenvereine, deren Mitglieder sich zumeist aus der Arbeiterschaft rekrutierten. Siehe etwa Hlawka, Öffentliche Grazer Grünflächen, 120 und 444.
241 Peter Rosegger, Heimgärtners Tagebuch. In: HG 37 (1912/13), 537–546, hier 539.
242 Peter Rosegger, Heimgärtners Tagebuch. In: HG 41 (1916/17), 694–703, hier 698.
243 Ebenda, 699.
244 Peter Rosegger, Großstadt – et cetera. In: HG 9 (1884/85), 344–348, hier 345. Besprochen und eingeordnet wird dieser Text bei Fuchs, Der Stadtschulmeister, 308 f. Aspekte der Großstadtkritik angesprochen bei Farkas, Perspektiven Peter Roseggers, 147 f.
245 Siehe Peter Rosegger, Fruchtbarkeit. In: HG 24 (1899/1900), 390–392. Rezensiert wurde: Emile Zola, Fruchtbarkeit. Roman. 2 Bde., übers. Leopold Rosenzweig. Stuttgart 1900.
246 Buck, Der späte Zola, 20 ff., zum Diskurs über Demographie ebenda, 170 ff.
247 Peter Rosegger, Die schöne Lenerl, ein Schattenbild aus dem Volksleben. In: Grazer Kunst, hg. Grazer Künstler-Bund, Graz 1901, 22–28.
248 Peter Rosegger, Heimgärtners Tagebuch. In: HG 33 (1908/09), 856–869, hier 861.
249 Peter Rosegger, Heimgärtners Tagebuch. In: HG 40 (1915/16), 779–789, 782.
250 Ebenda, 783.
251 [Peter Rosegger,] Luxus das moderne Ideal. In: HG 32 (1909/10), 761–764, hier 764.
252 Ebenda.
253 Peter Rosegger, Heimgärtners Tagebuch. In: HG 39 (1914/15), 376–385, 381 f.
254 [Peter Rosegger,] Luxus das moderne Ideal. In: HG 32 (1909/10), 761–764, hier 764.
255 [Peter Rosegger], Über das Zuströmen der Landbevölkerung in die Städte. In: HG 5 (1880/81), 610–615, hier 614.
256 Peter Rosegger, Heimgärtners Tagebuch. In: HG 42 (1917/18), 941–945, hier 943.

257 Peter Rosegger, Heimgärtners Tagebuch. In: HG 39 (1914/15), 376–385, hier 381 f.
258 Peter Rosegger, Anmerkung. In: HG 11 (1886/87), 442.
259 Peter Rosegger, Saatkörner. In: ders., Bergpredigten. Gehalten auf der Höhe der Zeit unter freiem Himmel und Schimpf und Spott unseren Feinden den Schwächen, Lastern und Irrthümern der Cultur gewidmet von Peter Rosegger, Wien 1894. 3. Auflage, 292–304, hier 304. Siehe Latzke, Peter Rosegger, Bd. 2, 9.
260 Siehe Peter Rosegger, Das Geld ein Mittel zur sittlichen Freiheit. In: HG 23 (1998/99), 48–56, hier 49.
261 Ebenda, 50.
262 Peter Rosegger, Von dem Judenhasse unserer verjudeten Jugend. (Ein offenes Schreiben an junge Antisemiten in Wien.) In: ders., Bergpredigten. Gehalten auf der Höhe der Zeit unter freiem Himmel und Schimpf und Spott unseren Feinden, den Schwächen, Lastern und Irrthümern der Cultur gewidmet. Wien 1894. 3. Auflage, 163–166, hier 165. Zur Funktion der Sparsamkeit bei Rosegger siehe Latzke, Peter Rosegger, Bd. 2, 7 f.
263 Peter Rosegger, Er ist wiedergekommen. Eine Zeitbetrachtung. In: HG 27 (1902/03), 684–690, 687.
264 Peter Rosegger, Wald und Wasser. In: HG 30 (1905/06), 546–548, hier 547 f.
265 Peter Rosegger, Heimgärtners Tagebuch. In: HG 36 (1911/12), 215–223, hier 222.
266 Die biographische Bedingtheit dieser Konzeption betont Latzke, Peter Rosegger, Bd. 2, 8.
267 Peter Rosegger, Heimgärtners Tagebuch. In: HG 32 (1907/08), 375–387, hier 381.
268 Siehe Fröhlich, Peter Rosegger, 206; Pock, Rosegger, 324 f.
269 Peter Rosegger, Die Mürzquellen sind nicht feil. In: HG 25 (1900/01), 622–624, hier 623.
270 Peter Rosegger, Wald und Wasser. In: HG 30 (1905/06), 546–548, hier 546 f.
271 Heimgärtners Tagebuch. In: HG 37 (1912/13), 701–709, hier 708.
272 Schurz, Ökologische Ethik, 231.
273 Peter Rosegger, Heimgärtners Tagebuch. In: HG 32 (1907/08), 135–144, hier 140.
274 Peter Rosegger, Heimgärtners Tagebuch. In: HG 32 (1907/8), 610–622, hier 610. Siehe Anderle, Peter Rosegger, 74.
275 Siehe Wengenroth, Verhältnis von Industrie und Umwelt, 38 ff.
276 Peter Rosegger, Veränderung der Landschaft. In: HG 28 (1903/04), 447–451, hier 449.
277 [Peter Rosegger], Das Recht des Rades. In: HG 27 (1902/03), 789–791, hier 791.
278 Peter Rosegger, Ein Tagebuch. In: HG 30 (1905/06), 851–866, 856. Eine am 17. September 1907 unternommene Autofahrt schließlich beschreibt Rosegger positiv. Siehe Peter Rosegger, Heimgärtners Tagebuch. In: HG 32 (1907/08), 135–144, hier 140 f.

279 Peter Rosegger, Heimgärtners Tagebuch. In: HG 31 (1906/07), 776–786, hier 777.
280 Siehe Fröhlich, Peter Rosegger, 201.
281 Siehe Rothschuh, Naturheilbewegung, 109.
282 Siehe M. [Peter Rosegger], Die Reform der Volkswirthschaft. In: HG 7 (1882/83), 77. Rezensiert wurde: Eduard Baltzer, Die natürliche Lebensweise, Bd. 2: Die Volkswirthschaft vom Standpunkte der natürlichen Lebensweise, Rudolstadt 1882. 2. Auflag (E = 1867).
283 Ebenda.
284 Peter Rosegger, Ein Sonderling und sein Werk. In: HG 18 (1893/94), 638 f., 638. Rosegger bezieht sich auf: Karl Wilhelm Diefenbach, Per aspera ad astra! Ein Lebensmärchen (Leporello-Album). Wien 1893. Zu Kontakten zwischen Diefenbach und Rosegger siehe Latzke, Peter Rosegger, Bd. 2, 130; Schweigert, Peter Rosegger, 96.
285 Siehe Anna Plothow, Volksprediger. Federzeichnungen aus dem Berliner Leben III. Johannes Guttzeit. In: HG 20 (1895/96), 779–786.
286 Siehe Peter Rosegger, Kehrt zur Natur zurück. In: HG 27 (1902/03), 798 f. Die Rezension bezieht sich auf: Adolf Just, Kehrt zur Natur zurück. Die neue, wahre naturgemäße Heil- und Lebensweise. Wasser, Luft, Licht, Erde, Früchte, wahres Christentum u.s.w. Stapelburg/Harz 1903. Die besprochene Ausgabe ist die 5. erweiterte Auflage des nach Rothschuh (Naturheilbewegung, 103) 1896 erstveröffentlichten Werks. Zitate aus dem Buch finden sich außerdem in Heimgärtners Tagebuch. In: HG 35 (1910/11), 293–304.
287 Siehe M. [Peter Rosegger], Die Hilfe auf dem Wege! In: HG 32 (1907/08), 558. Die Rezension bezieht sich auf: Adolf Just, Die Hilfe auf dem Wege! Geistes- und Seelenleben. Stapelburg/Harz 1907.
288 Peter Rosegger, Heimgärtners Tagebuch. In: HG 33 (1908/09), 132–139, hier 134.
289 Siehe zu dieser Thematik Peter Rosegger, Kranzspenden verbeten! In: HG 23 (1898/99), 467; M., Die Anti-Grabkranzbewegung. In: HG 27 (1902/03), 227.
290 Siehe Peter Rosegger, Heimgärtners Tagebuch. In: HG 42 (1917/18), 941–945.
291 Peter Rosegger, Von der Unzweckmäßigkeit unserer Zimmereinrichtung. In: HG 9 (1884/85), 909–912, 909.
292 [Peter Rosegger], Auf der Wander. Aus dem Tagebuche des Herausgebers. In: HG 23 (1898/99), 370–380, 373.
293 Siehe Peter Rosegger, Wohnzimmer. In: HG 24 (1899/1900), 947 f. Siehe ferner ders., Hermann Bahr über unsere Neubauten. In: HG 24 (1899/1900), 946 f.
294 Siehe [Peter Rosegger], Vom Luxus der Reichen. In: HG 21 (1896/97), 233 f. Der Aufsatz zitiert aus: John Ruskin, Wie wir arbeiten und wirthschaften müssen. Eine Gedankenlese aus den Werken, übers. Jakob Fels. Straßburg 1896. Zu Ruskins Einfluss auf Roseggers Kapitalismuskritik und Reformkonzeption siehe Wagner, Peter Rosegger, 355 ff.
295 In: HG 8 (1883/84), 437–439.

296 Siehe Schrenk, Entgeudung, 147.
297 Siehe Peter Rosegger, Kaufe ich einen Frack? In: HG 24 (1899/1900), 368–372.
298 Siehe Peter Rosegger, Ein ungalantes Stücklein. In: HG 19 (1894/95), 649.
299 Siehe Peter Rosegger, Heimgärtners Tagebuch. In: HG 35 (1910/11), 534–548, hier 542.
300 Siehe Peter Rosegger, Etwas über die Reformkleidung. In: HG 27 (1902/03), 703–707, hier 706.
301 Siehe Philippoff, Peter Rosegger, 197 ff.; auch Stroud, The sacred journey, 130 f.
302 Zum Auftreten des Katarrhs im Sommer siehe Roseggers Bericht in HG 30 (1905/06), 624.
303 Siehe Peter Rosegger, Wie steht's mit der Gesundheit? In: HG 13 (1888/89), 629–633, hier 632.
304 Siehe etwa seinen Brief an August Brunlechner (26. April 1871). In: Peter Rosegger. Das Leben in seinen Briefen, hg. Otto Janda, Graz 1948. 2. Auflage, 90–92, hier 91.
305 Siehe Peter Rosegger, Brief an Friedrich von Hausegger (5. August 1890). In: Siegmund von Hausegger (Hg.), Briefwechsel zwischen Peter Rosegger und Friedrich von Hausegger. Leipzig 1924, 131 f., hier 131.
306 Siehe Brief an Adalbert Svoboda (11. März 1896). In: Peter Rosegger. Das Leben in seinen Briefen, hg. Otto Janda, Graz 1948. 2. Auflage, 205–207, hier 206.
307 Peter Rosegger, Ein Tagebuch. In: HG 30 (1905/06), 532–543, hier 540 f.
308 Siehe Peter Rosegger, Volksmedicin und medizinischer Aberglaube in der Steiermark. In: HG 10 (1885/86), 79 f. Rezensiert wurde: Victor Fossel, Volksmedicin und medizinischer Aberglaube in der Steiermark. Ein Beitrag zur Landeskunde. Graz 1885.
309 M. [Peter Rosegger], Bin ich gesund oder krank? In: HG 17 (1892/93), 951.
310 Siehe Peter Rosegger, Heimgärtners Tagebuch. In: HG 35 (1910/11), 293–304.
311 Siehe Vortrag des Pfarrers Sebastian Kneipp gehalten in der Industriehalle in Graz am 26. April 1892 (nach stenographischer Aufnahme). In: Grazer Tagblatt (30. April 1892), Morgenausgabe, 9–13. Der zweite Auftritt fand am 16. April 1893 am selben Ort statt. Siehe hiezu [o. V.], Kneipp in Graz. In: Grazer Wochenblatt (1. Mai 1893), 3.
312 St. (= Peter Rosegger), Was sagen Sie zur Kaltwasserkur? In: HG 16 (1891/92), 552 f.
313 Peter Rosegger, Eins vom Pfarrer Kneipp. In: HG 16 (1891/92), 681–686, hier 682.
314 Peter Rosegger, Das sexuelle Elend der oberen Stände. In: HG 18 (1893/94), 158 f., hier 158. Rezensiert wurde: Heinz Starkenburg, Das sexuelle Elend der oberen Stände. Ein Nothschrei an die Öffentlichkeit. Leipzig 1893.
315 Dies bestätigt eine Untersuchung von Farrenkopf (Familienbilder, 30 ff.).

316 Siehe Peter Rosegger, Steirische Sommerfrischen und Curorte. Ein Überflug. In: HG 5 (1880/81), 855–859; ferner ders., Aussee das Herrliche. Eine touristische Plauderei. In: HG 1 (1876/77), 852–857.
317 Siehe Burkert/Hermann, Geschichte des steirischen Fremdenverkehrs, 8 f.
318 Peter Rosegger, Heimgärtners Tagebuch. In: HG 35 (1910/11), 773–780, hier 773.
319 Peter Rosegger, Ein Curort-Feuilleton. In: HG 4 (1879/80), 842–846, hier 843. An anderer Stelle wird der Kurort als eine „weiche, blumenumwundene Sänfte" bezeichnet: Peter Rosegger, Ein Tagebuch. In: HG 30 (1905/06), 777–791, 778 f. Siehe ferner an Fremdbeiträgen etwa Franz Salfitzky, Gleichenberg. Ein steierischer Curort. In: HG 20 (1895/96), 705–707.
320 Siehe Peter Rosegger, Ein Suehnhaus an der See. Ein Wort zur Gründung eines Seehospizes für siechende Stadtkinder. In: HG 10 (1885/86), 437–442.
321 Peter Rosegger, Von der Heilanstalt in Hörgas. In: HG 31 (1906/7), 915–920, hier 917. Siehe zuvor ders., Ein Tagebuch. In: HG 30 (1905/06), 777–791, hier 777 f.
322 Siehe Peter Rosegger, Lieserl. Ein Bild aus dem Volksleben. In: HG 32 (1907/08), 474–477.
323 Siehe Anderle, Peter Rosegger, 67; Brunner, Die Sonnenheilstätten auf der Stolzalpe; Fröhlich, Peter Rosegger, 157.
324 Peter Rosegger, Wie steht's mit der Gesundheit? In: HG 13 (1888/89), 629–633, hier 630.
325 Siehe [Peter Rosegger], Kefyr. In: HG 16 (1891/92), 878.
326 Siehe etwa M. [Peter Rosegger], Die Reform der Volkswirthschaft. In: HG 7 (1882/83), 77.
327 Siehe [Peter Rosegger], Homunkelfraß. In: HG 30 (1905/06), 686 f.
328 Peter Rosegger, Heimgärtners Tagebuch. In: HG 35 (1910/11), 137–147, hier 144 f.
329 [Peter Rosegger,] Postkarten des „Heimgarten". In: HG 3 (1877/78), 959 f., hier 960.
330 Siehe [Friedrich von Hausegger?], Grundsätze der Vegetarianer. In: HG 3 (1878/9), 843–849, hier 849.
331 Siehe A. S. [?], Grundsätze eines Menschenfressers. Antwort auf den Artikel „Grundsätze der Vegetarianer" im August-Hefte. In: HG 4 (1879/80), 57–61.
332 Siehe A. K. [?], Verbreitung der Pflanzennahrung. In: HG 5 (1880/81), 947 f.
333 Brief Peter Roseggers an Friedrich von Hausegger (1. April 1884) [Stmk. Landesbibliothek].
334 Siehe G. O. (= Friedrich von Hausegger), Ein abschreckendes Beispiel. Zur Warnung der Menschheit aufgestellt. In: HG 8 (1883/84), 536 f.
335 [Peter Rosegger], Postkarten des „Heimgarten". In: HG 11 (1886/87), 480.
336 Peter Rosegger, Die vegetarische Lebensweise und die Vegetarier. In: HG 13 (1888/89), 718. Siehe Meta Wellmer, Die vegetarische Lebensweise und die Vegetarier. Berlin 1889. 3. Auflage [E = Köln 1878].
337 Siehe Friedrich Hofmann, Der Obstgenuß in Sage, Dichtung und in der Meinung der Gegenwart. In: HG 10 (1885/86), 833–838; ders., Unterernährung und Überernährung. In: HG 35 (1910/11), 527–534.

338 M. [Peter Rosegger], Wie in Amerika die Fleischfabriken arbeiten. In: HG 27 (1902/03), 634.
339 Siehe Peter Rosegger, Heimgärtners Tagebuch. In: HG 36 (1911/12), 215–223, hier 223. Deutlich selbstkritischer äußert sich Rosegger zwei Jahre später: Heimgärtners Tagebuch. In: HG 38 (1913/14), 935–946, hier 943 f.
340 [Peter Rosegger], Wie man achtzig wird. In: HG 24 (1899/1900), 229 f.
341 Peter Rosegger, Heimgärtners Tagebuch. In: HG 36 (1911/12), 215–223, hier 223. Ähnlich kritisch zum ‚deutschen' Alkoholismus steht Roseggers Aufsatz *Ein deutsches Laster*. In: HG 18 (1893/94), 674–678; siehe ferner ders., Heimgärtners Tagebuch. In: HG 30 (1905/06), 302–306, hier 306.
342 Siehe Peter Rosegger, Warum soffen die alten Deutschen. Eine academische Studie. In: HG 8 (1883/84), 59–63.
343 Siehe etwa Peter Rosegger, Wie einer Branntwein-Essenz kauft. Eins von heute. In: HG 13 (1888/89), 821–824; [Peter Rosegger], Alkohol. Ein wirtschaftlicher Briefwechsel zwischen dem Teufel und seiner Großmutter. In: HG 16 (1891/92), 453–456; [Peter Rosegger], Der Alkohol standrechtlich verurteilt. Aussprüche berühmter Männer über Bier, Wein und Schnaps. In: HG 16 (1891/92), 866–869; ders., Heimgärtners Tagebuch. In: HG 30 (1905/06), 302–306, 306.
344 Peter Rosegger, Ein verhängnisvolles Laster unseres Volkes. In: HG 23 (1898/99), 732–737, hier 733.
345 Ebenda, 737. Siehe ferner: Liebmann, Religion, Glaube, Kirche, 225.
346 Siehe Eisenbach-Stangl, Eine Gesellschaftsgeschichte des Alkohols, 204.
347 Peter Rosegger, Anmerkung 1. In: HG 25 (1900/01), 600.
348 Siehe Peter Rosegger, Alkohol als Schützer der Herrenmenschen. In: HG 28 (1903/04), 833–836. Zu dem Projekt siehe Bauer, Politik und Grazer Gaststätten.
349 Siehe Rosegger, ebenda.
350 Peter Rosegger, Heimgärtners Tagebuch. In: HG 37 (1912/13), 295–305, hier 297.
351 [O. V.,] Helmut Harringa. In: HG 35 (1910/11), 471 f., 472. Siehe Hermann Popert, Helmut Harringa. Eine Geschichte aus unserer Zeit fürs deutsche Volk herausgegeben vom Dürerbunde. Dresden 1910.
352 Peter Rosegger, Eine Standrede an die Deutschen. Hildesheim 1902 (= Flugblätter des deutschen Vereins gegen Mißbrauch geistiger Getränke 2).
353 [O. V.,] Toast der Antialkoholiker. In: HG 40 (1915/16), 787.
354 Siehe Bericht über den II. Österreichischen Alkoholgegnertag.
355 Siehe Peter Rosegger, Heimgärtners Tagebuch. In: HG 36 (1911/12), 215–223, hier 222 f..
356 Siehe Heimgärtners Tagebuch. In: HG 37 (1912/13), 62–71, hier 64 f.
357 Johannes Ude, Brief an Peter Rosegger (17. September 1913). Zum Projekt alkoholfreier Lokale siehe Ude, Notwendigkeit, Einrichtung, Zweck und Bedeutung der alkoholfreien Speisehäuser; ders., Drei Jahre Katholisches Kreuzbündnis.
358 Peter Rosegger, Heimgärtners Tagebuch. In: HG 38 (1913/14), 296–303, hier 299 f.

359 Heimgärtners Tagebuch. In: HG 36 (1911/12), 215–223, hier 222 f.
360 Johannes Ude, Brief an Peter Rosegger (2. Juni 1914).
361 Johannes Ude, Brief an Peter Rosegger (18. November 1916).
362 Siehe Latzke, Peter Rosegger, Bd. 2, 95.
363 Siehe Peter Rosegger, Der gottverblitzte Tabak. Aus den Erinnerungen eines Waldschulmeisters. In: HG 10 (1885/86), 583–586; ders., Dem Anderl sein Tabakgeld. In HG 15 (1890/91), 428–431.
364 Siehe Friedrich von Hausegger, Die Cigarre in ihrer erziehlichen Bedeutung. In: HG 15 (1890/91), 600–603; Friedrich Hofmann, Die Cigarre. In: HG 15 (1890/91), 525–528.
365 Stanger, Der Tabak im Spiegel der Literatur, 72.
366 Sandgruber, Peter Rosegger und die Alltagsgeschichte, 54.
367 Peter Rosegger, Der oststeirische Rigi-Kulm. Ein Spaziergang in der Heimat. In: HG 26 (1901/02), 926–929, hier 929.
368 Peter Rosegger, Heimgärtners Tagebuch. In: HG 35 (1910/11), 464. Siehe hiezu Anderle, Peter Rosegger, 44.
369 Siehe [Peter Rosegger,] Touristik und Bergfexerei. In: HG 17 (1892/93), 624–627.
370 Siehe Peter Rosegger, Reiter, wo hast du dein Pferd? In: HG 17 (1892/93), hier 228.
371 Peter Rosegger, Das Gespenst auf der Straße. In: HG 21 (1896/97), 231–233, hier 232.
372 Siehe Peter Rosegger, Frisch, froh, fromm, frei, es lebe die Turnerei! In: HG 18 (1893/94), 792–794. Nicht reflektiert wird die nationalpolitische Verengung der Turnbewegung seit den 1880er Jahren, etwa der sich seit 1886 in der Turnbewegung verbreitende ‚Arierparagraph'. Siehe etwa Weiß, Sport und Gesellschaft, 63 ff.
373 Siehe Louise Hackl, Der deutsche Turnvater als Denker und Redner. In: HG 27 (1902/03), 312 f.
374 Peter Rosegger, Heimgärtners Tagebuch. In: HG 35 (1910/11), 455–466, hier 464.
375 Siehe Peter Rosegger, Das Gespenst auf der Straße. In: HG 21 (1896/97), 231–233.
376 Siehe [Peter Rosegger] Das Recht des Rades. In: HG 27 (1902/03), 789–791.
377 Siehe Ernst Schneider, Das Radeln und die Gesundheit. In: HG 23 (1898/99), 668–675.
378 Siehe M. [Peter Rosegger], Auf dem Rade von Genf nach Tunis. In: HG 30 (1905/06), 478. Rezensiert wurde: Otto Tejaner, Auf dem Rade von Genf nach Tunis, sowie Schweizer und italienische Reisebriefe. Reiseerlebnisse in humoristischer Fassung. Dresden 1906.
379 Zum Kontext siehe Werthan/Thaller, 100 Jahre steirische Skigeschichte, 54 ff.; Burkert/Hermann, Geschichte des steirischen Fremdenverkehrs, 39 ff.
380 Peter Rosegger, Was bedeutet der Sport? In: HG 28 (1903/04), 466 f., hier 467.
381 Ein Tagebuch. In: HG 30 (1905/06), 532–543, hier 537.

382 Siehe Latzke, Peter Rosegger, Bd. 1, 115–144; Ehrenreich, Peter Rosegger, 96 ff.
383 Siehe Peter Rosegger, Auf der Wander. Meine Ferienreise im Jahre 1867. Auf der Wander. In: HG 52 (1926/27), 38–47.
384 Siehe Peter Rosegger, Eine Samstagsnacht auf der Rax. Wanderplauderei. In: HG 1 (1876/77), 50–54.
385 Latzke, Peter Rosegger, Bd. 2, 150. Siehe ferner Anderle, Peter Rosegger, 44.
386 Siehe etwa Peter Rosegger, Ein Buch der Hochtouristik. In: HG 25 (1900/91), 869–872. Rezensiert wurde: Rudolph Stratz, Der weiße Tod. Roman aus der Gletscherwelt. Stuttgart 1897.
387 Siehe Peter Rosegger, Heimgärtners Tagebuch. In: HG 32 (1907/08), 56–66, hier 59.
388 Zur Rolle der Bergspitze siehe Stroud, The sacred journey, 146.
389 Siehe Latzke, Peter Rosegger, Bd. 1, 118.
390 [Peter Rosegger,] Am Ufer der Mur. Eine Wanderung in der grünen Mark. In: HG 3 (1878/79), 506–513.
391 Peter Rosegger, Die untersteirische Schweiz. An der Sann. In: HG 3 (1878/79), 377–381.
392 Siehe [Peter Rosegger,] Ausflug auf den Plesch. Etwas für die Grazer vom Herausgeber. In: HG 22 (1897/98), 838–842; P. G. [Peter Rosegger], Von einem verschollenen Berg. In: HG 25 (1900/91), 854–857.
393 [Peter Rosegger,] Ein Tag im Böhmerwalde. Aus dem Tagebuche des Herausgebers. In: HG 21 (1896/97), 752–758.
394 Siehe Peter Rosegger, Zum Dachstein auf! Ein Erinnern aus der Wanderzeit. 1873. In: HG 38 (1913/14), 916–921.
395 [Peter Rosegger,] Auf der Wander. Aus dem Tagebuche des Herausgebers. In: HG 23 (1898/99), 370–380, hier 380.
396 Peter Rosegger, Heimgärtners Tagebuch. In: HG 35 (1910/11), 696–708, hier 696.
397 Peter Rosegger, Heimgärtners Tagebuch. In: HG 36 (1911/12), 215–223, 216. Nach Latzke, der ausführlich über die Wanderungen des Dichters berichtet, wanderte Rosegger „um des Schauens und Fühlens willen" (Peter Rosegger, Bd. 1, 116).
398 Peter Rosegger, Heimgärtners Tagebuch. In: HG 34 (1909/10), 54–67, hier 55.
399 [Peter Rosegger,] Nichts. Eine Bergwanderung des Heimgärtners. In: HG 28 (1903/03), 763–766, hier 765.
400 Z. [Peter Rosegger], Alpensport. In: HG 6 (1881/82), 875 f.
401 [Peter Rosegger], Steiermarks erster Hochtourist. Erinnerung an das Leben und Wirken eines großen Natur- und Volksfreundes. In: HG 7 (1882/83), 750–756.
402 Siehe M. [Peter Rosegger], Für Touristen. In: HG 7 (1882/83), 957; M. [Peter Rosegger], Zeitschrift des deutschen und österreichischen Alpenvereins. In: HG 11 (1886/87), 399; M. [Peter Rosegger], Illustrierte österreichische Alpenzeitung. Tiroler Sonderheft. In: HG 33 (1908/09), 79.

403 Siehe etwa Peter Rosegger, Steirische Wanderbücher. In: HG 8 (1883/84), 716 f. Rezensiert wurde: Steirische Wanderbücher, Bd. 4. Oberes Murthal einschließlich Lungau, hg. Fremdenverkehrs-Comité des steirischen Gebirgsvereines. Graz 1884.
404 Siehe M. [Peter Rosegger], Feiertagswanderungen. In: HG 13 (1888/89), 948. Rezensiert wurde: Franz Goldhann, Feiertags-Wanderungen. Streifzüge durch das steirische Oberland. Graz 1889.
405 Siehe M. [Peter Rosegger], Grazer Tourist. In: HG 20 (1895/96), 799. Rezensiert wurde: Wilhelm Gründorf von Zebegény, Grazer Tourist. Wanderungen in der reizenden Umgebung von Graz. Mit drei Touristenkärtchen auf dem Umschlag. Graz 1896.
406 Latzke, Peter Rosegger, Bd. 2, 48.
407 Peter Rosegger, Die eherne Mark. In: HG 21 (1896/97), 716. Siehe ferner ders., Die eherne Mark. Eine Wanderung durch das steirische Oberland. In: HG 16 (1891/92), 635–637; ferner den Kommentar zu Krauss in Heimgärtners Tagebuch. In: HG 31 (1906/07), 937–945, hier 938. Besprochen wird: Ferdinand Krauss, Die eherne Mark. Eine Wanderung durch das steirische Oberland. 2 Bde. Graz 1892–97.
408 M. [Peter Rosegger], Jahrbuch des Steirischen Gebirgsvereines. In: HG 32 (1907/08), 558 f.
409 Siehe Peter Rosegger, Ein Gruß den Gästen vom deutschen und österreichischen Alpenvereine. In: HG 15 (1890/91), 942.
410 Siehe Langewiesche, Zur Freizeit des Arbeiters, 353.
411 Peter Rosegger, Heimgärtners Tagebuch. In: HG 33 (1908/09), 856–869, hier 860.
412 Siehe Peter Rosegger, Heimgärtners Tagebuch. In: HG 36 (1911/12), 539–550, hier 544.
413 Siehe Helene Fischer-Karmin, „Gut Pfad". In: HG 38 (1913/14), 532–535.
414 Peter Rosegger, Heimgärtners Tagebuch. In: HG 38 (1913/14), 613–621, hier 613.
415 Ernst Rudorff, Über das Verhältniß des modernen Lebens zur Natur. In: Preußische Jahrbücher 45 (1880), 261–276. Für Karl Giannoni markiert Rudorffs Aufsatz einen „Weckruf im Deutschen Reiche" (Heimatschutz. Rückschau und Ausblick, 5).
416 Siehe Ernst Rudorff, Heimatschutz. In: Die Grenzboten 56 (1897), 385–414, 455–468; ders., Heimatschutz. Im Auftrage des Deutschen Bundes Heimatschutz neu bearbeitet von Paul Schulze-Naumburg. Leipzig (1926). Zur Bewertung siehe Knaut, Der Landschafts- und Naturschutzgedanke bei Ernst Rudorff, 115.
417 Siehe Sieferle, Opposition gegen Technik und Industrie, 168; Jefferies, The ‚Heimatschutz'-Movement, 413.
418 Rollins, Bund Heimatschutz, 152.
419 Bergmann, Agrarromantik, 122.
420 Zur Heimatschutzbewegung siehe etwa die Beiträge des Sammelbandes von Klueting (Hg.), Geschichte der deutschen Heimatbewegung; ferner Knaut, Wurzeln der Ökologiebewegung; Rollins, Bund Heimatschutz. Zur österrei-

chischen Situation siehe Farkas, Künstlerische und kulturelle Akzente der österreichischen Heimatschutzbewegung.
421 Sieferle, Opposition gegen Technik und Industrie, 187.
422 Siehe etwa Peter Rosegger: Im Thale des Gottsuchers. Ein Spaziergang in der Waldheimat. In: HG 20 (1895/96), 132–137.
423 Gradmann, Heimatschutz und Landschaftspflege, 1.
424 Siehe etwa die Memoiren des badischen Pfarrers Heinrich Hansjakob: Aus meiner Jugendzeit. Erinnerungen. Heidelberg 1880.
425 Stroud, Peter Rosegger, 350.
426 M. [Peter Rosegger], Der Schutz der landschaftlichen Natur. In: HG 16 (1891/92), 878. Rezensiert wurde: Ernst Rudorff, Der Schutz der landschaftlichen Natur und der geschichtlichen Denkmäler Deutschlands. Berlin 1892. Rudorffs Vortrag vor dem Berliner *Allgemeinen Deutschen Verein* erklärte die Notwendigkeit von Naturschutz und Landschaftspflege. Siehe hiezu Schoenichen, Naturschutz. Heimatschutz, 152.
427 Siehe Mielke u. a., Heimatschutz.
428 Peter Rosegger, Wir müssen uns ein wenig verbauern. Zur Gründung des Vereines „Heimatschutz". In: HG 34 (1909/10), 207–211, 210.
429 H. L. [= Hans Ludwig] Rosegger, Heimatschutz. In: HG 36 (1911/12), 227 f.
430 Frühere Kontakte belegt etwa folgender Beitrag: M. [Peter Rosegger], Kunstwart. In: HG 22 (1897/98), 398. Rezensiert wurde: Der Kunstwart. Rundschau über alle Gebiete des Schönen. Dresden 1887 ff.
431 Zur Vereinsgeschichte siehe Syndram, Kulturpublizistik und nationales Selbstverständnis.
432 Siehe Habersack, Wagnerismus. Musik und Regeneration, 126.
433 Peter Rosegger, Brief an August Brunlechner (20. Februar 1873). In: Charlotte Anderle (Hg.): In ewiger Deinheit. Briefe von Peter Rosegger an einen Jugendfreund. Wien 1990, 169.
434 Roth, Die Industrialisierung der Steiermark, 135.
435 Gradmann, Heimatschutz und Landschaftspflege, 35.
436 Peter Rosegger, Heimgärtners Tagebuch. In: HG 38 (1913/14), 452–461, hier 460.
437 [O. V.,] Briefe aus der Sommerfrische. In: HG 8 (1883/84), 855–859, hier 855 f.
438 Peter Rosegger, Veränderung der Landschaft. In: HG 28 (1903/4), 447–451, hier 450.
439 Auf die Problematik einer ‚Landschaftsverschönerung' verweist damals etwa der Heimatschützer Hugo Conwentz (Gefährdung der Naturdenkmäler, 103).
440 Siehe Anderle, Peter Rosegger, 70.
441 Siehe H. M. [Peter Rosegger], Eine Schildbürgergeschichte. In: HG 22 (1897/98), 554 f. Die Baubewilligung wurde am 19. April erteilt, das Gleichenfest fand am 12. November 1898 statt.
442 K. [Peter Rosegger], Die „Gartenstadt" an der Mur. Ein Kapitel für die Grazer. In: HG 23 (1898/99), 859–862, 862. Die Überdimensioniertheit und das im ersten Spieljahr auftretende Defizit führten auch im Grazer Gemeinderat

am 28. Juli 1900 zu erregten Debatten. Siehe Heger, Grazer Kulturpolitik, 104.
443 Zur Bedeutung des Schlossbergs bei Rosegger siehe vor allem Fuchs, Der Stadtschulmeister, 306.
444 Peter Rosegger, Heimgärtners Tagebuch. In: HG 35 (1910/11), 534–548, hier 544.
445 Siehe Peter Rosegger, Unser nordischer Wald. Studien und Träume. In: HG 1 (1876/77), 835–841; 896–903.
446 Peter Rosegger, Ein Tagebuch. In: HG 31 (1906/07), 48–66, hier 51.
447 [Peter Rosegger], Der lange Rauk. Ein Bericht aus der Sommerfrische. In: HG 9 (1884/85), 52–57, hier 52.
448 Siehe Peter Rosegger, Die Försterbuben. Roman aus den steirischen Alpen. Leipzig 1908; Pail, Romane Peter Roseggers, 213, siehe ferner 192 ff.
449 Peter Rosegger, Waldstimmung. In: HG 9 (1884/85), 841.
450 H. M. [= Peter Rosegger], Zuflucht im Walde. In: HG 11 (1886/87), 150.
451 Peter Rosegger, Steirische Wanderbücher 5. Untersteier, 31 f.
452 Siehe Peter Rosegger, Zur Waldfrage in den österreichischen Alpengebieten. In: HG 7 (1882/83), 878 f., zit. 879. Rezensiert wurde: Karl Toldt, Zur Waldfrage in den österreichischen Alpengebieten. Eine Denkschrift des deutschen und österreichischen Alpenvereins. Prag 1883. Zu den Mängeln des Reichsforstgesetzes, etwa unzulänglichen Sanktionen oder mangelnder begrifflicher Abgrenzung des Waldbesitzes siehe Bauer, Natur- und Wirtschaftswald, 22.
453 Peter Rosegger, Von der Geldgier als Waldverwüsterin. In: ders., Bergpredigten. Gehalten auf der Höhe der Zeit unter freiem Himmel und Schimpf und Spott unseren Feinden, den Schwächen, Lastern und Irrthümern der Cultur gewidmet. Wien 1894. 3. Auflage, 117–124.
454 [Peter Rosegger,] Briefe aus der Sommerfrische. In. HG 8 (1883/84), 855–859, hier 856.
455 Siehe Peter Rosegger, Unsere armen Wälder! In: HG 24 (1899/1900), 873 f.
456 Peter Rosegger, Ich liebe den Wald. In: HG 18 (1893/94), 76.
457 Siehe [Peter Rosegger,] Da Baur ohni Bam. Meine liabn Bergbaurn in Obasteir zan Ondenkn. In: HG 10 (1885/86), 37 f.
458 Siehe Semetkowski, Aus dem Aufgabenkreise des Heimatschutzes, 4.
459 Siehe zusammenfassend Conrad, Die Landschaft als Spiegelbild der Volkskultur, 346 ff.
460 Peter Rosegger, Heimgärtners Tagebuch. In: HG 35 (1910/11), 293–304, hier 303 f.
461 Peter Rosegger, Heimgärtners Tagebuch. In: HG 35 (1910/11), 696–708, hier 697 f.
462 Peter Rosegger, Wem gehört der Großglockner? In: HG 38 (1913/14), 794 f. Komm. bei Anderle, Peter Rosegger, 64.
463 Peter Rosegger, Heimgärtners Tagebuch. In: HG 38 (1913/14), 139–148, hier 147.
464 M. [Peter Rosegger], Der illustrierte Thier- und Vogelfreund. Organ des Österreichischen Bundes der Vogelfreunde in Graz (Graz 1900). In: HG 24

(1899/1900), 479. Zur Problematik dieser Differenzierung siehe Teutsch, Mensch und Tier, 21 f.
465 Peter Rosegger, Heimgärtners Tagebuch. In: HG 38 (1913/14), 296–303, hier 297.
466 Siehe [Peter Rosegger,] Würde des Menschen! Recht des Thieres! In: HG 13 (1888/89), 582–588.
467 Peter Rosegger, Erbarmen! Ein Entrüstungsruf und eine Fürbitte. In: HG 16 (1891/92), 209–213, hier 213.
468 Kappstein, Die Kirche und die Tiere, 183. Zur christlichen Interpretation des Mensch-Naturverhältnisses siehe jedoch Pintaric, Umweltethik, 97 ff.
469 Siehe [Peter Rosegger,] Merkwürdiges aus dem Tierleben. In: HG 30 (1905/06), 280–289. Rezensiert und in Textabschnitten übernommen wurde: Konrad Guenther, Der Darwinismus und die Probleme des Lebens. Zugleich eine Einführung in das heimatliche Tierleben. Freiburg/Breisgau 1905. 2. Auflage (E = 1904).
470 Heimgärtners Tagebuch. In: HG 33 (1908/09), 532–542, hier 540.
471 Siehe H. Malser, Federzeichnungen aus der Thierwelt. In: HG 2 (1877/78), 315 f. Rezensiert wurden: Aglaia Enderes, Federzeichnungen aus der Thierwelt. Budapest 1874; dies., Neue Federzeichnungen aus der Thierwelt. Wien 1876.
472 Siehe Heimgärtners Tagebuch. In: HG 35 (1910/11), 376–386, hier 376.
473 Siehe Heiland, Dimensionen des menschlichen Naturbezugs, 127 f.
474 Siehe Peter Rosegger, Über den sprachlichen Verkehr des Menschen mit den Hausthieren. In: HG 2 (1878/79), 463–466.
475 Siehe Peter Rosegger, Zur Liebestragik im Leben der Thiere. In: HG 6 (1881/82), 145–147.
476 K. [Peter Rosegger], Geschichten von meinem Hector. In: HG 10 (1885/86), 943–945. Siehe ebenso [E. Sabel], Das Recht der Tiere. In: HG 13 (1888/89), 939–941. Ausschnitte aus: E. Sabel. Das Recht der Tiere. In: Deutsche Revue über das gesamte nationale Leben der Gegenwart 14,1 (1889), 204–221.
477 Peter Rosegger, Ein Tagebuch. In: HG 30 (1905/06), 449–466, hier 462. Auf die Wertschätzung des Mitleids verweist Latzke: Peter Rosegger, Bd. 2, 87.
478 Siehe Iwan Turgenjew, Die Wachtel. Kinder-Eindrücke. In: HG 8 (1884/85), 132–135.
479 Siehe etwa Magnus Schwantje, Gedanken über Tiere. In: HG 34 (1909/10), 526–529. Über die Beziehung Schwantjes zu Wagner und Schopenhauer siehe Veltzke, Wagnervereinigungen im Kaiserreich, 286 ff.
480 Siehe [O. V.,] Der verschmachtende Hund. Aus dem Türkischen. In: HG 42 (1916/17), 945.
481 [Peter Rosegger], Landa und Scott. Eine Tierplauderei. In: HG 28 (1903/04), 842–846, hier 842.
482 Peter Rosegger, Sophia von Khuenberg. In: Der illustrierte Thier- und Vogelfreund 1 (1900), 41 f., hier 41.
483 Peter Rosegger, Heimgärtners Tagebuch. In: HG 34 (1909/10), 294–303, hier 299.
484 Siehe Stolting/Zoebe, Das Tier im Recht, 127.

485 Siehe Emil Kiekert, Die Tierquälerei und ihre Stellung im Kulturleben der Völker. In: HG 12 (1887/88), 445–449; Peter Rosegger, Missrathene Kinder. In: HG 20 (1895/96), 384–386.
486 Siehe Oswald Stamm [Peter Rosegger], Tauben-Mord. Eine Culturskizze aus der eleganten Welt. In: HG 16 (1891/92), 535–540. Zur Kritik des Taubenschießens siehe auch den Geschäftsbericht des Steiermärkischen Tierschutzvereines, 143.
487 Siehe H. B. [?], Thierschutz und Volkserziehung. In: HG 17 (1892/93), 135–138.
488 Josef Killer, Was kann der Lehrer für den Thierschutz tun? In: HG 17 (1892/93), 853–856.
489 Die Tierschutzvereine, Eine Bitte an Menschen. In: HG 18 (1893/94), hier 307.
490 Siehe [O. V.,] Aufruf zur Gründung einer Thierschutzstiftung.
491 Siehe Augustin Meisinger, Naturschutz heute. Wien 1961, 16.
492 Siehe etwa J. B. Holzinger, Die Thiermarter im Vogelbauer. In: HG 11 (1886/87), 52–55.
493 Peter Rosegger, Warum dieses Geschlecht verworfen ist. Ein Gesicht. In: HG 28 (1903/4), 925–929, hier 928.
494 Siehe etwa Peter Rosegger, Vogelmörder. In: HG 17 (1892/93), 71 f.
495 Siehe Vorstand des Österr. Bundes der Vogelfreunde, Gegen die Feinde unserer Vögel. In: HG 21 (1896/97), 552–554; ferner Rudolf Bergner (Hg.), General-Bericht über den Congress des Österreichischen Bundes der Vogelfreunde für Thier- und Vogelschutz zu Graz (5.–9. August 1898). Graz 1899.
496 M. [Peter Rosegger], *Über die sittliche Bedeutung des Thier- und Vogelschutzes*. In: HG 23 (1898/99), 317. Rezensiert wurde: Sophie von Khuenberg-Kleinert, Über die sittliche Bedeutung des Thier- und Vogelschutzes. Graz 1899. Die Tierschützerin publizierte im *Heimgarten* Gedichte, Novellen und Theaterstücke.
497 Siehe M. [Peter Rosegger], *Der illustrierte Thier- und Vogelfreund*. Organ des Österreichischen Bundes der Vogelfreunde in Graz. (Graz 1900.) In: HG 24 (1899/1900).
498 Siehe Kurt Blüchel, Der Untergang der Tiere. Ein alarmierender Report. Stuttgart 1976, 256. Diese Gefährdung war ein wichtiges Argument der Vogelschutzbewegung.
499 Franz Goldhann, Die Liebe zu den Tieren im Welschland. In: HG 40 (1915/16), 715 f., hier 715.
500 Siehe Alfred Barthelmeß, Vögel. Lebendige Umwelt. Probleme von Vogelschutz und Humanökologie geschichtlich dargestellt und dokumentiert. München 1981, 52 ff.
501 Siehe etwa [O. V.,] Die Vogelleiche als Frauenputz. In: HG 15 (1890/91), 943 f.
502 Peter Rosegger, Dem Singvogel ins Stammbuch. In: HG 28 (1903/04), 944.
503 Peter Rosegger: Über den sprachlichen Verkehr des Menschen mit den Hausthieren. In: HG 2 (1878/79), 463–466, hier 463.

504 M. [= Peter Rosegger]: Wie in Amerika die Fleischfabriken arbeiten. In: HG 27 (1902/03), 634.
505 Peter Rosegger, Großstadt – et cetera. In: HG 9 (1884/85), 344–348, hier 344.
506 Peter Rosegger, Erbarmen! Ein Entrüstungsruf und eine Fürbitte. In: HG 16 (1891/92), 209–213, hier 210.
507 Siehe Peter Rosegger, Die Geschichte vom Lamm. Eine Erinnerung aus der Sommerfrische. In: HG 18 (1893/94), 57–63.
508 Fanny Spork, Das Thier in der Macht des Menschen. In: HG 27 (1902/03), 529–534, hier 532.
509 [Peter Rosegger,] Menschen oder Hirsche? In: HG 16 (1891/92), 630.
510 M. [Peter Rosegger], Ein Anti-Dianaist bittet ums Wort. In: HG 18 (1893/94), 73–75, hier 74.
511 Ebenda.
512 Peter Rosegger, Das „edle Weidwerk" und der Lustmord. In: HG 22 (1897/98), 78 f. Rezensiert wurde: Magnus Schwantje, Das „edle Waidwerk" und der Lustmord. Titelbild von Fidus. München 1897.
513 Peter Rosegger, Was bedeutet der Sport? In: HG 28 (1903/04), 466 f., hier 467.
514 Peter Rosegger, Heimgärtners Tagebuch. In: HG 37 (1912/13), 460–469, hier 465.
515 [O. V.,] Wie man die Thiere peinigt. In: HG 20 (1895/96), 386 f., hier 386.
516 [Peter Rosegger,] Postkarten des „Heimgarten". In. HG 20 (1895/96), 80.
517 Siehe R. [Peter Rosegger], Wehe dem, der zum Wissen geht durch Schuld! In: HG 10 (1885/86), 149 f.
518 Friedrich Haßlwander, An die Vivisectoren. Gedicht. In. HG 12 (1887/88), 791.
519 Siehe M. [Peter Rosegger], Schriften gegen die wissenschaftlichen Tierversuche. In: HG 16 (1891/92), 478. Rezensiert wurden: Richard Wagner, Offener Brief an Herrn Ernst von Weber, Verfasser der „Folterkammern der Wissenschaft." Über die Vivisection. Leipzig 1880; Ernst von Weber, Die Folterkammern der Wissenschaft. Eine Sammlung von Thatsachen für das Laien-Publicum. Leipzig 1879.
520 Siehe Hafner, Peter Rosegger, 75.
521 [Rudolf Bergner,] Die Bestie im Menschen. In: HG 21 (1896/97), 378–382. Rezensiert wurde: Rudolf Bergner, Gar mächtig ist im Menschen die Bestie! Allerlei sociale Fragen sowie das Ganze des Thierschutzes einschließlich der Misswirtschaft der Thierschutz-Vereine. Graz 1896. Siehe ferner: ders., Natur- und Volksleben in den Karpathen. In: HG 22 (1897/98), 778–783, 843–852.
522 Siehe die zeitgenössische Lebensdarstellung von Geßmann, Rudolf Bergner.
523 Johann Wildhardtner [Peter Rosegger], Ein interessanter Fall. Skizze. In: HG 21 (1896/97), 817–822.
524 Siehe Peter Rosegger, Ein interessanter Fall. In: Magnus Schwantje (Hg.), Die Liebe zu den Tieren. Erzählungen, Gedichte und Abhandlungen. Berlin-Hessenwinkel 1928, 30–39.

525 Siehe M. [Peter Rosegger], Moderne Gelehrte. In: HG 21 (1896/97), 950. Rezensiert wurde: Wilhelm Ressel, Moderne Gelehrte. Eine dramatische Kreidezeichnung vom Kriegsschauplatz der Wissenschaft in drei Theilen. Dresden 1897. Siehe ferner Peter Rosegger, Einem Vivisektor. In: HG 22 (1897/98), 551.
526 [Max Seiling,] Schlaucherln der Wissenschaft. In: HG 27 (1902/03), 699–703.
527 Siehe Peter Rosegger, Zur Frage der Vivisektion. In: HG 28 (1903/04), 226.
528 Siehe Peter Rosegger, Feuertaufe. In: HG 29 (1904/05), 236. Rezensiert wurde: Emil Ertl, Feuertaufe. Neues Novellenbuch. Leipzig 1905. Siehe hiezu Latzke, Peter Rosegger, Bd. 2, 90; ferner auch M. [Peter Rosegger], Opfer der Zeit. In: HG 20 (1895/96), 156.

Referenzen

Editorische Bemerkungen

In den Referenzen sind aufgelistet: erstens alle zitierten Texte Roseggers, zweitens alle übrigen *Heimgarten*-Autorinnen und Autoren und drittens alle sonstigen Verweise. Alle im *Heimgarten* publizierten Texte werden in den Anmerkungen lang, sonstige Texte kurz zitiert.

Sämtliche Zitate wurden in Rechtschreibung und Zeichensetzung dem gegenwärtigen Stand angeglichen. Ausgenommen sind Titel von Publikationen, Vereinsbezeichnungen etc. Schreib- oder Druckfehler wurden ohne Kennzeichnung korrigiert.

Verschiedene Schreibungen des Autorennamens (wie etwa „R.", „P. R.", „P. K. R." o. Ä.) sind in die Bezeichnung *„Peter Rosegger"* aufgelöst. Pseudonyme wurden, soweit dies eindeutig möglich war, in eckiger Klammer aufgelöst. Die am meisten verwendeten Zeichen des Autors, „M." und „H. M.", stehen für „Hans Malser" = Peter Rosegger.

Die Titelangaben zwischen den Klammerzeichen „<" und „>" stammen aus den übergeordneten Rubriken (*Heimgärtners Tagebuch* bzw. *Ein Tagebuch*). Sie wurden aus dem Inhaltsverzeichnis der *Heimgarten*-Bände übernommen.

Die Titel der durch Rosegger besprochenen Werke wurden wegen ihrer teilweise ungenauen Angabe überprüft und korrigiert. Sie sind in den Anmerkungen ausgewiesen.

Im *Heimgarten* gesperrt gedruckte Texte werden kursiv gesetzt.

Literaturbezüge in den *Heimgarten*-Texten sind in eckiger Klammer an das ausführliche Zitat im Literaturverzeichnis geknüpft.

Das chronologisch geordnete Verzeichnis der Texte Roseggers enthält im Anschluss an die einzelnen Zitate Pseudonyme oder Namenskürzel kursiv und in runder Klammer sowie bei nicht ausgewiesener Verfasserschaft die kursiv gesetzte Bezeichnung *[O. V.] = Ohne Verfasserbezeichnung*.

Ich verwende gelegentlich zur Kennzeichnung semantischer Besonderheiten ohne Verweischarakter auf bestimmte Zitate einfache An- und Abführungszeichen.

Siglen: HG = Heimgarten. Eine Monatsschrift. 1876–1934

Verzeichnis der abgedruckten „Heimgarten"-Texte

ABSCHNITT I: LEBEN UND GLAUBEN

Waldstimmung. In: HG 9 (1884/85), 841.

Neuer Durst nach religiösem Idealismus. In: HG 17 (1892/93), 947 f.

Ich glaube. Bekenntnisse und Geständnisse. (Fortsetzung). Und an Jesum Christum, seinen eingebornen Sohn unsern Herrn. In: HG 20 (1895/6), 214–224.

Ich glaube. Bekenntnisse und Geständnisse. (Fortsetzung). Auferstehung des Fleisches. In: HG 20 (1895/96), 866–868.

Güte. In: HG 20 (1895/6), 409.

[O. V.,] Der Materialismus. In: HG 23 (1898/99), 637 f. [Rezensiert wurde: Theodor Menzi, Der Materialismus vor dem Richterstuhl der Wissenschaft. Den Gebildeten aller Stände dargeboten. Zürich 1898.]

Ein Traum. In: HG 25 (1900/01), 312.

Wie ich mir die katholische Kirche der Zukunft denke. In: HG 26 (1901/02), 187–191.

Er ist wiedergekommen. Eine Zeitbetrachtung. In: HG 27 (1902/03), 684–690.

<Der Mensch trägt seine Seele in die Natur hinein.> Ein Tagebuch. In: HG 30 (1905/06), 929–943, hier 936 f.

<O. T.> Ein Tagebuch. In: HG 30 (1905/06), 929–943, hier 938 f.

<Die gottsuchende Menschheit.> Heimgärtners Tagebuch. In: HG 32 (1907/08), 375–387, hier 379 f.

<Was ich unter Natur verstehe.> Heimgärtners Tagebuch. In: HG 32 (1907/08), 859–868, hier 863.

<Tolstoi und die Welt.> Heimgärtners Tagebuch. In: HG 35 (1910/11), 293–304, hier 293 ff.

<Die Natur ist altruistisch.> Heimgärtners Tagebuch. In: HG 36 (1911/12), 617–627, hier 619.

<Dichte dir die Welt, wie sie dir gefällt!> Heimgärtners Tagebuch. In: HG 36 (1911/12), 617–627, hier 619 f.

<Wiederkehr des Lebens.> Heimgärtners Tagebuch. In: HG 37 (1912/13), 537–546, hier 538.

<Der Raum etwas Feindliches.> Heimgärtners Tagebuch. In: HG 38 (1913/14), 536–545, hier 545.

<Die Weltseele.> Heimgärtners Tagebuch. In: HG 40 (1915/16), 779–789, hier 787.

<Vorherbestimmung.> Heimgärtners Tagebuch. In: HG 42 (1917/18), 698–700.

ABSCHNITT II: LAND UND HEIMAT

Sommerfrische. Ein Wink für Städter und Bauersleute. HG 8 (1883/84), 622–627.

Die Zukunft unseres Bauernstandes. Eine Erwägung. In: HG 16 (1891/92), 529–535.

Die Waffen nieder! In: HG 16 (1891/1892), 144–146.

Rückkehr zur Natur. Ein Zweigespräch. In : HG 16 (1891/92), 677–681.

Rückkehr zur ländlichen Natur (Antwort auf eine Zuschrift). In: HG 22 (1897/8), 835–838.
Erdsegen! Eine Plauderei. In: HG 27 (1902/03), 460–463.
<Zurück zur Scholle.> Heimgärtners Tagebuch. In: HG 31 (1906/07), 857–868, hier 861 f.
<Großstadtwahnsinn.> Heimgärtners Tagebuch. In: HG 35 (1910/11), 534–548, hier 543 f.
<Die Bauernwirtschaft.> Heimgärtners Tagebuch. In: HG 36 (1911/12), 859–867, hier 859 ff. [Bezug auf: Michael Hainisch, Die Landwirtschaft in der modernen Wirtschaftsordnung. In: Österreichische Rundschau 31 (Juni 1912), 333–341.]
<Heimgärten.> Heimgärtners Tagebuch. In: HG 37 (1912/13), 537–546, hier 539.
<Die Menschheit auf der Flucht.> Heimgärtners Tagebuch. In: HG 38 (1913/14), 613–621, hier 615.
<Bauern.> Heimgärtners Tagebuch. In: HG 42 (1917/18), 459–468, hier 461 f.

ABSCHNITT III: NATUR UND KULTUR

[O. V.,] Männer, Euere Frauen schminken sich! In: HG 9 (1884/85), 392 f. [Unter teils wörtlicher Verwendung von Auszügen aus: Kathinka von Rosen, Ein Wort über das Schminken! In: Wiener Hausfrauen-Zeitung 10 (1885), 440 f.]
Von der Unzweckmäßigkeit unserer Zimmereinrichtung. In: HG 9 (1884/85), 909–912.
Das Geld ein Mittel zur sittlichen Freiheit. In: HG 23 (1898/99), 48–56.
Wohnzimmer. In: HG 24 (1899/1900), 947 f.
Etwas über die Reformkleidung. In: HG 27 (1902/03), 703–707.
<Härtet Eure Kinder ab!> Heimgärtners Tagebuch. In: HG 31 (1906/07), 452–464, hier 452 f.
<Volkswohlstand.> Heimgärtners Tagebuch. In: HG 33 (1908/09), 132–139, hier 133 ff.
[O. V.,] Luxus das moderne Ideal. In: HG 33 (1908/09), 761–764.
<Wir leben über unsere Kraft!> Heimgärtners Tagebuch. In: HG 34 (1909/10), 699–710, hier 706.
<Luxus.> Heimgärtners Tagebuch. In: HG 36 (1911/12), 59–69, hier 63 f.
<Der zeitlose Mann.> Heimgärtners Tagebuch. In: HG 36 (1911/12), 215–223, hier 215 f.
<Zum Teufel mit allem Prunk und Pflanz!> Heimgärtners Tagebuch. In: HG 39 (1914/15), 376–385, hier 381.
<Vom Gelde.> Heimgärtners Tagebuch. In: HG 39 (1914/15), 529–541, hier 538 f.
<Die Anspruchslosigkeit und die Genußgier.> Heimgärtners Tagebuch. In: HG 39 (1914/15), 615–623, hier 620.
<Die größeren Sorgen des Reichtums.> Heimgärtners Tagebuch. In: HG 41 (1917/18), 456–466, hier 460 f.

ABSCHNITT IV: GESUNDHEIT UND LEBENSSTIL

Ein Curort-Feuilleton. In: HG 4 (1879/80), 842–846.
Steirische Sommerfrischen und Curorte. Ein Überflug. In: HG 5 (1880/81), 855- 859.
M., Die Reform der Volkswirthschaft. In: HG 7 (1882/83), 77. [Rezensiert wurde: Eduard Baltzer, Die natürliche Lebensweise, Bd. 2: Die Volkswirthschaft vom Standpunkte der natürlichen Lebensweise, Rudolstadt 1882. 2. Auflage (E = 1867)].
Die vegetarische Lebensweise und die Vegetarier. In: HG 13 (1888/89), 718. [Rezensiert wurde: Meta Wellmer, Die vegetarische Lebensweise und die Vegetarier. Berlin 18893 (E = Köln 1878).]
St., Was sagen Sie zur Kaltwasserkur? In: HG 16 (1891/92), 552 f.
Eins vom Pfarrer Kneipp. In: HG 16 (1891/92), 681–686.
M., Bin ich gesund oder krank? In: HG 17 (1892/93), 951. [Rezensiert wurde: Louis Kühne, Bin ich gesund oder krank? Ein Prüfstein und Rathgeber für jedermann. Leipzig 1892.]
Merk's, Trinker! In: HG 18 (1893/94), 145.
Ein deutsches Laster. In: HG 18 (1893/94), 674–678.
Ein verhängnisvolles Laster unseres Volkes. In: HG 23 (1898/99), 732–737.
<Gegen die künstliche Kindererährung.> Ein Tagebuch. In: HG 30 (1905/06), 532–543, hier 540.
[O. V.,] Homunkelfraß. In: HG 30 (1905/06), 686 f.
Von der Heilanstalt in Hörgas. In: HG 31 (1906/7), 915–920.
<Über Erkältung.> Heimgärtners Tagebuch. In: HG 32 (1907/08), 461–466, hier 462.
<Weniger Fleisch!> Heimgärtners Tagebuch In: HG 35 (1910/11), 137–147, hier 144 f.
<Gegen die Trunksucht.> Heimgärtners Tagebuch. In: HG 36 (1911/12), 215–223, hier 222 f.
<Das alkoholfreie Speisehaus.> Heimgärtners Tagebuch. In: HG 38 (1913/14), 296–303, hier 299 ff.
<Nahrungsmittel.> Heimgärtners Tagebuch. In: HG 42 (1917/118), 459–468, hier 463.

ABSCHNITT V: BEWEGUNGSKULTUR UND SPORT

Z., Alpensport. In: HG 6 (1881/82), 875 f. [Rezensiert wurde: Julius Meurer, Handbuch des alpinen Sports. Wien 1882.]
Ein Gruß den Gästen vom deutschen und österreichischen Alpenvereine. In: HG 15 (1890/91), 942.
Frisch, froh, fromm, frei, es lebe die Turnerei! In: HG 18 (1893/94), 792–794. [Bezug auf: Franz Guntram Schultheiß, Friedrich Ludwig Jahn. Sein Leben und seine Bedeutung. Berlin 1894 (= Geisteshelden. Eine Sammlung von Biographien 7).]
Das Gespenst auf der Straße. In: HG 21 (1896/97), 231–233.
[O. V.,] Auf der Wander. Aus dem Tagebuche des Herausgebers. In: HG 23 (1898/99), 370–380.

Der oststeirische Rigi-Kulm. Ein Spaziergang in der Heimat. In: HG 26 (1901/02), 926–929.
Was bedeutet der Sport? In: HG 28 (1903/04), 466 f.
[O. V.,] Nichts. Eine Bergwanderung des Heimgärtners. In: HG 28 (1903/04), 763–766.
<O. T.> Heimgärtners Tagebuch. In: HG 31 (1906/07), 776–786, hier 777.
<Höhenrausch.> Heimgärtners Tagebuch. In: HG 34 (1909/10), 54–67, hier 54 f.
<Sport.> Heimgärtners Tagebuch. In: HG 35 (1910/11), 455–466, hier 464 f.
<Leopoldsteinersee.> Heimgärtners Tagebuch. In: HG 35 (1910/11), 773–780, 773 f.
<Wandervogel.> Heimgärtners Tagebuch. In: HG 36 (1911/12), 539–550, hier 544.
<Pfadfinder.> Heimgärtners Tagebuch. In: HG 38 (1913/14), 613–621, hier 613.

ABSCHNITT VI: LANDSCHAFT UND UMWELT

Zur Waldfrage in den österreichischen Alpengebieten. In: HG 7 (1882/83), 878 f. [Rezensiert wurde: Karl Toldt, Zur Waldfrage in den österreichischen Alpengebieten. Eine Denkschrift des deutschen und österreichischen Alpenvereins. Prag 1883.]
[O. V.,] Da Baur ohni Bam. Meine liabn Bergbaurn in Obasteir zan Ondenkn. In: HG 10 (1885/86), 37 f.
H. M., Zuflucht im Walde. In: HG 11 (1886/87), 150.
M., Der Schutz der landschaftlichen Natur. In: HG 16 (1891/92), 878. [Rezensiert wurde: Ernst Rudorff, Der Schutz der landschaftlichen Natur und der geschichtlichen Denkmäler Deutschlands. Berlin 1892.]
K., Die „Gartenstadt" an der Mur. Ein Capitel für die Grazer. In: HG 23 (1898/99), 859–862.
Aus steirischem Walde. In: HG 27 (1902/03), 427–432.
Veränderung der Landschaft. In: HG 28 (1903/04), 447–451.
Wald und Wasser. In: HG 30 (1905/06), 546–548.
<Gespräch mit einem Forstmann über Waldkultur.> Ein Tagebuch. In: HG 30 (1905/06), 777–791, hier 791.
<Die Enns aus dem Gesäuse leiten.> Heimgärtners Tagebuch. In: HG 32 (1907/08), 610–622, hier 610.
<Natur erster und Natur zweiter Güte.> Heimgärtners Tagebuch. In: HG 33 (1908/09), 618–630, hier 621.
<Vergleich unseres Planeten mit einem Tiere.> Heimgärtners Tagebuch. In: HG 33 (1908/09), 773–786, hier 781.
Wir müssen uns ein wenig verbauern. Zur Gründung des Vereines „Heimatschutz". In: HG 34 (1909/10), 207–211.
<Naturschutzparks.> Heimgärtners Tagebuch. In: HG 35 (1910/11), 293–304, hier 303 f.
<Der Landwirt schützt die Natur!> Heimgärtners Tagebuch. In: HG 35 (1910/11), 293–304, hier 304.
<Ein steirischer Naturschutzpark.> Heimgärtners Tagebuch. In: HG 35 (1910/11), 696–708, hier 697 f.

<Ein Naturschutzpark beim Waldschulhaus.> Heimgärtners Tagebuch. In: HG 35 (1910/11), 854–866, hier 860.

<Naturschutzpark.> Heimgärtners Tagebuch. In: HG 38 (1913/14), 139–148, hier 147 f.

ABSCHNITT VII: MENSCH UND TIER

H. *Malser*, Federzeichnungen aus der Thierwelt. In: HG 2 (1877/78), 315 f. [Rezensiert wurden: Aglaia Enderes, Federzeichnungen aus der Thierwelt. Budapest 1874; dies., Neue Federzeichnungen aus der Thierwelt. Wien 1876.]

Die R[edaktion], Wehe dem, der zum Wissen geht durch Schuld! In: HG 10 (1885/86), 149 f. [Unter Bezug auf ein Schreiben eines Mitglied des Dresdener *Vereins gegen die Thierfolter*.]

Erbarmen! Ein Entrüstungsruf und eine Fürbitte. In: HG 16 (1891/92), 209–213.

Vogelmörder. In: HG 17 (1892/93), 71 f.

Reiter, wo hast du dein Pferd? In: HG 17 (1892/93), 228.

M., Ein Anti-Dianaist bittet ums Wort. In: HG 18 (1893/94), 73–75.

[O. V.,] Postkarten des „Heimgarten". In: HG 20 (1895/96), 80.

Missrathene Kinder. In: HG 20, 384–386.

Unsere Mitwesen. In: HG 20 (1895/96), 868.

Warum ih koan Krebsn mog. A Stückl in da steirischn Gmoansproch. In: HG 21 (1896/97), 74 f.

Das „edle Weidwerk" und der Lustmord. In. HG 22 (1897/98), 78 f. [Rezensiert wurde: Magnus Schwantje, Das „edle Waidwerk" und der Lustmord. Titelbild von Fidus. München 1897.]

Einem Vivisektor. In: HG 22 (1897/98), 551.

Warum dieses Geschlecht verworfen ist. Ein Gesicht. In: HG 28 (1903/4), 925–929.

Zur Frage der Vivisektion. In: HG 28 (1903/04), 226.

[O. V.,] Merkwürdiges aus dem Tierleben. In: HG 30 (1905/06), 280–289.

<Du sollst dein Herz nicht an das Tier verschwenden!> Heimgärtners Tagebuch. In: HG 34 (1909/10), 294–303, 298 f.

<Jägerei.> Heimgärtners Tagebuch. In: HG 37 (1912/13), 460–469, hier 465.

<Güte für die Tiere.> Heimgärtners Tagebuch. In: HG 38 (1913/14), 296–303, hier 297.

<Wie viel man doch gemein hat mit den Ochsen!> Heimgärtners Tagebuch. In: HG 38 (1913/14), 452–461, hier 456 f.

Peter Roseggers Texte

[Heinrich Sohnrey] In: HG 20 (1895/96), 317. *(M.)*

[Heinrich Sohnrey] In: HG 30 (1905/06), 477 f. *(M.)*

„Auf den Hund gekommen!". Eine bedenkliche Erzählung. In: HG 20 (1895/96), 495–501. *(Hans Malser)*

„Das vierte Gebot" und seine Gegner. In: HG 15 (1890/91), 202–208.

„Unsere größte Schuld!". Bekenntnisse und Reformvorschläge eines katholischen Landpfarrers. In: HG 28 (1903/04), 591–596.

Alkohol als Schützer der Herrenmenschen. In: HG 28 (1903/04), 833–836. *[O. V.]*

Alkohol. Ein wirtschaftlicher Briefwechsel zwischen dem Teufel und seiner Großmutter. In: HG 16 (1891/92), 453–456.

Alpensport. In: HG 6 (1881/82), 875 f. *(Z.)*

Am Ufer der Mur. Eine Wanderung in der grünen Mark. In: HG 3 (1878/79), 506–513. *[O. V.]*

Anklage in Bezug auf die Kinderpflege der Älpler. In: HG 2 (1877/78), 773–776.

Anmerkung. In: HG 11 (1886/87), 442.

Auf dem Rade von Genf nach Tunis. In: HG 30 (1905/06), 478. *(M.)*

Auf der Wander. Aus dem Tagebuche des Herausgebers. In: HG 23 (1898/99), 370–380. *[O. V.]*

Auf der Wander. Meine Ferienreise im Jahre 1867. In HG 52 (1926/27), 38–47.

Auferstehung. Roman von Graf Leo Tolstoi. In: HG 24 (1899/1900), 556 f.

Aus steirischem Walde. In: HG 27 (1902/03), 427–432.

Ausflug auf den Plesch. Etwas für die Grazer vom Herausgeber. In: HG 22 (1897/98), 838–842. *[O. V.]*

Aussee das Herrliche. Eine touristische Plauderei. In: HG 1 (1876/77), 852–857.

Bekenntnisse aus meinem Weltleben. Mein Antisemitismus. In: HG 10 (1885/86), 58–61.

Bergpredigten. Gehalten auf der Höhe der Zeit unter freiem Himmel und Schimpf und Spott unseren Feinden, den Schwächen, Lastern und Irrthümern der Cultur gewidmet. Wien 1894. 3. Auflage.

Betbrüada. In: HG 17 (1892/93), 463.

Bin ich gesund oder krank? In: HG 17 (1892/93), 951. *(M.)*

Brief an Adalbert Svoboda (11. 3. 1896). In: Peter Rosegger. Das Leben in seinen Briefen, hg. Otto Janda, Graz 1948. 2. Auflage, 205–207.

Brief an Adolf Kappus (28. 1. 1900). In: Peter Rosegger. Das Leben in seinen Briefen, hg. Otto Janda, Graz 1948. 2. Auflage, 227 f.

Brief an August Brunlechner (20. 2. 1873). In: Charlotte Anderle (Hg.): In ewiger Deinheit. Briefe von Peter Rosegger an einen Jugendfreund. Wien 1990, 169.

Brief an August Brunlechner (26. 4. 1871). In: Peter Rosegger. Das Leben in seinen Briefen, hg. Otto Janda, Graz 1948. 2. Auflage, 90–92.

Brief an Friedrich von Hausegger (1. 4. 1884). Manuskript: Stmk. Landesbibliothek, Graz

Brief an Friedrich von Hausegger (2. 7. 1888). Manuskript: Stmk. Landesbibliothek, Graz.

Brief an Friedrich von Hausegger (5. 8. 1890). In: Siegmund von Hausegger (Hg.), Briefwechsel zwischen Peter Rosegger und Friedrich von Hausegger. Leipzig 1924, 131 f.

Brief an Hans Brandstetter (9. 2. 1906). In: Peter Rosegger. Das Leben in seinen Briefen, hg. Otto Janda, Graz 1948. 2. Auflage, 253 f.

Brief an Hans von Reininghaus (29. 2. 1896). In: Kurt Hildebrand Matzak (Hg.), Peter Rosegger. Hans von Reininghaus. Briefe von 1888 bis 1917. Graz 1974, 38 f.
Brief an Hans von Reininghaus (14. 7. 1901). In: Kurt Hildebrand Matzak (Hg.), Peter Rosegger. Hans von Reininghaus. Briefe von 1888 bis 1917. Graz 1974, 81–84.
Brief an Hermann Bahr (17. 2. 1899). ThS 22.804. Manuskript: Theatersammlung Österr. Nationalbibliothek, Wien.
Brief an Karl Lueger (24. 6. 1904). In: Otto Janda (Hg.), Peter Rosegger. Das Leben in seinen Briefen, Graz 1948. 2. Auflage, 239 f.
Brief an Leopold Stocker (17. 5. 1917). Archiv Leopold-Stocker-Verlag Graz.
Brief an Ludwig Anzengruber (16. 7. 1874). In: Otto Janda (Hg.), Peter Rosegger. Das Leben in seinen Briefen. Graz 1948. Zweite Auflage, 123 f.
Brief an Wilhelm Kienzl. In: Hans Sittner (Hg.), Wilhelm Kienzls „Lebenswanderung". Briefwechsel mit Peter Rosegger, Zürich 1953, 255.
Briefe aus der Sommerfrische. In. HG 8 (1883/84), 855–859. *[O. V.]*

Da Baur ohni Bam. Meine liabn Bergbaurn in Obasteir zan Ondenkn. In: HG 10 (1885/86), 37 f. *[O. V.]*
Das „edle Weidwerk" und der Lustmord. In: HG 22 (1897/98), 78 f.
Das Ende der Wagnerei. In: HG 17 (1892/93), 633 f. *[O. V.]*
Das ewige Licht. Erzählung aus den Schriften eines Waldpfarrers. Leipzig 1897.
Das Geld ein Mittel zur sittlichen Freiheit. In: HG 23 (1898/99), 48–56.
Das Gespenst auf der Straße. In: HG 21 (1896/97), 231–233.
Das Jenseits des Künstlers. In: HG 17 (1892/93), 716.
Das Land. In: HG 17 (1892/93), 638.
Das Recht des Rades. In: HG 27 (1902/03), 789–791. *[O. V.]*
Das sexuelle Elend der oberen Stände. In: HG 18 (1893/94), 158 f.
Das zwanzigste Jahrhundert. In: HG 32 (1907/08), 559. *(M.)*
Dem Anderl sein Tabakgeld. In HG 15 (1890/91), 428–431.
Dem Singvogel ins Stammbuch. In: HG 28 (1903/04), 944.
Der Alkohol standrechtlich verurteilt. Aussprüche berühmter Männer über Bier, Wein und Schnaps. In: HG 16 (1891/92), 866–869. *[O. V.]*
Der Einleger, oder was „s'Nullerl" bedeutet. Eine Schilderung aus dem steirischen Volksleben. In: HG 9 (1884/85), 292–298.
Der Flößer-Hans. Eine Geschichte aus den Waldbergen. In: HG 2 (1878/79), 580–589.
Der Gottsucher. Ein Roman aus dunkler Zeit. In: Peter Rosegger. Gesammelte Werke, hg. Jost Perfahl, 2. Auflage, Bd. 2, 5–385.
Der gottverblitzte Tabak. Aus den Erinnerungen eines Waldschulmeisters. In: HG 10 (1885/86), 583–586.
Der illustrierte Thier- und Vogelfreund. Organ des Österreichischen Bundes der Vogelfreunde in Graz (Graz 1900). In: HG 24 (1899/1900), 479. *(M.)*
Der lange Rauk. Ein Bericht aus der Sommerfrische. In: HG 9 (1884/85), 52–57. *[O. V.]*
Der Materialismus. In: HG 23 (1898/99), 637 f. *(M.)*

Der oststeirische Rigi-Kulm. Ein Spaziergang in der Heimat. In: HG 26 (1901/02), 926–929.

Der Schutz der landschaftlichen Natur. In: HG 16 (1891/92), 878. *(M.)*

Deutsche Helden- und Göttersagen. In: HG 22 (1897/98), 316 f.

Dichter und Sozialpolitiker. Zu Heinrich Sohnreys 50. Geburtstage. In: HG 33 (1908/09), 689–694. *(H. M.)*

Die „Gartenstadt" an der Mur. Ein Capitel für die Grazer. In: HG 23 (1898/99), 859–862. *(K.)*

Die Anti-Grabkranzbewegung. In: HG 27 (1902/03), 227. *(M.)*

Die Blumenmutter. Eine Erzählung. In: HG 6 (1881/82), 241–253.

Die eherne Mark. Eine Wanderung durch das steirische Oberland. In: HG 16 (1891/92), 635–637.

Die eherne Mark. In: HG 21 (1896/97), 716.

Die Försterbuben. Roman aus den steirischen Alpen. Leipzig 1908.

Die Geschichte vom Lamm. Eine Erinnerung aus der Sommerfrische. In: HG 18 (1893/94), 57–63.

Die Hilfe auf dem Wege! In: HG 32 (1907/08), 558. *(M.)*

Die künstlerische Persönlichkeit. In: HG 21 (1896/97), 638 f. *(M.)*

Die Leute von der Lindenhütte. Von Heinrich Sohnrey. 3. Auflage. In: HG 23 (1898/99), 478. *(M.)*

Die Moral der Jesuiten. In: HG 12 (1887/88), 204–206.

Die Mürzquellen sind nicht feil. In: HG 25 (1900/01), 622–624.

Die neue Weltstadt Hartberg. Ein Spaziergang in der Heimat. In: HG 16 (1891/92), 219–223.

Die Reform der Volkswirthschaft. In: HG 7 (1882/83), 77. *(M.)*

Die religiösen Strömungen der Gegenwart. In: HG 30 (1905/06), 952 f. *(M.)*

Die schöne Lenerl, ein Schattenbild aus dem Volksleben. In: Grazer Kunst, hg. Grazer Künstler-Bund, Graz 1901, 22–28.

Die Schriften des Waldschulmeisters. In: Peter Rosegger. Gesammelte Werke, hg. Jost Perfahl, 2. Auflage, Bd. 1, 55–307.

Die untersteirische Schweiz. An der Sann. In: HG 3 (1878/79), 377–381.

Die vegetarische Lebensweise und die Vegetarier. In: HG 13 (1888/89), 718.

Die Zukunft unseres Bauernstandes. Eine Erwägung. In: HG 16 (1891/92), 529–535.

Ein Anti-Dianaist bittet ums Wort. In: HG 18 (1893/94), 73–75. *(M.)*

Ein Anwalt des Bauernstandes. In: HG 15 (1890/91), 286–293.

Ein bißchen Glaubensverfolgung. In: HG 28 (1903/04), 846 f.

Ein Buch der Hochtouristik. In: HG 25 (1900/91), 869–872.

Ein Curort-Feuilleton. In: HG 4 (1879/80), 842–846.

Ein deutsches Laster. In: HG 18 (1893/94), 674–678.

Ein Gruß den Gästen vom deutschen und österreichischen Alpenvereine. In: HG 15 (1890/91), 942.

Ein interessanter Fall. In: Magnus Schwantje (Hg.), Die Liebe zu den Tieren. Erzählungen, Gedichte und Abhandlungen, Berlin-Hessenwinkel 1928, 30–39.

Ein interessanter Fall. Skizze. In: HG 21 (1896/97), 817–822 *(Johann Wildhardtner).*

Ein katholischer Priester über die kirchlichen Zustände in Österreich. In: HG 25 (1900/01), 762–769.
Ein Lob der Kunst. In: HG 28 (1903/04), 429–433.
Ein Sonderling und sein Werk. In: HG 18 (1893/94), 638 f.
Ein Suehnhaus an der See. Ein Wort zur Gründung eines Seehospizes für siechende Stadtkinder. In: HG 10 (1885/86), 437–442.
Ein Tag im Böhmerwalde. Aus dem Tagebuche des Herausgebers. In: HG 21 (1896/97), 752–758. *[O. V.]*
Ein Tagebuch. In: HG 30 (1905/06), 449–466. *[O. V.]*
Ein Tagebuch. In: HG 30 (1905/06), 532–543. *[O. V.]*
Ein Tagebuch. In: HG 30 (1905/06), 777–791. *[O. V.]*
Ein Tagebuch. In: HG 30 (1905/06), 851–866. *[O. V.]*
Ein Tagebuch. In: HG 30 (1905/06), 929–943. *[O. V.]*
Ein Tagebuch. In: HG 31 (1906/07), 206–221. *[O. V.]*
Ein Tagebuch. In: HG 31 (1906/07), 48–66. *[O. V.]*
Ein Traum. In: HG 25 (1900/01), 312.
Ein ungalantes Stücklein. In: HG 19 (1894/95), 649.
Ein verhängnisvolles Laster unseres Volkes. In: HG 23 (1898/99), 732–737.
Eine Bitte an den Clerus. In: HG 15 (1890/91), 282–285.
Eine Rede Roseggers. In: Tägliche Rundschau, Unterhaltungsbeilage (3. 10. 1902), 927.
Eine Samstagnacht auf der Rax. Wanderplauderei. In: HG 1 (1876/77), 50–54.
Eine Schildbürgergeschichte. In: HG 22 (1897/98), 554 f. *(H. M.)*
Eine Standrede an die Deutschen. Hildesheim 1902 (= Flugblätter des deutschen Vereins gegen Mißbrauch geistiger Getränke 2).
Eine Stichprobe auf jesuitische Wahrheitsliebe. In: HG 26 (1901/02), 72 f.
Eine Unterhaltung über die Erzählung „Jakob der Letzte". In: HG 13 (1888/89), 216–219. *(A. Z. Mayer)*
Einem Vivisektor. In: HG 22 (1897/98), 551.
Eins vom Pfarrer Kneipp. In: HG 16 (1891/92), 681–686.
Er ist wiedergekommen. Eine Zeitbetrachtung. In: HG 27 (1902/03), 684–690.
Erbarmen! Ein Entrüstungsruf und eine Fürbitte. In: HG 16 (1891/92), 209–213.
Erdsegen! Eine Plauderei. In: HG 27 (1902/03), 460–463.
Erdsegen. Vertrauliche Sonntagsbriefe eines Bauernknechts. Ein Kulturroman. Leipzig 1900.
Erdsegen. Roman in Briefen. München [o. J.]
Erinnerungen an Richard Wagner. In: HG 8 (1883/84), 77 f.
Etwas über die Reformkleidung. In: HG 27 (1902/03), 703–707.

Federzeichnungen aus der Thierwelt. In: HG 2 (1877/78), 315 f. *(H. Malser)*
Feiertagswanderungen. In: HG 13 (1888/89), 948. *(M.)*
Feuertaufe. In: HG 29 (1904/05), 236.
Frisch, froh, fromm, frei, es lebe die Turnerei! In: HG 18 (1893/94), 792–794.
Fruchtbarkeit. In: HG 24 (1899/1900), 390–392.
Für Touristen. In: HG 7 (1882/83), 957. *(M.)*

Gesammelte Werke, 40 Bde. Leipzig 1913–1916, Bd. 14: Volksleben in der Steiermark. In Charakter- und Sittenbildern dargestellt.
Geschichten von meinem Hector. In: HG 10 (1885/86), 943–945. *(K.)*
Giordano Bruno. In: HG 13 (1888/89), 949. *(M.)*
Grazer Tourist. In: HG 20 (1895/96), 799. *(M.)*
Grete Lenz. Leben und Erlebnisse eines Großstadtkindes. Von Heinrich Sohnrey. In: HG 34 (1909/10), 233 f. *(H. M.)*
Großstadt – et cetera. In: HG 9 (1884/85), 344–348.

Heimgärtners Tagebuch. In: HG 30 (1905/06), 302–306.
Heimgärtners Tagebuch. In: HG 31 (1906/07), 452–464.
Heimgärtners Tagebuch. In: HG 31 (1906/07), 540–551.
Heimgärtners Tagebuch. In: HG 31 (1906/07), 776–786.
Heimgärtners Tagebuch. In: HG 31 (1906/07), 857–868.
Heimgärtners Tagebuch. In: HG 31 (1906/07), 937–945.
Heimgärtners Tagebuch. In: HG 32 (1907/08), 56–66.
Heimgärtners Tagebuch. In: HG 32 (1907/08), 135–144.
Heimgärtners Tagebuch. In: HG 32 (1907/08), 215–224.
Heimgärtners Tagebuch. In: HG 32 (1907/08), 375–387.
Heimgärtners Tagebuch. In: HG 32 (1907/08), 461–466.
Heimgärtners Tagebuch. In: HG 32 (1907/08), 610–622.
Heimgärtners Tagebuch. In: HG 32 (1907/08), 859–868.
Heimgärtners Tagebuch. In: HG 33 (1908/09), 132–139.
Heimgärtners Tagebuch. In: HG 33 (1908/09), 375–387.
Heimgärtners Tagebuch. In: HG 33 (1908/09), 532–542.
Heimgärtners Tagebuch. In: HG 33 (1908/09), 618–630.
Heimgärtners Tagebuch. In: HG 33 (1908/09), 773–786.
Heimgärtners Tagebuch. In: HG 33 (1908/09), 856–869.
Heimgärtners Tagebuch. In: HG 34 (1909/10), 54–67.
Heimgärtners Tagebuch. In: HG 34 (1909/10), 294–303.
Heimgärtners Tagebuch. In: HG 34 (1909/10), 699–710.
Heimgärtners Tagebuch. In: HG 35 (1910/11), 137–147.
Heimgärtners Tagebuch. In: HG 35 (1910/11), 293–304.
Heimgärtners Tagebuch. In: HG 35 (1910/11), 376–386.
Heimgärtners Tagebuch. In: HG 35 (1910/11), 455–466.
Heimgärtners Tagebuch. In: HG 35 (1910/11), 534–548.
Heimgärtners Tagebuch. In: HG 35 (1910/11), 696–708.
Heimgärtners Tagebuch. In: HG 35 (1910/11), 773–780.
Heimgärtners Tagebuch. In: HG 35 (1910/11), 854–866.
Heimgärtners Tagebuch. In: HG 35 (1910/11), 935–949.
Heimgärtners Tagebuch. In: HG 36 (1911/12), 59–69.
Heimgärtners Tagebuch. In: HG 36 (1911/12), 215–223.
Heimgärtners Tagebuch. In: HG 36 (1911/1912), 374–385.
Heimgärtners Tagebuch. In: HG 36 (1911/12), 539–550.
Heimgärtners Tagebuch. In: HG 36 (1911/12), 617–627.
Heimgärtners Tagebuch. In: HG 36 (1911/12), 859–867.

Heimgärtners Tagebuch. In: HG 37 (1912/13), 62–71.
Heimgärtners Tagebuch. In: HG 37 (1912/13), 295–305.
Heimgärtners Tagebuch. In: HG 37 (1912/13), 537–546.
Heimgärtners Tagebuch. In: HG 37 (1912/13), 460–469.
Heimgärtners Tagebuch. In: HG 37 (1912/13), 701–709.
Heimgärtners Tagebuch. In: HG 38 (1913/14), 139–148.
Heimgärtners Tagebuch. In: HG 38 (1913/14), 296–303.
Heimgärtners Tagebuch. In: HG 38 (1913/14), 452–461.
Heimgärtners Tagebuch. In: HG 38 (1913/14), 536–545.
Heimgärtners Tagebuch. In: HG 38 (1913/14), 613–621.
Heimgärtners Tagebuch. In: HG 38 (1913/14), 794–798.
Heimgärtners Tagebuch. In: HG 38 (1913/14), 935–946.
Heimgärtners Tagebuch. In: HG 39 (1914/15), 376–385.
Heimgärtners Tagebuch. In: HG 39 (1914/15), 529–541.
Heimgärtners Tagebuch. In: HG 39 (1914/15), 615–623.
Heimgärtners Tagebuch. In: HG 39 (1914/15), 694–704.
Heimgärtners Tagebuch. In: HG 40 (1915/16), 779–789.
Heimgärtners Tagebuch. In: HG 41 (1917/18), 456–466.
Heimgärtners Tagebuch. In: HG 41 (1916/17), 531–541.
Heimgärtners Tagebuch. In: HG 41 (1916/17), 694–703.
Heimgärtners Tagebuch. In: HG 42 (1917/118), 459–468.
Heimgärtners Tagebuch. In: HG 42 (1917/18), 698–700.
Heimgärtners Tagebuch. In: HG 42 (1917/18), 941–945.
Heinrich Sohnrey. In: HG 33 (1908/09), 874. *[O. V.]*
Hermann Bahr über unsere Neubauten. In: HG 24 (1899/1900), 946 f.
Homunkelfraß. In: HG 30 (1905/06), 686 f. *[O. V.]*

I. N. R. I. Frohe Botschaft eines armen Sünders. Leipzig 1905.
Ich glaube. Bekenntnisse und Geständnisse (Fortsetzung). Und an Jesum Christum, seinen eingebornen Sohn unsern Herrn. In: HG 20 (1895/6), 214–224.
Ich glaube. Bekenntnisse und Geständnisse (Fortsetzung). Auferstehung des Fleisches. In: HG 20 (1895/96), 866–868.
Ich liebe den Wald. In: HG 18 (1893/94), 76.
Idyllen aus einer untergehenden Welt. Leipzig 1898.
Illustrierte österreichische Alpenzeitung. Tiroler Sonderheft. In: HG 33 (1908/09), 79. *(M.)*
Im Thale des Gottsuchers. Ein Spaziergang in der Waldheimat. In: HG 20 (1895/96), 132–137.

Jahrbuch des Steirischen Gebirgsvereines. In: HG 32 (1907/08), 558 f. *(M.)*
Jakob der Letzte. Eine Waldbauerngeschichte aus unseren Tagen. In: Peter Rosegger. Gesammelte Werke, 4 Bde., hg. Jost Perfahl. München 1989. 2. Auflage, Bd. 2, 387–657.
Jörn Uhl. In: HG 27 (1902/03), 152 f.

Kaufe ich einen Frack? In: HG 24 (1899/1900), 368–372.

Kefyr. In: HG 16 (1891/92), 878. *[O. V.]*
Kehrt zur Natur zurück. In: HG 27 (1902/03), 798 f.
Kranzspenden verboten! In: HG 23 (1898/99), 467.
Kunst auf dem Lande. In: HG 29 (1904/05), 639. *(M.)*
Kunstwart. In: HG 22 (1897/98), 398. *(M.)*

Landa und Scott. Eine Tierplauderei. In: HG 28 (1903/04), 842–846. *[O. V.]*
Landjugend. Jahrbuch von Heinrich Sohnrey. In: HG 21 (1896/97), 399. *(M.)*
Lieserl. Ein Bild aus dem Volksleben. In: HG 32 (1907/08), 474–477.
Luxus das moderne Ideal. In: HG 33 (1908/09), 761–764. *[O. V.]*

Männer, Euere Frauen schminken sich! In: HG 9 (1884/85), 392 f. *[O. V.]*
Mein Heim. In: ders., Mein Weltleben. Erinnerungen eines Siebzigjährigen. Bd. 2. Leipzig 1916 (= Gesammelte Werke 40), 25–53.
Mein Himmelreich. Bekenntnisse, Geständnisse und Erfahrungen aus dem religiösen Leben. Leipzig 1901.
Mein social-politisches Glaubensbekenntnis. In: HG 15 (1890/91), 547 f.
Mein Weltleben oder wie es dem Waldbauernbuben bei den Stadtleuten erging. Schriften. Volksausgabe, 3. Serie, Bd. 5. Leipzig [1905].
Menschen oder Hirsche? In: HG 16 (1891/92), 630. *[O. V.]*
Merk's, Trinker! In: HG 18 (1893/94), 145.
Merkwürdiges aus dem Tierleben. In: HG 30 (1905/06), 280–289. *[O. V.]*
Michael Felder, der Bauerndichter. In: HG 29 (1904/05), 22–27.
Missrathene Kinder. In: HG 20 (1895/96), 384–386.
Moderne Gelehrte. In: HG 21 (1896/97), 950. *(M.)*

Neuer Durst nach religiösem Idealismus. In: HG 17 (1892/93), 947 f.
Nichts. Eine Bergwanderung des Heimgärtners. In: HG 28 (1903/04), 763–766. *[O. V.]*

Opfer der Zeit. In: HG 20 (1895/96), 156. *(M.)*
Oststeirisches Bauernleben. In: HG 31 (1906/07), 315.

Peter Moors Fahrt nach Südwest. In: HG 31 (1906/07), 478. *(M.)*
Postkarten des „Heimgarten". In: HG 3 (1877/78), 959 f., 960 *[O. V]*
Postkarten des „Heimgarten". In: HG 11 (1886/87), 480. *[O. V.]*
Postkarten des „Heimgarten". In: HG 20 (1895/96), 80. *[O. V.]*

Reiter, wo hast du dein Pferd? In: HG 17 (1892/93), 228.
Religionsunterricht in den Oberrealschulen? In: HG 20 (1895/96), 940 f.
Rezensiert wurde: Bertha von Suttner, Die Waffen nieder! Eine Lebensgeschichte. Leipzig 1889.
Richard Wagner gefunden? In: HG 22 (1897/98), 471.
Richard Wagner und die Homosexualität. In: HG 27 (1902/03), 638.
Rückkehr zur ländlichen Natur (Antwort auf eine Zuschrift). In: HG 22 (1897/8), 835–838.
Rückkehr zur Natur. Ein Zwiegespräch. In : HG 16 (1891/92), 677–681. *[O. V.]*

Ruhendes Sein. In: HG 28 (1903/04), 500.

Saatkörner. In: Peter Rosegger, Bergpredigten. Gehalten auf der Höhe der Zeit unter freiem Himmel und Schimpf und Spott unseren Feinden den Schwächen, Lastern und Irrthümern der Cultur gewidmet. Wien 1894. 3. Auflage, 292–304.
Schönheit in der Technik. In: HG 33 (1908/09), 206–211.
Schriften gegen die wissenschaftlichen Tierversuche. In: HG 16 (1891/92), 478. *(M.)*
Seelenlabe zu Abazzia. In: HG 14 (1889/90), 150–153.
Sohnreys Dorfkalender 1907. In: HG 31 (1906/07), 237.
Sommerfrische. Ein Wink für Städter und Bauersleute. In: HG 8 (1883/84), 622–627.
Sophia von Khuenberg. In: Der Illustrierte Thier- und Vogelfreund 1 (1900), 41 f.
Steiermarks erster Hochtourist. Erinnerung an das Leben und Wirken eines großen Natur- und Volksfreundes. In: HG 7 (1882/83), 750–756. *[O. V.]*
Steirische Sommerfrischen und Curorte. Ein Überflug. In: HG 5 (1880/81), 855–859.
Steirische Wanderbücher In: HG 8 (1883/84), 716 f.
Steirischer Waffensegen. Graz 1916 *(mit Ottokar Kernstock).*

Tauben-Mord. Eine Culturskizze aus der eleganten Welt. In: HG 16 (1891/92), 535–540 *(Oswald Stamm).*
Touristik und Bergfexerei. In: HG 17 (1892/93), 624–627. *[O. V.]*

Über das Zuströmen der Landbevölkerung in die Städte. In: HG 5 (1880/81), 610–615. *[O. V.]*
Über den Reinlichkeitssinn in unserer Bevölkerung. In: HG 24 (1899/1900), 295–299.
Über den sprachlichen Verkehr des Menschen mit den Hausthieren. In: HG 2 (1878/79), 463–466.
Über die sittliche Bedeutung des Thier- und Vogelschutzes. In: HG 23 (1898/99), 317. *(M.)*
Unser nordischer Wald. Studien und Träume. In: HG 1 (1876/77), 835–841; 896–903.
Unsere armen Wälder! In: HG 24 (1899/1900), 873 f.
Unsere Mitwesen. In: HG 20 (1895/96), 868.

Veränderung der Landschaft. In: HG 28 (1903/04), 447–451.
Vogelmörder. In: HG 17 (1892/93), 71 f.
Volksmedicin und medizinischer Aberglaube in der Steiermark. In: HG 10 (1885/86), 79 f.
Vom Luxus der Reichen. In: HG 21 (1896/97), 233 f. *[O. V.]*
Von dem Judenhasse unserer verjudeten Jugend. (Ein offenes Schreiben an junge Antisemiten in Wien.) In: ders., Bergpredigten. Gehalten auf der Höhe der Zeit unter freiem Himmel und Schimpf und Spott unseren Feinden, den Schwächen, Lastern und Irrthümern der Cultur gewidmet. Wien 1894. 3. Auflage, 163–166.
Von der Geldgier als Waldverwüsterin. In: Peter Rosegger, Bergpredigten. Gehalten auf der Höhe der Zeit unter freiem Himmel und Schimpf und Spott unseren Feinden, den Schwächen, Lastern und Irrthümern der Cultur gewidmet. Wien 1894. 3. Auflage, 117–124.

Von der Heilanstalt in Hörgas. In: HG 31 (1906/7), 915–920.
Von der Unzweckmäßigkeit unserer Zimmereinrichtung. In: HG 9 (1884/85), 909–912.
Von einem verschollenen Berg. In: HG 25 (1900/91), 854–857. *(P. G.)*

Wagnerianer-Spiegel. In: HG 15 (1890/91), 796 f. *(M.)*
Wald und Wasser. In: HG 30 (1905/06), 546–548.
Waldstimmung. In: HG 9 (1884/85), 841.
Warum dieses Geschlecht verworfen ist. Ein Gesicht. In: HG 28 (1903/4), 925–929.
Warum ih koan Krebsn mog. A Stückl in da steirischn Gmoansproch. In: HG 21 (1896/97), 74 f.
Warum soffen die alten Deutschen. Eine academische Studie. In: HG 8 (1883/84), 59–63.
Was bedeutet der Sport? In: HG 28 (1903/04), 466 f.
Was der Fortschritt versprochen hat. In: HG 17 (1892/93), 130 f. *[O. V.]*
Was sagen Sie zur Kaltwasserkur? In: HG 16 (1891/92), 552 f. *(St.)*
Wehe dem, der zum Wissen geht durch Schuld! In: HG 10 (1885/86), 149 f. *(Die R.)*
Weltgift. Roman. Leipzig 1903.
Wem gehört der Großglockner? In: HG 38 (1913/14), 794 f.
Wer ist mein Feind? In: HG 9 (1884/85), 256 f.
Wie ein steirisches Bauerndirndl Schriftstellerin wurde. In: HG 23 (1898/99), 132–143.
Wie einer Branntwein-Essenz kauft. Eins von heute. In: HG 13 (1888/89), 821–824.
Wie ich mir die katholische Kirche der Zukunft denke. In: HG 26 (1901/02), 187–191.
Wie in Amerika die Fleischfabriken arbeiten. In: HG 27 (1902/03), 634. *(M.)*
Wie man achtzig wird. In: HG 24 (1899/1900), 229 f. *[O. V.]*
Wie steht's mit der Gesundheit? In: HG 13 (1888/89), 629–633.
Wiederkehr dieses Lebens! HG 17 (1892/93), 311.
Wir müssen uns ein wenig verbauern. Zur Gründung des Vereines „Heimatschutz". In: HG 34 (1909/10), 207–211.
Wohnzimmer. In: HG 24 (1899/1900), 947 f.
Würde des Menschen! Recht des Thieres! In: HG 13 (1888/89), 582–588. *[O. V.]*

Zeitschrift des deutschen und österreichischen Alpenvereins. In: HG 11 (1886/87), 399. *(M.)*
Zuflucht im Walde. In: HG 11 (1886/87), 150. *(H. M.)*
Zum Dachstein auf! Ein Erinnern aus der Wanderzeit. 1873. In: HG 38 (1913/14), 916–921.
Zum Kirchenstreite. In: HG 25 (1900/01), 874.
Zur Einladung der Fremden nach Steiermark. In: HG 3 (1878/79), 784–787.
Zur Frage der Vivisektion. In: HG 28 (1903/04), 226.
Zur Liebestragik im Leben der Thiere. In: HG 6 (1881/82), 145–147.
Zur Waldfrage in den österreichischen Alpengebieten. In: HG 7 (1882/83), 878 f.

Heimgarten-Beiträge anderer Autoren

[O. V.,] Der verschmachtende Hund. Aus dem Türkischen. In: HG 42 (1916/17), 945.
[O. V.,] Die Vogelleiche als Frauenputz. In: HG 15 (1890/91), 943 f.
[O. V.,] Helmut Harringa. In: HG 35 (1910/11), 471 f.
[O. V.,] Kneipp in Graz. In: Grazer Wochenblatt (1. 5. 1893), 3.
[O. V.,] Toast der Antialkoholiker. In: HG 40 (1915/16).
[O. V.,] Wie man die Thiere peinigt. In: HG 20 (1895/96), 386 f.
A. K. [?], Verbreitung der Pflanzennahrung. In: HG 5 (1880/81), 947 f.
A. S. [?], Grundsätze eines Menschenfressers. Antwort auf den Artikel „Grundsätze der Vegetarianer" im August-Hefte. In: HG 4 (1879/80), 57–61.
[Bergner Rudolf], Die Bestie im Menschen. In: HG 21 (1896/97), 378–382.
Bergner Rudolf, Natur- und Volksleben in den Karpathen. In: HG 22 (1897/98), 778–783, 843–852.
Die Tierschutzvereine, Eine Bitte an Menschen. In: HG 18 (1893/94), 307.
Fischer-Karmin Helene, „Gut Pfad". In: HG 38 (1913/14), 532–535.
G. O. [Friedrich von Hausegger], Ein abschreckendes Beispiel. Zur Warnung der Menschheit aufgestellt. In: HG 8 (1883/84), 536 f.
Goldhann Franz, Die Liebe zu den Tieren im Welschland. In: HG 40 (1915/16), 715 f.
H. B. [?], Thierschutz und Volkserziehung. In: HG 17 (1892/93), 135–138.
Hackl Louise, Der deutsche Turnvater als Denker und Redner. In: HG 27 (1902/03), 312 f.
Haßlwander Friedrich, An die Vivisectoren. Gedicht. In. HG 12 (1887/88), 791.
Hausegger Friedrich von, Das Ende der Wagnerei? In: HG 17 (1892/93), 710–711.
Hausegger Friedrich von, Der Automat im Menschen. In: HG 13 (1888/89), 742–748.
Hausegger Friedrich von, Die Cigarre in ihrer erziehlichen Bedeutung. In: HG 15 (1890/91), 600–603.
Hausegger Friedrich von, Etwas für den Bauernstand. Eine Anregung über Raiffeisen'sche Genossenschaften. In: HG 13 (1888/89), 364–370.
Hausegger Friedrich von, Gedanken eines Schauenden. In: HG 18 (1893/94), 227–228.
[Hausegger Friedrich von?], Grundsätze der Vegetarianer. In: HG 3 (1878/9), 843–849.
Hausegger Friedrich von, Sprüche. In: HG 17 (1892/93), 464.
Hausegger Friedrich von, Tiefblicke. In: HG 18 (1893/94), 386–387.
Hofmann Friedrich, Der Obstgenuß in Sage, Dichtung und in der Meinung der Gegenwart. In: HG 10 (1885/86), 833–838.
Hofmann Friedrich, Die Cigarre. In: HG 15 (1890/91), 525–528.
Hofmann Friedrich, Die Kleidung der Zukunft. In: HG 8 (1883/84), 437–439.
Hofmann Friedrich, Eine Thierversammlung. In: HG 13 (1888/89), 440–445.
Hofmann Friedrich, Unterernährung und Überernährung. In: HG 35 (1910/11), 527–534.

Hofmann Friedrich, Zum vierzigsten Geburtstage des neuen Deutschen Reiches. In: HG 35 (1910/11), 280–286.
Holzinger J. B., Die Thiermarter im Vogelbauer. In: HG 11 (1886/87), 52–55.
Kappstein Theodor, Die Kirche und die Tiere. In: HG 32 (1907/8), 181–185.
Kiekert Emil, Die Tierquälerei und ihre Stellung im Kulturleben der Völker. In: HG 12 (1887/88), 445–449.
Killer Josef, Was kann der Lehrer für den Thierschutz tun? In: HG 17 (1892/93), 853–856.
Mielke Robert u. a., Heimatschutz. Ein Aufruf an alle Deutschen. In: HG 28 (1903/04), 553–556.
Plothow Anna, Volksprediger. Federzeichnungen aus dem Berliner Leben III. Johannes Guttzeit. In: HG 20 (1895/96), 779–786.
Reiterer Karl, s'Heimgarteln im steirischen Ennsthale. In: HG 16 (1891/92), 214–218.
Rosegger H. L. [= Hans Ludwig], Heimatschutz. In: HG 36 (1911/12), 227 f.
[Sabel E.], Das Recht der Tiere. In: HG 13 (1888/89), 939–941.
Salfitzky Franz, Gleichenberg. Ein steierischer Curort. In: HG 20 (1895/96), 705–707.
Schneider Ernst, Das Radeln und die Gesundheit. In: HG 23 (1898/99), 668–675.
Schwantje Magnus, Gedanken über Tiere. In: HG 34 (1909/10), 526–529.
[Seiling Max], Schlaucherln der Wissenschaft. In: HG 27 (1902/03), 699–703.
Spork Fanny, Das Thier in der Macht des Menschen. In: HG 27 (1902/03), 529–534.
Turgenjew Iwan, Die Wachtel. Kinder-Eindrücke. In: HG 8 (1884/85), 132–135.
Vorstand des Österr. Bundes der Vogelfreunde, Gegen die Feinde unserer Vögel. In: HG 21 (1896/97), 552–554.
Wirth Moriz, Wie Peter Rosegger Wagnerianer wurde. In: HG 22 (1897/98), 712.

Allgemeine Referenzen

[O. V.,] Aufruf zur Gründung einer Thierschutzstiftung für vaterländische Schulen. In: Der illustrierte Thier- und Vogelfreund 3 (1902), 188 f.

Ableitinger Alfred, Politik in der Rosegger-Zeit – Rosegger und die Politik. In: Gerald Schöpfer (Hg.), Peter Rosegger. 1843–1918. Graz 1993, 103–118.

Achleitner Friedrich, Österreichische Architektur im 20. Jahrhundert. Ein Führer. 3 Bde., Bd. 2. Salzburg 1983.

Anderle Charlotte (Hg.): In ewiger Deinheit. Briefe von Peter Rosegger an einen Jugendfreund. Wien 1990.

Anderle Charlotte, Der andere Peter Rosegger. Polemik, Zeitkritik und Vision im Spiegel des „Heimgarten". 1876–1918. Wien 1986. Zweite Auflage.

Bach Hans, Landbau und Umwelt. Industrialisierung der Agrarwelt oder Integrierter Landbau. Linz 1979.

Bahr Hermann, Das österreichische Wunder. Einladung nach Salzburg, Stuttgart 1915.
Bahr Hermann, Kriegssegen. Mit einem Bild von Hermann Bahr, München 1915.
Bahr Hermann, Schwarzgelb. Berlin 1917.
Bahr Hermann. Ein steirischer Faust. In: Deutsche Zeitung (18. 11. 1882), 1 f.
Baltzarek Franz u. a., Wirtschaft und Gesellschaft der Wiener Stadterweiterung. Wiesbaden 1975.
Barthelmeß Alfred, Vögel. Lebendige Umwelt. Probleme von Vogelschutz und Humanökologie geschichtlich dargestellt und dokumentiert. München 1981.
Bauer Josef M., 1900–1934. Politik und Grazer Gaststätten. Eine Betrachtung. In: Wilhelm Steinböck (Hg.), Grazer Gastlichkeit. Beiträge zur Geschichte des Beherbergungs- und Gastgewerbes in Graz, Graz 1985, 113–118.
Bauer Kurt, Natur- und Wirtschaftswald. In: Friederike Spitzenberger (Hg.), Artenschutz in Österreich. Besonders gefährdete Säugetiere und Vögel Österreichs und ihre Lebensräume. Wien 1988, 19–42.
Bauer Otto, Der Kampf um Wald und Weide. Studien zur österreichischen Agrargeschichte und Agrarpolitik. Wien 1925.
Bergmann Klaus, Agrarromantik und Großstadtfeindschaft. Meisenheim/Glan 1970.
Bergner Rudolf (Hg.), General-Bericht über den Congress des Österreichischen Bundes der Vogelfreunde für Thier- und Vogelschutz zu Graz (5.–9. August 1898). Graz 1899.
Bergner Rudolf, Gar mächtig ist im Menschen die Bestie! Allerlei sociale Fragen sowie das Ganze des Thierschutzes einschließlich der Misswirtschaft der Thierschutz-Vereine. Graz 1896.
Bericht über den II. Österreichischen Alkoholgegnertag, abgehalten in Graz, am 8. und 9. Oktober 1911. Wien 1912.
Bilz Friedrich Eduard, Das neue Naturheilverfahren. Lehr- und Nachschlagebuch der naturgemäßen Heilweise und Gesundheitspflege. 73. Auflage, Leipzig [um 1898].
Blüchel Kurt, Der Untergang der Tiere. Ein alarmierender Report. Stuttgart 1976.
Bodzenta Erich, Änderungen der österreichischen Sozialstruktur in der Ersten und Zweiten Republik. In: Erich Zöllner (Hg.), Österreichs Sozialstrukturen in historischer Sicht. Wien 1980, 155–172.
Brunner Walter, Die Sonnenheilstätten auf der Stolzalpe. In: Zeitschrift des historischen Vereins für Steiermark 54 (1980), 129–150.
Buck Imke, Der späte Zola als politischer Schriftsteller seiner Zeit. Phil. Diss. Mannheim 2002.
Bunte Wolfgang, Peter Rosegger und das Judentum. Altes und Neues Testament, Antisemitismus, Judentum und Zionismus. Hildesheim 1977.
Burkert Günther R./Hermann Nikolaus, Geschichte des steirischen Fremdenverkehrs. Ein Überblick. Graz 1993.

Conrad Kurt, Die Landschaft als Spiegelbild der Volkskultur. Heimatforschung, Heimatpflege, Naturschutz, Volkskunde in Salzburg. Ausgewählte Aufsätze und Vorträge, hg. Gesellschaft für Salzburger Landeskunde. Salzburg 1990 (= Mitteilungen der Gesellschaft für Salzburger Landeskunde Erg.bd. 13).

Conwentz Hugo, Die Gefährdung der Naturdenkmäler und Vorschläge zu ihrer Erhaltung, Berlin 1905³.

Davis Garold N., Die Idee „Heimat" und ihr Fortleben in der österreichischen Literatur. In: Wolfgang Paulsen (Hg.), Österreichische Gegenwart. Die moderne Literatur und ihr Verhältnis zur Tradition. Bern 1980, 171–188.

Decsey Ernst, Musik war sein Leben. Lebenserinnerungen, hg. Harald Hampel. Wien 1962.

Decsey Ernst, Peter Rosegger. Bielefeld [1913].

Eckl Elisabeth, Rosegger als Herausgeber der Zeitschrift „Heimgarten". Diss. Wien 1948.

Ehrenreich Ilse, Peter Rosegger als Volkserzieher. Diss. Graz 1972.

Eisenbach-Stangl Irmgard, Eine Gesellschaftsgeschichte des Alkohols. Produktion, Konsum und soziale Kontrolle alkoholischer Rausch- und Genußmittel in Österreich 1918–1984. Frankfurt/M. 1991.

Farkas Reinhard, „Fahnenwechsel." Wandel und Ausprägungen antiliberaler Ideologeme und Begriffsfelder bei Hermann Bahr. In: Oswald Panagl u. a. (Hg.), Fahnenwörter der Politik – Kontinuitäten und Brüche". Wien 1998 (= Studien zu Politik und Verwaltung 59), 83–100.

Farkas Reinhard, Hermann Bahr. Dynamik und Dilemma der Moderne. Wien 1989.

Farkas Reinhard, Künstlerische und kulturelle Akzente der österreichischen Heimatschutzbewegung (1900–1938). Diskurse, Strukturen, Projekte. In: 100 Jahre Kluft. Über das Verhältnis von Volk und Avantgarde, hg. BauStelle Schloß Lind. St. Marein/Neumarkt 1999 (= Das andere Heimatmuseum 3), 61–81.

Farkas Reinhard, Theosophie in Österreich. Ein historischer Überblick. In: Gnostica 7, 25 (2003), 24–34.

Farkas Reinhard, Von der Agrargesellschaft zur Moderne. Diagnosen, Kritik und Perspektiven Peter Roseggers. In: Österreich in Geschichte und Literatur 54 (2010), 146–161.

Farrenkopf Irmtraud, Familienbilder. Wahrnehmung bäuerlicher Lebensweise bei Berthold Auerbach und Peter Rosegger. Diss. Tübingen 1988.

Fröhlich Renate, Peter Rosegger. Ein Bild seines Lebens und Schaffens als Herausgeber und Journalist der Zeitschrift „Heimgarten". Diss. Wien 1993.

Fuchs Gerhard, Der Stadtschulmeister. Graz und das Motiv der „Stadt" bei Peter Rosegger. In: Gerhard Melzer (Hg.), Stadtkultur – Kulturstadt. Eine Bestandsaufnahme aus Anlaß des „Europäischen Kulturmonats". Graz 1994, 291–326.

Geramb Viktor von, Peter Roseggers Bedeutung für die Volkskunde (= 4. Flugschrift des Vereines für Heimatschutz in Steiermark). Graz 1914.

Gerstenberger Heide, Der revolutionäre Konservativismus. Ein Beitrag zur Analyse des Liberalismus. Berlin 1969 (= Sozialwissenschaftliche Abhandlungen 14).

Geschäftsbericht des Steiermärkischen Tierschutzvereines. In: Illustrierte Zeitschrift für Tierfreunde 4 (1903), 142 f.

Geßmann Gustav W., Rudolf Bergner. Ein Beitrag zur Lebens- und Leidensgeschichte eines Tierfreundes und Idealisten. Nach authentischen Quellen und Dokumenten bearbeitet. Leipzig 1901.

Giannoni Karl, Heimatschutz. Rückschau und Ausblick. Wien 1933.

Gradmann Eugen, Heimatschutz und Landschaftspflege. Ihre Begründung durch Ernst Rudorff, Hugo Conwentz und ihre Vorläufer. Stuttgart 1910.

Gruber Hannes, Die Wortemacher des Krieges. Zur Rolle österreichischer Schriftsteller im Kriegspressequartier des Armeeoberkommandos 1914–1918. Dipl. Univ. Graz 2012.

Haas Hans, Schubkraft der Utopien, Schwerkraft der Verhältnisse. Der Salzburger landwirtschaftliche Wanderlehrer Anton Losert zwischen Urchristentum, Sozialdemokratie und Anarchismus. In: Kurt Greussing (Hg.): Die Roten am Land. Arbeitsleben und Arbeiterbewegung im westlichen Österreich. Steyr 1989, 29–34.

Habersack Ingrid, Wagnerismus. Musik und Regeneration. In: Reinhard Farkas (Hg.), Grüne Wurzeln. Ökologische & spirituelle Reform in der Steiermark. Fohnsdorf 1992, 109–132.

Hafner Karl, Peter Roseggers historisch-politische Bildung und seine Stellung zur nationalen Frage in Österreich. Graz (1930). Typoskript: Stmk. Landesbibliothek, Graz.

Hafner Otfried, Peter Rosegger, seine Zeit und Nachwelt. Das Buch zur Ausstellung auf Schloß Kornberg 1988. Graz 1988.

Hahl Werner, Ritualisierung der sinnlichen Erfahrung. Versuch, Versuchung und Scheitern einer Religionsstiftung in Peter Roseggers ‚Der Gottsucher'. In: Wendelin Schmidt-Dengler u. a. (Hg.), Peter Rosegger im Kontext. Wien 1999, 57–84.

Hainisch Michael, Rosegger als Agrarphilosoph. In: Heimgarten. 60. Jahrgang von Peter Rosegger. 1. Geburtstagsheft. 31. Juli 1903. Als Handschrift für Freunde gedruckt. Graz 1903, 19–24.

Hanke Edith, Prophet des Unmodernen. Leo N. Tolstoi als Kulturkritiker in der deutschen Diskussion der Jahrhundertwende. Tübingen 1993.

Hansjakob Heinrich: Aus meiner Jugendzeit. Erinnerungen. Heidelberg 1880.

Hausegger Friedrich, Brief an Friedrich Hofmann (1. 2. 1894). Manuskript: Österr. Richard Wagner-Gesellschaft, Graz.

Hausegger Friedrich, Brief an Friedrich Hofmann (29. 4. 1894). Manuskript: Österr. Richard Wagner-Gesellschaft, Graz.Heger Wolfgang, Die Grazer Kulturpolitik im Zeitalter des Liberalismus und Nationalismus (1867–1914). Diss. Wien 1971.

Heiland Stefan, Dimensionen des menschlichen Naturbezugs. Darmstadt 1992.

Held Ingrid, Sepp Rosegger – Der Sohn des Dichters. In: Gerald Schöpfer (Hg.), Peter Rosegger. 1843–1918. Graz 1993, 411–413.

Himmel Hellmuth, Die Literatur in der Steiermark von 1848 bis 1900. In: Literatur in der Steiermark, hg. Steiermärkische Landesregierung. Graz 1976, 209–246.

Hlawka Gerd, Öffentliche Grazer Grünflächen. 2 Bde. Diss. TU Graz 1990.

Hoffmann Robert, Kleinhaus und Eigenheim in historischer Perspektive. Ein Überblick zur österreichischen Entwicklung. In: Wolfgang Sitte u. a. (Hg.): Festschrift Guido Müller. Geograph und Landesforscher. Salzburg 1997 (= Salzburger geographische Arbeiten 31), 71–92.

Hofmeister Herwig, Staatshilfe und Selbsthilfe. In: Das Zeitalter Kaiser Franz Josephs, 2 Bde., Wien 1984–1987, Tl. 2, 83–106.

Hölzl Wolfgang. „Der Großdeutsche Bekenner". Nationale und nationalsozialistische Rosegger-Rezeption. Frankfurt/M. 1991 (= Europäische Hochschulschriften: Reihe 1, Deutsche Sprache und Literatur, 1236).

Hutz Ferdinand, Zur Beziehung der beiden „Waldpoeten" Rosegger und Kernstock. In: Blätter für Heimatkunde 67 (1993), 22–30.

Jefferies Matthew, Back to the Future? The ‚Heimatschutz'-Movement in Wilhelmine Germany. In: History 77 (1992), 411–420.

Jontes Günther, „Stolz bin ich immer gewesen auf das blühende Leoben..." Peter Rosegger und die obersteirische Bergstadt. In: Peter Rosegger und Leoben, hg. Obersteirischer Kulturbund. Leoben 1993, 4–16.

Kernmayer Hildegard, Spörk Ingrid, Höfler Günther A., Peter Rosegger und die sogenannte Judenfrage. In: Gerald Schöpfer (Hg.), Peter Rosegger. 1843–1918. Graz 1993, 333–345.

Kienzl Wilhelm, Brief an Friedrich Hofmann (3. August 1903). Archiv der Richard-Wagner-Gesellschaft, Graz.

Kirchner Joachim, Das deutsche Zeitschriftenwesen, seine Geschichte und seine Probleme. 2 Bde. Wiesbaden 1962.

Klueting Edeltraud (Hg.): Antimodernismus und Reform. Zur Geschichte der deutschen Heimatbewegung. Darmstadt 1991.

Knaut Andreas, Der Landschafts- und Naturschutzgedanke bei Ernst Rudorff. In: Natur und Landschaft. Zeitschrift für Naturschutz, Landschaftspflege und Umweltschutz 65,3 (1990) 114–118.

Knaut Andreas, Zurück zur Natur! Die Wurzeln der Ökologiebewegung. Bonn/Bad Godesberg 1993 (= Supplement 1 zum Jahrbuch für Naturschutz und Landschaftspflege).

Kneipp Sebastian, Vortrag gehalten in der Industriehalle in Graz am 26. April 1892 (Nach stenographischer Aufnahme). In: Grazer Tagblatt (30. April 1892), Morgenausgabe, 9–13.

Langewiesche Dieter, Zur Freizeit des Arbeiters. Bildungsbestrebungen und Freizeitgestaltung österreichischer Arbeiter im Kaiserreich und in der Ersten Republik, Stuttgart 1979.

Larcher Johann, Christusromane aus der Jahrhundertwende. Lev. N. Tolstoj, Gerhart Hauptmann, Peter Rosegger. Dipl. Univ. Wien 1996.

Latzke Rudolf, Peter Rosegger. Sein Leben und sein Schaffen. Nach den Quellen dargestellt, 2 Bde. Weimar 1943 u. Graz 1953.

Latzke Rudolf, Studien zur Geschichte des „Heimgarten" (Wien 1979). Typoskript: Stmk. Landesbibliothek, Graz.

Lehmann Jürgen, Der Waldbauernbub und der Graf. Vergleichende Betrachtungen zu Peter Rosegger und Lev Nikolaevic Tolstoj. In: Wendelin Schmidt-Dengler u. a. (Hg.), Peter Rosegger im Kontext. Wien 1999, 135–148.

Liebmann Maximilian, Religion, Glaube, Kirche. „Kirche ist mir Nebensache, das Christentum Hauptsache". In: Gerald Schöpfer (Hg.), Peter Rosegger. 1843–1918. Graz 1993, 213–233.

Linse Ulrich (Hg.): Zurück, o Mensch, zur Mutter Erde. Landkommunen in Deutschland 1890–1933. München 1983.

Mader Max, Die Ursachen, Behandlung und Heilung der Tuberkulose (Lungenschwindsucht). Graz 1909.

Marketz Sabine, Biographie Peter Roseggers. In: Gerald Schöpfer (Hg.), Peter Rosegger. 1843–1918. Graz 1993, 13–36.

Meisinger Augustin, Naturschutz heute. Wien 1961.

Meyer-Renschhausen Elisabeth, Berger Hartwig, Bodenreform. In: Diethart Kerbs u. a. (Hg.): Handbuch der deutschen Reformbewegungen: 1880–1933. Wuppertal 1998, S. 265–276.

Moser Anton, Peter Rosegger und das ökologische Weltbild. In: Gerald Schöpfer (Hg.), Peter Rosegger. 1843–1918. Graz 1993, 285–291.

Naschenweng Hannes P., Grazer Gast- und Kaffeehäuser und ihre Bedeutung für das Kulturleben. In: Wilhelm Steinböck (Hg.), Grazer Gastlichkeit. Beiträge zur Geschichte des Beherbergungs- und Gastgewerbes in Graz. Graz 1985, 62–74.

Ostwald Wilhelm, Brief an Peter Rosegger (10. 2. 1912). Typoskript: Stmk. Landesbibliothek, Graz.

Ostwald Wilhelm, Brief an Peter Rosegger (17. 2. 1912). Typoskript: Stmk. Landesbibliothek, Graz.

Pacher Sigurd, Entstehung und Wirken der Raiffeisenkassen im Kronland Steiermark zur Zeit Peter Roseggers. In: Gerald Schöpfer (Hg.) Peter Rosegger. 1843–1918. Graz 1993, 171–177.

Pail Gerhard, Die Funktion subjektiver Assoziationen und ihr Wandel in den Romanen Peter Roseggers. Diss. Graz 1983.

Pail Gerhard, Peter Rosegger – Ein trivialer Ideologe? Rosegger als literaturhistorisches Problem. In: Uwe Baur u. a. (Hg.), „Fremd gemacht"? Der Volksschriftsteller Peter Rosegger. Wien 1988, 61–87.

Pauley Bruce F., Eine Geschichte des österreichischen Antisemitismus. Von der Ausgrenzung zur Auslöschung. Wien 1993.

Philippoff Eva, Peter Rosegger. Dichter der verlorenen Scholle. Eine Biographie. Graz 1993.

Pintaric Drago, Philosophisch-anthropologische Aspekte der Umweltethik. Ein Literaturüberblick. Salzburger Jahrbuch für Philosophie 35 (1990), 89–103.

Pock Friedrich, Rosegger. Ein Lebensbild. Leipzig 1943.

Popert Hermann, Helmut Harringa. Eine Geschichte aus unserer Zeit fürs deutsche Volk herausgegeben vom Dürerbunde, Dresden 1910.

Posch Fritz, Geschichte des Kluppeneggerhofes. In: Das Krieglacher Waldheimatbuch, hg. Roseggerbund „Waldheimat". Krieglach 1993, 27–41.

Ramos Lilian E., Peter Rosegger: poet and pedagogue. Diss. Washington/DC 1992.

Riehl Wilhelm Heinrich, Die bürgerliche Gesellschaft. Stuttgart 1866.

Rollins William, Bund Heimatschutz. Zur Integration von Ästhetik und Politik. In: Jost Hermand (Hg.), Mit den Bäumen sterben die Menschen. Zur Kulturgeschichte der Ökologie. Köln 1993, 149–182.

Rossbacher Karlheinz, „Ich erzähle Träume und sage die Wahrheit". Peter Roseggers Waldheimat-Geschichte „Fremd gemacht!". In: Wendelin Schmidt-Dengler u. a. (Hg.), Peter Rosegger im Kontext. Wien 1999, 119–135.

Roth Paul W., Die Industrialisierung der Steiermark und das Mürztal (1843–1918). In: Gerald Schöpfer (Hg.), Peter Rosegger. 1843–1918. Graz 1993, 131–139.

Rothschuh Karl E., Naturheilbewegung, Reformbewegung, Alternativbewegung. Stuttgart 1983.

Rudorff Ernst, Heimatschutz. Im Auftrage des Deutschen Bundes Heimatschutz neu bearbeitet von Paul Schulze-Naumburg. Leipzig (1926).

Rudorff Ernst, Heimatschutz. In: Die Grenzboten 56 (1897), 385–414, 455–468.

Rudorff Ernst, Über das Verhältniß des modernen Lebens zur Natur. In: Preußische Jahrbücher 45 (1880), 261–276.

Sandgruber Roman, Sehnsucht nach einer versunkenen Welt. Peter Rosegger und die Alltagsgeschichte. In: Uwe Baur u. a. (Hg.), „Fremd gemacht"? Der Volksschriftsteller Peter Rosegger. Wien 1988, 43–60.

Schober Wolfgang, Roseggerforschung und Roseggerkult. In: Österreich in Geschichte und Literatur 25 (1981), 156–166.

Schoenichen Walther, Naturschutz. Heimatschutz. Ihre Begründung durch Ernst Rudorff, Hugo Conwentz und ihre Vorläufer. Stuttgart 1954.

Schöpfer Gerald (Hg.), Peter Rosegger. 1843–1918. Graz 1993.

Schöpfer Gerald, Peter Rosegger. Ein glaubwürdiger Zeuge wirtschafts- und sozialgeschichtlicher Veränderungen. In: Uwe Baur u. a. (Hg.), „Fremd gemacht?" Der Volksschriftsteller Peter Rosegger. Wien 1988, 25–43.

Schöpfer Gerald, Peter Rosegger: ein Zeuge der Sozialgeschichte. In: Wendelin Schmidt-Dengler u. a. (Hg.), Peter Rosegger im Kontext. Wien 1999, 38–56.

Schöpfer Gerald, Peter Rosegger: Zeitzeuge, Sozialkritiker und „Aktionsjournalist". In: ders. (Hg.), Peter Rosegger. 1843–1918. Graz 1993, 243–261.

Schrenk Rudolf, Die Entgeudung des Menschen. Ardagger 1990.

Schubert Ingrid, Persönliches Verhältnis Roseggers zur Musik. In: Gerald Schöpfer (Hg.), Peter Rosegger, 1843–1918. Graz 1993, 345–351.

Schurz Gerhard, Ökologische Ethik. Philosophische Grundlagen und Anwendungen. In: Jahrbuch der Universität Salzburg 1983–1985. Salzburg 1987.

Schweigert Horst, Peter Rosegger und sein Verhältnis zur bildenden Kunst. In: Gerald Schöpfer (Hg.), Peter Rosegger, 1843–1918. Graz 1993, 91–102.

Semetkowski Walter von, Aus dem Aufgabenkreise des Heimatschutzes. Sonderdruck aus dem Jahrbuch des Steirischen Gebirgsvereins. Graz 1910.

Sieferle Rolf Peter, Fortschrittsfeinde? Opposition gegen Technik und Industrie von der Romantik bis zur Gegenwart. München 1984.

Stanger Hermann, Der Tabak im Spiegel der Literatur. In: Johannes Ude/Julius

Fink (Hg.), Bericht über den 4. internationalen Tabakgegner-Kongreß in Graz (Österreich) vom 19. bis 21. Juli 1924. Graz 1924, 64–75.

Staudinger Eduard, Die Südmark. Aspekte der Programmatik und Struktur eines deutschen Schutzvereins in der Steiermark bis 1914. In: Helmut Rumpler u. a. (Hg.), Geschichte der Deutschen im Bereich des heutigen Slowenien 1848–1941. Wien 1988, 130–154.

Steirische Wanderbücher, Bd. 4. Oberes Murthal einschließlich Lungau, hg. Fremdenverkehrs-Comité des steirischen Gebirgsvereines. Graz 1884.

Steirische Wanderbücher 5. Untersteier, hg. Fremdenverkehrs-Comité des steirischen Gebirgsvereins, Graz 1885.

Stieber Michael Florian, „Im Krug zum grünen Kranze". Der Grazer Künstlerkreis um Peter Rosegger. Graz Univ. Dipl. 2006.

Stock Ursula Hildegard, „Sehnsuchtslandschaft" Waldheimat. Peter Roseggers Kindheits- und Jugenderinnerungen. Diss. Graz 1989.

Stolting Hermann/Zoebe Gerhard, Das Tier im Recht. Handbuch zu allen Tierschutzfragen. Frankfurt/M. 1962.

Stroud Dean Garret: The sacred journey. The religious function of nature motifs in selected works by Peter Rosegger. Stuttgart 1986 (= Stuttgarter Arbeiten zur Germanistik 164).

Stroud Dean Garrett, Peter Rosegger. In: Donald G. Daviau (Hg.), Major figures of turn-of-the-century Austrian literature. Riverside 1991, 335–368.

Svoboda Adalbert, Kritische Geschichte der Ideale. Mit besonderer Berücksichtigung der bildenden Kunst. Bd. 1. Leipzig 1886.

Syndram Karl Ulrich, Kulturpublizistik und nationales Selbstverständnis. Untersuchungen zur Kunst- und Kulturpolitik in den Rundschauzeitschriften des Deutschen Kaiserreichs (1871–1914). Berlin 1989.

Teutsch Gotthart M., Mensch und Tier. Lexikon der Tierschutzethik. Göttingen 1987.

Ude Johannes, Brief an Peter Rosegger (17. 9. 1913). Typoskript: Stmk. Landesbibliothek, Graz.

Ude Johannes, Brief an Peter Rosegger (2. 6. 1914). Typoskript: Stmk. Landesbibliothek, Graz.

Ude Johannes, Brief an Peter Rosegger (18. 11. 1916). Typoskript: Stmk. Landesbibliothek, Graz.

Ude Johannes, Drei Jahre Katholisches Kreuzbündnis in Steiermark. 1911–1913. Graz 1914.

Ude Johannes, Notwendigkeit, Einrichtung, Zweck und Bedeutung der alkoholfreien Speisehäuser. Referat, erstattet am XIV. internationalen Alkoholgegnertag in Mailand am 25. 9. 1913. Graz 1914.

Veltzke Veit, Vom Patron zum Paladin. Wagnervereinigungen im Kaiserreich von der Reichsgründung bis zur Jahrhundertwende. Bochum 1987 (= Bochumer Historische Studien, Neuere Geschichte 5).

Wagner Karl (Hg.), Peter Rosegger – Gustav Heckenast. Briefwechsel 1869–1878. Wien 2003.
Wagner Karl, Die literarische Öffentlichkeit der Provinzliteratur. Der Volksschriftsteller Peter Rosegger. Tübingen 1991.
Wagner Karl, Roseggers ‚Jakob' der Letzte und die zeitgenössische Diskussion der Agrarfrage. In: Uwe Baur u. a. (Hg.), „Fremd gemacht"? Der Volksschriftsteller Peter Rosegger. Wien 1988, 89–128.
Wagner Karl, Sinn-Soldaten. Rosegger und der ‚Heimgarten' im Ersten Weltkrieg. In: Klaus Amann/Hubert Lengauer (Hg.), Österreich und der große Krieg 1914–1918. Die andere Seite der Geschichte. Wien 1989, 121–126.
Walter Sepp, Herkunft des Familiennamens Rosegger. In: Gerald Schöpfer (Hg.), Peter Rosegger. 1843–1918. Graz 1993, 37–39.
Weinhandl Helfried, Peter Roseggers religiöse Gedankenwelt. Diss. Graz 1981.
Weiß Otmar, Sport und Gesellschaft. Eine sozialpsychologische Perspektive. Wien 1990.
Wellmer Meta, Die vegetarische Lebensweise und die Vegetarier. Berlin 1889. 3. Auflage [E = Köln 1878.]
Wengenroth Ulrich, Das Verhältnis von Industrie und Umwelt seit der Industrialisierung. In: Zeitschrift für Unternehmensgeschichte, Beiheft 69 (1993), 25–44.
Werthan Elfriede/Thaller Heribert, Spuren die kein Wind verweht. 100 Jahre steirische Skigeschichte. Schladming 1990.
Wikipedia: Gesellschaftsstruktur der österreichischen Bevölkerung (22. 2. 2013).
Wilding Isolde, Der Bildhauer Hans Brandstetter (1854–1925), Leben und Werk. Diss. Graz 1988.

Zebegény Wilhelm Gründorf von, Grazer Tourist. Wanderungen in der reizenden Umgebung von Graz. Mit drei Touristenkärtchen auf dem Umschlag. Graz 1896.
Zimmermann Wilhelm, Der Weg zum Paradies. Eine Beleuchtung der Hauptursachen des physisch-moralischen Verfalls der Culturvölker, so wie naturgemäße Vorschläge, diesen Verfall zu sühnen, hg. Robert Springer. Braunschweig 1894.

Abbildungsverzeichnis

S. 18 f.: Geburtshaus Peter Roseggers in Alpl. Foto: Jakob Hiller
S. 20: Bettstatt im Geburtshaus. Foto: Jakob Hiller
S. 20: Aussicht in meine Heimat. Westen. In: Peter Rosegger, Meine Gedanken. Ilustrirte Volksschrift zur Erinnerung. 1863. Erstes Heft, 18 ff. Manuskript. Stmk. Landesbibliothek, Rosegger-Nachlass
S. 21: Aussicht in meine Heimat. Osten. Ebenda
S. 22: Grundgut von Kluppenegg. Ebenda
S. 22: Roseggerstatue in Krieglach. Foto: Jakob Hiller
S. 24: Grazer Rathaus. Symbol des Nationalliberalismus. Wikimedia Commons

S. 25: Von links: Martha Rosegger, Wenzel Knaur, Peter und Anna, Tochter Anna, Vater Lorenz Rosegger, die Kinder Sepp, Margarethe, Hans Ludwig Rosegger. Krieglacher Dichterklause (1890er Jahre). Foto Böhm Universalmuseum Joanneum BTA, PL 53045
S. 26: Titelseite des „Heimgarten" (1876). Universalmuseum Joanneum BTA, KB 17439
S. 27: Peter Rosegger. Kohlezeichnung von Maria Keinol. Lichtbild Steffen (1888). Universalmuseum Joanneum BTA Pf. 2349
S. 28: Im Krug zum Grünen Kranze. Von links: Wilhelm Rullmann, Emil Ertl, Ernst von Gnad, Hans Brandstetter, Peter Rosegger, Alfred von Schrötter, Wilhelm Kienzl (um 1905). Universalmuseum Joanneum BTA, RFA 98.501
S. 31: Friedrich Hofmann (um 1915). Foto L. Thurnwald, Stadtmuseum Graz o. Nr.
S. 31: Wilhelm Kienzl (Jugendbildnis). Archiv Österr. Richard-Wagner-Gesellschaft
S. 32: Friedrich von Hausegger, Grabrelief (Hans Brandstetter) am St. Peter Friedhof. Universalmuseum Joanneum BTA, RF 47.977
S. 34: Peter Rosegger im Garten seines Krieglacher Hauses. Universalmuseum Joanneum BTA, PL. 53.058
S. 35: Bertha von Suttner (1896). Wikimedia Commons
S. 36: Hermann Bahr (1900). ÖNB Bildarchiv, 204.703 CR
S. 37: Rosegger mit dem Genremaler Franz Defregger. Universalmuseum Joanneum BTA, RF 39291
S. 39: Roseggergedenkstätte in Krieglach. Foto: Jakob Hiller
S. 43: Waldlilie. Denkmal von Hans Brandstetter im Grazer Stadtpark (1885). Foto: Reinhard Farkas
S. 44: Rosegger-Brunnen von Hans Brandstetter in Kapfenberg. Foto: Andreas Garger. Wikimedia Public Domain
S. 44: Modell des Rosegger-Brunnens. Vorstudie (1907). Universalmuseum Joanneum BTA 80820
S. 45: Peter Rosegger, Nordische Landschaft. Bleistiftzeichnung. Stmk. Landesbibliothek, Rosegger-Nachlass
S. 46: Landhaus Roseggers, Krieglach. Foto: Jakob Hiller
S. 47: Interieur im Landhaus Roseggers, Krieglach. Foto: Jakob Hiller
S. 49: Altarbereich der Pfarrkirche in St. Kathrein am Hauenstein. Foto: Reinhard Farkas
S. 50: Gedenktafel in der Pfarrkirche in St. Kathrein am Hauenstein. Foto: Reinhard Farkas
S. 55: Leo Tolstoi. Lithographie. ÖNB Bildarchiv 505.410/ BR
S. 61: Peter Rosegger mit Hedwig Hafner und Paula Rosegger (um 1900). Foto Böhm. Universalmuseum Joanneum BTA, RF 97719
S. 62: Bundespräsident Michael Hainisch. ÖNB Bildarchiv, NB 528.381
S. 63: Waldlandschaft um den Kluppeneggerhof. Foto Reinhard Farkas
S. 69: Sommerfrischenkultur in Aussee. Mittig: Hans Brandstetter mit Frau, Wilhelm Kienzl mit Frau (1906). Sammlung Reinhard Farkas

S. 71:	„Helfet bauen!" Postkarte für die Sammlung des „Deutschen Schulvereins" (1909). Sammlung Günther Jontes, o.Nr., Vierfarbtiefdruck, Poststempel 5. 7. 1909
S. 72:	Waldschule in Alpl. Foto: Jakob Hiller
S. 73:	Peter Rosegger und sein Bruder Jakob um 1903. Foto Böhm. Universalmuseum Joanneum BTA, PL 80723
S. 74:	Titelvignette des „Heimgarten", Geburtstagsausgabe (1903)
S. 77:	Die schöne Lenerl. Erzählung Peter Roseggers (1901). Peter Rosegger, Die schöne Lenerl, ein Schattenbild aus dem Volksleben. In: Grazer Kunst, hg. Grazer Künstler-Bund, Graz 1901, 22–28, hier 22
S. 82:	Adolf Just. Frontispiz seines Buches „Kehrt zur Natur zurück"
S. 83:	Kleidungsreformdiskurs: Inserate der „Ethischen Rundschau" (1912). In: Ethische Rundschau 1 (1912), 168
S. 86:	Werbung für Kneipp-Malzkaffee um 1900. Sammlung Reinhard Farkas
S. 87:	Titelvignette der „Gesundheitswarte"
S. 88:	M. Platen, Die neue Heilmethode (1901), Frontispiz. M. Platen, Die neue Heilmethode. Lehrbuch der naturgemäßen Lebensweise, der Gesundheitspflege und der arzneilosen Heilweise. Ein Haus- und Familienbuch für Gesunde und Kranke. 3 Bände. Berlin 1901. 38. Auflage
S. 89:	Erstes Steiermärkisches alkoholfreies Speisehaus in Graz (1914). Ansichtskarte, Poststempel 26. April 1914. Diözesanarchiv Graz
S. 94:	Johannes Ude (in jüngeren Jahren). ÖNB Bildarchiv PS 504.025/ABR
S. 95:	Graphik in „Der Abstinent" (1911). Der Abstinent 32 (1911), 72
S. 97:	Der Mürzzuschlager Schipionier Anton Schruf mit dem Grazer Max Kleinoscheg. Universalmuseum Joanneum BTA PL 53.037
S. 100:	Leopoldsteinersee (1892). In: Ferdinand Krauss, Die eherne Mark. Eine Wanderung durch das steirische Oberland, 2 Bde. Graz 1892–1897, Bd. 1, 451.
S. 101:	Panorama von Eisenerz (1892). Ebenda, 417
S. 104:	Ernst Rudorff (vor 1892). Portrait von August Weger. Wikimedia Commons
S. 106:	Titelseite des „Kunstwart" (1908). In: Der Kunstwart 21 (Juli 1908), Titelseite
S. 107:	Babylonischer Turm. Zeichnung Peter Roseggers (1873). Stmk. Landesbibliothek, Rosegger-Nachlass
S. 109:	Krieglach, Panorama um 1884. Foto Böhm. Universalmuseum Joanneum BTA, 97.885
S. 112:	Naturschutzparke für Deutschland und Österreich (1910). Publikation des Vereins Naturschutzpark
S. 113:	Titelvignette „Der illustrierte Thier- und Vogelfreund" (1900). In: Illustrierter Tier- und Vogelfreund 1 (1900), Titelseite
S. 115:	Peter Rosegger, Hundeszene. Bleistiftzeichnung (1865). Stmk. Landesbibliothek, Rosegger-Nachlass
S. 120:	Der Grazer Tierschützer Rudolf Bergner (um 1900). In: Gustav W. Geßmann, Rudolf Bergner. Ein Beitrag zur Lebens- und Leidensgeschichte ei-

	nes Tierfreundes und Idealisten. Nach authentischen Quellen und Dokumenten bearbeitet. Leipzig 1901, Titelseite
S. 121:	Tierversuch. Aus einer antivivisektionistischen Broschüre (1913). In: Paul Förster, Die Vivisektion, die wissenschaftliche Tierfolter. München (1913), 32.
S. 122:	Studiobild Peter Roseggers. Universalmuseum Joanneum BTA PL 52817.
S. 126 f.:	Peter Rosegger. Stadtmuseum Graz, M 1450/12 L
S. 130:	Buddha. Statue im Historical Museum of Scotland, Edinburgh. Foto: Reinhard Farkas
S. 133:	Christus am Kreuz. St. Flannan in Killaloe, Irland. Foto: Reinhard Farkas
S. 145:	Peter Rosegger, Ave Maria". Kolorierte Bleistiftzeichnung. Aus: ders., Kalender für Zeit und Ewigkeit 1862. Volksjahrbuch zur erbaulichen Unterhaltung für jeden katholischen Christen, vorzüglich dem lieben Landvolke gewidmet. Zweiter Jahrgang. Krieglach Albl 1863, 29. Stmk. Landesbibliothek, Rosegger-Nachlass
S. 150:	Baumstudien. Bleistiftzeichnung Peter Roseggers. Stmk. Landesbibliothek, Rosegger-Nachlass
S. 165:	Peter Rosegger, Wanderer in Alpl vor dem Geburtshaus. Bleistiftzeichnung. Universalmuseum Joanneum BTA, RT 58.473
S. 183:	Siedlung der „Gesunden Menschen" in der Dult bei Gratkorn, 2 Ansichten (1913). Ansichtskarte Kunstverlag Kölz, Graz Nr. 18.919 (Poststempel 2. August 1913). Sammlung Reinhard Farkas
S. 186:	Vorderer Kluppeneggerhof. Foto: Jakob Hiller
S. 193:	Blick in das Landhaus Peter Roseggers in Krieglach. Foto: Jakob Hiller
S. 200:	Jean-Jacques Rousseau beim Botanisieren. Stich von Jean Baptiste Michel Dupréel (1778). ÖNB Original NB/PS 520.507
S. 221:	Kurhaus der Kaltwasserheilanstalt Radegund bei Graz (um 1930). Stmk. Landesarchiv, Ansichtskartensammlung, Nr. 1.059
S. 222:	Altausseer See. Foto: Reinhard Farkas
S. 224:	Bilz, Naturheilverfahren (um 1900). In: Friedrich Eduard Bilz, Das neue Naturheilverfahren. Lehr- und Nachschlagebuch der naturgemäßen Heilweise und Gesundheitspflege. 73. Aufl, Leipzig um 1898, Frontispiz
S. 227:	Sebastian Kneipp (1891). ÖNB Bildarchiv, NB PS 528.933
S. 241:	Lungenheilstätte Hörgas bei Gratwein. KAGes-Archiv, Graz
S. 245:	Peter Rosegger, Ave Maria". Kolorierte Bleistiftzeichnung. Aus: ders., Kalender für Zeit und Ewigkeit 1862. Volksjahrbuch zur erbaulichen Unterhaltung für jeden katholischen Christen, vorzüglich dem lieben Landvolke gewidmet. Zweiter Jahrgang. Krieglach Albl 1863, 29. Stmk. Landesbibliothek, Rosegger-Nachlass
S. 255:	Abzeichen zum 2. Alpen-Gauturnfest in Marburg (1904). Sammlung Günter Cerwinka
S. 257:	Radfahrerinnen (um 1895). Universalmuseum Joanneum BTA KB 64.825
S. 265:	Wintersport am Semmering (1907). Foto Böhm. Universalmuseum Joanneum BTA, PL 80.591
S. 267:	Peter Rosegger, Wanderer im Mondlicht. Bleistiftzeichnung. Stmk. Landesbibliothek, Rosegger-Nachlass

S. 272:	Rodlergruppe auf Leobener Schlitten. Postkarte des Deutschen Schulvereins (1913). Datiert 11. Februar 1913, Sammlung Günther Jontes
S. 279:	Peter Rosegger, Hohenwang von der Illach aus. Bleistiftzeichnung. Stmk. Landesbibliothek, Rosegger-Nachlass
S. 281:	In der Einöde. Landschaftsskizze Peter Roseggers. Bleistiftskizze mit Tinte beschrieben. Universalmuseum Joanneum BTA RF 98284
S. 295:	Erste Flugschrift des Vereins für Heimatschutz, Frontispiz (1909)
S. 309:	„Der kleine Verfolger". Zeichnung Peter Roseggers. Stmk. Landesbibliothek, Rosegger-Nachlass
S. 316:	Süßwasserkrebs. Foto: Archiv „Natur und Land", Salzburg
S. 325:	Postkarte, A. Welzl, B.K.W. 1. 877-3
S. 330 f.:	Rosegger-Denkmal von Wilhelm Gösser am Grazer Joanneumring. Foto: Reinhard Farkas

Namenregister

Ableitinger, Alfred 34
Adler, Victor 33
Anderle, Charlotte 23
Anzengruber, Ludwig 41, 49, 59
Äskulap 218
Äsop 304
Avenarius, Ferdinand E. A. 106

Bach, Hans 67
Bahr, Hermann 36, 38, 47, 52
Baltzer, Eduard 81
Bartsch, Rudolf Hans 63
Bauer, Otto 62
Bergner, Carl H. R. 120
Bhikschu, Subhadra 130
Bogensberger, Julius 31, 85
Bölsche, Wilhelm 57, 105
Brandstetter, Hans 28, 30, 32, 43 f., 69, 123
Brecht, Bertolt 118
Brunlechner, August 23, 106, 332
Bruno, Giordano 56
Bunte, Wolfgang 33

Darwin, Charles 137, 143, 305, 326
Decsey, Ernst 13, 30
Defregger, Franz 37
Diefenbach, Karl W. 81
Dupréel, Jean Baptiste M. 200

Ebner-Eschenbach, Marie v. 116
Enderes, Aglaia v. 304 f.
Ertl, Emil 28, 30, 106, 121, 124

Felder, Franz M. 67
Feuerbach, Ludwig 57
Fischer, Rosalia 69
Fischer-Karmin, Helene 103
Floeck, Oswald 38
Franz Joseph I., Kaiser von Österreich, König von Ungarn 64
Fraungruber, Hans 116

Frenssen, Gustav 54, 56
Friedrich III., dt. Kaiser, König von Preußen 168

Gagern, Friedrich v. 63
Ganghofer, Ludwig 63
Gauby, Joseph 30
Geramb, Viktor v. 338
Gerstenberger, Heide 36
Giannoni, Karl 351
Gnad, Ernst v. 28
Goethe, Johann Wolfgang v. 110, 242
Goldhann, Franz 102, 117
Gradmann, Eugen 105
Guenther, Konrad 114, 326
Gurlitt, Wilhelm 30
Guttenberg, Adolf v. 112
Guttzeit, Johannes 82

Hackl, Louise 98
Haeckel, Ernst 57, 137, 305
Hafner, Hedwig 61
Hahl, Werner 57
Hainisch, Michael 62, 185 f.
Hamerling, Robert 23, 34, 298
Hartmann, Franz 58, 131
Haßlwander, Friedrich 119
Hausegger, Friedrich v. 13, 30–32, 67, 90, 94, 106
Heckenast, Gustav 27
Heine, Heinrich 33
Herodes 147
Himmel, Hellmuth 28
Höfler, Günther A. 33
Hofmann, Friedrich 30 f., 83, 91, 94, 106
Holzinger, J. B. 117
Hübbe-Schleiden, Wilhelm 131
Hubertus 319

Jahn, Friedrich L. 96, 98, 103, 253–256, 275

Jatho, Carl   57
Johann, Erzherzog von Österreich   101, 270, 284
Just, Adolf   82

Kappstein, Theodor   114
Kappus, Adolf   52
Kernmayer, Hildegard   33
Kernstock, Ottokar   38, 124 f., 335
Khuenberg-Kleinert, Sophie v.   60, 117
Kienzl, Wilhelm   13, 28, 30 f., 54, 69, 106
Killer, Josef   116
Kirchner, Joachim   28
Kleinoscheg, Max   29, 97 f.
Knaur, Wenzel   25, 27, 123
Kneipp, Sebastian   86, 224–230, 346
Krainz, Johann   30
Krauss, Ferdinand   30, 102
Kuhne, Louis   231

Latzke, Rudolf   28 f., 38, 78, 99
Lehmann, Jürgen   54
Lienhard, Friedrich   105
Lindner, August   92
Losert, Anton   75
Lueger, Karl   27, 33
Luther, Martin   226
Lützow, Adolf v.   253

Mader, Max   87
Marketz, Sabine   38
Marr, Wilhelm   32
Marriot, Emil   116
Marx, Karl   65
Menzi, Theodor   136 f.
Meurer, Julius   251
Mohammed   157
Morré, Karl   30, 68
Moser, Anton   41
Moses   131, 311, 326
Muthesius, Anna   83

Nietzsche, Friedrich   144, 327

Novy, Gustav   223

Ostwald, Wilhelm   57

Pail, Gerhard   110, 332, 334, 336, 340
Patterer, Michael   21, 123
Pauley, Bruce F.   33
Pius X., Papst   56
Plothow, Anna   82
Popert, Hermann   92

Reininghaus, Hans v.   30, 54, 92
Reininghaus, Johann P. v.   24
Reininghaus, Theresia v.   24
Reiterer, Karl   68
Ressel, Wilhelm   120
Riehl, Wilhelm H.   72
Rollins, William H.   104
Rosegger, Anna (geb. Knaur)   24–27, 123
Rosegger, Anna (geb. Pichler)   24–27, 123
Rosegger, Hans Ludwig   25, 27, 105, 123
Rosegger, Jakob   73
Rosegger, Josef Peter (Sepp)   31
Rosegger, Lorenz   21
Rosegger, Margarete   25, 27, 123
Rosegger, Martha   25, 27, 124
Rosegger, Paula   61
Rossbacher, Karlheinz   23
Roth, Paul W.   108
Rousseau, Jean-Jacques   40, 42, 45, 178, 200
Rudorff, Ernst   104 f., 108, 281, 351
Rullmann, Wilhelm   28
Ruskin, John   83

Saar, Ferdinand v.   116
Sachs, Hans   32
Sandgruber, Roman   95
Schacherl, Michael   92
Schad-Rossa, Paul   30
Schmölzer, Jakob E.   23, 123
Schneider, Ernst   98

Schönerer, Georg Ritter v. 33 f.
Schopenhauer, Arthur 114 f.
Schreber, Daniel G. M. 75
Schrötter-Kristelli, Alfred v. 30
Schruf, Anton 97 f.
Schultheß, Friedrich 136
Schurz, Gerhard 80
Schwantje, Magnus 115, 119 f., 318 f.
Seiling, Max 120
Sieferle, Rolf Peter 104
Sinclair, Upton 118
Sohnrey, Heinrich 66, 105, 337
Spork, Fanny 118
Spörk, Ingrid 33
Starkenburg, Heinz 86
Steinberger, Josef 70
Stocker, Leopold 16, 70
Stroud, Dean Garrett 38, 105
Suttner, Bertha v. 35, 116, 167
Svoboda, Adalbert V. 23, 57

Taaffe, Eduard v. 67

Tejaner, Otto 98
Toldt, Karl 278
Tolstoi, Leo N. 54–56, 144, 152 f., 210
Turgenjew, Iwan 115

Ude, Johannes 93 f., 244

Vogrinec, Anton 52

Wagner, Karl 36, 38
Wagner, Richard 30–32, 90, 115, 120, 123
Weber, Ernst v. 120
Weberhofer, Eustach 264
Wellmer, Meta 91, 120, 223
Wickenburg, Constantin Graf. v. 221
Wolzogen, Hans v. 31 f.

Zebegény, Wilhelm Gründorf v. 102
Zimmermann, Wilhelm 40
Zola, Émile 76

Ortsregister

Abbazia (Opatija) 124
Admont 87, 220, 292
Aflenz 87, 220
Alland 240
Anger 262
Astapowo 55
Aussee 69, 87, 112, 221 f., 300

Bad Gleichenberg 87 f., 219–222
Bad Wörishofen 228–230
Baierdorf (heute in Graz) 92
Berlin 66, 214, 223, 237, 281
Brünn (Brno) 27, 124
Buxtehude 312

Chicago 91, 118

Deutschlandsberg 87, 220
Dresden 119, 167
Eisenerz 101, 220

Fladnitz im Raabtal 260
Freiburg im Breisgau 66, 326
Frohnleiten 87, 220
Fürstenfeld 40, 262

Gleisdorf 262
Graz 23 passim
Graz-Mariatrost 214

Hamburg 124
Hartberg 40 f., 69, 261 f.
Heidelberg 38
Hildesheim 66
Hörgas 88, 239–242

Judenburg 99, 220

Kaindorf 262
Killaloe 133
Kindberg 220
Kirchberg an der Raab 262
Köflach 99

Königsberg 27
Krieglach 17, 22 f., 25, 34, 38 f., 46 f., 85, 109, 123–125, 163, 166, 301
Krieglach-Alpl 20, 23, 62, 70, 72, 105, 123, 165, 301, 314 f.
Kumberg 262

Leibnitz 220
Leipzig 42, 58, 75, 93, 124 f., 231, 304
Leoben 16, 23, 103, 109, 272
London 124

Marburg an der Drau 103, 255, 343
Mariazell 87, 220, 270
Mitterndorf 112, 300
Mixnitz 100
Murau 87, 99, 220
Mürzsteg 87, 220
Mürzzuschlag 52, 87, 97 f., 124, 220

Neuberg 87, 220
Northeim 66

Obdach 220
Ober St. Veit 82
Oberwölz 99

Peggau 87, 220
Pischelsdorf 262
Präbichl 270 f.
Prag 27, 65, 278
Pressburg (Bratislava) 123
Puch 260 f., 263 f.
Rachau 220
Rohitsch-Sauerbrunn (Rogaška Slatina) 221

Salzburg 229
Schladming 87, 112, 220, 300
Seewiesen 220
Spital 220, 258

St. Gallen (Steiermark)   292
St. Johann in der Heide   262
St. Kathrein am Hauenstein   21, 49 f., 123 f.
St. Radegund   87, 221–223
St. Ruprecht an der Raab   220
Stainz   87, 220
Steinerhof   220
Stolzalpe   89
Stubenberg   262

Tobelbad   87, 220

Tragöß   51, 87, 99, 220
Trofaiach   109

Voitsberg   87, 220

Weißenbach   292
Weiz   220, 262
Wien   23, 38, 47, 65, 78, 82 f., 92, 112, 114, 118, 124, 229, 237, 251, 304
Wildalpen   220
Wildon   220